L'Anticonformiste

DU MÊME AUTEUR

Philosophie politique I. Le Droit : la nouvelle querelle des Anciens et des Modernes, Paris, PUF, 1984.

Philosophie politique II. Le Système des philosophes de l'histoire, Paris, PUF, 1984.

Philosophie politique III. Des droits de l'homme à l'idée républicaine, Paris, PUF, 1985 (en coll.).

La Pensée 68. Essai sur l'anti-humanisme contemporain, Paris, Gallimard, 1985 (avec Alain Renaut).

Système et critiques, Bruxelles, Ousia, 1985 (en coll.).

68-86. Itinéraires de l'individu, Paris, Gallimard, 1987 (en coll.).

Heidegger et les Modernes, Paris, Grasset, 1988 (en coll.).

Homo Aestheticus. L'invention du goût à l'âge démocratique, Paris, Grasset, 1990.

Pourquoi nous ne sommes pas nietzschéens, Paris, Grasset, 1991 (en coll.).

Le Nouvel Ordre écologique, Paris, Grasset, 1992.

Des animaux et des hommes. Une anthologie, Paris, Le Livre de Poche, Hachette, 1994 (en coll.).

L'Homme-Dieu ou le sens de la vie, Paris, Grasset, 1996.

La Sagesse des Modernes, Paris, Laffont, 1998 (avec André Comte-Sponville).

Le Sens du beau, Paris, Cercle d'art, 1998.

Philosopher à dix-huit ans, Paris, Grasset, 1999 (en coll.).

Qu'est-ce que l'homme ?, Paris, Odile Jacob, 2000 (avec Jean-Didier Vincent).

Qu'est-ce qu'une vie réussie ?, Paris, Grasset, 2002.

Lettre ouverte à tous ceux qui aiment l'école, Paris, Odile Jacob, 2003 (en coll.).

La Naissance de l'esthétique moderne, Paris, Cercle d'art, 2004.

Suite des œuvres de Luc Ferry en fin de volume.

Luc Ferry

L'Anticonformiste

Une autobiographie intellectuelle

Entretiens avec
Alexandra Laignel-Lavastine

DENOËL

1

Ni héritier ni prolétaire

ALEXANDRA LAIGNEL-LAVASTINE — *On vous présente parfois dans les médias comme un « brillant normalien », un « héritier », voire lorsque vous étiez ministre de l'Éducation nationale, entre 2002 et 2004, comme un « salonard » et un « mondain argenté ». De quel monde êtes-vous en réalité issu et à quoi ressemblait votre milieu familial ?*

LUC FERRY — Voilà qui commence bien ! (*Rires.*) Tout cela est assez comique. Je suis, hélas ou heureusement, je ne saurais vous le dire, le parfait contraire d'un « héritier ». En tout cas, un pur produit de la méritocratie républicaine. Mes parents sont d'origine très modeste et, en dépit de leur générosité, j'ai vécu toute mon enfance dans une assez grande pauvreté. Ils étaient cultivés, mais autodidactes. Mon père n'a jamais eu la chance de faire des études secondaires, malgré les démarches de son instituteur qui essaya de convaincre mes grands-parents qu'ils avaient un fils exceptionnel et qu'il fallait à tout prix l'encourager à poursuivre. Ma mère, quant à elle, a dû abandonner ses études en seconde à cause de la guerre et, bien que passionnée de littérature et de musique, elle n'a jamais pu les reprendre, faute de moyens. Son père, qu'elle adorait, est mort de la tuberculose quand elle avait dix ans et sa mère, ma grand-mère, qui était institutrice, ne pouvait pas offrir d'études supérieures à ses trois enfants. Cela dit, je ne me sens nullement obligé de me justifier, comme tant de « personnalités » qui veulent à tout prix convaincre qu'elles viennent de « la France d'en bas ». J'ai eu la chance d'avoir des parents exceptionnels. Simplement, ils n'avaient ni fortune, ni diplômes, ni carnet d'adresses, de sorte que, comme Julien Sorel, je n'ai découvert le « monde » qu'à l'âge adulte...

Il est vrai que j'ai enseigné rue d'Ulm pendant des années, notamment pour la préparation à l'agrégation de philosophie. Mais je ne suis nullement normalien et je n'ai jamais cherché à l'être. Pour tout vous dire, quand je suis entré à l'université, je ne savais tout simplement pas qu'il existait quelque chose comme des « khâgnes » et une « École normale ». Je venais socialement de trop loin pour le savoir. Je suis né dans la banlieue parisienne, à La Garenne-Colombes, en 1951, de parents très atypiques. Nous formions une espèce de tribu, sans doute un peu étrange, en tout cas très soudée, composée de quatre garçons, dont j'étais le cadet. Après la maternelle — le seul bon souvenir scolaire de ma vie —, ma première confrontation avec le monde extérieur s'est faite à l'école primaire de Puteaux, une école populaire très dure où les bagarres dans la cour de récréation formaient notre lot quotidien. Avec un an d'avance, j'étais sans doute plus naïf et un peu moins armé que d'autres, donc pas très heureux.

UNE ENFANCE À LA CAMPAGNE

À Puteaux, mon père, qui avait été un grand pilote avant la guerre, possédait un petit garage où il fabriquait ses voitures de course, comme on le faisait à l'époque, de manière artisanale, en tirant le diable par la queue. Nous habitions au-dessus de son atelier et nous fûmes expropriés sans ménagement vers la fin des années 50, au moment où l'on construisit l'actuel palais du CNIT, à la Défense. J'avais donc sept ou huit ans lorsque nous avons dû déménager à la campagne, dans un village de Seine-et-Oise, à Fontenay-Saint-Père. Nous nous sommes installés en toute hâte dans une petite maison vétuste qui appartenait à mon grand-père. J'y ai passé mon enfance et mon adolescence, en pleine campagne, sans aucun lien avec la vie parisienne. Au début, il n'y avait évidemment ni salle de bains, ni chauffage central, ni téléphone. Je n'en étais pas moins heureux, entouré de mes frères, mais aussi de cousins et de cousines qui venaient grossir les rangs de la tribu. Simplement, nous étions à mille lieues de tout ce qui, à tort ou à raison, compte dans la vie sociale. Aujourd'hui encore, mon unique « patrimoine » vient de mes droits d'auteur, c'est-à-dire d'un travail accumulé au fil des ans.

J'ai ensuite entamé mes études secondaires au lycée de Mantes-la-Jolie, au cœur de ce qu'on appelle le Val-Fourré, mais ce fut une expérience désastreuse : je ne pouvais pas supporter l'autorité et l'atmosphère de caserne qui y régnaient alors. J'y étais à vrai dire si malheureux que j'ai obtenu de mes parents qu'ils me laissent poursuivre par correspondance à partir de la troisième, grâce au CNED. Je ne saurais vous dire combien je leur suis reconnaissant de m'avoir fait confiance. Plus tard, je suis devenu professeur de philosophie grâce aux concours, le capes et l'agrégation, que j'ai réussi à obtenir comme par miracle. Là encore, je me rends compte en vous parlant à quel point je venais de loin par rapport à ceux qui avaient fréquenté les classes de khâgne des grands lycées parisiens.

À Fontenay, nous menions une existence assez spartiate. Mon père, qui avait été pilote sur Bugatti, sur ces magnifiques petites monoplaces bleu France « type 35 », avant de conduire ses propres voitures, des « Ferry » (il en conçut et en fabriqua une quinzaine), n'a jamais fait fortune. Il faut dire que ce n'était pas son but dans l'existence. En outre, les pilotes, à l'époque, n'étaient pas des professionnels et la médiatisation n'était pas ce qu'elle est devenue. Ils couraient par pure passion, à leur compte, sans être financés par des écuries. Puis il fut victime d'un grave accident de la route à la fin des années 50. Cet accident, qui le cloua au lit une année entière, fut une véritable catastrophe, y compris financière, pour toute la famille.

Aujourd'hui, la Seine-et-Oise est devenue les Yvelines, qui font désormais partie de la grande banlieue parisienne, mais dans les années 50 il s'agissait encore d'une vraie campagne, archaïque et belle. Dans notre petit village, la seule automobile, hormis celle du maire, une traction avant qui avait fait la guerre, était celle de mon père. Les gens se déplaçaient encore en charrette. Mes frères et moi allions chercher le lait et les œufs à la ferme. Ma grand-mère, qui nous a appris à lire et à écrire, nous emmenait chaque jour dans la forêt ramasser des pommes de pin pour allumer le feu des cheminées, les paysans moissonnaient à la faux ou à la faucille et les femmes lavaient leur linge au lavoir. Bref, c'était encore un vrai monde de paysannerie. J'ai aimé cette vie à la campagne, au point qu'aujourd'hui c'est sans doute ce qui me manque le plus. Pour les enfants que nous étions, cette existence avait un charme fou : les foins l'été, le café qu'on moud le matin, le bruit des insectes dans les champs, la chasse, à laquelle j'ai fini par renoncer quand j'ai pris conscience que ces malheureuses bestioles souffraient autant que nous et qu'elles étaient beaucoup plus belles vivantes que mortes. Je ne vais pas vous faire ma petite madeleine, mais ce monde-là, qui était tout sauf bourgeois, était doté d'une extraordinaire poésie.

Quel genre d'éducation avez-vous reçu ?

J'ai eu la chance d'avoir pour parents deux êtres à part. Mon milieu familial avait ceci de particulier que, si mon père n'avait qu'un certificat d'études et ma mère son brevet des collèges, l'un et l'autre ne plaçaient rien au-dessus des choses de l'esprit. Mon père était un bon violoncelliste, passionné de musique classique. Sa sœur, ma tante, excellente pianiste, fut même l'assistante de Cortot à l'École normale de musique, et ma mère a lu sans doute plus de livres que je n'en lirai jamais. Eux qui n'avaient aucune fortune, qui n'avaient donc pas eu la chance de poursuivre leurs études et qui venaient eux-mêmes d'un milieu très modeste, avaient la conviction — pourquoi ? c'est encore pour moi un mystère — que la formation de leurs enfants ne pouvait se faire que dans l'ordre de l'instruction, non pas dans l'ordre de l'argent.

D'où ce paradoxe : d'un côté, un monde où l'on vivait plus que simplement — je vois encore ma mère nous donner le bain dans des baquets en étain, après avoir fait chauffer l'eau dans une bassine, sur la gazinière ; de l'autre, un univers où la réalisation de soi devait nécessairement passer par la culture la plus désintéressée et la moins mercantile, autrement dit par les arts, les lettres et la musique classique. Jamais je ne rendrai assez grâce à mes parents de nous avoir transmis cela. Je leur dois, et à eux seuls, d'avoir appris le latin et le grec, plutôt que l'espagnol et l'anglais, réputés plus « utiles ». Ils y tenaient absolument, parce qu'ils sentaient que tout cela leur avait cruellement manqué. Les vrais trésors, pour eux, étaient du domaine de la pensée.

QUAND MON PÈRE VENDAIT DES ARMES AUX RÉPUBLICAINS ESPAGNOLS

Votre père, Pierre Ferry, semble avoir été un homme à la trajectoire assez singulière : technicien automobile et pilote instructeur, passionné de voitures de course, j'apprends qu'il a même couru les Vingt-Quatre Heures du Mans en 1938, tenant la tête de sa catégorie pendant seize heures avant d'abandonner pour un ravitaillement en eau qu'un de ses mécaniciens avait raté...

Né juste avant la Grande Guerre, en 1911, mon père était issu d'une famille où l'on commençait à travailler très tôt — à douze ans — et où l'on avait tendance à penser que les études ne servaient pas à grand-chose. Comme mon grand-père était un modeste marchand de « cuirs et crépins », mon père exerça le métier de livreur dès l'âge de treize ans. Il conduisait la Ford T de la famille sans permis, évidemment, mais c'était une autre époque... Au grand dam, d'ailleurs, de son instituteur. Un jour, celui-ci attendit mon grand-père à la sortie de l'école pour lui dire que son fils était un élève surdoué et qu'il serait criminel de ne pas l'encourager à aller plus loin. Malgré cette scène digne de Camus, rien n'y fit, même si, pour compenser, mes grands-parents lui ont proposé de faire de la musique. Mon père sauta sur l'occasion, s'inscrivit dans un conservatoire et choisit le violoncelle. Il jouait vraiment bien, y compris des œuvres difficiles comme le *Cygne* de Saint-Saëns ou l'*Élégie* de Fauré. Tout jeune, et là encore en décalage complet avec le milieu populaire d'où il venait, il adorait aller écouter de la musique avec sa sœur. Chaque semaine, ils se rendaient tous les deux aux concerts Colonne, ne manquaient jamais une symphonie dirigée par Charles Munch ni un récital de Cortot. J'ai été élevé dans le culte des grands musiciens.

Après les voitures de course, la musique classique deviendra ainsi la deuxième passion de sa vie, passion qu'il me transmettra très tôt. Très jeune, en effet, mon père s'est intéressé à la « mécanique », comme on disait à l'époque : il fabrique tout seul sa première voiture à quatorze ans, avec les moyens du bord, à partir d'une épave de Ford T, avant de devenir pilote instructeur à vingt ans, sur une Bugatti deux litres avec laquelle il détiendra le record du tour sur le fameux circuit « 9 kilomètres » de Montlhéry pendant près de dix ans. Il est aussi membre de l'équipe de France de « huit » en aviron. Prenant conscience qu'il lui faudrait de solides connaissances techniques pour réaliser son rêve — fabriquer ses propres voitures —, il s'inscrit en 1933 aux cours du soir du Conservatoire des arts et métiers et sera admis en 1935 aux ateliers pratiques de la Sorbonne. Sa véritable carrière d'artisan constructeur de voitures de course commence en 1936, lorsqu'il s'installe à son compte.

Au début des années 30, il fait son service militaire. Là, une psychologue, l'une des premières à pratiquer des tests d'intelligence (QI) à grande échelle, le remarque. De fait, mon père avait été classé premier dans la région Île-de-France. C'est cette femme qui, étonnée qu'un garçon n'ayant pas fait d'études et venant d'un milieu aussi quelconque puisse être classé premier, le présente à André Malraux. Pour mon père, cette rencontre marque le départ d'une nouvelle aventure : Malraux prend en affection ce petit jeune homme sorti de nulle part, si bien que quand la guerre d'Espagne éclate en 1936, il lui demande de s'occuper pour lui des ventes d'armes aux républicains. Mon père, qui, à défaut d'avoir la moindre culture historique, avait un rapport très intuitif à la politique, accepte, se retrouvant ainsi spontanément du bon côté. Pendant toute la guerre d'Espagne, il va donc travailler pour les services secrets français, pour le Deuxième Bureau, dans le cadre duquel il contribue à monter l'escadrille d'Espagne. Malraux met à sa disposition de l'argent liquide et un avion privé, avec lequel il fait sans cesse la navette entre la France et l'Espagne, le plus souvent au péril de sa vie.

Entre autres aventures rocambolesques de cette époque, mon père m'a raconté comment il avait acheté des armes à Al Capone — lequel l'avait d'ailleurs grugé de A jusqu'à Z, repartant avec l'argent… et les armes, restées dans deux bateaux qui n'avaient jamais pu accoster pour livrer le matériel ! Il assiste aussi Malraux pour le tournage d'un certain nombre de scènes de *L'Espoir,* tout en rencontrant des gens extraordinaires, dont Hemingway ou

Colette. Entre deux séjours en Espagne, et quand il n'était pas enfermé dans son petit atelier retiré au fin fond de sa banlieue pour fabriquer ses propres voitures, il se retrouvait ainsi immergé, à Paris, dans un milieu d'artistes et d'intellectuels, un monde dont il ignorait tout auparavant. Colette, dont il m'a toujours parlé avec beaucoup de tendresse, fait alors partie des gens qui le reçoivent. Il n'en oublie pas pour autant sa vraie passion, les voitures de course, si bien que, quand il se trouve à Paris, il continue de courir, le dimanche, sur les circuits. Il remporte toutes sortes de victoires et je me souviens que dans notre garage il y avait un débarras rempli de coupes d'argent qu'il finira, tout simplement, par jeter. Il n'avait aucun goût d'aucune sorte pour les honneurs. Seule la passion l'animait. Aujourd'hui encore, je rencontre presque chaque mois d'anciens pilotes qui furent ses clients et me parlent de lui avec une émotion qui ne trompe pas. En 1938, aux Douze Heures de Paris, il termine troisième au scratch et premier de sa catégorie. En tant que pilote, mais aussi en tant qu'agent du Deuxième Bureau, il commence à bien gagner sa vie. Il a alors table ouverte chez Maxim's, tout en continuant à prendre des risques insensés pendant la semaine — il échappe d'ailleurs à plusieurs tentatives d'attentat, dont un à la mitrailleuse, qui le marqua beaucoup parce que son tout jeune garde du corps y perdit la vie en sauvant la sienne. Bref, il mène une existence assez romantique d'agent secret, d'autant que la psychologue qui lui avait fait découvrir la vie parisienne tombe amoureuse de lui. J'ai récemment retrouvé, non sans une certaine émotion, ses plaques du Deuxième Bureau ainsi que son arme de service.

C'est aussi dans ces années que mon père fabrique sa toute première « Ferry » et se lance dans la création de sa propre écurie, élaborant au fil des années, jusqu'en 1960, une quinzaine de modèles, tous dessinés et entièrement conçus par lui. Juste avant la guerre, le Deuxième Bureau le payant très convenablement, il eut enfin de quoi entretenir ses propres voitures de course et commencer à fabriquer sérieusement les siennes. Il roule alors dans une sublime Bugatti deux litres trois à compresseur, qui existe encore aujourd'hui — le propriétaire m'en a fait parvenir tout récemment la photo et je conserve celles de l'époque. Il achète aussi une Riley 1500 au coureur anglais Dobson, en modifie le moteur de fond en comble et construit sur ce vieux châssis une carrosserie magnifique. C'est sur cette voiture, moitié Riley, moitié Ferry, qu'il remportera ses premières grandes victoires en course.

LES CAMPS NAZIS : « IL NE S'EN REMETTRA JAMAIS ! »

Quand éclate la Seconde Guerre mondiale, que se passe-t-il? Votre père est mobilisé?

Oui, il est mobilisé avec le modeste grade de sergent-chef et refuse les facilités qu'on lui offre pour rester «planqué», ainsi qu'il en avait la possibilité compte tenu du milieu qu'il fréquentait. Comme beaucoup, il est fait prisonnier lors de la drôle de guerre et se retrouve, en octobre 1941, dans un stalag en Allemagne, à Limburg, avec le matricule 6397, un camp d'où il s'évade presque aussitôt. En tout, il s'évadera à quatre reprises et sera chaque fois repris dans des conditions dignes des meilleurs films de guerre. Mon père parlait peu de cette période. Ou plus exactement, il en parlait très rarement, tant ce qu'il a vécu était parfois atroce. Mais quand il se mettait à l'évoquer cela pouvait durer des heures et c'était passionnant. Du coup, je me souviens d'anecdotes particulières plus que d'un ensemble cohérent.

Les circonstances de ces diverses évasions étaient parfois cocasses. Après la première, il fut repris par les Allemands et se retrouva dans un nouveau stalag où il refusait obstinément de travailler étant donné son statut d'officier. Là, il prend l'habitude de discuter avec un gardien allemand qui aimait la musique classique. Il apprend d'ailleurs l'allemand comme ça — et je puis témoigner qu'il parla fort bien cette « langue de l'ennemi » jusqu'à sa mort. Un jour, mon père prétexte une insupportable rage de dents afin que ce jeune soldat accepte de l'envoyer chez un dentiste. L'assistante de celui-ci succombe à son charme et l'aide à s'enfuir en lui faisant passer des vêtements civils. Derechef arrêté sur dénonciation après avoir traversé une partie de l'Allemagne et de la France à pied, il est renvoyé dans un camp de prisonniers. Là, il est tabassé puis on le déshabille et il doit passer tout nu devant un tribunal militaire qui le condamne au cachot. En sortant de la salle, il parvient toutefois à prendre ses vêtements civils sous le bras, sans que les soldats s'en aperçoivent, ce qui lui permettra une nouvelle évasion quelques mois plus tard. Certains de ses amis m'ont raconté ces divers épisodes, sans doute un peu romancés, mais manifestement exacts. Multirécidiviste de l'évasion, mon père a quand même fini par être sévèrement puni et expédié dans un camp situé plus à l'est, où de nombreux prisonniers de guerre soviétiques et yougoslaves étaient également détenus. Ce dernier camp n'était plus un stalag qui, par comparaison, pouvait faire figure de sanatorium, mais un lieu dantesque où régnait un régime de quasi-extermination. Il rentrera en France le 4 octobre 1944.

Avez-vous entrepris de lui faire raconter ce qu'il avait vécu dans ce camp ?

Comme je vous ai dit, il lui arrivait de nous en parler, mais rarement et uniquement par bribes. Nous sentions bien que certains de ces souvenirs n'étaient pas racontables. Un jour, il m'a dit que dans ce dernier camp, le plus terrible qu'il ait connu, à chaque nouvel arrivage de détenus, les Tsiganes, les Serbes et les Noirs (la plupart sénégalais) étaient sélectionnés et aussitôt fusillés devant les autres prisonniers réunis dans la cour pour l'occasion. Il m'a souvent dit que ces scènes étaient, de tout ce qu'il avait enduré, ce qu'il avait le plus mal supporté, et de très loin. Les gardiens du camp avaient pris l'habitude de placer un baquet de soupe chaque matin à une cinquantaine de mètres des baraques. Pour l'exemple, le dernier détenu arrivé était systématiquement dévoré vivant par les chiens devant l'ensemble de ses camarades. Il s'agissait de leur montrer ce qui les attendait s'ils tentaient de faire le mur. Mon père me racontait que cette « distraction » avait été mise au point par des gardiens roumains. Les Roumains, répétait-il, « c'étaient les pires, les plus sadiques, de véritables brutes ».

Quand, après la guerre, l'État français lui proposera de le décorer et de lui verser une pension militaire, il refusera tout en bloc. D'une manière générale, mon père n'a jamais entretenu le culte de son passé : il ne gardait rien et a toujours détesté ce qui s'apparentait, à ses yeux, à de la vanité. Comme je vous l'ai dit, même les coupes des Grands Prix gagnés au fil des ans ont toutes fini à la poubelle.

Dans quelle mesure la trajectoire politique de votre père — son engagement auprès de Malraux et des Brigades internationales suivi de son expérience pendant la Seconde Guerre mondiale — a-t-elle influé sur votre propre sensibilité politique ?

Mon père ne se remettra jamais vraiment de ce qu'il a vu et traversé sous le nazisme. Je crois qu'il en restera traumatisé à vie. Nous avons vu ensemble, un soir, *Nuit et Brouillard*, quand j'étais adolescent — je ne me souviens plus exactement de la date, je devais avoir douze ou treize ans. Je sais qu'il est désormais de bon ton de critiquer ce film, mais je peux vous dire qu'il eut sur moi un effet décisif. C'est là que j'ai compris ce qui s'était passé. Il y avait au lycée Saint-Exupéry, où j'ai étudié de la sixième à la quatrième, un petit groupe d'antisémites virulents qui distribuaient ce fameux faux que sont *Les Protocoles des sages de Sion*. À l'époque, je n'y comprenais pas grand-chose, mais du jour au lendemain je n'ai plus pu les supporter. Ils sont devenus pour moi l'ennemi absolu et j'ai commencé à comprendre à quel point le général de Gaulle avait sauvé l'honneur en refusant la collaboration.

C'est sans doute l'une des raisons — peut-être même la principale — pour lesquelles je n'ai jamais pu être soixante-huitard. Ses récits m'avaient suffisamment marqué pour qu'en 1968, précisément l'année où j'entame mes études de philosophie à Censier, les slogans du type « CRS-SS » me soient d'emblée apparus comme insupportables. Non pas tant parce qu'ils insultaient la République et le gaullisme avec elle, que parce qu'ils banalisaient le nazisme. Si Hitler avait appartenu aux compagnies républicaines de sécurité, c'eût été la meilleure nouvelle du siècle ! Je savais qu'entre nos malheureux CRS et les *Einsatzgruppen*, il n'y avait pas une paille, mais un abîme. Pour autant, je n'avais pas non plus de sympathie particulière pour la « droite camembert », n'ayant du reste aucun lien avec ce milieu-là. De surcroît, tous mes amis d'alors — à une seule et unique exception près, celle de mon camarade Jean-Pierre Pesron qui, comme moi, était plutôt gaulliste et démocrate — étaient de gauche. Mais si je savais une chose à coup sûr, c'est que les gaullistes et les CRS n'étaient pas des SS, et qu'il était tout simplement immonde d'accuser ces hommes — qui, comme mon père, avaient vingt fois risqué leur vie en combattant le nazisme — d'en être si peu que ce soit les complices. Quant au fascisme, la vieille thèse marxiste selon laquelle il était le stade le plus avancé du capitalisme était si évidemment absurde qu'elle révoltait tout esprit un tant soit peu éveillé ! J'ai d'ailleurs toujours été reconnaissant à Daniel Cohn-Bendit d'avoir admis, le premier parmi les « anciens combattants de Mai », combien un slogan du genre « Élections piège à cons » était stupide et indigne et, surtout, combien l'équivalence forcée entre les CRS et les SS était ignoble. Non pas tant, encore une fois, parce que les CRS n'étaient pas des SS, que parce que les SS n'étaient certainement pas des CRS : ce slogan était moins une insulte à la police républicaine qu'aux victimes de la Shoah.

La fascination de nombreux intellectuels pour la Chine me paraissait particulièrement délirante. À voir les images qui nous parvenaient de la Révolution culturelle et auxquelles mes amis de l'ultragauche applaudissaient — ces gens obligés de se traîner à quatre pattes le visage ensanglanté, des panneaux infâmes accrochés autour du cou, lynchés par la foule parce qu'ils portaient des lunettes et pouvaient donc être considérés comme des intellectuels —, il me semblait qu'il ne fallait pas être grand clerc pour s'apercevoir que là s'incarnait à nouveau l'ignominie révolutionnaire des temps modernes. Cette violence prétendument « de masse », qui continue manifestement de faire jouir un philosophe comme Alain Badiou, me faisait déjà vomir à l'époque.

Je constate au demeurant, non sans ironie, que les positions se sont un peu renversées depuis. La plupart des anciens maos, à l'image de Philippe Sollers ou d'André Glucksmann, sont plutôt devenus des admirateurs du général de Gaulle, d'Édouard Balladur ou de Nicolas Sarkozy, quand ils ne sont pas passés beaucoup plus à droite. J'ai toujours été gaulliste et je persiste à penser que cela reste une bonne façon d'être favorable aux interventions de l'État sans adhérer pour autant aux archaïsmes et aux équivoques d'un Parti socialiste qui, en France, n'a jamais eu le courage d'être clairement social-démocrate et réformiste. Quoi qu'il en soit, c'est à coup sûr aux engagements de mon père que je dois de ne pas m'être trompé sur les totalitarismes. C'est donc d'abord mon aversion pour le terrorisme inhérent à la rhétorique gauchiste qui m'a amené à me définir comme un républicain de centre droit, un gaulliste ou, si vous voulez, un libéral-social-démocrate, pour parodier une formule du philosophe Leszek

Kolakovski *(voir chapitre 12)*, même si je n'ai rien, en vérité, d'un intellectuel de droite.

PIERRE FERRY, PILOTE DE COURSE

Et les voitures de course ? Un témoin de l'époque raconte qu'en 1971, à soixante ans, votre père avait acquis une notoriété mondiale. « Des centaines de personnalités défilent alors dans son bureau en quête du conseil du maître. » Il semblait aussi très apprécié dans sa profession. « La discussion s'engage-t-elle sur la mécanique », poursuit l'auteur de ce témoignage, « que Pierre Ferry est intarissable. Tous les problèmes sont abordés. Sa grande intelligence et sa finesse d'esprit le font entrer tout droit dans le cœur des gens et des choses ». On apprend aussi que la Ferry 750 fut exposée jusqu'en 1971 dans un musée de Californie. Votre père vous a-t-il transmis sa passion ?

Je ne sais pas dans quel journal vous avez trouvé ce témoignage, mais il est tout à fait juste. Cette année encore, lors d'une conférence en province, l'affiche qui annonçait mon intervention dans la ville me présentait comme le fils du « célèbre pilote et préparateur Pierre Ferry ». Je ne me suis rendu compte qu'assez tardivement de l'ampleur de sa notoriété dans le milieu de la course automobile. Il m'arrive parfois de conduire des voitures anciennes, dans des courses classiques, et les gens viennent me voir pour me parler de lui. Il faut dire que mon père avait repris après la guerre son activité de pilote et de constructeur, mais aussi de préparateur. Mes trois frères et moi avons ainsi passé notre enfance dans son garage à jouer dans les Bugatti. Il y avait, entre autres, des 57, un coupé Atalante d'une beauté à couper le souffle, des vieilles « trois litres trois » avec un cornet en cuivre pour parler au chauffeur et plusieurs dizaines de type 35. Dans les années 50, elles ne valaient plus rien, mais nous étions littéralement fascinés par la beauté, la puissance, le bruit assourdissant et l'odeur d'huile de ricin qui se dégageaient de ces engins. Nous avions également quelques Maserati 1500, des Cisitalia magnifiques et toute une pléiade d'autres voitures de course dont chacune assurerait aujourd'hui nos vieux jours si nous les avions gardées… Pour nous, c'était un vrai paradis ! Sans parler des week-ends où nous allions à Pau, à Montlhéry, au Mans ou à Reims pour voir courir les voitures que mon père concevait et fabriquait pour des clients désireux de posséder quelque chose d'exceptionnel. Parfois, il les conduisait encore, mais à partir des années 60 il arrêta définitivement la course, notamment parce que ma mère était tétanisée d'angoisse. Et puis, vous pensez bien, notre père nous a très tôt appris à piloter, à faire des tête-à-queue, à contre-braquer et à freiner dans les règles de l'art. J'avoue que quand on me prête une voiture de course, même ancienne, ce qui m'arrive de temps à autre, c'est chaque fois comme un rêve qui revient…

Voyez-vous un rapport entre ce chapitre de votre enfance, passée au milieu des bolides, et le fait que vous soyez devenu philosophe ?

Il y avait en effet, dans la passion de mon père, du moins dans ses aspects créatifs, une part essentielle consacrée au dessin, au *design*, et, chez lui, une relation particulièrement forte à l'esthétique, à la beauté, mais aussi à la vérité. Car son objectif était de concevoir et de fabriquer des œuvres d'art qui soient, si je puis dire, scientifiquement et technologiquement « vraies ». À ses yeux, une belle voiture était sans conteste une œuvre d'art. Mes frères et moi avions aussi appris à monter et à démonter des moteurs — il faut dire qu'à l'époque, il n'y avait pas d'électronique et qu'ils étaient encore accessibles en ce sens que tout, ou presque, était visible et démontable. Entre le métier de mon père et la recherche de la vérité, il existait un point de passage.

Améliorer un moteur, résoudre un problème technique, trouver le dispositif le plus efficace, des gaz qui circulent bien dans une tubulure, un arbre à cames qui donne des chevaux au bon endroit, des rapports de boîtes et de ponts appropriés, c'est un peu comme avec un système de pensée qui doit progresser pour être plus intelligent.

Le dernier modèle qu'il a conçu, un « tank» comme on disait à l'époque, était sublime. Il gagna d'ailleurs presque toutes les courses auxquelles il participa et finit deuxième au championnat du monde de vitesse dans sa catégorie. En 1957, j'avais six ans, mais ce souvenir reste gravé dans ma mémoire, mon père me prit avec lui pour conduire le petit tank à Orly et le faire charger dans un avion-cargo en partance pour les États-Unis. Il venait de le vendre à un pilote américain, John Green, et il fallait l'expédier outre-Atlantique. L'année suivante, nous allions apprendre qu'il avait fait une sortie de route pendant les Mille Miles. Il n'en restait plus qu'un tas de ferraille. Or, voici qu'il y a trois ans, un monsieur vient me voir après une conférence pour me demander si j'étais bien le fils de Pierre Ferry. Il tenait à me dire que son frère avait retrouvé cette voiture — la dernière Ferry, aujourd'hui de collection —, dont il avait acheté l'épave entièrement rouillée aux États-Unis. On m'a montré des photos sur lesquelles j'ai tout de suite reconnu l'engin, inimitable, bien qu'au beau milieu d'une casse. Il n'y avait plus un centimètre carré en état. Elle était toute gondolée, comme Cornélius dans Babar. Un passionné, Jean-Marie Fresnault, le frère de ce monsieur, qui est depuis devenu un ami très cher, a tout restauré à neuf. J'ai eu la fierté de la conduire au grand prix de Malte, il y a trois ans. Nous avons d'ailleurs reçu le prix de beauté et d'élégance.

Voilà, en quelques mots, le monde un peu étrange d'où je viens : un milieu très loin du centre parisien, ni universitaire ni bourgeois, mais dans le même temps complètement atypique puisque la musique, la beauté, le dessin, l'art, la technique et la littérature y étaient portés aux nues. Sur quatre frères, il y aura trois professeurs de philosophie — Olivier, Jean-Marc et moi —, le quatrième, Pierre-Yves, devenant marchand de violons après avoir été, tout jeune, chargé de cours en psychologie à Censier.

Trois frères philosophes, ce n'est tout de même pas banal. Votre mère y serait-elle aussi pour quelque chose ?

Contrainte d'arrêter ses études en classe de seconde, ma mère a toujours eu une passion pour les livres. Aujourd'hui encore, elle lit trois ou quatre ouvrages par semaine, des romans comme des essais. Elle nous a élevés, dès la plus petite enfance, avec un exercice quotidien assez particulier. À chaque dîner, de façon quasi rituelle, elle nous incitait à réfléchir sur le sens des mots. Je me souviens, entre autres, de discussions sans fin sur des termes désignant des qualités ou des défauts : qu'est-ce que l'arrogance, l'orgueil, la vanité, la présomption, la différence entre l'envie et la jalousie, etc. Elle nous invitait sans cesse à discerner les nuances les plus fines entre ces notions voisines. C'était assez amusant et original quand on y repense, vu de nos soirées télévisées d'aujourd'hui. En fait, nous n'étions pas très loin d'une dissertation de philosophie. Cet exercice intellectuel m'a laissé un souvenir durable.

MA MÈRE ET LES PRÊTRES-OUVRIERS

Vous avez reçu une éducation religieuse, ou votre famille était-elle plutôt anticléricale ?

Mon père, oui ! Voltairien et libre-penseur, il était très critique à l'égard de l'Église, sur le mode permanent de la plaisanterie anticléricale, même s'il avait lui-même une relation personnelle à Dieu et un authentique fond de spiritualité, ainsi que je le découvrirai plus tard. Comme presque tous les passionnés de musique, il avait un côté mystique. Il y avait finalement une sorte de partage des rôles, alors assez répandu au sein des familles. Mon père était, comme beaucoup d'hommes de sa génération, dans des métiers « virils » : il y avait eu la guerre et les services secrets d'un côté, et de l'autre les voitures de course. Le moins qu'on puisse dire est que nous avions un père particulièrement masculin dans les symboles.

L'éducation religieuse passait avant tout par notre mère, qui nous faisait le catéchisme avec des prêtres-ouvriers qui l'avaient prise en affection. La plupart étaient plus ou moins proches du Parti communiste et prêtres en usine. Ils étaient Pepone et Don Camillo à la fois. J'aimais leur façon d'être très concrètement du côté des pauvres et des humiliés, dans une lutte des classes qui, à l'époque, était sans doute bien plus réelle qu'aujourd'hui (encore que…). Ils étaient aussi très impliqués dans la vie, souvent jeunes, plutôt beaux, et nous voyions bien, avec mes frères, qu'ils regardaient les filles ! Du reste, nombre d'entre eux ont fini par se marier et quitter l'Église. Je me souviens toujours de leurs noms et de leurs visages et je les tiens, aujourd'hui encore, pour des figures admirables. Ils ont beaucoup marqué mon enfance. Leur façon de pratiquer l'amour d'*agapê* au quotidien, pas seulement à l'église et pas seulement en paroles, a laissé sur moi une forte impression.

J'ai plus tard retrouvé cette même qualité humaine chez sœur Emmanuelle, qui deviendra une amie très proche. Je l'ai rencontrée chez Bernard Pivot dans les années 90, alors que je venais de publier *L'Homme-Dieu ou le sens de la vie* (1996). Elle était là, sur le plateau, avec sa petite voix pointue et sa façon à elle de tutoyer tout le monde. Paulo Coelho était lui aussi invité avec deux journalistes chrétiens de revues catholiques, qui lui sont rentrés dans le chou de manière peu aimable. Nous avons, sœur Emmanuelle et moi, défendu Coelho, non que nous trouvions son livre admirable, mais parce qu'il était étranger, qu'il parlait mal le français et qu'il ne comprenait pas pourquoi on l'agressait de la sorte. Puis je suis resté, après l'émission, à bavarder un long moment avec la petite sœur. Elle m'a proposé de venir la voir chez elle, à Callian, au-dessus de Grasse. J'y suis allé très souvent, notamment avec ma fille aînée Gabrielle. Un jour, comme elle écrivait un livre sur les femmes libres, elle m'avait demandé de l'aider à en rencontrer quelques-unes qui avaient réussi dans la vie et menaient leur existence librement. C'est ainsi que je lui ai présenté Mireille Darc, qui rêvait de la rencontrer, mais aussi Carla Bruni, puis, un peu plus tard, Marie-Caroline, ma femme. Elles se sont toutes incroyablement bien entendues avec sœur Emmanuelle, religion catholique ou pas... Je lui ai également présenté mon ami Marek Halter, car sœur Emmanuelle, parente du capitaine Dreyfus, était juive, arrière-petite-fille de rabbin, et elle aimait aussi évoquer ses racines juives polonaises — les mêmes que celles de Marek.

Pour l'anniversaire de ses quatre-vingt-dix ans, elle m'a demandé, toujours avec sa petite voix, une insigne faveur : organiser un dîner avec un autre de mes amis les plus chers, le philosophe André Comte-Sponville, un « vrai penseur matérialiste ». André et sa femme, Sylvie, un peintre de grand talent, nous ont accueillis chez eux et ce fut un véritable festival d'intelligence. Sœur Emmanuelle ne savait pas seulement raconter, elle savait faire parler les autres et s'intéressait vraiment à eux. Le plus drôle, c'est que, pendant tout le dîner, elle essaya de dissuader Marie-Caroline de m'épouser ! Elle me trouvait trop « dangereux » pour elle... Ministre, je l'ai encore revue : elle avait accepté de parrainer l'opération « Envie d'agir » que j'avais inventée pour permettre aux jeunes de s'engager dans la cité. Nous nous sommes par la suite retrouvés à maintes reprises. Je passais la chercher à Callian, dans son couvent, puis je l'emmenais déjeuner au bord du lac de Saint-Cassien, où elle prenait en général une truite aux amandes. J'aurais mille anecdotes à vous raconter sur nos conversations, sur l'enfant tué dans ses bras par un sniper, sur un balcon de Beyrouth, sur son rapport à la pauvreté, sur sa vie avec les chiffonniers, sur son passé juif...

Les prêtres-ouvriers ont-ils réussi à faire de vous un bon chrétien ?

Non, je suis devenu irrémédiablement athée ! Autrefois, je disais plutôt « agnostique » pour éviter le côté militant qu'a parfois l'athéisme, sans compter que l'inexistence de Dieu est évidemment indémontrable. En fait, je suis resté chrétien jusqu'à l'âge de sept ans... Je me souviens très bien que le passage des Évangiles qui me sidère alors est celui de la mort puis de la résurrection de Lazare, si merveilleusement racontées par Jean. Lorsque le Christ apprend la mort de son ami, il ne revient pas tout de suite à son chevet. Il fait au contraire exprès de ne rentrer que deux jours plus tard. Pourquoi ? Pour que le corps de Lazare ait le temps de se décomposer et pour que la résurrection soit bien une résurrection de la chair. Contrairement, donc, à ce que prétendent aujourd'hui nos petits nietzschéens de gauche, le christianisme fut aussi, dès le départ, une philosophie de la chair. La promesse de la résurrection concerne les corps autant que les âmes avec cette question un peu étrange : à quel âge et avec quelle tête allons-nous, après la mort, retrouver ceux que nous avons aimés en cette vie ? Réponse chrétienne, d'une rare profondeur, mais à laquelle je ne crois pourtant pas : avec le visage de l'amour, le sourire et l'intonation des voix que nous avons aimés...

Du haut de mes sept ans, quelque chose me semblait d'emblée un peu louche dans cette promesse : c'était trop beau pour être vrai ! Retrouver ceux que nous aimons après la mort, n'est-ce pas exactement ce qu'on a envie d'entendre ? Le Christ a pleuré en apprenant la mort de son ami Lazare, m'expliquaient les prêtres-ouvriers. « Mais pourquoi, leur répliquais-je, s'il savait qu'il allait pouvoir ressusciter son ami ? » S'il était triste, me disais-je dans ma tête d'enfant, c'est justement parce qu'il savait que c'était fichu, que ce n'était pas vraiment réparable, qu'il y avait bien là de l'irréversible. Bref, quelque chose ne collait pas. Cette question de la mort, qui n'a cessé de me préoccuper, m'est finalement apparue très tôt comme la question cruciale, et la réponse que lui apporte la religion comme n'étant pas la bonne.

Par la suite, je mettrai longtemps ces questions de côté en me persuadant que l'éthique républicaine et la morale suffisent. Celle des premiers républicains, de Kant ou de Jules Ferry, peu importe. Non, toutefois, sans une certaine mauvaise conscience car je savais bien, au fond de moi, qu'on n'en finit pas avec la question spirituelle en se réfugiant dans la morale séculière. D'où, beaucoup plus tard, mon questionnement sur une « spiritualité laïque » articulée aux acquis de notre histoire, à l'élaboration de laquelle je travaille depuis des années. De là, aussi, la formule qui servit de sous-titre à *La Sagesse des Modernes*, un livre publié en 1998 avec André Comte-Sponville : « Après la religion, au-delà de la morale ». « Au-delà de la morale », car celle-ci ne répond pas au problème de la contradiction entre la mort, qui est séparation, et l'amour qui nous voue à l'attachement ; « après la religion », car nous sommes des laïcs mais qu'il nous faut quand même une spiritualité.

J'ai donc quitté le catéchisme en assurant mes prêtres instructeurs de l'affection que je leur portais, mais en leur disant en gros : « Je n'y crois pas. » Il n'en reste pas moins qu'ils m'auront initié à la dimension philosophique du christianisme, notamment à sa philosophie de l'amour que je trouve grandiose.

Votre mère a respecté votre décision de quitter le catéchisme ?

Mes frères et moi étions tout de même censés aller à la messe, ce que nous avons fait un temps, mais cela n'a pas duré car nous n'arrêtions pas de chahuter. Nous avions de petits pistolets à plombs — des « Pneumatirs », je m'en souviens comme si c'était hier — et notre principale occupation consistait à tirer dans les fesses des vieilles bigotes des rangs de devant. Naturellement, le curé a fini par nous prendre en flagrant délit et par nous flanquer à la porte. Au demeurant, c'était un peu le but recherché... Je devais avoir huit ou neuf ans et ma mère a senti que la situation était irrattrapable. Il faut dire aussi qu'ayant entre-temps déménagé à la campagne, nous étions passés de ces êtres d'exception qu'étaient les prêtres-ouvriers au curé du village ordinaire, de ces curés alcooliques et désabusés, passés champions du monde dans l'art de dissuader n'importe qui d'être croyant...

L'ÉCOLE À LA MAISON

Comment s'est déroulée votre scolarité dans le secondaire, au collège puis au lycée ?

Elle fut assez calamiteuse, du moins au sens classique. Il faut dire que lorsque nous nous sommes installés à Fontenay-Saint-Père, à la fin des années 50, nous étions loin de tout. Et au début, le grave accident de mon père, joint au fait que ma mère ne conduisait pas, nous isolait encore davantage. Nous ne sortions jamais et vivions repliés sur la tribu. En l'absence d'autocar, et mon père ne pouvant plus nous emmener en voiture à l'école ou au lycée, qui se trouvaient à une douzaine de kilomètres, j'ai fréquenté un temps l'école du village où j'avais un instituteur communiste, M. Quettier, qui, je crois, est devenu parlementaire plus tard. Ce n'était pas un mauvais bougre, mais il voyait ma famille d'un mauvais œil : nous étions des Parisiens très différents des fils de paysans du cru, autant dire des étrangers... J'ai finalement quitté l'école pour poursuivre à la maison, aidé par ma grand-mère maternelle, dont je vous ai dit qu'elle était directrice d'école. C'est peu de dire qu'elle savait y faire pour apprendre à lire et à écrire à des enfants ! En sixième, au début des années 60, j'entre donc au lycée de Mantes-la-Jolie (à l'époque, on ne parlait pas encore de collège), au Val-Fourré, un établissement déjà très difficile, à mille lieues des collèges fréquentés par les fils de bourgeois du sixième arrondissement. Ce fut un choc, d'autant que j'étais alors une sorte de sauvageon campagnard très désocialisé. J'ai finalement réussi à quitter en troisième ce lycée que je détestais pour poursuivre mes études par correspondance, comme mes frères l'avaient fait avant moi.

À l'époque, je n'avais aucun regard sur le monde, hormis ce que je savais par mon père des horreurs nazies, de la guerre et du gaullisme. Ma mère faisait de son mieux pour m'aider dans mes rédactions. Là, elle était excellente car elle connaissait la littérature classique de manière réellement riche et profonde. Mais ayant dû arrêter ses propres études, elle ignorait tout de la physique ou de la chimie, pour ne rien dire du latin et du grec. Quant aux mathématiques, c'est l'époque où tout passait par la théorie des ensembles, qu'elle n'avait jamais connue dans son parcours scolaire. Du coup, il fallait bien que je me débrouille seul, avec, de temps à autre, l'aide de mes frères, d'un oncle ou d'une tante. Ce fut néanmoins une époque bénie. Nous recevions nos cours et nos devoirs par courrier tous les quinze jours. Je faisais en sorte de m'en débarrasser en quarante-huit heures, si bien que j'avais ensuite plusieurs jours de totale liberté pendant lesquels je pouvais me consacrer, avec mes frères, à nos équipées favorites — faire les fous sur de vieux Solex rafistolés ou avec des fusils de chasse piqués au grand-père, quand nous ne prenions pas une des voitures de mon père pour aller nous balader sur les petites routes, sans permis de conduire, cela va de soi, puisque aucun d'entre nous n'avait l'âge requis... Avec le recul, je dirais que ces cours par correspondance furent très formateurs car n'ayant pas de professeurs, du moins pas au sens traditionnel, j'étais obligé de lire énormément — les cours étaient écrits, par définition, mais ils renvoyaient à des quantités d'ouvrages à lire, manuels ou grandes œuvres. C'est ainsi que je suis devenu, presque mécaniquement, un gros lecteur. Grâce à ma mère, la maison était pleine de livres de toutes sortes. De la littérature classique, bien sûr, mais aussi des dictionnaires, des encyclopédies... Nous vivions entourés de livres, même si notre principale activité consistait quand même à parcourir la campagne fusil en bandoulière, à pied, en Solex ou en voiture...

Vous vous intéressez beaucoup, depuis quelques années, à l'histoire de la famille moderne, un pan essentiel de votre réflexion sur ce que vous nommez le « deuxième humanisme ». Je pense, entre autres, à votre essai de 2007, justement intitulé Familles, je vous aime, *par référence au fameux « Famille, je vous hais ! » de Gide, et à votre dernier ouvrage,* La Révolution de l'amour, *publié à l'automne 2010. Votre enfance heureuse, cette vie en tribu à la campagne, ont-elles contribué à vous sensibiliser à cette thématique ?*

Il n'est jamais aisé de démêler ce qui nous a fait de ce qu'on en a fait, mais il est vrai que l'amour qui peut exister dans une famille, avec cette sorte de protection mutuelle, de loyauté et de dimension presque fusionnelle qui caractérisaient la mienne, m'a influencé pour le restant de ma vie. C'est une évidence. Et plus ça va, plus j'en prends conscience. J'ai eu beaucoup de chance. Boris Cyrulnik a raison de souligner combien notre capacité ultérieure à la résilience, notre aptitude à surmonter les traumatismes et à encaisser sans trop de dommage psychique les coups durs de la vie, sont intimement liées à cette expérience.

2

La découverte de la philosophie et les années de formation

Alexandra Laignel-Lavastine — *La philosophie, était-ce chez vous ce qu'on appelle une vocation ? Quand et comment s'est produite votre rencontre avec cette discipline ? Quelle fut en la matière l'influence de vos frères ? Je sais que Jean-Marc, pourtant excellent en lettres, avait récolté un « 2 sur 20 » à son bac français, d'où s'était ensuivie, m'a-t-il expliqué, une période de « flottement » pendant laquelle il se sentait « fâché avec l'humanité entière »... et s'était plongé dans la philo*. Vous conseillait-il certaines lectures ?*

Luc Ferry — J'ai en fait découvert la philosophie vers l'âge de quinze ans et ce fut un choc, une vocation qui ne m'a jamais quitté. Cette rencontre doit beaucoup à mes grands frères, surtout à Jean-Marc qui m'avait précédé dans cette voie. L'année d'après ce « 2 sur 20 » en français qui le fit échouer au bac (c'était une note éliminatoire à l'époque), Jean-Marc sera reçu au même bac avec une mention très bien et un 18 sur 20 en philosophie ! Ce qui prouve assez combien le professeur de lettres qui l'avait

* Jean-Marc Ferry est l'auteur d'une vingtaine d'ouvrages, dont *Habermas, l'éthique de la communication* (1987), *Les Puissances de l'expérience*, I et II (1991), *La Question de l'État européen* (2000), *Les Grammaires de l'intelligence* (2004), *Europe, la voie kantienne* (2005). Il a publié, en 2010, *La Religion réflexive* et *La République crépusculaire*. Son œuvre a été couronnée par l'Académie française (prix La Bruyère) et par l'Académie des sciences morales et politiques (prix Louis Marin) [*A.L.-L. pour les notes de bas de page*].

éliminé l'année précédente était cinglé. Jean-Marc est aujourd'hui professeur de philosophie à l'Université libre de Bruxelles ainsi qu'à Paris-IV Sorbonne. Depuis, je me suis toujours méfié des notations touchant les dissertations. Elles sont tellement aléatoires qu'elles n'ont parfois aucun sens. Quoi qu'il en soit, c'est lui qui me conseilla de lire d'abord *Les Fondements de la métaphysique des mœurs* de Kant, puis *Le Discours de la méthode* de Descartes, deux textes qui étaient à son programme.

L'INFLUENCE DES TROIS FRÈRES

J'ai donc commencé par *Les Fondements*. Et comme il était prévisible, je n'y comprenais strictement rien. Pas seulement dans le détail : que pouvait bien vouloir dire au juste *« a priori »* ? Pourquoi cette ténébreuse histoire de « bonne volonté », sans parler de ces mystérieuses « choses en soi » ? Mais c'était plus grave : je ne savais tout simplement pas à quel type de discours j'avais affaire, ni de quoi il s'agissait au fond. Manifestement, ce n'était pas de la littérature, il y avait des concepts, une volonté démonstrative, rationaliste… Et pourtant, ce n'était pas non plus de la science. Alors quoi ? J'ai mis trente ans à répondre vraiment à cette question, qui fait du reste l'objet principal de mon *Apprendre à vivre* (2006). À l'époque, je me disais : cet homme — Kant — n'est manifestement pas un imbécile, pourquoi diable s'intéresse-t-il à tout cela ? J'ai voulu en avoir le cœur net. À force, je comprenais les mots, je pouvais suivre les phrases, mais en vérité je ne voyais toujours pas vraiment de quoi il retournait. C'était à la fois très décevant et très passionnant.

À la fin de la terminale, j'étais capable de parler assez bien de mes lectures, par exemple de décortiquer très correctement la fameuse différence que Kant établit entre les « jugements synthétiques» et les «jugements analytiques», telle qu'on la trouve dans la *Critique de la raison pure*. Comme un élève qui a vraiment travaillé, à vrai dire même comme la plupart des professeurs, je pouvais presque tout expliquer... sans rien comprendre au fond, mais sans non plus faire d'erreur : je pouvais exposer qu'un «jugement synthétique», c'est quand le prédicat n'est pas contenu dans le concept, et un «jugement analytique» quand il est dedans. Lorsqu'on dit qu'un cercle est rond, la rondeur fait partie du concept de cercle. C'est un jugement analytique. Quand je dis que ma chaussure est noire, le noir n'est pas forcément lié à l'idée de chaussure — elle pourrait être marron, par exemple. C'est donc un jugement synthétique, etc. Pour autant, je dois reconnaître que le sens profond de tout cela m'échappait à cent pour cent ! Je n'ai compris que beaucoup plus tard comment toute la question de l'objectivité était liée pour Kant à cette problématique, du reste empruntée à Hume : comment relier entre elles des représentations de sorte que cette liaison soit objective et pas seulement subjective ? Pour parler comme Hume, si j'associe la douleur que je ressens quand je me pique le doigt, non pas à l'aiguille que j'ai en main, mais à la pluie qui tombe dehors, l'association est mauvaise, seulement subjective. Pour qu'elle acquière une objectivité, il faut que la liaison des représentations sous l'idée de causalité soit bien faite : de là, la problématique des jugements synthétiques et la question du caractère *a priori* des connecteurs qui la permettent... Cela dit, non pour entrer dans le détail de cette problématique, mais pour vous montrer comment on peut présenter une philosophie très convenablement sans rien y comprendre ni saisir ses enjeux. C'est ce que font la plupart des manuels, rédigés par des gens qui ne connaissent en général qu'un ou deux grands auteurs et se contentent de bavarder sur les autres. C'est ce que j'ai voulu à tout prix éviter dans mon *Apprendre à vivre*, où j'ai tenté de donner le sens des grandes philosophies et d'en faire ressortir les vrais enjeux. Mais à l'époque dont je vous parle, j'étais encore à des années-lumière d'en être capable. Simplement, je sentais qu'il y avait là comme un trésor enfoui…

J'avais donc le sentiment très puissant, j'y reviens un instant car ce fut pour moi le vrai déclencheur, que cet objet-là, la philosophie, n'était ni de la science ni de la littérature : comme dans les sciences, cette discipline étrange comportait bien une dimension rationnelle qui la rapprochait des mathématiques ou de la physique. En même temps, on n'était ni dans le registre de l'expérimental ni dans celui du déductif. C'est dans la sphère du sens et des valeurs que ce discours travaillait, ce qui rapprochait plutôt la philosophie de la littérature. Pourtant, elle ne s'y réduisait pas non plus : pas de récit, pas d'intrigue, pas de personnages. Longtemps, je me suis posé la question de savoir ce qu'était réellement la philosophie, entre science rationnelle et fiction romanesque. C'est seulement à partir de mon livre, *L'Homme-Dieu ou le sens de la vie* (1996), que j'ai commencé à comprendre qu'elle n'avait rien à voir avec ce qu'on nous racontait en terminale — où, en gros, on nous expliquait qu'il s'agissait d'une réflexion sur les notions, une forme d'esprit critique, de capacité à réfléchir, à argumenter. J'ai compris que la philosophie, la vraie, n'avait rien à voir avec ce cours d'instruction civique à l'usage des futurs citoyens, mais qu'elle représente bel et bien une quête de la « vie bonne » qui ne passe ni par Dieu ni par la foi, bref, une concurrente laïque de la religion, comme je le montre dans mon *Apprendre à vivre* qui n'est qu'en apparence un livre pour les jeunes…

LA PHILOSOPHIE : LE SENS *DANS* LA VIE PLUTÔT QUE *DE* LA VIE

On peut même dire que vous n'avez cessé, à chaque étape de votre parcours, de reprendre à nouveaux frais cette réflexion sur la définition de la philosophie. À cet égard, vous affirmez souvent qu'une philosophie authentique doit se structurer selon trois axes — théorique, pratique et sotériologique (orienté vers la problématique du salut ou de la « vie bonne », comme disait déjà Aristote).

Oui, mais c'est seulement sur le tard que cette tripartition m'est clairement apparue. La seconde partie de mon autre livre de 2006, *Vaincre les peurs*, sous-titré « La philosophie comme amour de la sagesse », est d'ailleurs consacrée à répondre aux objections que cette définition de la philosophie comme quête non religieuse de la sagesse et de la « vie bonne », c'est-à-dire comme « spiritualité laïque », a pu susciter. Et ce justement parce qu'elle rompait largement avec l'idéologie que véhicule l'enseignement français de la sacro-sainte classe de terminale, avec son culte de la dissert', du républicanisme et de la réflexion critique. Non que je ne sois pas républicain : je le suis même plus que démocrate, s'il faut choisir ! Mais je maintiens, et je suis prêt à le montrer quand et où l'on veut, que la philosophie n'est pas et n'a jamais été un cours de réflexion critique destiné à préparer à l'exercice de la citoyenneté. Qu'un tel cours soit utile, je ne le nie nullement. Il est même indispensable, à mes yeux, de faire réfléchir les jeunes gens à de grandes questions. Simplement, cet exercice salutaire n'a rien, rigoureusement rien à voir avec la philosophie. Si on avait dit à Spinoza, à Épictète ou à Hegel que le but de leur travail intellectuel était de réfléchir de manière critique et argumentée, ils seraient tombés de leur chaise ! Pour eux, de toute évidence, la philosophie était d'abord et avant tout destinée, comme le dit Hegel, à « comprendre ce qui est » (la « théorie ») pour pouvoir se situer dans le monde (la « pratique ») et y trouver le sens de sa destinée (« sotériologie », c'est-à-dire doctrine du salut sans Dieu).

Au point où j'en suis de ma trajectoire — qui n'est plus tout à fait le même qu'à quinze ans… —, je dirais en effet que toute grande philosophie comporte nécessairement trois axes. D'abord, la théorie, « l'intelligence de ce qui est » qui, ajoute Hegel avec une réelle profondeur, n'est au fond rien d'autre que « son époque saisie dans des pensées » — *ihre Zeit in Gedanken erfasst.* Ce domaine inclut l'épistémologie, la connaissance du monde naturel et physique, mais aussi de l'histoire, de la société, du monde humain. Pour nous autres modernes, il me semble en effet impossible de séparer l'*autoréflexion* de la *réflexion historique*, impossible de philosopher abstraction faite de l'histoire et d'une analyse critique du temps présent. Si on comparait notre vie à un terrain de jeu, on pourrait dire que ce premier axe a pour fonction de nous le faire connaître. Le deuxième axe, l'*éthique* ou la *morale* (je ne distingue pas ces deux termes volontairement, le latin ne faisant *a priori* que traduire le grec), à quoi il faut ajouter les sphères du droit et de la politique, a pour fin d'expliciter les règles du jeu auquel il va nous falloir jouer avec d'autres. Vient enfin, car ces deux moments ne prennent leur sens véritable qu'en relation avec un troisième, la question du but du jeu, c'est-à-dire du sens de la vie, où l'on rejoint la dimension proprement *spirituelle* de la philosophie. Soit l'idée qu'elle est une quête de la sagesse ou de la vie bonne qui culmine toujours, même chez Nietzsche, le plus athée sans doute de tous les grands penseurs modernes, dans une doctrine du salut sans Dieu (ce que Nietzsche appelle l'*amor fati,* l'amour de ce qui est là, du réel, qui implique « l'innocence du devenir », thèmes inséparables chez lui de la doctrine de l'éternel retour).

On m'a objecté mille fois, sans comprendre que cette objection passait tout à fait à côté de sa cible parce que je l'acceptais sans la moindre difficulté, que la vie humaine, prise comme un ensemble, ne pouvait pas avoir de sens, sauf à se placer dans une perspective religieuse. En effet, ce n'est qu'en se situant à l'extérieur d'une réalité qu'on peut déterminer son sens. Or, comme l'écrit Nietzsche, il n'y a pas d'extérieur à la vie, sauf à se placer du point de vue d'un Dieu. Encore une fois, que répondre, sinon que j'accepte entièrement l'argument… mais il ne touche en rien à la question que je pose et n'enlève rien à ce que je dis de la philosophie comme quête de la vie bonne, cette quête donnant évidemment du sens, sinon à nos vies vues de l'extérieur, du moins à nos vies vécues de l'intérieur. La vie humaine n'a sans doute aucun sens, je l'admets bien volontiers. Il n'en reste pas moins qu'au sein de ma vie, dans mon existence individuelle et pas en dehors d'elle, je ne cesse de m'assigner des objectifs. Je professe donc, si vous me permettez un instant de jargon, un idéalisme sémantique, un idéalisme du sens. Voyez l'histoire d'Ulysse, cette épopée dont j'ai montré, dans *La Sagesse des mythes* (2008), en quoi elle formait la matrice de toute la philosophie occidentale. L'existence d'Ulysse n'a peut-être aucun sens « en soi », il n'en reste pas moins que, pour Ulysse, le sens de sa vie est clair : il s'agit pour lui de chercher la vie bonne, en passant du chaos de la guerre à l'harmonie de la paix, en allant de Troie à Ithaque. Or, ce dessein donne bel et bien du sens à tout son voyage dans la vie…

Cette définition de la philosophie comme concurrente de la religion, comme tentative de définir la vie bonne sans passer par Dieu ni par la foi, avec les moyens du bord en quelque sorte, en acceptant, comme Ulysse, la condition de mortel : peut-être y a-t-il là, vous avez raison, l'écho lointain de mes conversations d'enfance avec les prêtres-ouvriers… Il faut bien que ce dispositif théorique et pratique (la théorie de la connaissance et la doctrine de l'éthique) serve à quelque chose, qu'il y ait « un but du jeu », une finalité. D'où l'idée — qui, pour être honnête, me viendra assez tardivement — selon laquelle la sphère du sens ou du spirituel, celle de la sagesse proprement dite à laquelle renvoie l'étymologie du mot *philo-sophia*, constitue le troisième axe de la philosophie. Ce troisième moment, sur lequel nous reviendrons, est évidemment le plus problématique et les réactions que mes livres ont suscitées montrent à quel point il est loin d'être consensuel. À mes yeux, en tout cas, ce troisième axe ne peut qu'engager la question du sens *de* la vie ou, si l'on veut écarter le contresens religieux/métaphysique que je viens moi-même d'évoquer, du sens *dans* la vie. Cela revient à dire qu'il nous emmène sur le terrain du spirituel entendu au sens large et non religieux du terme, au sens de la « vie de l'esprit » dont parle Hegel ou de cette quête de la « sagesse » et de la vie bonne qui anime toute la philosophie grecque, mais sans le recours à la foi, la philosophie n'étant plus la servante de la mythologie ou de la religion. Ce que je vous dis là reste, à ce stade, un peu obscur et nous y reviendrons. Je tenais juste à vous donner une idée du cadre de ma réflexion comme de la trajectoire, déjà très ancienne, qui m'y a conduit.

L'UNIVERSITÉ EN 68 : « J'ÉTAIS UN EXTRATERRESTRE ! »

Vous avez dix-sept ans quand vous entrez en fac de philosophie à Censier. Qui plus est, nous sommes en 1968. Votre éducation atypique et cette vie heureuse mais isolée à la campagne faisaient-elles de vous un étudiant un peu différent des autres ?

Quand j'ai débarqué à l'université, j'avais derrière moi plusieurs années pendant lesquelles j'étais sorti de toute vie sociale normale. J'avais évolué tout à fait en dehors de ce qu'Augustin Cochin appelait, à propos de la Révolution française, les « sociétés de pensée », ces clubs formés de petits groupes d'intellectuels ou de militants, avec leurs rituels, leurs lieux de sociabilité et leurs codes langagiers, dont on retrouvera l'analogue dans l'effervescence parisienne de 1968. J'étais donc totalement baroque, hors du monde. Je n'étais ni de droite ni de gauche : j'étais un Martien. Mais peut-être étais-je aussi plus libre. Je ne me sentais pas absolument obligé d'être mao, anar ou trotskiste, comme tout le monde. En outre, j'habitais encore à la campagne, si bien que je devais parcourir 140 kilomètres par jour pour faire l'aller-retour entre l'université et mon village.

C'est vous dire si je rigole quand je me vois dépeindre par les journalistes en « brillant normalien » : comme je vous l'ai dit, je ne savais même pas, en entrant en fac, ce qu'était une khâgne ou une hypokhâgne ! Quant à l'École normale supérieure, je n'en avais jamais entendu parler... En revanche, j'étais entouré d'étudiants qui venaient effectivement des meilleures classes prépa de Louis-le-Grand ou d'Henri-IV. Certains étaient déjà normaliens, mais quand ils parlaient entre eux de « l'École », comme si d'évidence il n'y en avait qu'une, je n'avais pas la moindre idée qu'ils désignaient par là « la rue d'Ulm »... Naturellement, j'étais impressionné : ils osaient interpeller les professeurs, semblaient parler le même jargon et leur opposaient même des arguments. Je me cachais au fond de la classe avec mon meilleur ami, un garçon adorable, original lui aussi, mais pour d'autres raisons. Jean-Pierre Pesron était un peu plus averti que moi car il était le fils d'un professeur agrégé de lettres, mais tout aussi marginal à sa façon. Nous n'arrêtions pas de faire des farces aux petits militants de l'AJS qui venaient, avec un sérieux colérique du plus bel effet, interrompre les cours pour prêcher la révolution et inciter les larges masses à les rejoindre. Ils nous faisaient hurler de rire, mais prenaient fort mal notre manque de « conscience de classe ». Nous avons souvent frisé la catastrophe...

Mes débuts sur les bancs de l'université, c'était cela : un électron libre, presque intégralement désocialisé, qui jetait un regard mi-impressionné, mi-amusé sur la vie intellectuelle et politique parisienne. C'était une époque assez folle, où Louis Althusser et Jacques Derrida, les deux « caïmans » de la rue d'Ulm, avaient choisi de suivre le mouvement de Mai quitte à en partager tous les excès. Je suis allé les écouter « à l'École », donc, que j'ai découverte comme on entre dans une église. Je me suis même aventuré jusqu'à la rue Saint-Jacques pour entendre Jacques Lacan. Ce n'est pas seulement l'explosion d'idées délirantes et leur incroyable simplisme derrière un jargon ultra-sophistiqué qui m'ont le plus frappé, c'est surtout l'inimaginable conformisme, l'absence absolue d'ironie, pour ne pas dire l'invraisemblable servilité à l'égard du maître à penser qui régnait dans ces milieux… Lacan, il faut bien l'avouer, débitait, parmi quelques idées profondes sur l'imaginaire et le symbolique par exemple, des âneries d'une envergure colossale, avec une lenteur à côté de laquelle les films de Marguerite Duras semblent aussi trépidants qu'un thriller américain, le tout devant un parterre de jeunes gens qui semblaient plus décérébrés qu'une grenouille de laboratoire : pas la moindre résistance, aucun humour, une absence totale d'esprit critique, même infinitésimal, devant le « discours du maître » que ces malheureux, qui grattaient comme des fous, retranscrivaient tel Moïse écoutant Jéhovah… Consternant, affreux à voir même, pour qui n'avait pas été formaté par une société de pensée !

J'ai compris à ce moment-là, bien avant de rencontrer François Furet, de participer à son séminaire sur la Terreur et de devenir son ami, comment la folie révolutionnaire, celle des gardiens de la révolution et de tous les grands massacres du siècle, avait pu voir le jour. Dans les AG, celui qui n'était pas rigoureusement dans le moule prenait des risques physiques à la seconde… Le terrorisme de la servilité, la violence du conformisme étaient d'autant plus terrifiants qu'ils s'habillaient des oripeaux de la critique radicale, de « l'imagination au pouvoir », voire de l'effervescence ludique. Pensez donc ! Je n'ai jamais vu rire un trotskiste lambertiste, sauf quand un mao se prenait le pied dans le tapis, et encore… Contrairement à la légende, l'absence d'humour des militants de 68 était leur trait le plus caractéristique. C'est après, bien après, que les plus libertaires, les seuls qui fussent vraiment sympathiques, ont commencé à « jouir sans entraves », à l'image de Dany Cohn-Bendit, l'un des rares à avoir bien tourné, à être resté fidèle à lui-même et à son inspiration libertaire tout en ayant l'honnêteté de reconnaître le côté délirant de ses engagements de jeunesse. Mais les vrais militants, les purs et durs, ceux qui avaient des portraits de Beria dans leur chambre, ceux qui se mettaient à adorer Mao, la révolution culturelle et, par-dessus tout, cette horreur absolue qu'est la violence de masse, comme ce pauvre Alain Badiou qui découvrit tout ébaubi ce tissu d'âneries qu'est *Le Petit Livre rouge* et, suivant le mouvement général, passa de la SFIO au maoïsme comme un enfant de chœur va de l'église au bordel — il fallait les voir à l'époque : prêts à tuer s'il le fallait, convaincus d'incarner le bien, d'être dans le vrai, le pur, l'absolu. Quand je leur rappelais que Trotski avait massacré 20 000 malheureux marins à Cronstadt ou que Mao exterminait plus de gens qu'Hitler, non seulement mes arguments étaient vains, la vérité n'ayant aucune prise sur l'idéologie, mais je prenais le risque de me faire littéralement lyncher... Dans le meilleur des cas, on passait pour un agent de la CIA, comme ces hommes courageux, Lucien Bodard ou Simon Leys, qui se faisaient insulter et menacer de mort chaque fois qu'ils parlaient de ce qu'ils connaissaient mieux que quiconque, à savoir la réalité de la Chine.

Une fois de plus, j'ai compris alors que le conformisme révolutionnaire était le pire de tous, qu'à tout prendre, les bons bourgeois de droite étaient, à côté de mes copains gauchistes — car c'était malgré tout de ce côté que je trouvais mes amis —, des parangons de distanciation critique et d'ouverture aux autres. L'invention d'un Mai 68 festif et ludique est une imposture, une construction rétrospective qui s'appuie sur quelques réalités, bien sûr, car il y a dans tout mouvement révolutionnaire des moments de fête, mais qui passe tout à fait à côté de l'essentiel : l'incroyable esprit de sérieux, l'insondable dogmatisme et le conformisme intellectuel absolu qui dominèrent l'époque sous l'apparence, ô combien fallacieuse, de la liberté d'esprit…

Avez-vous digéré, depuis, ce sentiment de solitude qui devait être alors assez pénible ?

Pénible, pas vraiment. D'abord, parce que je me suis beaucoup amusé et que j'ai découvert mille choses — entre autres l'amour et l'amitié, ce qui n'est pas rien, c'est même pour moi la seule chose qui vaille en ce bas monde. Ensuite, parce que cette solitude, qui m'a conduit à quitter Paris pour aller voir ailleurs, en Allemagne, me donnait aussi un très fort sentiment de liberté d'esprit. Je voyais et j'éprouvais pour ainsi dire de façon expérimentale que je n'étais pas obligé de faire comme tout le monde, que le souci de la vérité supposait parfois que l'on s'opposât à la masse. Je me sentais un peu, pardon de la comparaison qui va du petit au grand, comme Descartes quittant le collège de la Flèche, convaincu qu'il lui faudrait se déprendre des préjugés pour penser par lui-même à travers « le grand livre du monde ».

Pour les raisons que je vous ai dites, j'admirais le général de Gaulle — que tous mes amis vomissaient. J'étais convaincu — pardon, mais il faut toujours être un peu mégalo dans ces cas-là — que j'étais dans le vrai. Et l'histoire m'a plutôt donné raison. Je suis toujours gaulliste et ils le sont presque tous devenus ! Pour autant, je n'étais nullement « gaulliste » au sens de l'appartenance à un parti, comme l'étaient les CDR, les Comités de défense de la république qui allaient « casser du gauchiste ». J'avais assez le sens du ridicule pour échapper à ce travers et assez conscience, malgré tout, de l'importance des événements de Mai pour me rendre compte qu'il fallait s'efforcer, non de rejeter en bloc, mais de comprendre cette effervescence, tâcher de saisir ce qui se passait plutôt que de critiquer bêtement au nom d'une autre conviction dogmatique. D'autant que tous mes amis, ou presque, étaient dans le Mouvement. Pendant les années qui ont suivi, à une seule exception près (celle de Jean-Pierre Pesron dont je vous ai parlé), les gens que je voyais et avec qui je discutais étaient de gauche. Ils avaient tous « fait Mai 68 », comme on fit sa « guerre de 14 », et je voyais bien ce qu'ils avaient en tête derrière leur idéal totalitaire qui, pour les meilleurs d'entre eux au moins, n'était qu'une façade : une formidable volonté, en effet, de « jouir sans entraves », de lever les interdits, de trouver enfin la plage sous les pavés, volonté qui se traduira finalement, non par une remise en cause de la société de consommation, mais par une reddition totale à ses pseudo-valeurs.

De fait, tous mes camarades de l'époque se sont reconvertis ensuite dans la presse, la pub, le cinéma, l'édition ou l'université, mais à un haut niveau, un niveau qui leur a permis d'écrire des livres et de gagner de l'argent. D'autres ont vogué vers la politique, mais confortable et bien payée : le Sénat, le Parlement européen (où j'ai refusé de me présenter aux dernières élections, alors que le président de la République insistait, du reste fort aimablement, pour que je brigue un siège, à mes yeux l'archétype de la pseudo-responsabilité). Pas de malentendu : tout cela n'a rien de répréhensible pour autant, bien au contraire. Malgré l'ironie que vous percevez dans mes propos, ils n'ont rien d'injurieux et ces divers métiers n'ont rien d'indigne. Ils représentent juste l'inverse absolu de la révolution radicale que ces jeunes gens, dont bien peu étaient d'authentiques salauds et la plupart de gentils petits-bourgeois, semblaient défendre à l'époque — « semblaient », parce que je sentais bien qu'il ne s'agissait au fond que d'une comédie, même si je n'en comprenais pas encore le sens ni l'issue historique véritables.

Qui furent vos premiers maîtres à l'université, les professeurs qui vous ont le plus marqué ? Je crois savoir que vous êtes passé, entre autres, par l'enseignement de Jacques Rivelaygue, mort prématurément du sida, et dont vous avez rassemblé les cours en deux volumes, chez Grasset, sous le titre Leçons de métaphysique allemande *(1990). Ayant moi-même fait mes études de philosophie à Paris-IV (mais plus tard, dans les années 80), je suis également tombée sur Rivelaygue qui, à l'époque, tranchait dans ce département de philo plutôt conservateur puisqu'il était au Parti socialiste et assumait en outre ouvertement son homosexualité. Sans doute le meilleur prof que j'aie jamais eu. Ses cours — ou plutôt ses TD (« travaux dirigés ») car il n'avait assurément pas la place qu'il méritait dans cette faculté —, ses TD sur Platon, Kant, Nietzsche et Heidegger étaient d'une rigueur et d'une profondeur rares. Il était pourtant réservé, voire timide, et ne faisait jamais le moindre effet de manche... En gardez-vous un souvenir analogue ?*

J'ai eu, en effet, la chance insigne de rencontrer, dès ma première année à Censier, deux professeurs réellement exceptionnels. Le premier est bien Jacques Rivelaygue, mort en 1990. Il a été le professeur le plus admirable qu'il m'ait été donné d'entendre. Il était d'une clarté incomparable, d'une profondeur que je n'ai jamais retrouvée ailleurs et d'une sidérante honnêteté intellectuelle. Son sérieux et son absence apparente de charme conduisaient nombre d'imbéciles à le tenir pour un personnage secondaire au sein de l'université alors qu'il était, dans son genre, une sorte de génie pédagogique. Je l'ai rencontré pour la première fois en 1969. Si le terme « maître à penser » n'avait une connotation péjorative, nul mieux que lui ne le mériterait.

Aujourd'hui encore, je n'ai toujours pas réussi à percer le secret qui lui conférait une telle clarté, une telle intelligence dans l'exposé des problématiques philosophiques les plus ardues. Il parvenait à rendre les débats qui opposaient Fichte, Schelling, Hegel et Hölderlin plus limpides et plus importants que tout. À un moment, les années 70, où les meilleurs esprits s'affairaient fébrilement autour d'effroyables âneries du genre « organiser la jonction des paysans et des intellectuels » ou « comment contrer la baisse tendancielle du taux de profit », Rivelaygue nous apprenait à déchiffrer le sens de la modernité à partir de la phénoménologie de Hegel, Husserl et Heidegger. Et il nous prouvait, comme on prouve la marche en marchant, que les grandes visions philosophiques du monde étaient les seules qui pussent offrir de la réalité contemporaine une compréhension réellement profonde. Après quelques années d'acclimatation, il n'était pas rare qu'à l'issue d'un cours nous restions plus d'une heure à converser dans le couloir sans même prendre la peine de nous asseoir, animés du seul intérêt pour la grandeur des systèmes dont il dépliait si lumineusement les moindres difficultés. Pendant tout le temps que nous discutions, il restait debout, une jambe pliée comme un flamant rose. De temps à autre, il éclatait de rire, d'un rire de crécelle si étrange qu'il en était communicatif. Nous l'avions surnommé « Cricri ». De temps à autre, il venait dîner à la maison, par pure gentillesse car je suis sûr qu'il devait prendre nos invitations comme un pensum : nous ne lui parlions que de Kant, de Hegel ou de Fichte, jamais d'aucun sujet autre que celui de ses cours ! Dix ans plus tard, nous étions encore tout un groupe de jeunes professeurs, dont Alain Renaut, qui était déjà chargé de cours à la Sorbonne, à nous presser chaque semaine à son cours. J'avais convaincu mes amis d'aller l'écouter et nous nous retrouverons ensuite au Collège de philosophie *(voir chapitre 3)* pour continuer à lire, à traduire et à travailler les grandes œuvres de l'idéalisme allemand…

Qui étaient les autres professeurs marquants ?

En fait, même si j'ai appris pas mal de choses utiles en suivant les cours de Ferdinand Alquié (1906-1985), il n'y en avait qu'un seul : Heinz Wismann, qui fut d'ailleurs l'assistant d'Alquié avant de devenir directeur d'études à l'École des hautes études en sciences sociales (EHESS). Né à Berlin en 1935, Heinz Wismann est un philosophe et un philologue allemand, un être venu d'ailleurs lui aussi, qui exerçait sur ses étudiants un charme et une séduction incomparables*.

Pourquoi ai-je tant aimé ces deux professeurs, pourquoi leur ai-je voué une telle admiration ? D'abord parce que ces deux hommes étaient d'une immense intelligence. Ensuite, parce que Censier était alors une faculté de part en part engagée dans le mouvement de Mai. On y croisait beaucoup de médiocres, mais aussi Gilles Deleuze (1925-1995) ou François Châtelet (1925-1985), qui malgré tout leur talent nageaient en plein délire eux aussi. Heinz Wismann et Jacques Rivelaygue, bien qu'à gauche et plutôt favorables aux révoltes étudiantes, étaient pratiquement les seuls à nous épargner ce déferlement continu de démagogie. Wismann faisait un cours sur les présocratiques, Empédocle, Héraclite et Parménide, dont j'entendais parler pour la première fois. Pour vous dire à quel point je venais de loin, j'ai mis, au cours du premier trimestre de ma première année à Censier, en automne 1968 donc, un certain temps à comprendre que ces noms désignaient de vieux philosophes grecs. Au début, je me demandais de quoi il pouvait bien s'agir — Empédocle, Parménide ? S'agissait-il d'un continent, d'un titre de livre ? Je

* Heinz Wismann, qui a fondé et longtemps dirigé une remarquable collection de philosophie aux éditions du Cerf, la collection « Passages », est l'auteur de plusieurs ouvrages, parmi lesquels *Héraclite ou la Séparation* (en coll. avec Jean Bollack, 1972), *Walter Benjamin et Paris* (1986), *L'Avenir des langues : repenser les humanités* (2004) et *Les Avatars de la vie. Démocrite et les fondements de l'atomisme* (2010).

n'osais évidemment pas poser la question à ce Wismann qui en parlait si admirablement, sans se soucier le moins du monde des débutants devant ces khâgneux qui savaient déjà, comme tout khâgneux qui se respecte, presque tout sur tout…

Je fus et suis encore éperdu de reconnaissance envers ces deux professeurs, Rivelaygue et Wismann, qui m'offraient la chance inouïe d'entrer dans un monde de l'esprit dont, comme mes parents, je n'avais même pas idée qu'il pouvait exister. Au bout d'un certain temps, eux aussi seront sans doute intrigués par l'individu un peu baroque et désocialisé que j'étais. Un jour, Heinz Wismann posa à la classe la question de savoir qui avait été le premier à critiquer la notion de chose en soi. Comme j'avais déjà beaucoup lu Kant, mais aussi divers livres de commentateurs pour essayer de le comprendre, je savais qu'il s'agissait de Jacobi. Je me suis risqué à lever le doigt et, à la surprise générale, j'ai donné la bonne réponse. Je me suis même offert le luxe de l'expliquer. À la sortie du cours, alors que je rasais les murs comme à mon habitude, Wismann m'arrêta pour me demander où j'avais bien pu découvrir cela. Au fil des mois, il me prit en sympathie, au point de m'envoyer en Allemagne avec une bourse de l'Office d'échanges franco-allemand. « Ne restez pas en France, vous n'avez rien à faire ici, me répétait-il. Partez en Allemagne, apprenez l'allemand, c'est là-bas que ça se passe sur le plan philosophique ! » Plus tard, nous deviendrons des amis. J'ai passé pendant des années mes vacances chez lui, dans sa maison de Dordogne, à écumer les petits tournois de tennis de la région. Sa première femme, Dagmar, était ravissante. Ils formaient un couple que tout le monde admirait. En plus, il jouait très bien, très fier d'être encore classé 15/4 à l'âge canonique de soixante ans, l'âge que j'ai aujourd'hui…

Où l'on commence à comprendre comment vous êtes devenu l'un des seuls philosophes de votre génération à n'avoir été ni mao, ni anar, ni trotskiste... Pour le reste, vous étiez heureux dans votre cursus de philosophie ?

J'étais déjà certain de vouloir consacrer ma vie à la philosophie, mais en vérité j'étais déçu par la médiocrité de la plupart des cours — la politisation était tellement délirante qu'elle dévastait littéralement les enseignements que nous recevions —, déçu aussi par le fait que tout était organisé en fonction des concours. Du coup, l'acquisition d'un savoir-faire rhétorique comptait davantage que l'acquisition des savoirs. Pour réussir une bonne dissertation, mieux valait maîtriser ses « Que sais-je ? », ses résumés et ses manuels, que d'avoir lu les grands auteurs ou de connaître en profondeur les grandes œuvres. Quant à la vie des idées et aux idées elles-mêmes, il était, lors des concours, vivement recommandé d'en avoir le moins possible...

D'où, encore une fois, l'importance, dans ma trajectoire, d'un homme comme Jacques Rivelaygue. Il a joué, sans le savoir, un grand rôle dans la naissance de mon projet d'élaborer un « humanisme non métaphysique ». D'un côté, Rivelaygue était résolument de gauche, membre du Parti socialiste, démocrate et républicain et, comme tel, défenseur des droits de l'homme ; de l'autre, il se disait heideggérien, il adhérait à la critique heideggérienne du Sujet — à la déconstruction de la métaphysique de la subjectivité, la modernité étant plus ou moins assimilée à un « déclin », à une déréliction qui culminerait avec l'avènement de l'homme érigé en maître suprême de « l'étant » au sein du « monde de la technique ». Lors de discussions plus tardives, lorsque j'étais devenu moi-même agrégé de philosophie et professeur à mon tour, je lui ai dit que son double engagement n'était pas tenable, qu'il y avait là une incohérence fondamentale : comment penser ensemble les droits de l'homme et la « mort de l'homme» (la déconstruction du Sujet)? Heidegger, au moins, était cohérent puisqu'il n'était ni humaniste ni démocrate, comme l'indique assez son engagement (petit, moyen, grand, peu importe ici) dans le nazisme. La liquidation de la subjectivité métaphysique, pour justifiée qu'elle soit à certains égards (mais pas à tous), ne collait pas avec un engagement démocratique. Heidegger lui-même, du reste, l'avait parfaitement compris lorsque dans l'*Introduction à la métaphysique*, par exemple, il dénonçait à égalité le libéralisme américain et le collectivisme soviétique comme les deux visages, également illusoires, de la métaphysique moderne de la subjectivité. De là, l'interrogation que je ne cessais de lui adresser et de m'adresser à moi-même: comment œuvrer à une philosophie politique qui permette de penser les droits de l'homme et les valeurs de la démocratie, ce que Claude Lefort (1924-2010)*, pour qui j'avais beaucoup d'admiration, appelait «l'humanisme abstrait», sans retomber pour autant dans les ornières de la métaphysique que Nietzsche et Heidegger dénonçaient *par ailleurs* à juste titre? Ce n'est que dans la première moitié des années 80 que ce projet commencera vraiment à prendre forme.

BOURSIER ET GUITARISTE À HEIDELBERG (1972-1974)

Nous aborderons plus loin, en effet, cette problématique d'un humanisme non ou «post»-métaphysique, à la fois post-kantien et post-

* Philosophe du politique, élève de Maurice Merleau-Ponty, Claude Lefort fut l'un des fondateurs, avec Cornelius Castoriadis, du groupe Socialisme ou Barbarie, qui lança une revue homonyme en 1949, où il participa à la démystification du marxisme. Il a consacré l'essentiel de sa pensée à l'analyse et à la critique des totalitarismes, ainsi dans *Éléments d'une critique de la bureaucratie* (1971), *Un homme en trop. Essai sur l'Archipel du Goulag de Soljenitsyne* (1975) ou encore dans *L'Invention démocratique* (1981) et, plus récemment, dans *La Complication* (1999).

nietzschéen, qui constitue l'un des grands fils conducteurs de votre pensée. Pour l'heure, vous partez donc poursuivre vos études outre-Rhin ?

Suivant le conseil d'Heinz Wismann, je suis en effet parti pour l'Allemagne. La bourse que j'avais obtenue comprenait un passage obligé par un Institut Goethe, magnifique machine à perfectionner son allemand, et j'ai eu la chance de tomber sur celui de Kochel am See, au sud de la Bavière. C'était sublime. Il y avait à proximité des lacs somptueux où je faisais du bateau. C'est là aussi que j'ai rencontré Schuyler, une jeune Américaine qui allait devenir ma première femme. Elle ne parlait pas un mot de français, et moi pas un mot d'anglais. Pendant quatre ans, nous n'avons donc parlé que l'allemand, d'abord en Allemagne, puis à la maison, quand nous nous sommes mariés. À la fin de l'été, j'ai intégré l'université de Heidelberg. En tant que boursier de l'Office d'échanges franco-allemand, je touchais 600 marks par mois, à peu près l'équivalent de 600 euros aujourd'hui. Pour moi, c'était Byzance. Je n'avais jamais eu autant d'argent de ma vie. J'étais alors inscrit en maîtrise à Paris-IV (l'ancienne Sorbonne) et j'ai donc passé deux ans, entre vingt et un et vingt-trois ans, dans cette magnifique université de Heidelberg.

Le *philosophisches Seminar* était un lieu privilégié. Nous avions à notre disposition une bibliothèque proprement inimaginable pour un étudiant français. Des centaines de milliers d'ouvrages en accès libre, y compris pour les éditions originales. J'ai ainsi lu *Les Méditations* de Descartes dans la première édition, mais aussi la « Cripure » (*Critique de la raison pure* de Kant) et la « Phéno » *(Phénoménologie de l'esprit*) de Hegel dans leur édition originale ! Nous n'avions même pas à demander les livres, on se servait soi-même, comme si cette bibliothèque était à nous, y compris s'agissant de ces trésors qui valaient une fortune et que personne n'aurait pourtant songé à voler (ce qui aurait été un jeu d'enfant).

Il y avait des petites tables basses, assorties de fauteuils confortables et de machines à café. On se servait et on pouvait travailler là autant qu'on voulait, jusque tard le soir. C'était vraiment divin. En plus, il y avait des librairies pirates dans toute la ville, où des éditions des grands auteurs, fabriquées en Allemagne de l'Est sur du papier recyclé, se vendaient pour trois fois rien. J'ai acheté les œuvres complètes de Freud pour une dizaine de marks, alors que je n'aurais jamais pu m'offrir l'édition officielle. Du coup, j'ai lu tout Freud en allemand, que je tiens, avec Heidegger, pour le plus grand penseur du XXe siècle.

C'est à Heidelberg que j'ai rencontré des professeurs aussi prestigieux que Hans-Georg Gadamer ou Dieter Heinrich*. L'enseignement y était totalement différent de l'enseignement français. Comme il n'y avait pas, à l'époque, de concours en Allemagne, on passait ses examens quand on était prêt, en demandant soi-même au professeur de faire passer l'épreuve. Du coup, il n'y avait pas de bachotage, pas de « manuels », de résumés ni de synthèses comme nous en avons tant chez nous. Dans les séminaires, on lisait les grandes œuvres ligne à ligne, chacun commentant le texte sous l'œil du professeur, guidé par lui. Malgré l'admiration que j'ai eue pour mes profs allemands, je dois cependant avouer qu'aucun d'entre eux n'était au niveau de Jacques Rivelaygue, y compris sur les œuvres les plus ardues de l'idéalisme allemand — Jacobi, Reinhold, Maïmon ou Schulze, sans parler de Fichte et de Schelling que je connaissais, grâce à Rivelaygue, mieux que mes nouveaux professeurs. Ce furent deux années extraordinairement formatrices.

Ma bourse de l'Office d'échanges franco-allemand étant assez

* Hans Georg Gadamer (1900-2002), disciple de Heidegger, est surtout connu pour sa réflexion sur les sciences de l'esprit et leur rapport à l'herméneutique, un champ dont témoigne son livre le plus célèbre, *Vérité et Méthode* (1960). Né en 1927, Dieter Heinrich, à qui l'on doit de nombreux travaux sur Kant, Hegel et Fichte, s'inscrit pour sa part dans la tradition de l'idéalisme allemand.

modeste en regard des loyers qui, là-bas, étaient extrêmement chers, je me suis mis à mieux gagner ma vie en jouant de la guitare classique dans ces bars de villes universitaires qu'on appelle des *Kneipe* — ces bars typiquement allemands où professeurs et étudiants se retrouvaient pour boire un verre de vin blanc ou jouer aux échecs. Le *Strassenbahn*, le tram, passait encore dans la Hauptstrasse et l'atmosphère était, à ce qu'on m'a dit, exactement la même qu'avant guerre. Rien n'avait changé. Au premier étage, après 22 heures, je jouais sur une petite scène, sans être rémunéré, mais le patron m'offrait le dîner. À l'époque, la guitare était l'instrument à la mode, celui qui plaisait aux jeunes filles, auxquelles je consacrais une bonne partie de mon temps... Avant 22 heures, je jouais au rez-de-chaussée des chansons de Dylan, de Leonard Cohen, de Brassens ou des Beatles. Au début, le patron du lieu m'incitait à faire la manche. Je passais donc avec mon chapeau et je me souviens avoir vécu un grand moment de solitude et de honte en tombant sur Dieter Henrich, le plus éminent de mes profs... Je me suis liquéfié sur place, mais il était trop tard : il m'a généreusement donné, tout hilare, une belle poignée de marks. Je fis, ce jour-là, la manche pour la dernière fois... Puis, de 22 heures à minuit, je jouais au premier étage, dans le club d'échecs, de la guitare classique uniquement, les études de Sor et les préludes de Villa-Lobos, les *Choros* notamment, qui avaient beaucoup de succès...

À Heidelberg, il vous arrivait aussi d'étudier, je suppose...

Ah oui, je travaillais comme un fou. J'avais une idée fixe, je ne sais trop pourquoi : il fallait que je lise tout, je veux dire pas seulement des textes, ni même des livres, mais les œuvres complètes. Je m'étais ainsi mis en tête de lire les grandes œuvres dans leur intégralité, ce qui me prit évidemment beaucoup plus que deux ans. Je les voyais comme d'immenses châteaux à visiter, si bien qu'il fallait d'abord trouver des clés, ensuite apprendre à y séjourner longtemps, à visiter toutes les pièces, sans oublier les couloirs, les recoins, les souterrains, les passages secrets… Pour commencer, je m'étais mis à lire — et à lire dans le texte, en allemand — toutes les œuvres publiées de Freud et de Heidegger (qui m'intéressaient le plus à l'époque), mais j'ai lu aussi tout Hegel, tout Nietzsche et tout Kant — y compris les *Reflexionen* et l'*Opus postumum*. Je m'étais encore imposé un autre défi : lire *Le Capital* de Marx en entier. Comme tout le monde, je me suis en fait arrêté au livre I, ce qui était à vrai dire suffisant pour comprendre le cœur de la doctrine…

LE RETOUR À PARIS ET LES CONCOURS

Comment s'est passé votre retour en France à vingt-quatre ans ? Est-ce à ce moment-là que vous passez les concours, en pur produit de la méritocratie républicaine ?

Dès mon retour en France, j'ai tenté, sans la moindre préparation, le capes et l'agrégation. Je détestais l'idée même de concours, mais ils menaient à l'enseignement et c'était le seul métier qui me permettrait de poursuivre dans ma vraie passion : lire et peut-être, un jour, écrire de la philosophie. L'ennui, c'est que je savais parfaitement que je venais de trop loin, de Fontenay-Saint-Père et de Heidelbeg, que je n'avais aucune des qualités de ces khâgneux qui avaient une authentique culture générale et qui maîtrisaient à merveille l'art de la dissertation dont j'ignorais tout. J'ai donc raté misérablement les concours jusqu'à ce qu'Alain Renaut, qui était normalien et qui faisait la préparation à l'agrég à la Sorbonne, m'explique comment il fallait s'y prendre. J'ai tout compris, grâce à lui. Je me suis représenté et j'ai été reçu premier au capes (il y avait à l'époque 2 300 candidats pour 35 postes). J'ai failli avoir une syncope en lisant les résultats ! Il faut dire que j'étais bien tombé : j'avais eu à commenter un texte de *La Phénoménologie de l'esprit* de Hegel que je connaissais par cœur. Je me souviens encore de l'inspecteur général, M. Poirier, qui me prit à part pour me féliciter.

En vérité, j'étais tellement convaincu d'être recalé que je m'étais simultanément inscrit en lettres modernes et en psychologie. Je me disais que ces deux voies, que je considérais comme une roue de secours, seraient bien plus faciles si je voulais me maintenir à l'université. J'obtiendrai quand même deux licences. J'ai été reçu aussi à l'agrégation, l'année d'après. Du coup, je pouvais enfin réaliser mon rêve : concilier la nécessité de gagner ma vie avec la seule chose qui me passionnait en dehors de la vie amoureuse : la philosophie.

Vous prenez alors de l'assurance ?

Pas vraiment, car encore une fois, je venais de loin… Un beau jour, Heinz Wismann m'avait demandé de l'appeler chez lui pour que nous nous occupions des dossiers de bourse à remplir avant mon départ en Allemagne. Je me souviens être resté au moins une heure à côté du téléphone, à tourner et retourner mes phrases dans ma tête. J'étais tellement intimidé — appeler un professeur d'université chez lui me paraissait impensable. J'ai fini par écrire sur un bout de papier ce que j'avais à lui dire et, quand j'ai finalement trouvé le courage de composer son numéro, j'avais le sentiment d'être totalement ridicule… Cela paraît absurde, non ? Je me disais que j'étais un véritable imbécile et j'ai ressenti à ce moment-là, de manière presque palpable, ce que Pierre Bourdieu appelle la « violence symbolique ». C'est d'ailleurs la raison pour laquelle, contrairement à ce que beaucoup pensent, je garderai toujours un certain respect pour la sociologie de Bourdieu, malgré des désaccords de fond qui se sont du reste exprimés entre nous assez violemment.

Il avait écrit en 1975 un article contre Heidegger, dans un des premiers numéros des *Actes de la recherche en science sociale*, sa nouvelle revue. C'était un papier complètement idiot, où l'angoisse de Heidegger était assimilée à la faillite économique des années 20, où la différence ontologique renvoyait à la crise du logement, bref, où les poncifs les plus éculés du sociologisme marxien le plus bêtement réducteur s'enfilaient comme des perles. Le philosophe Jean Bollack et Heinz Wismann, qui étaient des amis de Bourdieu, m'ont demandé de lui répondre. Non qu'ils fussent heideggériens, l'un et l'autre savaient au contraire combien Heidegger avait plongé dans le nazisme — du reste, pour quelqu'un qui lit l'allemand, le fameux *Jargon der Eigentlichkeit*, la rhétorique de l'authenticité dont Theodor Adorno montre qu'elle forme le fond du discours nazi, se ressent chez Heidegger presque à chaque ligne. Il n'empêche que Heidegger est, malgré tous ses défauts, un immense penseur et que réduire la différence ontologique à une superstructure de la crise du logement est absurde. J'ai donc rédigé un texte, très critique, sur l'article de Bourdieu. Bollack et Wismann le lui ont remis en main propre, en lui proposant d'organiser une discussion publique entre nous. Je devais avoir vingt-quatre ans, j'étais bien sûr totalement inconnu, alors que Bourdieu, lui, était une star. La rencontre a eu lieu dans une grande salle de la Maison des sciences de l'homme. Il devait y avoir une centaine de personnes et, au bout de dix minutes, Bourdieu s'est mis en pétard, il s'est levé, a commencé à m'insulter et à me traiter de « petit con »...

C'était assez comique, d'autant que j'étais de bonne volonté et que je lui donnais par ailleurs entièrement raison quand il analysait les corrections professorales des copies de khâgne ou les rapports d'agrég en montrant que ces concours sélectionnaient davantage sur le savoir-faire, qui suppose déjà un certain « capital symbolique », que sur le savoir tout court… Simplement, Bourdieu détestait la philosophie : il n'y voyait qu'une forme sophistiquée d'idéologie et seule la sociologie pouvait, à ses yeux, parvenir à ce qu'il appelle « l'objectivation ». Cet incroyable dogmatisme l'a finalement perdu. Sa sociologie s'en est trouvée amoindrie, elle s'est peu à peu réduite à une vulgate marxiste très primaire, une espèce de mécanique tout juste bonne à devenir l'idéologie dominante des profs de science politique, autrement dit de chercheurs régnant sur une discipline qui n'a, en fait, aucune existence réelle. La science politique est l'archétype de la fausse science : je le sais, j'ai dû passer l'agrégation de science politique pour forcer la porte de l'université ! C'est une discipline qui n'est en réalité qu'une forme euphémisée de journalisme, la sociologie électorale n'étant qu'une longue et inutile digression sur les sondages. Hors quelques exceptions qui confirment la règle, on s'y satisfait d'une pseudo-discipline qui, négativement, croit posséder du mérite parce qu'elle n'est ni de l'histoire ni de la philosophie. En effet… C'est dans ce cadre que la sociologie de Bourdieu a fait un malheur : elle fournissait quelques concepts, rustiques mais efficaces, dans un terrain désertique où il en poussait fort peu. C'est compréhensible, mais c'est une triste fin pour quelqu'un qui avait un réel talent et qui pensait vraiment avoir découvert un nouveau continent.

3

L'enseignement et l'aventure du Collège de philosophie (les années 70-80)

Alexandra Laignel-Lavastine — *Quand et où avez-vous commencé à enseigner la philosophie ?*

Luc Ferry — Je suis devenu enseignant à vingt-trois ans, juste après le capes, en 1974, puis après l'agrégation, en 1975. J'ai commencé par une année de stage, à Châtenay-Malabry, avec une dame adorable, puis au lycée Jacques-Decour, dans le neuvième arrondissement de Paris, avec cette fois un vieux prof fatigué qui, si je ne me trompe, était membre du PC. C'est aussi à ce moment-là que j'ai rencontré David Kaisergruber. Nous étions tous deux stagiaires. Il avait été reçu premier, comme moi, mais lui au concours interne, réservé aux normaliens. David était communiste, eurocommuniste ou communiste « critique », c'est-à-dire plus proche du PC italien que du PC français. Nous sommes devenus aussitôt amis. Il avait une vraie puissance de pensée, était un formidable professeur et dirigeait la revue *Dialectique,* où il était entouré d'une petite cour d'admirateurs. Mais David fut de ceux qui ne supportèrent pas l'effondrement de leur vision du monde. Il s'est suicidé de façon étrange — à vrai dire, je n'ai jamais su exactement dans quelles circonstances —, mais en prévenant longtemps à l'avance l'ensemble de son entourage.

J'ai toujours eu davantage d'affinité avec ces communistes-là, critiques mais fidèles, qu'avec les maos qui, eux, étaient des staliniens purs et durs : s'ils s'opposaient au Parti communiste, ce n'est pas qu'ils le trouvaient trop dogmatique, mais au contraire parce qu'ils le jugeaient, depuis le rapport Khrouchtchev (1956), beaucoup trop révisionniste à leur goût ! J'éprouverai plus tard la même sympathie, à travers des divergences pourtant insurmontables au départ, pour des intellectuels comme Alexandre Adler ou André Comte-Sponville, d'anciens communistes eux aussi*.

MA TERMINALE AUX MUREAUX ET LE TRAIN DE 6H48...

Vous aimiez enseigner dans le secondaire ?

Non, franchement non. Bien sûr, j'ai découvert combien le métier d'enseignant pouvait être passionnant. Aux Mureaux, mon premier poste en responsabilité, notre lycée en préfabriqué était en outre particulièrement sinistre : on y enseignait dans des conditions de précarité et de laideur à la limite du supportable. Certains élèves n'en étaient pas moins épatants, comme Alain Daniel, qui est devenu mon ami et l'est resté depuis. C'était l'archétype du fils de prolo. Gouailleur, malin, drôle, profond s'il le fallait, et venant lui aussi de très loin. Il avait deux passions, la

* Historien, journaliste et chroniqueur, Alexandre Adler a été membre du Parti communiste français de 1968 à 1980. Il est l'auteur de plusieurs ouvrages, dont *L'URSS et nous* (1978), *Le Communisme* (2001), *J'ai vu finir le monde ancien* (2002), *Berlin, 9 novembre : la chute* (2009). Normalien et philosophe, longtemps maître de conférences à la Sorbonne, André Comte-Sponville se consacre depuis 1998 à l'écriture de ses livres, au nombre d'une trentaine, parmi lesquels *Petit traité des grandes vertus* (1995), *La Sagesse des Modernes* (1998, avec Luc Ferry), *Le capitalisme est-il moral ?* (2004) et, plus récemment, *Le Goût de vivre* (2010).

musique et la philosophie, et il est devenu compositeur et chef d'orchestre. Je sais que j'ai compté pour lui… et lui pour moi. Il n'empêche que, malgré quelques vraies joies, le métier de professeur dans le secondaire est terriblement dur, mille fois plus qu'on ne le dit — la plupart des professeurs ayant honte d'avouer qu'ils n'en peuvent plus. Cette année-là fut en tout cas très marquante. Je vivais pour la première fois ce terrible décalage, que tous les professeurs connaissent, entre la passion qu'on éprouve pour la discipline qu'on enseigne et la distance qui nous sépare de certains élèves. On a la conviction d'avoir un trésor à transmettre, mais ce trésor n'intéresse pas forcément tout le monde, c'est le moins qu'on puisse dire. On a beau faire les pieds au mur, on ne réussit pas autant qu'on le voudrait. Et quand on rate un cours, ce qui arrive même aux meilleurs, c'est déprimant au-delà du descriptible.

Et votre deuxième poste ?

Pour mon deuxième poste, cette fois-ci de titulaire définitif (et pas seulement « sur zone »), j'ai été affecté à l'école normale d'instituteurs d'Arras. C'était beaucoup moins rude, ne serait-ce que parce que les élèves professeurs étaient déjà quasiment des « chers collègues ». Cela dit, je faisais ma thèse, un des tout derniers doctorats d'État, et j'habitais Paris. Tous les jours, je devais me lever à 5 heures du matin pour attraper, gare du Nord, le train de 6 h 48 — ma hantise de l'époque… J'ai vite compris que si je voulais garder du temps pour écrire, il allait me falloir passer dans le supérieur. Mais je n'avais pas le moindre espoir d'y parvenir, n'étant ni khâgneux ni normalien.

LE MILIEU DES ANTITOTALITAIRES DE GAUCHE : CASTORIADIS ET LEFORT

Comment vous y prendrez-vous pour quitter le lycée et finalement intégrer l'université ?

J'ai eu la chance de rencontrer Évelyne Pisier*, qui m'a pris sous son aile et m'a suggéré de préparer l'agrégation de science politique — le seul moyen pour moi de forcer la porte du supérieur puisque cette agrég donne immédiatement accès à un poste de professeur plein à l'université (on saute ainsi toutes les étapes). Évelyne, qui était encore mariée à Bernard Kouchner et allait bientôt épouser Olivier Duhamel, est devenue une véritable amie. Je ne sais pourquoi, elle voulait que je réussisse ! Sans elle, je me demande où j'en serais... Elle m'a présenté au philosophe Miguel Abensour, qui dirigeait alors le DEA de philosophie politique de Reims. Miguel m'a lui aussi adopté. Ami et disciple de Claude Lefort, il était un des piliers de *Textures*, une revue créée au début des années 70, où se retrouvaient tous les héritiers de *Socialisme ou Barbarie* — une publication elle-même fondée en 1949 par Lefort et Castoriadis, qui marqua leur rupture avec le trotskisme. Il y avait donc Claude Lefort et Cornelius Castoriadis (1922-1997)**, bien sûr, mais aussi le philosophe

* Docteur en droit, agrégée de droit public et de science politique, Évelyne Pisier a enseigné à Sciences-Po Paris et à l'université de Paris-I. En 1989, elle était nommée par Jack Lang directrice du Livre au ministère de la Culture. On lui doit notamment, avec Olivier Duhamel et François Châtelet, une *Histoire des idées politiques* (1982), un *Dictionnaire des œuvres politiques* (2001) et, en collaboration avec Françoise Collin et Hélène Varikas, une anthologie critique sur *Les Femmes, de Platon à Derrida* (2000).

** Philosophe d'origine grecque, économiste, anthropologue et ancien résistant, Cornelius Castoriadis fonde en 1949, avec Claude Lefort, le groupe Socialisme ou Barbarie, ainsi que la revue du même nom. Nommé directeur d'études à l'École des hautes études en sciences sociales (EHESS) en 1980, il a laissé une œuvre foisonnante. Mentionnons, parmi ses très nombreux ouvrages, *L'Institution imaginaire de la société* (1975) et *Les Carrefours du labyrinthe* (six tomes, publiés entre 1978 et 1999).

Marcel Gauchet* et l'ethnologue Pierre Clastres (1937-1977), qui enseignait d'ailleurs dans ce même DEA. Miguel Abensour m'a proposé d'être chargé de cours à Reims, si bien que je me suis retrouvé à enseigner à l'université devant des étudiants en doctorat. Dans le même temps, le philosophe Alain Renaut, avec qui j'écrirai ensuite plusieurs ouvrages, avait obtenu de Jacques Derrida qu'il nous confie un cours à la fameuse École de la rue d'Ulm. Nous y avons même créé ensemble un centre de recherche sur Kant et Fichte, auquel je consacrais ma thèse. Je donnais également, rue d'Ulm, des cours de préparation à l'agrégation, réservés aux élèves de l'École, une activité que j'ai ensuite poursuivie à Sciences-Po Lyon puis à Caen. Je me retrouvais en tout cas au cœur du plus prestigieux établissement de France, un statut pour moi inimaginable, même en rêve ! D'autant que les agrégatifs de l'École me regardaient comme un de leurs professeurs davantage que comme un des leurs, ce dont j'étais le premier surpris. Le centre de recherche sur Kant et Fichte marchait très bien. Bien que lacanien comme pas deux, le philosophe et psychanalyste Jacques-Alain Miller, notamment, venait y faire des conférences, et il nous proposa même, à Alain Renaut et moi, de tenir une chronique dans *L'Âne*, le journal de la cause lacanienne, où nous avons publié pendant quelque temps.

C'est donc à cette époque que je fais la connaissance de Claude Lefort, qui présidera mon jury de thèse et qui reste à mes yeux le meilleur penseur politique de sa génération, puis de Cornelius Castoriadis, avec qui je suis devenu très ami, même si nous n'arrêtions pas de nous disputer, parfois à la limite d'en venir aux mains… Pourtant, je l'estimais et je l'aimais beaucoup, d'une

* Philosophe et historien, directeur d'études à l'EHESS, Marcel Gauchet est aussi rédacteur en chef de la revue *Le Débat* (fondée avec Pierre Nora en 1980). On lui doit notamment *Le Désenchantement du monde. Une histoire politique de la religion* (1985), *La Révolution des droits de l'homme* (1989) et, ces dernières années, une trilogie consacrée à *L'Avènement de la démocratie* (2007-2010).

vraie affection. Il était d'une intelligence exceptionnelle, infiniment cultivé et aussi affectif qu'affectueux. Pendant dix ans, nous avons passé le nouvel an ensemble avec sa femme, Zoé, le sociologue Edgar Morin, Alain Finkielkraut, Olivier Duhamel et Évelyne Pisier. Il y avait aussi Dominique Meunier, la femme avec qui je m'étais remarié ; Sylvie, celle de Finkielkraut, et encore Pierre Manent ou Philippe Raynaud*, bref, une assez joyeuse bande. Les convives apportaient le vin et le champagne, nous finissions généralement « très à l'aise », comme eût dit Boris Vian, et forcément nos disputes étaient homériques, étant donné que nous étions souvent aux antipodes les uns des autres sur le plan idéologique. Castoriadis détestait qu'on l'appelât « Casto ». Il nous demandait toujours de l'appeler « Corneille ». Et lorsque la soirée était un peu avancée, il voulait à tout prix organiser des jeux. Aussi lui faisions-nous immanquablement, tous les ans, comme une espèce de rituel familial, la même plaisanterie : nous lui demandions s'il ne pouvait pas nous « autogérer » — allusion à sa passion pour l'autogestion, mais aussi, et surtout, au fait qu'il était très autoritaire. Il grognait un peu, mais nous proposait avec bonheur des « jeux de rôle ». Je me souviens de Pierre Manent en inspecteur de police arrêtant Évelyne Pisier pour racolage sur la voie publique, ou de tel ou tel d'entre nous sommé de réagir à la découverte que sa femme le trompait avec son meilleur ami.

C'était le genre de jeux que Corneille adorait. Il avait en tête une infinité de scénarios qu'il nous faisait jouer inlassablement jusqu'à trois heures du matin. De ces fêtes, je garde un souvenir ému et quelques photos franchement comiques. Quand nous

* Philosophe du politique, ancien assistant de Raymond Aron au Collège de France, directeur d'études à l'EHESS, Pierre Manent est un spécialiste de l'histoire intellectuelle du libéralisme. Parmi ses derniers ouvrages, publiés en 2010 chez Flammarion, mentionnons *Les Métamorphoses de la cité* et un livre d'entretiens, *Le Regard politique* (avec Bénédicte Delorme-Montini). Philosophe, normalien et professeur de science politique à l'université de Paris-II, Philippe Raynaud a beaucoup publié sur la pensée républicaine, notamment, en 2009, *Trois révolutions de la liberté : Angleterre, États-Unis, France*.

étions vraiment fatigués, le niveau baissait un peu : on faisait alors des concours de contrepèteries, qu'Edgar Morin gagnait à tous les coups, suivi de près par l'excellent Pierre Manent, qui n'avait pas non plus sa langue dans la poche. Puis Corneille se mettait volontiers au piano, notamment pour interpréter le *13ᵉ Nocturne* de Chopin, qu'il jouait avec une formidable énergie, comme une marche militaire ! Zoé, elle, chantait du jazz avec un réel talent. Cette gauche antitotalitaire — Manent et moi, républicains de droite, représentions l'exception dans la bande — reste au fond ce que j'ai rencontré de plus sympathique sur le plan intellectuel et moral… En France, Lefort et Castoriadis furent en effet les premiers, à gauche, à développer une véritable critique, non seulement de la bureaucratie soviétique, mais bel et bien du totalitarisme.

Si je comprends bien, vous avez fini par changer de train pour aller d'Arras à Reims ?

Oui, et je dois beaucoup, à cet égard, à Miguel Abensour. C'est encore lui qui m'obligea à lire deux anciens élèves de Heidegger qui le passionnaient, Hannah Arendt (1906-1975) et Leo Strauss (1899-1973), à qui je consacrerai plusieurs chapitres de ma thèse. Puis il décida avec Évelyne de me présenter au CNRS. J'y fus admis sur un poste d'accueil de deux ans, le temps de finir ma thèse et d'accumuler les publications pour me présenter à l'agrégation de science politique. En fait, Évelyne Pisier et Miguel Abensour militaient aussi, à travers moi, pour l'entrée de la philosophie et de l'histoire des idées dans cette nouvelle discipline (la création de l'agrégation ne datait que de 1973). Ils pensaient, à juste titre, que l'hégémonie de la sociologie allait tuer la science politique et livraient une bataille acharnée contre les clones de Pierre Bourdieu qui honnissaient les philosophes et faisaient tout leur possible pour leur barrer la route.

De fait, l'agrégation de science politique offrait, je vous l'ai dit, l'immense avantage, lorsqu'on était reçu, de pouvoir intégrer directement l'université avec le titre de professeur de « rang A », habilité à diriger des recherches. Le défi méritait d'être relevé. J'ai eu un mal de chien à passer ce concours, mais j'ai finalement été reçu deuxième, juste derrière un bourdivin de stricte obédience, et sans avoir fait une seule seconde de science politique de ma vie ! Le mot « science » accolé à celui de « politique » m'a d'ailleurs toujours laissé perplexe, au moins autant que pour les « sciences de l'éducation »... Il faut dire que l'ambiance était assez cocasse : le jury était littéralement scindé en deux, les deux moitiés se vouant une haine aussi vigilante que confraternelle, si bien que nous étions, nous les candidats, pris dans des enjeux qui nous dépassaient complètement. Résultat : être reçu ou recalé se jouait à trois fois rien et n'avait pas toujours grand-chose à voir avec les compétences réelles des uns ou des autres. Par la suite, j'ai changé de section et suis repassé de la science politique à la philosophie, devenant, du coup, l'un des plus jeunes professeurs des universités de France dans ma discipline. Là encore, cette situation était pour moi presque irréelle ! Quand je repensais à Fontenay-Saint-Père, mon petit village, ou à ce coup de téléphone à Heinz Wismann qui m'avait tant coûté, les bras m'en tombaient, comme on dit.

Je crois que nul ne peut mesurer combien mes parents étaient fiers, mon père surtout, qui n'avait aucune idée de ce qu'était l'université... Pour tout vous dire, moi aussi. Aussi n'ai-je jamais oublié ce que je devais à ceux qui m'ont aidé, jamais oublié la chance incroyable que j'ai eue de les rencontrer. Sans rire, je crois qu'ils m'ont littéralement sauvé la vie. Je savais désormais que j'allais pouvoir la consacrer à la seule chose qui m'intéressait en ce monde (en dehors, bien sûr, des relations humaines) : la philosophie.

Mais avant d'enseigner la philosophie à l'université, vous avez donc été professeur de science politique ?

Oui, à l'Institut d'études politiques de Lyon, ou, comme on dit, à Sciences-Po Lyon, en réalité un département de l'université de Lyon-II. Je me suis donc retrouvé, du jour au lendemain, à « diriger » (officiellement au moins) l'enseignement de science politique et les centres de recherche affiliés. Il y avait là cinq maîtres assistants avec qui j'entretenais de bonnes relations. J'y ai aussi rencontré d'excellents étudiants, qui sont devenus des amis, comme Pierre-Henri Tavoillot et Éric Deschavanne, qui enseignent aujourd'hui à l'université de Paris-IV*. Ils repasseront d'ailleurs de la science politique à la philosophie…

Revenons à l'atmosphère intellectuelle de la seconde moitié des années 70 et du début des années 80. Vous côtoyez donc le milieu de la gauche antitotalitaire. Hormis Miguel Abensour, Évelyne Pisier, Cornelius Castoriadis et Claude Lefort, quels sont les intellectuels avec qui vous nouez alors des affinités électives ?

Je mentionnerais avant tout l'historien François Furet. Pendant des années, nous avons joué au tennis chaque semaine, après quoi nous poursuivions la partie par des discussions sans fin autour d'un café. Nous dînions aussi très souvent ensemble. Au-delà d'une grande affinité intellectuelle, notamment sur l'histoire de la Révolution française, et au-delà même de nos affinités politiques — François, qui venait du PC, était devenu « rocardo-barriste », ce qui m'allait assez bien —, il est devenu l'un de mes amis les plus chers. Nous avons participé à des séminaires

* Coauteurs d'un livre intitulé *Philosophie des âges de la vie. Pourquoi grandir ? Pourquoi vieillir ?* (2007), Éric Deschavanne et Pierre-Henri Tavoillot animent ensemble, à la Sorbonne, le Collège de philosophie. Le premier est par ailleurs l'auteur d'une excellente introduction à la pensée de Luc Ferry : *Le Deuxième Humanisme* (2010).

communs : il venait parfois au mien, j'allais presque toujours au sien. Mais François n'était pas seulement un homme d'une érudition incomparable et d'une intelligence diabolique : il était bourré d'humour, au point que son visage était tout plissé par le rire. Il possédait en outre une immense qualité : il n'avait pas peur des jeunes ! Il aimait au contraire l'idée de voir grandir à ses côtés de nouveaux talents, qu'il s'agisse de Marcel Gauchet, de Pierre Manent ou de Philippe Raynaud, un philosophe politique tout à fait remarquable. Avec l'intelligence qui le caractérisait, François Furet avait su repérer et « lancer » ceux qu'il tenait pour les plus prometteurs au sein de ma génération. Historien, il ignorait presque tout de la philosophie mais, loin de l'arrogance d'un Pierre Bourdieu, il avait conscience de souffrir d'un manque et m'a souvent demandé de l'aider à le combler. Aussi m'a-t-il fait l'honneur, quand j'ai publié ma *Philosophie politique*, au début des années 80, d'un magnifique article dans *Le Nouvel Observateur.* Il se terminait par cette phrase : « Retenez ce nom, vous en entendrez parler », ce qui signifiait qu'il avait foi en moi et pariait sur mon avenir, ce dont je fus extrêmement ému. C'était tout à fait dans son style : au lieu de jalouser notre jeunesse, comme tant d'autres l'auraient fait, il en était heureux. Il faut dire qu'à soixante ans, il avait toujours beaucoup de charme et un succès certain auprès des femmes.

Nous ne sommes pas très loin, à l'époque, de « l'effet Soljenitsyne », survenu en 1973 avec la publication en France de L'Archipel du Goulag, *suivi de l'émergence de la dissidence en Europe de l'Est. Quels rapports votre petit groupe entretenait-il avec les « nouveaux philosophes » ?*

Bien que Claude Lefort et Cornelius Castoriadis aient été les premiers en France à élaborer une vraie critique de gauche du totalitarisme, nous étions tous des universitaires et des professeurs, animés d'un profond respect pour la science, les savants et l'érudition. Lorsque j'étais au CNRS, je travaillais par exemple sur les théories du droit en Allemagne à l'époque de Kant et Fichte, un sujet pointu et difficile. À l'époque, nous étions tous inconnus du grand public, y compris Castoriadis et Lefort, dont la notoriété ne dépassait guère le petit milieu intellectuel. Notre attitude était donc pour le moins distante, voire franchement critique, à l'égard de ces intellectuels médiatiques qu'étaient alors Bernard-Henri Lévy, qui publie *La Barbarie à visage humain* en 1977, ou André Glucksmann. En un mot, nous avions tendance à les considérer comme des journalistes et certains les méprisaient carrément. Pour ma part, je n'ai jamais partagé ce sentiment d'hostilité agressive. En effet, il ne me semblait pas inutile que de jeunes intellectuels, qui défendaient somme toute les droits de l'homme et la démocratie, fassent entendre, à gauche, l'air de l'antitotalitarisme. Mon ami André Comte-Sponville eut un jour sur BHL un mot que je trouve finalement assez juste : « Évidemment talentueux, évidemment secondaire. » Bref, pas de quoi susciter à mes yeux un tel rejet, encore moins cette haine qui semblait s'emparer de Corneille ou de Pierre Nora, qui écrivit contre BHL l'un des articles les plus méchants de la décennie, lançant le thème du « plus beau décolleté de Paris ».

Pour vous dire à quel point ces deux mondes s'ignoraient l'un l'autre, j'ai rencontré André Glucksmann pour la première fois il y a deux ans. Quant à Bernard-Henri Lévy, que je croisais souvent au Twick, le café proche des éditions Grasset où nous étions tous deux auteurs dans les années 90, nous avons toujours entretenu des relations courtoises, même si je sais bien qu'au fond il y a des tensions entre nous. Nous ne jouons pas au même jeu, nous sommes même, parfois, aux antipodes : je n'ai, en général, aucun goût pour le rôle de l'intellectuel médiatique et, même si je passe souvent « dans le poste », je n'ai jamais été un intellectuel au sens où l'est Bernard. Pour vous donner un indice, je n'ai jamais — sauf circonstances exceptionnelles — signé la moindre pétition ni participé à un débat d'actualité à la « Mutu », la Mutualité. J'ai juste horreur de ça. Ce qui m'intéresse, c'est la philosophie ou la politique, la pensée ou l'action, pas ce rôle de mouche du coche moralisatrice que les intellectuels parisiens adorent depuis Voltaire — un écrivain pour lequel je n'ai, contrairement à l'air du temps, pas une grande sympathie. Si je passe à la télévision, c'est qu'on m'y invite. Je ne fais rien pour — ce n'est ni mon but dans la vie, ni mon activité principale —, et je refuse chaque semaine plusieurs invitations, n'en acceptant à vrai dire qu'une sur cinq ou six. Je travaille douze heures par jour et ne passe guère qu'une heure par semaine, tout au plus, dans les médias, même si les gens ont l'impression de m'y voir souvent. Si je suis connu ici ou là, c'est par mes livres, traduits dans plus de trente langues de par le monde, dans des pays comme le Brésil, où je suis resté pendant deux ans sur la liste des best-sellers alors que je n'y ai jamais pointé le museau à la télévision et qu'on ne connaît ni ma voix ni mon visage. Certains sont connus parce qu'ils écrivent des livres et d'autres écrivent des livres parce qu'ils sont connus. Comme André Comte-Sponville, j'appartiens clairement à la première catégorie, pas à la seconde.

Pour en revenir à Bernard-Henri Lévy, je l'ai toujours défendu en public quand il était attaqué parce que l'antipathie qu'il suscite relève la plupart du temps de la pure et simple jalousie — il est beau, il est riche, il est célèbre, il plaît aux femmes et, en plus, il est juif : tout cela est-il pardonnable ? Les attaques antisémites plus ou moins voilées dont il fait régulièrement l'objet sont abjectes et elles pèsent lourd, plus lourd qu'on ne le croit, dans l'hostilité qu'il rencontre. En privé, c'est un homme qui peut être absolument charmant, capable d'une vraie générosité, d'une vraie gentillesse même. Nous aurions sans doute pu être amis, mais encore une fois, nos conceptions de la « vie avec la pensée » sont vraiment antinomiques. Or, comme il s'agit de notre métier, cela finit par représenter un réel obstacle.

Cela dit, contrairement à la plupart de mes collègues universitaires, j'ai toujours éprouvé le besoin d'évoluer dans plusieurs mondes. Cela correspond simplement à ce que je suis, ce que vous appelez mon côté « décalé ». Bien que « professeur » d'université, muni des tampons requis, je n'ai jamais aimé cette forclusion du réel que tend à pratiquer le milieu académique, trop souvent coupé du monde. On est élève, on devient étudiant puis professeur sans jamais avoir mis le nez dehors. Pendant toute une partie de ma vie, je mettrai ainsi un point d'honneur à travailler dix heures par jour et à sortir presque autant, ce qui explique sans doute le fait que j'ai pris quelques rides assez précocement…

LA CRÉATION DU COLLÈGE DE PHILOSOPHIE (1974) OU LA « DÉCONSTRUCTION » EN MARCHE

C'est aussi au tournant des années 70 que vous fondez le Collège de philosophie, une institution qui existe toujours et organise en Sorbonne des conférences et des débats d'une grande qualité. À l'époque, la plupart des lieux de savoir étaient dominés par Michel Foucault, Pierre Bourdieu et leurs disciples. L'idée de départ était-elle justement de créer un autre lieu, histoire de remettre une génération au travail sur les grandes œuvres ? Racontez-moi les débuts du Collège…

À vrai dire, le Collège ne s'est pas créé contre qui que ce soit, surtout pas contre Pierre Bourdieu, Jacques Derrida ou Michel Foucault, dont plusieurs membres étaient proches. Divers penseurs marxistes figurent d'ailleurs parmi les pères fondateurs. S'il y avait rupture, c'était plutôt avec l'université, avec la culture scolaire du manuel et du concours. Du reste, les relations que nous entretenions à l'époque avec Jacques Derrida et Normale

Sup étaient plutôt bonnes. Le Collège était en fait très pluraliste, notre seul souci commun étant de pratiquer la lecture des grandes œuvres et de poser les vrais enjeux de la philosophie, hors des lieux communs académiques. C'est d'abord à la demande du poète Pierre Emmanuel, qui souhaitait faire revivre le Collège de philosophie fondé par son ami Jean Wahl dans les années 30, que Philippe Forstmann et moi-même, tous deux d'anciens étudiants de Heinz Wismann, avons fondé le Collège de philosophie en 1974. Il y avait avec nous une poignée d'amis, dont Paul-Laurent Assoun, un marxiste critique, le germaniste Gérard Rollet, le philosophe Jean-Michel Besnier, Alain Trousson, les Debuzon, Heinz Wismann, bien sûr, et quelques autres.

Les débuts de cette aventure ne furent pas faciles. Pour commencer, nous n'avions pas de locaux. Nous étions totalement indépendants, sans institution derrière nous et sans la moindre subvention. Nous devions nous débrouiller avec les moyens du bord, de façon très artisanale. Pendant un an, nous n'avons cessé de déménager de crèche en crèche, d'abord abrités chez les bonnes sœurs de la rue Madame, dans une petite salle archicomble située en sous-sol. Les membres de l'association s'acquittaient d'une petite cotisation et quant à nous, les animateurs, nous passions nos soirées à faire les courriers et à coller les timbres que nous achetions nous-mêmes. Il faudra attendre le début des années 80 pour qu'Évelyne Pisier obtienne que l'on nous prête une salle à la Sorbonne. Jacques Derrida, de son côté, s'arrangera pour que nous puissions parfois animer des séances rue d'Ulm, à l'École normale supérieure. C'est dire si ce démarrage fut incontestablement plus difficile que celui du Collège international de philosophie, créé quelques années plus tard à l'initiative de Jean-Pierre Chevènement, avec des fonds de l'État. Nous n'étions, nous, qu'une petite association régie par la loi de 1901. Les fondateurs du Collège international ont d'ailleurs tout fait pour nous voler le nom, avant d'y renoncer sous la menace d'un procès — d'où son appellation finale, qui perdure aujourd'hui, de Collège *international* de philosophie. Mais la confusion est souvent restée dans les esprits, alors même qu'il n'y a rien de commun entre les deux collèges.

À partir de 1975-76, certains membres du noyau dur initial ont progressivement vogué vers d'autres horizons. J'ai alors décidé de transformer le Collège de philosophie en une sorte de séminaire consacré à l'analyse des grandes « déconstructions » de la métaphysique, en particulier aux critiques élaborées par Heidegger et Marx contre le système hégélien.

Pour le lecteur qui entendrait parler pour la première fois de la « déconstruction de la métaphysique », pourriez-vous rappeler à grands traits de quoi il s'agit ?

La grande mode philosophique de l'époque était à la proclamation de « la fin de la métaphysique ». Sa déconstruction se réclamait alors de trois grandes figures tutélaires : Heidegger, Marx et Nietzsche, Derrida n'étant qu'un épigone mineur de Heidegger, auquel il emprunte directement le terme de « déconstruction » — *Abbau der Metaphysik*. Soit dit en passant, il faut toute l'inculture des universités américaines en matière de philosophie allemande pour avoir ignoré cet emprunt et pour s'imaginer que Derrida fut un penseur original... Pourquoi Heidegger ? D'abord, parce que toute sa philosophie et son analyse du « monde de la technique » reposent sur la critique du rationalisme, qui prévaut depuis Descartes, et de son pendant, le sujet métaphysique, avec ses deux traits majeurs : la volonté et l'entendement. Par « métaphysique moderne », il faut ainsi entendre, chez Heidegger, ce règne du sujet devenu « maître et possesseur de la nature », armé du principe de raison qu'il impose à tout « l'étant » comme une espèce de version philosophique de l'inquisition techniquement « arraisonnante » du monde.

La philosophie de Nietzsche, qui proclame la mort de Dieu, se prolonge elle aussi dans une critique radicale du nihilisme de la métaphysique, dans une déconstruction « au marteau » de ses idoles et de ses idéaux, à commencer par ceux qui peuplent le « monde intelligible » depuis Platon. Les idoles, aux yeux de Nietzsche, ce sont les idéaux qui prétendent animer depuis des siècles la philosophie, la religion, la métaphysique ou l'humanisme, et qui tendent à opposer le ciel et la terre. Or, non seulement les « idoles » sont illusoires, mais elles conduisent toujours — et là réside la logique funeste du nihilisme — à nier le réel au nom de l'idéal, à dévaluer l'ici-bas au nom d'une idéalisation de l'au-delà. Il s'agit donc, pour Nietzsche, de faire la « généalogie » de ces idoles en mettant au jour les « arrière-mondes » inconscients qui se cacheraient derrière nos choix en faveur du beau, du bien ou du vrai.

Pour comprendre le succès de ces déconstructions, allemandes d'origine, mais relayées en version française par Jacques Derrida, Michel Foucault ou Gilles Deleuze, il faut bien voir que, dans les années 70, le climat intellectuel était encore dominé par la conviction que la raison moderne s'était retournée contre elle-même, selon le mot de Max Horkheimer (1895-1973) et Theodor Adorno (1903-1969), les deux fondateurs de l'École de Francfort*. Bref, que la prétention à émanciper l'humanité s'était renversée en son contraire, que l'histoire de l'Europe avait

* L'Institut de recherche sociale, mieux connu sous le nom d'École de Francfort, fondé au début des années 30, a rassemblé des intellectuels d'inspiration marxiste aussi différents qu'Eric Fromm, Herbert Marcuse ou Walter Benjamin. L'essentiel de leur propos tenait dans une critique radicale de la modernité capitaliste, pensée en termes de domination de la « raison instrumentale », d'aliénation et de « réification » (la tendance à traiter les êtres comme des objets). Puis la question du totalitarisme en viendra, au sein de la théorie critique, à supplanter toutes les autres, comme en témoigne le célèbre ouvrage d'Adorno et Horkheimer, *La Dialectique de la raison*, publié en 1944. Avec la montée du nazisme, la plupart des théoriciens du groupe s'exilent aux États-Unis avant de revenir en Allemagne après-guerre. Apparaît alors la deuxième génération de l'École de Francfort, dont le représentant le plus connu reste le philosophe Jürgen Habermas.

connu une « dialectique des lumières » dont témoignent ces deux catastrophes majeures que furent le nazisme et la colonisation. Le rationalisme, qu'on le nommât « métaphysique de la subjectivité » ou « nihilisme », était ainsi soupçonné d'avoir engendré le règne de la raison instrumentale aux dépens d'une véritable libération des individus. Quant à l'universalisme, celui des droits de l'homme et de la démocratie formelle — et c'est là que Marx entrait en scène —, on le soupçonnait d'avoir débouché sur l'européocentrisme. N'oublions pas que l'Europe était encore largement perçue comme le continent des fascismes et de l'impérialisme colonial. Et quand vous y regardez de près, le seul point commun indiscutable entre les mouvements gauchistes qui animaient Mai 68 demeure l'anticolonialisme et le soutien aux luttes de libération nationale. Ce sentiment-là traverse tous les courants, libertaires, maos, trotskistes et même communistes.

Dans cette perspective, le système hégélien était donc considéré comme l'ennemi public numéro un ou la quintessence même de la métaphysique. Partant de Nietzsche, Gilles Deleuze pourfendait la « dialectique » comme l'armature fondamentale de toute l'histoire de la métaphysique. Les marxistes, notamment ceux de l'École de Francfort, faisaient pour leur part du rationalisme hégélien, en particulier de l'idée que le réel est rationnel, un complice de la catastrophe absolue. Il fallait, selon Adorno, le rouvrir au plus vite à l'aide d'une « dialectique négative » fonctionnant pour chacune des catégories de l'hégélianisme comme un ouvre-boîte philosophique. De fait, la théorie hégélienne de la « ruse de la raison » n'est jamais qu'une théodicée leibnizienne appliquée à l'histoire ou une manière de justifier le mal (au sens théologique du terme). Comme le dit Hegel dans l'introduction de sa *Phénoménologie*, « le mal existe aussi peu que le bien » : dans la mesure où ce que nous appelons « le mal » fait partie du réel, dans la mesure où il est la condition d'un bien plus grand, il est en quelque sorte sauvé, « justifié ». Si le réel est rationnel, alors

Auschwitz, qui fait partie du réel, appartient à l'histoire de la raison au même titre que tout autre événement. Ainsi raisonnait Adorno contre Hegel. Chez ce dernier, en effet, les événements historiques, même ceux qui paraissent de prime abord irrationnels ou absurdes (le mal, les guerres, etc.), s'enchaînent les uns aux autres selon un déterminisme historique parfait. Or, dans cette optique, l'homme, pour parler comme les existentialistes, se retrouve « réifié », transformé en chose, en composante inconsciente du processus historique.

Bien entendu, un bon hégélien contesterait de telles accusations et nous en débattions aussi. Mais le principal problème, pour les marxistes — et nous ne cessions, là encore, d'en débattre au sein du Collège de philosophie —, tient à ce que cette vision *historiciste* domine de part en part la pensée de Marx. L'économie est certes plus réelle à ses yeux que la logique de la raison hégélienne, laquelle n'en serait que le simple reflet, mais le déterminisme marxien n'en est pas moins implacable. C'était là un de nos grands sujets de discussions de l'époque, discussions qui soulevaient inévitablement la question de l'autonomie du politique, c'est-à-dire, au fond, la question de la liberté : comment faire pour fonder l'autonomie de l'individu, du droit et de la politique par rapport à l'histoire, si cette dernière prend la forme d'un déterminisme ou d'un « économicisme », comme dira Louis Althusser (1918-1990) ?

Pour moi, qui n'étais ni heideggérien, ni nietzschéen, ni marxiste, ces discussions avaient surtout une vertu pédagogique à l'adresse de mes amis qui, pour la plupart, s'inscrivaient dans l'une ou l'autre de ces grandes philosophies du soupçon. Je m'efforçais donc de les attirer peu à peu vers une autre problématique, de leur faire comprendre que, malgré la puissance intellectuelle des grands déconstructeurs (Marx, Nietzsche et Heidegger), l'attitude du soupçon radical ou de la généalogie permanente n'était pas tenable. Elle ne pouvait tout au plus que représenter un moment de la philosophie, non pas son alpha et son oméga.

À l'époque, ma réflexion tenait donc dans l'équation suivante : comment élaborer une *critique de la raison* qui prenne en compte ce que ces déconstructions de la métaphysique pouvaient avoir de juste et de profond, tout en sauvegardant l'idée d'un sujet capable d'autonomie (de penser et d'agir par lui-même), capable aussi d'évaluer librement ce qu'il est et ce qui est, donc de se référer à des valeurs (morales, esthétiques ou juridiques) ? Bref, comment produire une critique rigoureuse de la métaphysique sans pour autant renoncer à la raison, à la liberté et à l'égalité ? Si on se replace dans l'humeur idéologique des années 70, l'enjeu était considérable puisqu'il ne s'agissait pas simplement, du moins à mes yeux, de penser « la fin de la métaphysique ». Il s'agissait d'abord, et peut-être surtout, de concevoir une philosophie politique et, partant, une philosophie non illusoire du sujet. Autrement dit : un humanisme post-métaphysique qui permette notamment de penser les droits de l'homme et les valeurs de la démocratie — ce que les divers visages de la déconstruction ne permettaient justement pas de faire, les droits de l'homme étant considérés comme l'archétype de l'illusion métaphysique ou de l'idéologie bourgeoise.

Je me souviens qu'en Mai 68 une large banderole ornait sur plusieurs dizaines de mètres le département de droit de la faculté de Nanterre, arborant ce slogan hautement poétique : « Les droits de l'homme sont la vaseline dont la bourgeoisie se sert pour enculer le prolétariat. » C'était brut de décoffrage, mais la formule illustrait assez bien les conclusions auxquelles mènent inévitablement les divers visages de la déconstruction : que les droits de l'homme et la démocratie fussent critiqués comme le visage politique de la métaphysique de la subjectivité, comme celui de l'idéologie bourgeoise ou comme une des figures du nihilisme, il n'y avait, au fond, rien à en garder. C'est précisément cela qui me gênait, qui ne collait pas, ni sur le plan moral ni sur le plan purement intellectuel. Comme je le disais à l'époque à mes amis : une critique « sans reste » de la subjectivité n'est pas tenable. Il faut penser le statut du sujet après la grande déconstruction, et surtout pas sur le mode du « retour à » ou de la restauration : voilà la tâche de la philosophie qui vient. Sincèrement, je pense que j'avais vu juste. Après avoir décrété la « mort de l'homme » et pourfendu les niaiseries de l'humanisme, Foucault et Derrida sont redevenus de gentils démocrates — à ceci près que leur position morale et politique, notamment en faveur des droits de l'homme en Pologne à l'époque de Solidarnosc, était incohérente car absolument incompatible avec la déconstruction de l'humanisme qu'ils défendaient par ailleurs de manière apparemment radicale, en vérité purement tactique.

C'est aussi cette année-là, en 1974, que vous publiez, à vingt-trois ans, votre premier article, consacré au sublime chez Kant. Ces enjeux vous apparaissaient-ils alors aussi clairement ou se sont-ils dessinés au fur et à mesure du travail accompli au Collège de philosophie ?

Les enjeux que je viens d'évoquer étaient déjà parfaitement clairs dans mon esprit, même s'ils se sont considérablement précisés et enrichis tout au long de ces années. De fait, cet article de 1974 tourne déjà autour de la question de savoir ce que pourrait être un humanisme non métaphysique, post-heideggérien et post-nietzschéen. J'y admets que si la déconstruction est légitime, si on ne saurait philosopher après Nietzsche et Heidegger comme s'ils n'avaient pas bouleversé la pensée, il reste que cette déconstruction s'avère *in fine* incapable d'accorder le moindre statut à la subjectivité. Il faut pourtant bien accorder un statut au sujet si l'on veut penser, sur le plan éthique et politique, les droits de ceux qui résistent au totalitarisme soviétique comme ceux des victimes de la dictature militaire en Argentine — n'oubliez pas que nous étions, à l'époque, en pleine découverte de Soljenitsyne et des premiers dissidents. Or, on trouve précisément, chez Kant — et tel était le thème de mon article de 1974 —, ces extraordinaires « principes de la réflexion » qui accordent aux notions métaphysiques déconstruites quelque chose, sinon comme une vérité, du moins comme un résidu de sens et un rôle régulateur *après* la déconstruction. Lorsqu'on argumente dans une discussion, par exemple, on est bien obligé de se penser comme l'auteur ou le sujet de ses arguments. On ne peut tout simplement pas faire autrement sans tomber dans ce que les logiciens nomment les « contradictions performatives », ces contradictions qui interviennent entre l'énoncé et le sujet de l'énonciation. Si je dis que ce n'est pas moi qui argumente, mais mon milieu social, ma famille, mes préjugés ou mon infrastructure neurale, je me prends aussitôt les pieds dans le tapis car à la question « qui est l'auteur de cette affirmation ? », il n'est plus de réponse possible. Résultat : l'idée même de vérité explose en vol ! De là, chez les déconstructeurs français, le goût de la sophistique. Quand j'entends expliciter un choix ou quand je formule un jugement de valeur, je ne peux prétendre que ce n'est pas moi qui choisis, qui pense ou qui évalue — que « ça parle en moi », comme le dit Jacques Lacan. Par parenthèse, il reprenait d'ailleurs ici une formule de Maurice Barrès, formule que l'écrivain d'extrême droite avait à son tour lue, ou cru lire, chez Nietzsche — le « ça » pouvant désigner ma libido ou ma nation, ma classe sociale ou l'organisation de mes instincts selon que l'on est un disciple de Freud, de Barrès, de Marx ou de Nietzsche.

Tout cela pour dire que, dès 1974, mon propos était bien de réhabiliter philosophiquement le point de vue de la liberté humaine dans l'Histoire face à des systèmes de pensée qui inclinaient à nier tout libre arbitre. Mais sans céder à la naïveté des « retour à ». En revanche, les solutions que je proposais étaient encore embryonnaires.

Comment se déroulaient les séances du Collège de philosophie et quel genre de public venait y assister ?

Ces séances étaient gratuites, ouvertes à tous, et notre premier séminaire a justement porté sur la métaphysique allemande. Au début, nous nous réunissions une fois, puis deux fois par semaine, à une trentaine de passionnés. Nous étions, pour la majorité d'entre nous, jeunes et inconnus. Parfois, nous invitions nos anciens professeurs, comme Pierre Aubenque, grand commentateur d'Aristote, Jacques Rivelaygue, Heinz Wismann ou Alexis Philonenko, spécialiste de philosophie allemande. Puis le Collège a attiré de plus en plus de monde. Quelques années plus tard, dans l'amphithéâtre Bachelard, à la Sorbonne, qu'on nous avait gentiment prêté pour tenir nos réunions, nous étions trois ou quatre cents. On y croisait même des figures en vue de la vie intellectuelle parisienne, comme Claude Malhuret (ministre de l'Action humanitaire), l'éditeur Jean-Paul Enthoven, des intellectuels comme Alain Finkielkraut, Gilles Lipovetsky, Alain Renaut, Marcel Gauchet, François Furet, Évelyne Pisier ou Olivier Duhamel, mais aussi des « opposants » notoires tels Jean-Luc Nancy et Philippe Lacoue-Labarthe, du côté des heideggériens, ou Jacques-Alain Miller. À peu près tous ceux qui faisaient la vie intellectuelle de cette période et son côté passionnant s'y sont, un jour ou l'autre, retrouvés. Il y avait des marxistes de diverses obédiences, des heideggériens orthodoxes et des heideggériens dissidents, des psychanalystes lacaniens purs et durs, des derridiens fanatiques, etc. Il faut dire qu'en ces années-là, nous étions tous un peu fanatiques, sinon enragés… Bien entendu, comme dans tous les groupes, des histoires d'amour se nouaient et se dénouaient, de grandes amitiés aussi, indéfectibles parfois.

Plus tard, d'autres nous ont rejoints, dont Thierry Maclet, un brillant normalien, aujourd'hui secrétaire des débats au Parlement, ou Claude Capelier, un talentueux philosophe, flûtiste et humoriste, qui deviendra mon plus proche ami et me suivra plus tard, entre 2002 et 2004, au ministère de l'Éducation nationale. C'était vivant au-delà de ce que l'on peut imaginer, tant sur le plan intellectuel qu'affectif. Encore une fois, et j'insiste sur ce point, nous étions totalement libres et indépendants de l'État comme de tout groupe de pression, Alain Renaut et moi-même assumant, avec deux ou trois amis, le secrétariat et les tâches matérielles que supposait l'organisation. C'était prenant, mais ça en valait la peine ! Tous ceux qui sont passés par le Collège de ces années-là en ont gardé un souvenir inoubliable. En outre, et en dépit de cette atmosphère quelque peu survoltée, le Collège de philosophie n'en représentait pas moins une formidable occasion de mettre en pratique ce qui m'avait tant manqué pendant mon cursus universitaire classique : tenter de travailler et de comprendre véritablement les œuvres elles-mêmes.

À quel moment le philosophe Alain Renaut, avec qui vous allez publier dix ans plus tard La Pensée 68, *vous a-t-il rejoint ? Et à quelle « chapelle » appartenait-il alors ?*

Alain Renaut a rejoint le Collège vers 1975-1976, un an ou deux après sa création par Philippe Forstmann et moi. Il avait été l'élève de Jean Beaufret (1907-1982), l'homme à qui Heidegger avait adressé sa célèbre *Lettre sur l'humanisme*, ce qui l'avait intronisé, dès 1946, comme l'interlocuteur « officiel » du philosophe allemand en France (on découvrira bien plus tard qu'il était révisionniste, au point de soutenir le négationniste Robert Faurisson). Alain Renaut avait fait sa thèse sur Heidegger mais, bien qu'encore très heideggérien, il était capable, à la différence de François Fédier, de réfléchir et d'entendre une critique.

Rétrospectivement, l'évolution d'Alain Renaut est intéressante car ce sont justement les dix années que nous avons passées à commenter ensemble Heidegger au Collège de philosophie qui nous ont amenés à la conviction que sa mise en cause de la modernité et de la philosophie humaniste ne pouvait que conduire à une critique radicale de toutes les composantes de l'univers démocratique. C'est de cette réflexion que sortira, en 1988, notre *Heidegger et les Modernes,* un essai écrit à quatre mains dans lequel nous nous demandions pourquoi et comment les intellectuels français avaient pu sacraliser une pensée aussi fermement enracinée dans son refus de la culture démocratique. J'avais moi-même assisté, par curiosité, à quelques séminaires de Jean Beaufret, avec la pénible impression de me retrouver dans une église, au pire sens du terme : le caractère clérical sinon sectaire des discussions qui y étaient menées avait quelque chose de proprement effrayant. En outre, j'avais lu Heidegger en allemand et je constatais que nombre de nos auditeurs n'avaient aucune idée des connotations politiques inscrites jusque dans le style du philosophe et perceptibles à tout germanophone. Comme je l'ai suggéré, il faut lire l'allemand pour sentir à quel point le « jargon de l'authenticité » dont parle Adorno à propos de Heidegger est omniprésent. Je le tiens malgré tout pour le plus grand philosophe du XXe siècle, même s'il n'en a pas moins été nazi jusqu'au bout des ongles. On peut, hélas, avoir été stalinien ou nazi tout en restant un grand penseur. C'est une des énigmes du siècle écoulé et c'est elle que nous nous attachions à comprendre dans ce petit livre sur Heidegger.

Le climat de cette période faisait au demeurant que nombre d'intellectuels de gauche ou d'extrême gauche étaient déjà passés à l'heideggérianisme *via* Derrida — le point commun entre les deux courants tenant à la haine du libéralisme et de l'humanisme. Pour des gens de gauche, ce trajet n'allait cependant pas de soi, l'engagement nazi de Heidegger le rendant difficilement sortable. C'est une des raisons pour lesquelles beaucoup ont choisi de se référer à ses disciples plus fréquentables : Hannah

Arendt, Maurice Merleau-Ponty, Jacques Derrida ou Emmanuel Levinas, voire Leo Strauss. Leurs idées étaient directement empruntées à Heidegger quant au fond, mais leurs trajectoires morale et politique étaient sans tache, ce qui permettait de faire du Heidegger… sans Heidegger.

SORTIR DE MARX PAR HEIDEGGER : DES DÉBATS HOULEUX

La disqualification intellectuelle du marxisme représente l'un des événements politico-culturels majeurs des années 70, du moins de leur deuxième moitié. Nouvelle référence aux droits de l'homme oblige, on voit en effet de nombreux intellectuels entreprendre de sortir de Marx par Heidegger. Au Collège de philosophie, et au-delà du cas d'Alain Renaut, je suppose que vous viviez cette transition en direct, pour ainsi dire au jour le jour, d'une séance à l'autre… Ce devait être assez animé !

Oui, parfois même houleux ! Pour ma part, je considérais Marx et Heidegger comme d'immenses penseurs, sans adhérer pour autant à leur vision du monde — une position difficile en cette période « révolutionnaire » où le goût des polémiques tranchées et sans nuances l'emportait sur toute autre considération. Je me rends aujourd'hui compte que cela supposait une certaine vigilance intellectuelle. Avec le recul, ces trajectoires m'apparaissent en tout cas extrêmement significatives car, vous avez raison de le rappeler, on oublie parfois à quel point, pour les intellectuels français, la rupture ou la prise de distance avec le marxisme s'est souvent faite par la rencontre avec la pensée de Heidegger. À cet égard, la période du Collège de philosophie, à la charnière des années 70 et des années 80, constituait un véritable laboratoire. Dans les années 70, en effet, les intellectuels de gauche qui se rapprochaient de Heidegger éprouvaient souvent, je l'ai dit, le besoin de passer par différentes médiations et autres « sas » de décontamination — dont la pensée d'Hannah Arendt, celle du dernier Merleau-Ponty ou d'Emmanuel Levinas fournissent l'archétype.

Il faudra attendre le changement de conjoncture des années 80 pour que beaucoup osent puiser directement à la source. Mais les pauvres seront derechef pris à contre-pied par la controverse que suscita, en 1987, le livre de Victor Farias, *Heidegger et le nazisme*. C'était vraiment pas de chance ! Du coup, il leur faudra à nouveau revenir à Arendt, Levinas, Merleau, etc. La pensée de Heidegger, qui invitait à voir dans le totalitarisme stalinien et le libéralisme américain les deux visages possibles — l'un collectiviste, l'autre individualiste — d'un même univers de la technique, les deux figures achevées de la métaphysique de la subjectivité, va alors offrir de multiples avantages. Utilisée comme critique du totalitarisme de l'Est en même temps que de la société disciplinaire (Foucault) et consumériste de l'Ouest, Heidegger pouvait enfin, après la mort des marxismes, incarner l'instance critique la plus profonde. Pour ces intellectuels convertis sur le tard aux droits de l'homme, il permettait — du moins le croyaient-ils — de maintenir l'essentiel, soit la tâche de sauver la pensée face à l'effondrement supposé de l'humanité dans l'affairisme américanisé.

En un mot, Heidegger permettait de rejouer contre le monde contemporain la partition des années 60 contre la culture de masse et la société de consommation. Au passage, ses disciples oubliaient évidemment qu'en renvoyant dos à dos le libéralisme américain et le communisme soviétique, c'était à l'Allemagne, à cet « empire du milieu » enserré entre les deux mâchoires de l'étau américano-soviétique, que l'auteur d'*Être et Temps* proposait de confier le destin du monde. Le fait qu'il ait cru voir en Hitler un sauveur n'avait donc rien de fortuit. C'est bien philosophiquement, pour des raisons internes à sa relation critique vis-à-vis de la modernité, que Heidegger avait rejoint le nazisme (il en va d'ailleurs de même des raisons qui ont poussé Foucault à s'enthousiasmer pour la révolution islamiste de Khomeyni en Iran). Là réside, d'ailleurs, toute la difficulté : il s'agit de penser les deux, le fait que Heidegger fut un grand penseur et un grand nazi, la corruption des meilleurs étant ce qu'il y a de pire — *Corruptio optimi pessima*, comme on dit en bon français. Une fois de plus, je me retrouvais un peu en porte à faux : du côté de ceux qui tendaient à montrer que toute la philosophie de Heidegger était de part en part nazie ; et du côté des heideggériens orthodoxes qui s'évertuaient à nier que Heidegger se fût jamais sérieusement engagé dans cette direction, ce qui était manifestement trop faux pour passer. Là-dessus, je me suis d'ailleurs pas mal disputé avec Alain Finkielkraut, comme en témoigne une discussion entre nous publiée dans *L'Express*.

Claude Lefort et Cornelius Castoriadis, vos amis issus du groupe Socialisme ou Barbarie, suivaient-ils les séminaires du Collège ?

Non, mais ils savaient évidemment ce qui s'y tramait, ne serait-ce que par les échanges que nous avions dans leurs propres séminaires ou autour d'une table, le jour de l'an. Je note d'ailleurs que cette transition de Marx à Heidegger ne les a pas non plus épargnés. De fait, et même s'ils ne l'avouèrent jamais vraiment, leur critique pionnière du totalitarisme communiste était, elle aussi, et pour une large part, inspirée de Heidegger. Ainsi, chez Castoriadis, la dénonciation du régime soviétique comme « stratocratie » visant « la force brute pour la force brute » n'est-elle en vérité qu'une copie, un véritable couper/coller de la critique heideggérienne du monde de la technique entendu comme « volonté de volonté », comme volonté d'accroître la force pour la force, hors de toute finalité objective. De même pour sa théorie de l'imaginaire social qui renvoie à celle que Heidegger développe dans son livre sur Kant. Quant à Merleau-Ponty, ses derniers textes, en particulier *Le Visible et l'Invisible* (1964), sont des commentaires à peine voilés de certains passages d'*Être et Temps*... La critique par Claude Lefort du totalitarisme comme société qui entend tout rendre visible et éliminer l'indétermination démocratique constitue, elle aussi, un parfait décalque de la critique heideggérienne de la métaphysique achevée comme volonté de transparence totale et comme « oubli de la différence ». Mais cela, peu de gens le voyaient...

Lors des séances du Collège de philosophie, vous ne faisiez pas, j'imagine, que commenter Heidegger, Marx ou Nietzsche à perte de vue ?

Non, bien entendu, d'autant qu'assez vite un certain nombre de marxistes et d'heideggériens se sont rendu compte qu'il leur manquait les bases, à commencer par une solide connaissance de l'idéalisme allemand. C'est ainsi qu'on me demanda, à moi qui revenais d'Allemagne et qui avais beaucoup travaillé ces sujets, de faire un cours « grand débutant » sur l'idéalisme allemand. J'ai donc donné, pour mes collègues, un cours sur Kant, puis sur Hegel et, enfin, sur Fichte. C'est ainsi qu'Alain Renaut a cessé d'être heideggérien et qu'il décida de faire lui aussi sa thèse sur Fichte, puis d'écrire un livre sur Kant, à partir des cours que j'avais donnés. C'était également une façon d'entrer en dialogue avec les marxistes et les néomarxistes dont certains, comme Alain Renaut, et c'est tout à son honneur, ont changé de trajectoire. C'est aussi pendant cette période qu'Alain Renaut et moi-même avons mis en chantier *La Pensée 68*, le livre qui sortira en 1985. Pour le préparer, nous avions organisé un séminaire de deux ans, particulièrement intense. Il y avait un monde fou, entre cent et trois cents personnes chaque fois. Certains, comme Marcel Gauchet, François Furet, Évelyne Pisier ou Olivier Duhamel, ne manquaient pas une séance. Alain Renaut et moi-même étions alors de jeunes inconnus et nous fûmes bien les premiers étonnés de cette affluence. Chaque fois, un secrétaire de séance était désigné pour prendre des notes, faire ce qu'on appelle en Allemagne un *protokoll* de nos réunions, et le compte rendu était distribué la fois suivante. J'ai d'ailleurs gardé toutes les archives et je puis vous assurer que, si on les publiait, cela ferait un sacré bon livre ! Il s'agissait, en fait, d'un travail assez considérable...

De fait, vous publiez peu de 1974 à 1984, au point qu'une décennie sépare l'article sur le sublime chez Kant de vos trois volumes de philosophie politique, publiés en 1984 aux Presses universitaires de France (le dernier en 1985, avec Alain Renaut)...

Il est vrai que je publiais peu, mais c'est parce que je travaillais beaucoup ! J'avais clairement conscience de la nécessité de penser d'abord *par* et *avec* d'autres, plutôt que de publier à tout prix quand on n'a encore rien de fondamental à dire. Et puis je m'étais mis en tête de traduire un certain nombre d'auteurs allemands, dont Christian Wolff (1676-1754) et Jean-Henri Lambert (1728-1777), deux philosophes de l'*Aufklärung*, mais aussi Kant, Fichte, Schelling, Hegel, ainsi que plusieurs grandes figures du judaïsme allemand en philosophie, tels Theodor Adorno, Max Horkheimer et Ernst Cassirer (1874-1945). Ce travail, qui m'a occupé une quinzaine d'années, me permettra d'acquérir, je crois, une vraie connaissance de l'histoire de la philosophie. Je me souviens, à ce propos, d'un dîner chez Bernard-Henri Lévy lors duquel nous avions évoqué nos destins respectifs. Nous n'étions que trois — lui, sa femme Arielle et moi. Il s'était gentiment moqué parce que je n'avais rien publié, ni jamais pris position dans le champ public alors que j'avais déjà passé la trentaine. Je lui avais répondu, en toute honnêteté, que cela procédait chez moi d'un réel sentiment d'humilité, presque d'écrasement face à la stature inégalable des grands penseurs de l'idéalisme allemand. Il me fallait prendre mon temps, même si j'étais tout sauf certain d'être un jour au niveau. L'idée d'avoir, comme lui, une influence dans la cité, sur la vie intellectuelle et médiatique, ne m'intéressait pas. Mon propos l'a fait rire et je suis sûr qu'il ne m'a pas cru…

Et votre vie personnelle, justement, pendant cette période? Étiez-vous enfin devenu « normal » ?

Je me reconnais tout entier dans le mot de Stendhal : « L'amour a toujours été pour moi la plus grande des affaires. Ou plutôt la seule. » Mais si vous le voulez bien, je n'en dirai rien. À mes yeux, le privé est le privé. Disons simplement que les femmes que j'ai aimées et que j'aime aujourd'hui ont joué un rôle immense dans ma vie, un rôle que je ne peux évoquer sans risquer d'être indiscret ou blessant. À l'époque du Collège, j'étais marié à une jeune femme américaine que j'aime toujours d'amitié, comme c'est d'ailleurs le cas avec toutes les femmes que j'ai aimées. Je l'ai quittée pour vivre avec la mère de ma fille aînée, Gabrielle. Voilà tout. C'était aussi une période de grande liberté et d'aventures multiples, une période tumultueuse où l'on croyait que tout était permis du moment que l'on s'aime. J'en suis moins convaincu aujourd'hui, sans doute parce que je suis devenu plus soucieux des autres. Quant à savoir si je m'étais « normalisé », c'est probable, mais pour être franc, je crains bien de ne jamais y parvenir tout à fait !

4

Un jeune philosophe propulsé sur le devant de la scène : le séisme de *La Pensée 68* (1985)

ALEXANDRA LAIGNEL-LAVASTINE — *Vous me disiez que les « années Collège » avaient joué un rôle important dans l'élaboration de* La Pensée 68, *votre essai coécrit avec Alain Renaut et publié chez Gallimard en 1985, avec pour sous-titre : « Essai sur l'antihumanisme contemporain ». Un livre qui signe la mort du gauchisme et vous propulse d'un coup sur le devant de la scène intellectuelle...*

LUC FERRY — Il est vrai que ce livre a connu un formidable écho médiatique, à défaut d'être un succès de librairie. Les articles pleuvaient dans la presse et tout le monde, dans le milieu intellectuel, en parlait, le commentait en bien ou en mal, mais à peu près personne ne l'avait vraiment lu si j'en crois les chiffres de nos ventes — à peine 10 000 exemplaires en fin de parcours. Il faisait débat, mais on ne le lisait pas. Cet essai nous avait, pour ainsi dire, été commandé par Marcel Gauchet et Pierre Nora, qui venaient de créer, chez Gallimard, la revue *Le Débat*. C'est d'ailleurs Pierre Nora qui avait trouvé le titre, mais je dois dire que, face à l'avalanche de critiques, ils furent légèrement pris de panique... Marcel avait même suivi les séances du Collège que nous avions consacrées à la « pensée 68 », chacune d'entre elles correspondant à un chapitre du livre. Avec son humour ravageur et son bon sens, si rares dans le milieu intellectuel — Marcel

Gauchet est un des hommes les plus drôles qu'il m'ait été donné de rencontrer —, il nous donnait, quand nous nous retrouvions au café, des citations, des anecdotes croustillantes, bref des « tuyaux » supplémentaires, souvent plus corrosifs encore que ce que nous avions trouvé par nous-mêmes. Quant à Pierre Nora, il nous encourageait lui aussi de toutes ses forces à aller le plus loin possible dans la critique.

Aussi ai-je été un peu déstabilisé quand, après la sortie de *La Pensée 68*, les fondateurs du *Débat*, que je croyais tout entier à nos côtés, se sont presque excusés de nous avoir édités, publiant en revanche, dans leur revue, des articles hostiles à notre essai et très favorables à Michel Foucault, que nous n'avions pas épargné. Un Foucault dont Marcel Gauchet nous disait pourtant pis que pendre à tous égards, sur sa pensée comme sur sa vie privée, quelques semaines plus tôt. À l'époque, cela nous avait un peu choqués et nous avions eu le sentiment d'avoir été lâchés en rase campagne… Aujourd'hui, « avec l'âge », je comprends bien que leur revue ne pouvait se permettre de prendre de plein fouet certains auteurs de la maison Gallimard…

Pour bien saisir le propos de ce livre, qui marqua, je crois pouvoir le dire objectivement, la décennie, il faut revenir à la fin des années 70 et au début des années 80, un moment marqué dans l'espace intellectuel français par l'ébauche d'un triple tournant : l'émergence de la critique des totalitarismes, le retour aux droits de l'homme et le renouveau de la philosophie politique. Mon souci d'alors, nous l'avons évoqué, était de penser un humanisme non métaphysique, post-heideggérien et post-nietzschéen, et nullement, comme certains le prétendaient pour me marginaliser, de revenir aux bonnes vieilles valeurs de Kant, des Lumières et de l'humanisme moderne — j'ai toujours détesté les « retours à » et, si un de mes articles s'intitule « D'un retour à Kant », ce n'est pas de mon fait : j'ai protesté de toutes mes forces contre l'éditeur, Gérard Miller, qui avait choisi lui-même le titre. En vérité, mon projet heurtait frontalement les divers tenants de la déconstruction à un moment où l'antihumanisme radical occupait encore le terrain philosophico-idéologique. Il faudra en effet attendre la seconde moitié de la décennie 80 pour que la majorité des intellectuels français commence, lentement et à grand-peine, à se réconcilier avec les valeurs de la démocratie représentative. À l'époque, nous n'y sommes pas encore. D'où la violence, un peu étrange vue d'aujourd'hui, des débats qui ont entouré notre livre.

DE LA DÉCONSTRUCTION À L'ANTIHUMANISME

De fait, cet essai polémique de trois cents pages, bien que très argumenté, s'en prend à la philosophie dominante des années 60-70 et à ses divers représentants, de Pierre Bourdieu à Michel Foucault, en passant par Jacques Derrida, Gilles Deleuze, Jean-François Lyotard, Jacques Lacan ou Louis Althusser. Des stars en qui vous voyez surtout les épigones des grands penseurs allemands (en particulier de Nietzsche, Heidegger, Marx et Freud). Pourriez-vous revenir, justement, sur le reproche d'antihumanisme que vous leur adressiez dès le sous-titre et qui mettra le feu aux poudres ?

Cet essai entendait en effet montrer que l'antihumanisme constituait un trait fondamental de ce que nous appelions « la pensée 68 ». Cette critique ne reposait évidemment pas sur une quelconque détestation « réactionnaire » de la libération des mœurs induite par la « révolution de Mai ». J'aurais du reste été fort mal placé pour jouer les bigots, étant donné la vie très libre à tous égards que je menais à cette époque. C'est d'ailleurs cela qui irritait tant mes adversaires : sauf mauvaise foi difficile à tenir, ils voyaient bien dans mon comportement que je n'étais ni un réactionnaire ni un intellectuel médiatique façon « nouveaux philosophes », lesquels ont d'ailleurs aussitôt détesté notre livre. J'étais un universitaire, un « vrai », un chercheur au CNRS devenu prof de fac, avec tous les tampons de l'université — agrégations, doctorat d'État, traduction de Kant dans la Pléiade — bref, pas un zozo qu'on pouvait facilement ignorer. Mais je n'étais manifestement pas non plus un représentant de la droite traditionnelle. Quant à Alain Renaut, il s'agissait d'un ancien élève de Derrida, qui nous avait hébergés à Ulm et lui avait écrit une lettre dithyrambique sur un de nos livres communs. Cette situation était donc irritante au plus haut point.

Nos adversaires faisaient tout pour éviter de parler du fond, mais ils n'y arrivaient pas tout à fait. Car ce qui nous semblait alors particulièrement problématique dans cette « pensée 68 » tenait à la façon dont ses porte-parole, qu'ils se réclament de la déconstruction (Heidegger), de la « généalogie » (Nietzsche), de l'inconscient freudien ou de l'infrastructure marxienne, entendaient montrer que nos idées, nos valeurs, nos croyances ou nos choix en apparence les plus profonds ne seraient en fait que les purs produits inconscients de réalités extérieures ou matérielles censées nous déterminer de part en part, qu'il s'agisse de notre classe sociale, de notre milieu d'origine ou de nos pulsions sexuelles. Pour ces philosophies du soupçon, en effet, il ne s'agit plus de savoir ce que dit quelqu'un, mais d'où il parle. Or, selon la fameuse formule de Foucault, « où ça parle, l'homme n'existe plus » ! Toutes ces démarches convergeaient donc pour proclamer la « mort de l'homme », ce qui semblait absurde au moment où, comme jamais, l'émergence de la dissidence au sein du bloc soviétique posait à nouveau la question des droits de l'homme. Nos adversaires, bien plus embarrassés qu'ils ne voulaient le dire, n'avaient pas grand-chose à répondre. Ils ne savaient pas comment défendre la démocratie après l'avoir tant et tant critiquée comme incarnant le comble de l'illusion métaphysique.

D'où leur dimension antihumaniste à vos yeux?

Oui, au moins sur le plan théorique, sinon moral, car les généalogies d'origines diverses auxquelles ils se livraient remettaient en cause de manière acharnée l'idée de sujet comme conscience, comme autonomie, comme volonté et comme capacité à s'arracher à ses déterminations naturelles, historiques ou sociales. À cet égard, nous visions aussi bien l'historicisme hégélien et le marxisme que les divers visages de l'heideggérianisme, du nietzschéisme ou du freudisme français, lesquels avaient encore radicalisé l'héritage allemand d'origine. On avait oublié en France que Marx, Freud et même Nietzsche étaient aussi des héritiers des Lumières, pas seulement des critiques. Ils étaient, en tout cas pour les deux premiers, de vrais rationalistes, et Nietzsche lui-même, dans *Aurore*, ne cesse de rendre hommage à l'esprit critique des philosophes du XVIIIe siècle. Tout cela était passé à la trappe dans la version française, qui plus est affadie, des grands penseurs allemands.

Contre les errements de ces pensées faussement dénonciatrices, et toujours dans la perspective d'une refondation philosophique des droits de l'homme, nous en appelions, dans *La Pensée 68*, à une nouvelle réflexion sur la notion de subjectivité. Cela revenait, au fond, à soutenir deux idées assez simples, d'ailleurs au cœur de l'idéal républicain tel qu'il s'est incarné en France depuis la révolution de 1789. La première idée est celle de l'*humanisme abstrait*, une idée que Claude Lefort, qui ne fut jamais du côté de la pensée 68, avait parfaitement comprise. Elle signifie qu'un être humain possède des droits *abstraction faite* de son appartenance à un milieu social ou à une condition biologique, abstraction faite de son enracinement dans la nature ou dans l'histoire : abstraction faite de ses déterminations particulières (classe, race, religion, langue, culture, nationalité, etc.).

C'est cette valorisation de l'homme en tant qu'homme qui fonde l'universalité des droits.

La deuxième idée, que je défendais alors avec Alain Renaut, constitue le pendant de la première : étant capables de nous distancier de nos déterminations naturelles ou historiques, nous sommes aussi capables d'avoir une « vision morale du monde », pour reprendre l'expression de Hegel. Cela signifie que nous sommes potentiellement à même de distinguer entre le fait et le droit, l'être et le devoir-être, le bien et le mal, cette évaluation postulant à son tour l'existence d'un *sujet* doté d'une certaine forme de libre arbitre. Laquelle ? C'était tout l'enjeu du débat que nous voulions ouvrir en évitant justement de retomber dans les ornières de la métaphysique classique. Autrement dit, comment penser la liberté sans impliquer pour autant que le sujet soit entièrement transparent à lui-même (comme le prétend le *cogito*, le sujet métaphysique) ? Il peut être traversé par toutes sortes d'instincts ou de pulsions, posséder un corps et un inconscient, être issu d'une classe sociale, et cependant, mais à quel prix, se penser comme libre.

Cet humanisme non métaphysique, qui entendait ainsi tenir compte des acquis de la déconstruction, n'était encore qu'en projet. Nous n'avions pas de solutions toutes faites. J'étais déjà convaincu qu'il faudrait accepter jusqu'à un certain point la critique du sujet métaphysique développée par Heidegger, l'idée que le sujet est en partie « brisé », comme disait Lacan, et même la liquidation nietzschéenne des « idoles », comme Dieu, la nation ou la révolution, surtout quand celles-ci ont fait, en leur nom, des millions de morts. Mais une fois qu'on a dit cela, le problème du statut de l'humanisme n'en reste pas moins posé. De là, le sens de notre plaidoyer, qui était au cœur du livre, en faveur d'un humanisme non ou post-métaphysique, mais aussi post-déconstructionniste : un humanisme certes débarrassé de l'illusion selon laquelle le sujet serait transparent à lui-même, mais qui, pour autant, n'entendait pas renoncer à une pensée de l'homme comme tel, de la démocratie, du pluralisme et des élections libres.

Ce qui compliquait votre position, contrairement à celle des intellectuels conservateurs, vient aussi de ce que vous récusez tout recours à la raison des Anciens comme le propose, par exemple, la philosophie politique de Leo Strauss. Vous aviez donc de quoi déplaire à droite comme à gauche, ce que ne voient pas du tout ceux qui vous collent, dès cette époque, l'étiquette de réactionnaire...

Je n'ai jamais aimé la pensée réactionnaire. Ce recours à la raison antique, structuré autour d'un imaginaire aristocratique, simplifie en effet considérablement l'équation puisqu'il consiste à rejeter tout bonnement le principe moderne d'autonomie. Par là même, la capacité des individus à prendre en main leur destin se trouve liquidée, en même temps que toute tentation terroriste ou totalitaire. Dans cette perspective, en effet, la norme est donnée de manière substantielle, objective (c'est ce que Leo Strauss appelle le droit naturel antique), et dans le monde hiérarchisé qui sert de substrat à cette théorie du droit, les hommes ne sont égaux ni en droits ni en dignité. Ce point de vue, qui fait disparaître le sujet au moins aussi sûrement (si ce n'est plus) que les pensées du soupçon, n'a jamais été le mien. Pour être franc, je l'ai même toujours détesté ! D'autant que son inspiration est foncièrement antidémocratique et essentiellement inégalitaire dans la mesure où il présuppose que les individus sont naturellement destinés à occuper une situation hiérarchique différente au sein du corps social. C'est dire si, dans cette optique, il n'est aucune place pour les droits de l'homme. Aujourd'hui encore — mais vous voyez, je suis coutumier du fait ! —, je me retrouve, à ma droite, avec des nostalgiques des bonnes vieilles valeurs transcendantes de jadis et, à ma gauche, avec des nostalgiques des utopies débiles de 68... Il est très difficile d'essayer de penser librement.

« COMMENT CES DEUX PETITS CONS ONT-ILS OSÉ ? » : DES ATTAQUES D'UNE RARE VIOLENCE

On le voit lorsque sort La Pensée 68, *qui fait l'effet d'un séisme dans le monde intellectuel français, au point de donner lieu à des critiques d'une violence inouïe. Jean-François Lyotard vous reproche de pratiquer une « police de la pensée » et vous traite de « Bouvard et Pécuchet du néokantisme ». Le quotidien* Libération *écrit pour sa part que « rarement deux jeunes philosophes auront aussi délibérément tendu les verges pour se faire battre », et l'on pourrait multiplier les exemples. Vous vous attendiez à une telle réception ?*

Non, pas du tout, la surprise fut même totale ! D'abord, et quant au fond, nous étions tout sauf kantiens, je ne cessais même de dire que le livre de Heidegger sur Kant était mille fois plus profond que ceux des néokantiens. Ensuite, parce que dès sa sortie le livre souleva effectivement un raz-de-marée médiatique auquel nous n'étions pas du tout préparés. Nous avons eu droit à un déferlement de critiques et d'attaques, sans parler des tombereaux de lettres d'insultes, voire de menaces de mort, que nous recevions tous les jours. Les articles assassins pleuvaient de partout, d'une violence parfois inouïe. Ni en rêve ni en cauchemar, nous n'avions anticipé un tel accueil. Étant donné que nous étions des électrons libres dénués de toute espèce de pouvoir, doublés de parfaits inconnus, et qu'Alain Renaut était en outre explicitement de gauche, cela achevait de rendre fous nos détracteurs. Certes, nous avions aussi des soutiens, comme celui de François Furet qui voyait dans ma nouvelle philosophie du sujet une façon de rendre l'action politique possible et qui était ravi qu'on règle leur compte à Bourdieu et Foucault; ou encore celui de Raymond Aron, que j'ai rencontré à ce moment-là. D'un côté, on assistait à une véritable levée de boucliers; de l'autre, beaucoup se félicitaient que nous ayons osé soulever le couvercle de la marmite.

Les réactions furent telles, en tout cas, que certains restent convaincus que nous avons publié un best-seller, ce qui est totalement faux: je vous l'ai dit, *La Pensée 68* était un livre ardu, très fouillé et précis, difficile à lire et qui n'a pas dépassé les 10 000 exemplaires. Pour vous donner une idée de ce climat d'intimidation qui a bien duré deux ou trois ans — et des comportements grotesques qui allaient avec —, je ne pouvais plus prononcer une conférence sans qu'elle soit interrompue par des gens qui me traitaient de fasciste ou voulaient me casser la figure toutes affaires cessantes. Je nous vois encore arriver en Belgique avec Alain Renaut, où nous étions invités pour présenter notre livre: 500 ou 600 personnes nous attendaient dans un amphi que les organisateurs avaient loué à cet effet, mais à l'entrée, une cinquantaine de militants d'extrême gauche, bien décidés à nous fermer le bec, nous attendaient avec des battes de baseball… La plupart du temps, on fuyait, par des portes dérobées, des débats interrompus par des injures et des hurlements. En fait, cette gauche, paraît-il ultra-critique, ultra-joyeuse, ludique et démocratique (tu parles!), ne supportait absolument pas la moindre critique, surtout pas sur le fond. On en a oublié la violence, et seule la gauche antitotalitaire finira par en venir à bout. L'expérience, à la fois drôle et pénible à maints égards, m'a toutefois appris une chose: un dogmatisme rigide et un stupéfiant manque d'humour se dissimulaient en réalité derrière le culte de l'esprit critique revendiqué par les tenants de la pensée 68. Ils avaient certes l'esprit critique à l'égard des autres, mais le perdaient complètement dès qu'il s'agissait d'eux-mêmes.

Et puis vous touchiez à des « vaches sacrées », si j'ose dire…

Oui, et il me semble rétrospectivement qu'on nous en a beaucoup voulu dans la mesure où *La Pensée 68* diagnostiquait l'effondrement du gauchisme culturel avec une certaine longueur d'avance. Foucault et Derrida, qui passaient outre-Atlantique pour des phares de la pensée française, étaient encore considérés, chez nous, comme des superstars. Le problème, c'est que nous montrions de manière quasi irréfutable que toutes les idées grandioses venaient de Nietzsche et de Heidegger, le reste ne valant pas grand-chose, ce que les étudiants américains des départements de littérature comparée ignoraient du tout au tout, ainsi que j'ai pu m'en apercevoir lors d'une tournée de conférences à travers les États-Unis en 1985.

DERRIDA, FOUCAULT, BOURDIEU ET LE PASSAGE À « APOSTROPHES »

Savez-vous comment réagirent à la lecture de votre essai quelques-uns des principaux penseurs mis en cause comme Jacques Derrida, Michel Foucault, Gilles Deleuze ou Pierre Bourdieu ?

À propos de la réaction de Derrida, une anecdote, confirmée ensuite par plusieurs personnes, m'a été rapportée par une amie commune, très proche de Derrida. Elle me raconta qu'à la lecture du livre, Derrida s'était littéralement mis à pleurer dans ses bras. L'équation Derrida = Heidegger, ainsi que les critiques que nous avions formulées sur son style singulièrement obscur — il est vrai que nous étions encore jeunes et n'avions guère pris de gants — l'avaient rendu malade et momentanément anéanti. Quant aux foucaldiens, aux deleuziens et aux lacaniens, ils nous auraient tués ! Foucault lui-même était fou de rage. Deleuze nous gratifiait de toutes sortes de sobriquets, y compris en public, et il passa même un coup de fil à Pierre Nora, notre éditeur chez Gallimard, pour lui reprocher en des termes très vifs d'avoir publié un tel livre. Pierre Nora me confia aussi qu'il nous traitait de « petits cons » à tout bout de champ.

J'ai raconté un jour, mais beaucoup plus tard, cette anecdote au jeune Raphaël Enthoven, que j'aidais de temps à autre à boucler une dissertation de philo ou à préparer un concours : avec des larmes dans la voix, il m'a dit : « Avoir été traité de "petit con" par Deleuze, mais tu ne te rends pas compte, quelle chance tu as, quel titre de gloire ! » Cela m'a laissé quelque peu rêveur. Je pensais que les jeunes étaient enfin libres, débarrassés de tout le fatras idéologique du gauchisme culturel. Et puis je dois dire que, sur le moment, la chance en question m'apparaissait assez peu… Je ne voyais que haine autour de moi. François Châtelet, lui, m'envoya une lettre d'insultes mémorable. Je l'ai même montrée à Évelyne Pisier et Olivier Duhamel, ses grands amis, qui en furent littéralement stupéfaits. Quant aux frères Miller, lacaniens, je dois admettre qu'ils se montrèrent corrects et furent les seuls directement concernés à entamer le dialogue avec nous, allant jusqu'à nous proposer d'écrire dans leur revue. Chapeau bas.

Vint, dans la foulée, notre passage à « Apostrophes », l'émission de Bernard Pivot. C'était la première fois de ma vie que je passais à la télévision. On était assez mal à l'aise et ça se voyait au point que nous en étions franchement ridicules. Emmanuel Le Roy Ladurie, également invité, m'avait glissé un mot avant l'émission pour me signifier qu'il était entièrement d'accord avec ce que nous reprochions à Bourdieu et Foucault, qu'il en était même très heureux, mais qu'il ne pourrait bien évidemment pas le dire à l'antenne, ni nous soutenir en quoi que ce soit, attendu qu'ils enseignaient tous deux au Collège de France. Beaucoup de gens ont pris peur devant l'ampleur de la réaction d'hostilité que le livre suscitait — preuve qu'à l'époque, émettre des réserves à l'égard d'une certaine pensée de gauche était quasi impossible.

Et Pierre Bourdieu, en qui vous voyez, dans La Pensée 68, *« une variante distinguée du marxisme vulgaire » ? Entre autres critiques, vous lui reprochez son réductionnisme, sa façon de nier l'autonomie de la pensée, de ramener le champ de la production intellectuelle à un ensemble de rapports de forces, rapports qu'il s'agirait, selon lui, d'interpréter comme autant de luttes de classes pour l'appropriation du capital matériel et symbolique. Comment a-t-il réagi ?*

Pierre Bourdieu était lui aussi fou furieux. Pourtant, dans l'entretien que j'avais accordé au *Matin* après la sortie du livre, j'avais bien insisté sur le fait que les thèses de Bourdieu me semblaient souvent justes, voire justes à 90 %, ce que je persiste à penser. Ce sont les 10 % restants, démagogiques, dogmatiques et idéologiques, qui m'insupportaient : son approche platement déterministe et historiciste de la vie des idées, son sociologisme mégalomaniaque, pour ne pas dire délirant, qui consiste à vouloir à tout prix transformer la sociologie en une sorte de métaphysique matérialiste.

Et vos amis antitotalitaires de gauche que nous avons évoqués : ils vous soutiennent ou prennent subitement conscience que vous êtes un « traître » ?

Un traître ? Je ne vois pas à quel titre, n'ayant jamais été de gauche et ne l'ayant jamais caché. Quant à ceux du Collège, où tout le monde était d'ailleurs de gauche, je m'en rends compte en vous le disant, ils m'ont toujours soutenu. Ils avaient suivi les évolutions de ma pensée et ils étaient largement d'accord. André Comte-Sponville, que je ne connaissais pas à l'époque, m'a pour sa part écrit une lettre qui m'a infiniment touché — c'est d'ailleurs ainsi que nous nous sommes rencontrés — pour me dire qu'il ne comprenait pas la violence folle des réactions suscitées par notre essai et qu'il partageait très largement nos réflexions, sauf en ce qui concerne Louis Althusser, dont il avait été l'élève et qu'il tenait non pour un sophiste, mais pour un authentique rationaliste. André avait été longtemps membre du PC et, comme souvent, il avait, je crois, assez raison.

À L'EST, DU NOUVEAU : LA PENSÉE 68 EMPÊTRÉE DANS SES CONTRADICTIONS

Avec le recul, comment expliquez-vous la violence des attaques portées contre La Pensée 68 *?*

En fait, la « folle violence » en question venait seulement de ce que nous avions visé juste : le roi était bel et bien nu et, comme l'enfant de la fable, nous avions tout simplement tapé dans le mille... Aujourd'hui, tout le monde ne le reconnaît pas, mais tout le monde le sait. Sur le fond, je crois qu'il y avait au moins trois composantes dans cette exaspération.

La première tenait au caractère encore intouchable de Mai 68. Dans le milieu intellectuel français, être hostile à la gauche s'apparentait à un péché capital. Raymond Aron l'a lui-même payé très cher lorsqu'il a publié, en 1955, *L'Opium des intellectuels*, un livre qui a suscité en son temps des critiques d'une rare virulence. D'une certaine manière, Bernard-Henri Lévy a traversé une épreuve similaire quand il a dénoncé le totalitarisme soviétique et s'est heurté, avec la même brutalité, à la vindicte du PCF et de ses sbires. J'ai aussi, à cet égard, de la sympathie pour lui car il fit preuve, comme nous, d'un réel courage — je crois pouvoir le dire sans prétention excessive.

La deuxième composante doit à mon sens être reliée au fait

que la plupart de ces intellectuels se voulaient encore dans l'idéologie de la « mort de l'homme ». Une formule certes chic et choc à Paris, mais qui, dans les pays du bloc communiste, s'était très concrètement soldée par des millions de morts et de vies brisées. Dans le même temps, la donne était précisément en train de changer à l'Est. Les Soviétiques envahissaient l'Afghanistan et les Tchèques redressaient la tête après la terrible phase de « normalisation » qui avait suivi l'écrasement du Printemps de Prague par les chars du Pacte de Varsovie — écrasement auquel un écrivain comme Philippe Sollers, encore mao de toute son âme, applaudissait des deux mains ! Puis vint 1977, l'année où une poignée d'intellectuels, dont le philosophe Jan Patocka (1907-1977), disciple de Husserl et de Heidegger, fondèrent à Prague la Charte 77 « pour les droits et les libertés civiques », très durement réprimée par la police politique. Et puis il y avait bien sûr la Pologne, cet événement considérable qu'avait représenté la création du syndicat Solidarnosc, suivie du dramatique coup d'État du général Jaruzelski en 1981. Bref, les moins fous commençaient quand même à prendre conscience de la vraie nature du « socialisme réel » et à s'intéresser aux mouvements dissidents, qui étaient aussi des mouvements d'opposition *démocratique* à la dictature de l'État-parti.

Partout se dessinait ainsi un vaste mouvement de retour vers les droits de l'homme — une notion que la domination du marxisme sur la vie intellectuelle avait longtemps contribué à dévaloriser. Voilà qui était bien embarrassant, et à souligner toutes ces contradictions, nous devenions franchement exaspérants. Ainsi Derrida se retrouvera-t-il dans une position très inconfortable lorsque, évoquant en 1982 ses démêlés avec la police politique tchécoslovaque, il admettra lui-même publiquement, avec une certaine honnêteté du reste, sa difficulté à articuler une pratique philosophique fondée sur la déconstruction de la métaphysique (incluant une mise en question radicale de toute pensée du propre de l'homme, des droits, de l'autonomie et de la subjectivité démocratique) à sa pratique politique (précisément fondée sur une référence antitotalitaire aux droits de l'homme).

Tout cela était en effet un peu contradictoire : comment prôner la défense des droits de l'homme et continuer en même temps à plaider la « mort » de ce dernier. Cette position n'allait pas de soi, vous en discutiez déjà avec Jacques Rivelaygue…

Que tout cela n'allait pas de soi, c'est le moins qu'on puisse dire. Les contorsions de nos adversaires idéologiques étaient médiatiquement astucieuses, mais philosophiquement elles ne tenaient pas la route une seconde. D'un côté, les tenants de la pensée 68 avaient cessé d'être des antilibéraux fanatiques et n'avaient plus que les droits de l'homme à la bouche. De l'autre, ils ne savaient toujours pas quoi faire de l'idée de sujet. Or, qu'on se situe, avec Heidegger, dans le sillage d'une déconstruction de la métaphysique de la subjectivité ou d'une « microphysique du pouvoir » (Derrida, Foucault), ou qu'on se réclame de la généalogie nietzschéenne et de sa destruction au marteau des idéaux et des idoles (Deleuze), se posait dans les deux cas un énorme problème : avec quels outils théoriques revenir à la démocratie ? Comment prendre fait et cause pour le pluralisme et les droits de l'homme contre le totalitarisme, et simultanément défendre la perspective de la « mort de l'homme » ? Heidegger était au moins cohérent à cet égard, sa critique de l'humanisme l'ayant emmené vers le nazisme et non vers la démocratie. Aussitôt qu'ils sortaient de leurs cours et discours pour se retrouver dans le réel, dans la « quotidienneté », nos détracteurs de 1985 s'empêtraient dans une foule de contradictions insurmontables. Encore une fois, je crois à cet égard que nous avions mis le doigt là où ça fait mal.

Vous évoquiez une troisième raison s'agissant d'expliquer la virulence du procès qui vous a été fait…

Oui, car nous montrions aussi que les bohèmes de 68 n'avaient jamais été que le bras armé des bourgeois : sous les pavés, il n'y avait pas la plage, mais le capitalisme mondialisé. C'est une idée que j'ai reprise et longuement argumentée dans mon dernier livre, *La Révolution de l'amour* (2010), où je raconte l'histoire de la naissance du mouvement « bohème », qui est au fond la préhistoire de Mai 68. Rien de tel, en effet, que toutes leurs déconstructions et leur individualisme révolutionnaire pour achever de liquider les dernières résistances morales ou spirituelles qui pouvaient encore représenter un frein à la mondialisation. Ironie de l'histoire, les tenants de la pensée 68 ont paradoxalement contribué à nous faire entrer comme jamais dans l'ère de la consommation de masse — leur bête noire — sans laquelle l'économie mondiale ne tourne pas. Sous couvert de dénoncer le consumérisme, les contestataires n'avaient fait qu'en favoriser le développement. Les fameux slogans, « Sous les pavés la plage », « Il est interdit d'interdire », « Jouir sans entraves », etc., allaient dans le sens de ce que Marcuse, avec une rare perspicacité, avait nommé la « désublimation répressive ». En clair : plus vous aurez des valeurs morales, culturelles et même spirituelles stables et fortes (sublimation), moins vous éprouverez le besoin de mettre les enfants à l'arrière de la voiture le samedi après-midi pour aller acheter des gadgets idiots au supermarché du coin. C'est cette consommation addictive que le mouvement de Mai a déchaînée. Loin de briser la logique de la société de consommation, comme il le prétendait, il n'a fait que l'amplifier comme jamais dans l'histoire de l'humanité. Les bohèmes ont été les cocus de l'histoire, ils ont servi la soupe aux bourgeois et ils le savaient bien, eux qui s'apprêtaient à se reconvertir dans la pub, la presse, le cinéma, les postes d'argent et de pouvoir pour devenir des bobos, des bourgeois bohèmes. Cet argument, qui fait lui aussi très mal, m'a valu à lui seul beaucoup d'ennemis.

Mon essai sur « le nouvel ordre écologique », qui paraît en 1992, se situera dans la même veine : ce sera mon dernier livre polémique. Là encore, je m'efforçais de mettre en lumière les aspects antihumanistes de la contestation des sociétés démocratiques, du moins pour ce qui concerne les partisans de l'écologie profonde (*deep ecology*), le souci écologique bien compris étant à mes yeux vital et pouvant parfaitement s'inscrire dans les limites de l'humanisme. Comme dans *La Pensée 68*, l'idée de ce livre était d'inviter les contestataires à une autoréflexion, de les inciter à méditer sur la dimension potentiellement antihumaniste d'une valorisation de la nature comme nature vierge, primitive et originaire, laquelle valorisation, promue par le romantisme allemand, s'est historiquement fondée sur un mouvement d'hostilité à l'égard des Lumières.

À maints égards, l'écologie radicale a d'ailleurs prospéré sur les décombres du marxisme. Vu d'aujourd'hui, et pour quelqu'un qui est précisément né à la politique dans la deuxième moitié des années 80, comme c'est mon cas, à un moment où la conversion vers une gauche antitotalitaire et social-démocrate allait presque de soi, l'hostilité dont faisait l'objet votre essai sur « la pensée 68 » me paraissait incompréhensible. Et ce d'autant que vous n'avez justement jamais versé dans l'« anticommunisme primaire », une notion qui qualifie à mes yeux ceux qui, par tropisme idéologique ou par manque de culture historique, ne parviennent pas à comprendre la promesse que l'idéal communiste avait pu représenter pour des millions d'hommes au cours des premières décennies du XXe siècle.

J'ai toujours été sensible à la dimension humaine, malgré tout, du communisme, du moins dans l'intention qu'on pouvait lui prêter au départ. Une chose est de reconnaître l'atrocité objective du communisme réel, une autre d'enterrer ou de mépriser les perspectives humanistes et utopiques qu'il pouvait paraître ouvrir au début. On pouvait rencontrer des gens bien au PC, pas chez les nazis qui étaient clairement des salauds en ce sens qu'ils revendiquaient sans fard la perspective de l'extermination de tous ceux qui ne leur revenaient pas, à commencer par les Juifs. Bien entendu, l'extermination des koulaks, puis de toutes les élites, fut rapidement à l'ordre du jour léniniste et les camps de concentration, c'est indéniable, furent d'abord inventés par les staliniens. Reste que le marxisme fut aussi une religion de salut terrestre, une « religion séculière », comme disait François Furet et, à ce titre, il avait ceci de fascinant qu'il pouvait réellement donner un sens à la vie de centaines de milliers d'individus — et au passage, à celle de leurs adversaires.

Je n'ai jamais cédé à cette illusion, mais j'ai des amis très estimables qui sont passés par là. De nos jours, être marxiste-léniniste est absurde et adopter « l'hypothèse communiste » est, pour un intellectuel, un signe de sénilité ou de snobisme sans équivalent, en tout cas une preuve absolue d'imbécillité. Mais y avoir adhéré dans les années 20 pouvait être compréhensible. Malgré son destin funeste, la pensée de Marx avait ceci de grandiose qu'elle invitait à lutter contre les diverses figures de l'aliénation, mais aussi à situer l'accomplissement de soi dans la relation aux autres. On comprend que son affaissement ait créé une sensation de vide et que quelques-uns se soient reportés sur cette utopie de substitution que pouvait représenter l'écologie politique. Dans le même esprit, j'ai toujours trouvé fausse cette équivalence tracée entre nazisme et communisme, mis sur le même plan au motif que seul compterait le bilan et non les intentions. On ne peut pas être totalement insensible à la part de rêve, de générosité et d'utopie qui a pu séduire tant de bonnes volontés à la perspective d'un monde sans classe et sans exploitation de l'homme par l'homme. Aujourd'hui, nous savons ce qu'il en est (à vrai dire on l'a su très tôt, dès les années 20), mais au moment de la révolution russe, on pouvait hésiter…

« NOUS LES AVONS PEUT-ÊTRE PRIS TROP AU SÉRIEUX »

Si c'était à refaire, vous écririez de la même façon La Pensée 68 *aujourd'hui ?*

Non. D'abord parce que je crois que nous avions pris ces penseurs beaucoup trop au pied de la lettre. Alain Renaut et moi-même étions de jeunes universitaires rompus à l'interprétation et à l'exégèse des textes et nous avions passé ceux de Foucault ou de Derrida au crible de l'analyse comme nous l'aurions fait pour les œuvres de Fichte ou de Hegel. Et si Derrida et Foucault étaient bien passés par Heidegger et par sa critique radicale du sujet, cela relevait davantage, chez eux, de la posture ou de la rhétorique para-universitaire. Ensuite, et en dépit de ce qu'ils professaient officiellement — à savoir un antihumanisme radical —, ils n'étaient pas de mauvais bougres et visaient malgré tout, *via* la déconstruction, quelque chose comme l'émancipation de l'humanité — autrement dit les droits de la femme, des prisonniers, des homosexuels, des minorités, etc. Et quand le mouvement Solidarnosc s'est lui-même émancipé de la dictature polonaise, nous étions finalement du même côté, celui de Lech Walesa contre Jaruzelski. En fait, ils étaient moins antihumanistes que superficiels et mondains, plus soucieux de séduire les foules étudiantes aux États-Unis que de réelle cohérence philosophique. Ils n'allaient pas jusqu'au bout de leur logique et notre tort fut sans doute de les prendre trop au sérieux alors qu'ils ne l'étaient pas vraiment.

Vous voyez une autre raison ?

Oui, je n'écrirais plus *La Pensée 68* de la même façon parce qu'à l'époque, même si je cherchais déjà autre chose, il n'y avait à mes yeux qu'un seul modèle d'humanisme : celui des Lumières. J'entends par là cet humanisme des droits et de la raison, celui de Voltaire et de Kant, celui-là même auquel se sont par la suite explicitement référés des penseurs comme Jürgen Habermas ou John Rawls (1921-2002), le désormais célèbre auteur de *Théorie de la justice* (1971). Je n'entrevoyais pas encore, à ce moment-là, l'apparition de ce que j'appellerai plus tard le « deuxième humanisme » — celui que je désigne dans mes derniers livres comme un humanisme du cœur et de la transcendance de l'autre. Depuis, tout mon travail philosophique consiste justement à explorer et à penser ce deuxième âge de l'humanisme, largement lié, à mes yeux, aux effets tardifs de l'apparition en Occident de nouvelles relations humaines liées à l'invention du mariage d'amour et de la famille moderne *(voir chapitre 9)*.

À vrai dire, au tournant des années 80, les grandes questions existentielles nous passaient au-dessus de la tête : nous étions tous passionnément investis dans des débats théoriques, éthiques ou politiques. Je n'avais pas encore une idée claire de la dimension proprement spirituelle ou sotériologique de la philosophie — ce que j'appelle la « spiritualité laïque » *(chapitre 10)*. Quelle forme devait prendre la philosophie ? Cette forme devait-elle s'apparenter à la généalogie (Nietzsche), revêtir les atours d'une analytique de la finitude (Heidegger) ou bien encore suivre un fil rationnel ancré dans l'histoire des sciences (Popper) ? Dans le domaine de l'éthique, fallait-il appliquer des principes utilitaristes ou plutôt des principes universels de type républicain ou kantien (Rawls, Habermas) ? Incliner en politique vers le droit à la différence ou s'en tenir à l'égalité républicaine ? Bref, nous ne parlions que de théorie, de morale et de droit, tandis que la spiritualité — synonyme de « religion » dans notre esprit — restait totalement absente du champ philosophique. C'était une énorme erreur.

Justement, l'émergence de ce deuxième humanisme, que vous qualifiez vous-même de post-déconstructionniste, n'a-t-elle pas beaucoup bénéficié, en un sens, des coups de marteau de Nietzsche et de ses disciples ?

Pas exactement. Ce qui est vrai, en revanche, c'est que la période de la déconstruction, autrement dit l'essentiel du XXe siècle, prend place entre ces deux âges de l'humanisme. Elle représente pour ainsi dire le chaînon manquant. Elle va notamment critiquer de manière radicale toutes les attitudes coloniales et impérialistes qui étaient bel et bien liées au premier visage (républicain) de l'humanisme hérité des Lumières. Cela m'apparaît mieux aujourd'hui qu'à l'époque, je dois le reconnaître. Si le premier humanisme était un humanisme de la raison, il était aussi un humanisme de la nation et de *la* civilisation au singulier, identifiée à la seule culture européenne. On y parle, du reste, non des droits de l'homme en général, mais des droits de l'homme *et du citoyen*, membre d'une nation particulière. Dans la mesure où ce premier humanisme considérait les sociétés « primitives » comme dépourvues de ce qui fait le propre de l'homme, à savoir l'historicité (« l'homme africain n'est pas entré dans l'histoire », disait-on déjà), il incarnait aussi un humanisme de la colonisation et de « l'éducation » du genre humain par les nations éclairées, fût-ce par la force... De ce point de vue, et vous avez tout à fait raison sur ce point, il faut reconnaître que la déconstruction a largement contribué à nous faire entrer dans l'espace de la décolonisation.

Claude Lévi-Strauss fut à cet égard un père fondateur. Le deuxième âge de l'humanisme, cet humanisme que j'appelle l'humanisme de « l'homme-Dieu », du sacré à visage humain, a incontestablement pris son essor dans la seconde moitié du XXe siècle, en même temps que la décolonisation. Nous sommes passés de l'impérialisme colonial, avec son fameux « nos ancêtres les Gaulois », à l'Aide publique au développement : d'évidence, ce n'est plus la même philosophie, plus le même humanisme. Et quel que soit le génie de Voltaire ou de Kant, il faut quand même rappeler qu'ils s'accommodaient assez bien des idées qui allaient fonder l'impérialisme, le colonialisme, voire le racisme. Vus d'aujourd'hui, les textes de Kant sur les femmes ou les Noirs, sans parler des écrits de Voltaire sur les Juifs ou de ceux de Tocqueville sur la façon dont il convient de faire la guerre aux Arabes, relèveraient des tribunaux. Je n'ignore pas qu'il faut combattre les illusions rétrospectives — je l'ai fait moi-même cent fois sur ces sujets. Reste que nous sommes désormais, et c'est heureux, à des années-lumière de cette configuration-là.

Au stade où j'en suis de mon parcours, il m'apparaît évident que l'histoire de la pensée moderne a comporté *trois temps* qu'il faut soigneusement distinguer, mais aussi articuler entre eux : d'abord l'humanisme des Lumières, celui de la raison et des droits ; puis la déconstruction, qui s'en prend à l'humanisme sous toutes ses formes, au rationalisme, à l'impérialisme, à l'universalisme et à la métaphysique de la subjectivité. Enfin, l'humanisme de l'amour ou de « l'homme-Dieu », largement lié à la naissance de la famille moderne. À l'époque de *La Pensée 68*, j'avais tendance à me dire, à l'instar de Habermas ou de Rawls, tous deux héritiers de Kant et des Lumières : mieux vaut l'humanisme des Lumières, certes débarrassé de ses naïvetés, que l'idéologie de la « mort de l'homme », de la destitution du sujet et de la haine de la raison. Pour autant, je sentais bien, dès cette époque, que quelque chose n'allait pas dans cette position. Elle ne me satisfaisait pas vraiment, même si c'est beaucoup plus tard, avec le tournant de *L'Homme-Dieu ou le sens de la vie*, publié en 1996, que je deviendrai sensible à une autre sphère de valeurs, à savoir les valeurs spirituelles au sens d'une spiritualité laïque, les valeurs liées à la révolution de l'amour et au souci de l'autre. C'est désormais la question de la *vie bonne* ou du salut sans Dieu qui va devenir à mes yeux cruciale, en quoi je vais renouer avec la vraie, la seule grande tradition philosophique, celle des Grecs, mais aussi de Spinoza ou de Nietzsche. Au moment de *La Pensée 68*, cette « troisième sphère » me semblait relever de la seule sphère privée. Je ne concevais l'humanisme que selon les deux premières parties de la philosophie, la partie théorique (l'autoréflexion et la théorie de la connaissance) et la partie éthique (l'universalisme des droits de l'homme et la démocratie).

DE LA PENSÉE 68 À LA PENSÉE 80 : ENTRE *L'ÈRE DU VIDE* ET *LA DÉFAITE DE LA PENSÉE* (1987)

Cette tentative pour penser une archéologie de la politique moderne qui ne conduise pas à la subversion des valeurs de la démocratie fait de vous l'un des artisans, avec quelques autres, de la « pensée 80 ». Or, parmi les débats les plus significatifs de la seconde moitié de cette décennie, il y eut celui qui vit s'opposer les pessimistes culturels, comme Alain Finkielkraut qui publie La Défaite de la pensée *en 1987, aux optimistes, bien représentés par le sociologue Gilles Lipovetsky ou le philosophe Marcel Gauchet. Quel regard portez-vous aujourd'hui sur cette querelle ?*

Ce fut certainement l'un des débats d'idées les plus intéressants de la décennie. D'un côté, Alain Finkielkraut livrait un diagnostic sévère sur le déclin de la culture moderne. La vraie culture, entendue au sens de « la vie avec la pensée » (Hannah Arendt), lui semblait menacée par le relativisme culturel des années Jack Lang et par les délices de la consommation de masse. Mais aussi, et là nous étions tout à fait sur la même longueur d'onde, par les thuriféraires du droit à la différence à qui il reprochait, à juste titre, d'assigner les individus à leur appartenance ethnique et dont il dressait alors l'une des premières grandes critiques de gauche — un thème qu'il n'a cessé, depuis, d'approfondir. En 1987, nous avions passé, Alain Finkielkraut et moi, accompagnés de nos charmantes femmes, une partie de nos vacances ensemble, en Dordogne, puis dans le Midi. Je me souviens que nous avions un soir regardé tous les quatre une émission dont Harlem Désir, alors président de SOS Racisme, était l'invité. Manifestement, il nous avait écoutés et commençait à intégrer dans son discours la critique du droit à la différence et de ses effets pervers. Cela nous avait tout deux réjouis, ce qui prouve que nous étions loin d'être en désaccord sur l'essentiel. Simplement, au lieu d'être, comme lui, à la fois heideggérien et pessimiste sur l'avenir du « monde de la technique », je ne pouvais pas m'empêcher de me réjouir, d'abord et avant tout, de l'effondrement des totalitarismes ou des régimes autoritaires, non seulement à l'Est, mais aussi en Amérique latine. Alain, lui, ne voyait que noirceur partout où son regard se posait : oui, la démocratie semblait sortir vainqueur du combat contre le totalitarisme, mais c'était pour tomber dans la pacotille, la vulgarité télévisuelle, l'insondable et aliénante bêtise de la culture de masse. Il nous faisait déjà, à jet continu, du Philippe Muray (1945-2006) avant la lettre*.

Je me sentais donc plus proche, à l'époque, du sociologue Gilles Lipovetsky qui avait publié en 1983 un livre important, *L'Ère du vide,* un essai très remarqué, suivi en 1987 par *L'Empire de l'éphémère*, en même temps que Finkielkraut sortait *La Défaite de la pensée*. Contrairement à Alain Finkielkraut, Gilles Lipovetsky voyait dans l'expansion de la culture individualiste

* Essayiste et romancier, très critique à l'égard de la société du divertissement permanent, il est notamment l'auteur de *Moderne contre moderne* (2005) et de *Festivus Festivus* (2005).

et hédoniste l'amorce d'un formidable mouvement d'émancipation par rapport à la période précédente — émancipation parce que l'individualisme démocratique avait au moins l'immense mérite de casser les systèmes totalitaires rigides. Le débat entre Finkielkraut et Lipovetsky fut très âpre, d'autant plus âpre qu'Alain reprenait presque tous les thèmes et toutes les analyses de Gilles, qu'il avait lu crayon en main, mais pour les inverser : ils constataient à l'unisson les progrès de l'individualisme démocratique, sauf que l'un s'en alarmait et l'autre s'en réjouissait. L'une de leurs grandes disputes se déroula d'ailleurs, à mon invitation, au Collège de philosophie, devant quelque trois cents ou quatre cents personnes. Finkielkraut exprimait sa crainte de voir le totalitarisme « dur » céder peu à peu la place, dans nos sociétés, à un post-totalitarisme « mou », à la tyrannie du consumérisme, à la logique marchande et à la publicité, à la victoire de la société civile sur l'État — thèmes que Régis Debray et les néorépublicains allaient eux aussi populariser. Le second insistait au contraire sur l'aspect libérateur de l'avènement de cet individu postmoderne, *cool*, narcissique et hédoniste, qui ne pensait plus qu'à « s'éclater » et qui s'émancipait enfin de l'emprise des holismes traditionnels et des organisations qui, hier encore, imposaient leurs dogmes (Églises, syndicats, partis de gauche staliniens, etc.). Il défendait aussi cette idée qu'une société qui pratique la publicité tous azimuts ne pouvait pas être sérieusement considérée comme totalitaire, à l'inverse de Finkielkraut qui, proche de Heidegger mais aussi d'Adorno, Horkheimer ou Arendt, tendait à y déceler l'amorce d'une nouvelle forme de barbarie. Pour Lipovetsky, il n'y avait pas lieu de désespérer de cette société frivole, l'empire de la séduction et de l'éphémère lui apparaissant moins comme un péril que comme un instrument de consolidation des sociétés libérales.

Rétrospectivement, cette querelle est fort instructive car, encore une fois, l'un et l'autre n'étaient guère éloignés dans leurs diagnostics respectifs. Triomphe de l'individu, promotion du paraître et du renouvellement permanent, consécration du présent, diffusion de la logique de la mode à l'ensemble du corps social, culte du bien-être : quand on y regarde de près, tous deux dressaient à peu de chose près le même tableau. Mais là où Lipovetsky voyait une bonne nouvelle, sinon la réalisation des idéaux des Lumières au sens où l'individu autonome précipitait sa sortie du monde de la tradition (même si le sujet mourait un peu dans cet individu narcissique et désinvolte), Finkielkraut, lui, proposait une interprétation tragique et apocalyptique.

Et vous-même, de qui vous sentiez-vous le plus proche dans ce débat ?

À l'époque, j'étais beaucoup plus en phase avec les arguments de Gilles Lipovetsky, pour une raison très simple : à mes yeux, l'horreur absolue a toujours été incarnée par le nazisme et le communisme et, à tout prendre, sur le plan philosophique comme sur celui des libertés, la vulgarité de masse me paraissait et me paraît toujours infiniment moins atroce que le tropisme stalinien ou les dérives antihumanistes de la pensée 68. Il faut aussi se remettre dans le contexte du moment, la deuxième moitié des années 80 : le mur de Berlin n'était pas encore tombé, et si, en France comme ailleurs en Europe de l'Ouest, l'idée communiste était en pleine déconfiture, le marxisme n'en restait pas moins « l'horizon indépassable de notre temps », en ce sens que rien n'en avait pris la place. On sortait tout juste de la chape de plomb, mais sans savoir où cela allait nous mener. On a en effet tendance à oublier à quel point le marxisme et le gauchisme culturel furent longtemps dominants à l'université, faisant régner, jusqu'au début des années 80, un climat d'intimidation, voire de terreur intellectuelle permanente. Or, la poussée de l'individualisme démocratique que décrit Gilles Lipovetsky ne fut pas étrangère à leur débâcle, dans la mesure où ce mouvement a contribué à la désagrégation des partis autoritaires et des grands systèmes de sens tournés vers la promesse d'un avenir radieux.

Comment aurais-je pu ne pas m'en réjouir ? À l'époque de mes études, le Parti communiste représentait 25 % de l'électorat et il était peut-être bien, avec le PC chinois, le plus stalinien du monde. Voir ce monument de bêtise, de mauvaise foi et de terrorisme intellectuel s'effondrer, quel bonheur ! Aujourd'hui, les communistes plafonnent à 2 % : du coup, le diagnostic de Finkielkraut retrouve plus de pertinence. Oui, une fois que le péril mortel a disparu, on peut à juste titre se préoccuper des dangers réels, mais malgré tout moins vitaux, de la dérive individualiste : la publicité et le culte du « festif » (fête de la musique, du livre, de la science, etc.), c'est niais, ça abêtit, ça détourne des grandes œuvres, mais ce n'est ni Auschwitz ni le goulag.

Vue d'aujourd'hui, cette querelle vous semble donc devoir être réévaluée ?

Vu d'aujourd'hui, je dirais qu'Alain Finkielkraut avait en partie raison si j'en juge par l'état de l'école. La vérité, c'est qu'il avait un coup d'avance en ce qu'il pressentait déjà, derrière l'effondrement des grandes idéologies de l'histoire, le déferlement d'un hyperconsumérisme dont un des effets les plus manifestes se traduira par la montée en puissance d'une industrie culturelle médiocre, relayée par la télévision. J'ai eu l'occasion de le lui dire et de le dire publiquement au début des années 2000 quand il a eu la gentillesse de m'inviter à son émission « Répliques », sur France Culture, alors que j'étais ministre de l'Éducation nationale et qu'on brûlait mes livres sur la place publique, ce qui l'avait profondément choqué. Dans les années 80, Gilles Lipovetsky, Marcel Gauchet et moi-même n'avions sans doute pas assez mesuré les nombreux effets pervers, notamment sur le plan scolaire et culturel, du déploiement de cet individualisme démocratique centré sur l'épanouissement personnel et la satisfaction immédiate des désirs. Nous étions en fait beaucoup plus réceptifs aux effets positifs de la faillite du marxisme et des grandes idéologies révolutionnaires qu'aux effets négatifs de la massification de la culture. Vingt ans après la chute du mur de Berlin, il est évident qu'on est plus sensible à la crise de l'école ou à cette déculturation molle qui saisit la société postmoderne qu'aux menaces que ferait peser le discours d'un Pierre Laurent, l'actuel premier secrétaire du PCF, sur les libertés publiques... En fait, avec le recul, il me semble qu'Alain Finkielkraut et Gilles Lipovetsky avaient tous les deux fondamentalement raison...

5

L'Homme-Dieu ou le sens de la vie : la décennie 90

ALEXANDRA LAIGNEL-LAVASTINE — *En 1996, la publication de votre essai,* L'Homme-Dieu ou le sens de la vie, *qui fut un succès de librairie, semble marquer un tournant à la fois public, personnel et philosophique dans votre parcours. La problématique spirituelle et la question du sens prennent alors le pas sur toutes les autres. Qu'est-ce qui a motivé ce changement d'orientation ?*

DE LA PATERNITÉ À L'HISTOIRE DE LA FAMILLE MODERNE

LUC FERRY — L'écriture de *L'Homme-Dieu* représente en effet un tournant décisif dans ma trajectoire, sur le plan des idées comme dans ma vie privée. C'est d'abord le moment où l'envie d'écrire, encore et toujours, des livres polémiques m'a définitivement quitté. Cela ne m'intéressait plus. C'est aussi le moment où la problématique de la spiritualité laïque a commencé de m'apparaître comme infiniment plus importante que celle de la théorie et de l'éthique. Il faut dire qu'en 1991, avec Dominique, la femme avec qui j'étais alors marié, nous avons adopté, en Colombie, une adorable petite fille : Gabrielle. Quand on me l'a posée pour la première fois dans les bras, elle avait à peine un mois. Ce fut un choc : cette minuscule petite chose, dont j'allais beaucoup me soucier et m'occuper, m'arrachait des sentiments que je n'avais jamais connus. Plus tard, la même expérience s'est évidemment reproduite avec mes deux autres filles, Louise et Clara, qui ont aujourd'hui dix et onze ans (Gabrielle en a vingt maintenant), que j'ai eues avec Marie-Caroline, la femme avec laquelle je vis aujourd'hui et avec qui j'ai enfin le sentiment de pouvoir aller aussi loin que la vie le permet.

J'ai découvert alors ce que découvrent tous les parents, à savoir qu'un enfant éveille en vous des sentiments étrangement différents des autres formes d'amour, si fortes, passionnées et authentiques soient-elles. Dieu sait, pourtant, si j'ai pu aimer dans ma vie — mes femmes, mes parents, mes frères, mes amis… Mais cet amour-là, que la singularité de chaque nouvel enfant ne divise pas, mais multiplie de manière tout aussi étrange, relève d'une autre sphère : il s'agit d'un amour qui ressemble à ce que les chrétiens nomment *agapê*, l'amour gratuit, totalement désintéressé parce que « non réciproque », comme l'écrit très justement le philosophe Hans Jonas (1903-1993) dans *Le Principe responsabilité* (1979), en ce sens qu'on aime les enfants pour eux plus que pour soi, sans en attendre un retour quelconque, du moins pendant un certain temps, peut-être même toujours. Je veux dire par là qu'avec nos femmes ou nos maris (nos maîtresses ou nos amants), à moins d'être masochiste, on ne peut pas ne pas attendre un minimum de réciprocité, un certain équilibre dans l'amour. Si vous aimez l'autre plus qu'il ne vous aime, si vous êtes dans la demande et lui pas, c'est que cela va très mal, que la grâce a fait place à la pesanteur et qu'une amorce de rupture est déjà là. Nos enfants, bien entendu, nous aiment, ils nous rendent notre amour et nous en sommes infiniment heureux, mais ce n'est pas pour ce retour que nous prenons soin d'eux, surtout quand ils sont tout petits. Ce retour vient, pour ainsi dire, comme *de surcroît*. Là encore, et par analogie, c'est sans doute ce qui se rapproche le plus de ce que devrait être *agapê*, l'amour chrétien. Chez la philosophe Simone Weil (1909-1943), on trouve cette idée, qui vient d'ailleurs de la théologie juive (la théorie du « Tsimtsum »), selon laquelle Dieu aurait créé le monde par amour, non par excroissance ou par surpuissance, mais en se faisant faible, en se retirant pour faire place aux autres. Il se fait manque d'être pour qu'il y ait de l'être. Or, c'est à cet amour-là que nous permet d'accéder celui que l'on porte à ses enfants. Et, une fois de plus, il ne s'agit pas d'un amour égalitaire où l'on demande la réciprocité. Je connaissais *philia* (l'amitié), je connaissais *éros*, mais sans doute ignorais-je encore *agapê*. Cette expérience (entendue ici sans la moindre consonance religieuse) a certainement beaucoup contribué à modifier mon regard sur les priorités de l'existence.

En un sens, il s'agit d'une expérience d'une très grande banalité : tous les jeunes parents reconnaissent qu'avoir un enfant bouleverse profondément la hiérarchie des valeurs. Mais le banal n'est pas hors de la philosophie et il m'est apparu que cette dernière ne pouvait pas en rester aux seuls domaines de la théorie, de la morale ou du droit : il fallait penser cette particularité de l'amour comme facteur de sens.

Gabrielle fut pour moi, si j'ose dire, un événement philosophique, événement qui allait se reproduire avec Louise et Clara. Je n'avais jamais aimé personne comme ça et, curieusement, *ça* avait du sens et posait, du même coup, la question du rapport à la finitude et à la mort en termes moins abstraits. La fameuse sentence de Heidegger — « Dès qu'un être est né, il est assez vieux pour mourir » — qui m'avait toujours fait rire tant je la trouvais banale, prenait une autre tournure, une signification nouvelle qui m'obligeait à réfléchir autrement. Je commençais à me dire qu'il est finalement assez rare qu'on se réveille le matin avec une grosse interrogation morale alors que, oui, d'évidence, un enfant malade ou malheureux vous bouleverse mille fois plus que toutes les questions de bioéthique qu'on voudra imaginer. Pourquoi ? Était-ce seulement égoïste, animal, ou bien y avait-il dans l'amour quelque chose de l'ordre du sens que les moralistes négligeaient ? J'ai écrit *L'Homme-Dieu* autour de ces interrogations, et c'est à partir de là que la question de la spiritualité laïque (qui se résume au fond à celle-ci : qu'est-ce qu'une vie bonne pour les mortels ?) s'est enfin imposée à moi comme absolument centrale et, en vérité, présente chez les plus grands dans toute l'histoire de la philosophie, de Platon à Nietzsche. Ce n'est pas parce qu'elle n'intéressait plus les déconstructeurs contemporains qu'ils avaient raison contre Épicure, Spinoza, Kant ou Nietzsche.

Quid de l'esthétique, un domaine qui vous occupe également beaucoup au cours de cette décennie puisque vous lui consacrez trois livres : Homo Aestheticus. L'invention du goût à l'âge démocratique *en 1990, puis* Le Sens du beau *en 1998 et* La Naissance de l'esthétique moderne *en 2004 ?*

La sphère de l'esthétique a représenté, au fond, une sorte de maillon intermédiaire entre mes anciennes préoccupations théoriques et morales, et celles qui commençaient à se dessiner touchant le sens et la vie de l'esprit. La question des critères du beau m'a toujours passionné, l'esthétique posant dans toute son amplitude le problème de savoir comment fonder du collectif, du « sens commun », sur la subjectivité, sur le choix intime de l'individu. En effet, le goût est par excellence le domaine du subjectif, comme le dit l'adage le plus commun. Mais alors, comment expliquer le large consensus qui s'installe en général autour des grandes œuvres d'art ? Bach ou Mozart font, dans le monde entier, l'objet d'un consensus auquel même une théorie scientifique ne saurait prétendre. Comment concilier ce constat factuel avec le fameux « à chacun son goût » ? À y repenser, ce détour par l'esthétique, qui s'inscrit *grosso modo* entre la publication de mes ouvrages de philosophie politique des années 80 et *L'Homme-Dieu* en 1996, représentait déjà pour moi une sorte de transition. Je sortais du champ de la théorie (le problème de la déconstruction de la métaphysique) et de l'éthico-politique (les effets antihumanistes de la même déconstruction), pour entrer dans une problématique extra-morale (celle du beau). Or, celle-ci m'installait davantage dans ce que Hegel appelait la vie de l'esprit (la spiritualité) et Husserl « le monde de la vie » (*Lebenswelt*).

L'esthétique me permettait déjà d'aborder, à travers l'expérience de la transcendance du beau, la question du sens telle que l'expérience de la « sortie de soi » par l'amour nous la fait toucher du doigt. Mais avec l'amour, comme je viens de le suggérer, la question de la possibilité de la mort de l'être aimé devient en outre omniprésente. Avec la révolution de la famille moderne, associée au retrait des religions lié à la grande déconstruction des valeurs traditionnelles au XXe siècle, le problème de la contradiction entre l'amour et la finitude, cette expérience que décrivait déjà l'épopée de Gilgamesh voici plus de trente-cinq siècles, revient au premier plan. Je me suis alors rendu compte que la philosophie moderne dans son ensemble n'avait, semble-t-il, plus grand-chose à en dire. On y parlait plus volontiers du totalitarisme, de la lutte des classes ou de la démocratie que de ce qui, en fait, comptait mille fois plus dans nos vies à tous : l'amour, la mort d'un proche, tout se passant comme si ce qui appartenait à la sphère privée ne devait surtout pas faire l'objet d'une réflexion philosophique.

Il y avait là comme un tabou implicite que j'ai voulu lever. Ce fut une première prise de conscience. Le titre de mon livre touchant le « sens de la vie » a d'ailleurs fait scandale, jusques et y compris chez certains de mes amis. Mon vieux camarade Gilles Lipovetsky m'a ainsi fait observer, avec sa franchise habituelle, que je poussais le bouchon un peu loin, que je sortais du territoire légitime de la philosophie, laquelle devait s'en tenir à ce qui relève de la sphère publique, bref, que je frisais le ridicule…

Il avait sans doute raison, mais j'ai quand même gardé mon titre. D'autant que je commençais à comprendre que, malgré ce refoulement de l'intime, présent dans la tradition libérale comme dans la tradition marxiste et socialiste, il était évident que les bouleversements de la vie privée ne pouvaient que rejaillir sur la vie politique, publique et collective — surtout dans nos démocraties d'opinion. Pour en donner un exemple, l'amour des enfants, lié à la naissance du mariage d'amour et de la famille moderne, va induire une problématique politique nouvelle, que j'avais déjà rencontrée dans mes travaux sur l'écologie : non plus, comme à droite, la gloire de la patrie ou, comme à gauche, l'idée révolutionnaire, mais plutôt le *souci des générations futures*. Et ce autour d'une question inédite, directement née de l'histoire de la vie privée : quel monde, nous les adultes, prendrons-nous la responsabilité de laisser à nos enfants ? En ce sens, mon intérêt pour la sphère de l'intimité n'avait rien d'un reniement ni d'un « repli individualiste sur les bonnes vieilles valeurs de la famille », comme certains l'ont cru avec une rare bêtise…

Si je vous comprends bien, vous commencez, dans les années 90, à travailler sur l'intime comme facteur de bouleversement de la vie publique…

Je n'ai en tout cas jamais envisagé une seule seconde de me désintéresser de la sphère publique et collective — au point, d'ailleurs, d'accepter d'être un jour ministre… Je commence, il est vrai, à me passionner pour l'histoire de l'intimité et de la vie privée, en particulier pour cet immense pan de l'histoire occidentale qui touche à la naissance de la famille moderne. Je réalise en tout cas, à ce moment-là, que la *montée des valeurs de l'intimité*, si caractéristique de nos sociétés démocratiques, ne se résume pas du tout à ce que l'on croit spontanément, à un repli un peu médiocre sur la sphère privée, à un renoncement aux affaires du monde ou à un dévoiement de l'humanisme dans l'égoïsme et l'atomisation du social avec, au mieux, en guise de supplément d'âme, un peu d'écologie et d'humanitaire. Tout au contraire, j'acquiers la conviction que cette façon de situer le sens véritable de l'existence dans la vie privée, en tant qu'elle bouleverse aussi le collectif, constitue une formidable *révolution des esprits*. Une révolution qui ouvre l'avenir au lieu de l'obscurcir dans la mesure où elle porte en elle la promesse d'un élargissement de notre horizon comme jamais auparavant dans nos sociétés. Non que l'histoire de la famille m'intéresse absolument en tant que telle. Elle m'intéresse en ce que, loin de nous éloigner de la grande politique, ce *sacre de l'intime* — cette tendance à désormais incarner le sacré au cœur de l'humanité — pourrait paradoxalement nous amener à renouer avec les figures les plus grandioses de la politique en la réinscrivant dans un espace de signification qui ne soit pas mort-né pour nos contemporains. À condition, toutefois, de repenser la politique comme un instrument au service de l'épanouissement des membres de la société civile, et non plus comme l'autel sur lequel l'idéal de la « vie bonne » devrait être sacrifié au nom de causes abstraites et généralement mortifères telles que la nation et la révolution.

Telle est du moins l'intuition qui s'impose à moi après la naissance de Gabrielle, une petite fille tellement adorable que tout, avec elle, est de l'ordre du bonheur. Là encore, je ne me fais pas d'illusion sur l'originalité de ce que je ressens. Bien au contraire : c'est précisément parce qu'il s'agit d'un sentiment on ne peut plus commun qu'il nous fait passer de la sphère de l'intimité à celle du collectif ; de la famille à la politique.

« JE DÉCOUVRE, EN PHILOSOPHIE, L'IMPORTANCE DE LA VIE DE L'ESPRIT »

Le sacre de l'enfant et de l'intimité : vous reliez beaucoup, dans vos livres, ces deux questions à celle du politique, mais aussi à celle du spirituel, à l'émergence de nouvelles formes de transcendance au sein même de l'expérience vécue, inséparable de l'idée selon laquelle il existe des valeurs supérieures à la vie matérielle ou biologique. Quel est le lien ?

Le fait de découvrir de nouvelles expériences dans l'ordre du sentiment a contribué à me faire comprendre que la philosophie, contrairement à la façon dont je l'avais moi-même pratiquée jusque-là, ne pouvait pas indéfiniment faire l'économie des grandes questions liées à la condition humaine envisagée dans son rapport à la finitude : comment conduire sa vie ? À quoi sert-il de vieillir ? Comment vivre la perte d'un être aimé ? Comment se préparer soi-même à la mort ou lutter contre la banalité et l'ennui du quotidien ? Quelle sagesse de l'amour, c'est-à-dire comment vivre avec ceux que nous aimons, sachant qu'en effet, dès qu'un être est né, il est assez vieux pour mourir ?

Moi qui pensais que la philosophie grecque n'avait plus grand-chose à nous apprendre, je m'aperçois alors qu'elle est sans cesse traversée par ces questions existentielles, qu'elle ne se résume ni à la seule dimension théorique, ni à la seule sphère de l'éthique. Épicure définissait la philosophie comme une thérapeutique, une médecine de l'âme. Pour autant, il ne s'agit évidemment pas de proposer une sorte de kit de survie à l'usage de l'homme désenchanté mais, à l'instar de la philosophie antique, d'intégrer ces questions à la philosophie moderne. Du coup, le problème de savoir comment penser un humanisme non métaphysique, hors de tout « retour à », problème qui était déjà au cœur de *La Pensée 68* ou du *Nouvel Ordre écologique*, s'est développée à un autre niveau : celui du spirituel, autrement dit du statut à accorder à ces valeurs dont on sent bien, dans notre vie de tous les jours, qu'elles nous engagent absolument et nous incitent, jusque dans notre expérience la plus intime, à reconnaître l'existence d'absolus pratiques. Ne serions-nous pas disposés à risquer notre vie pour défendre la liberté ou la vie de nos proches ? Et si oui, qu'est-ce que cela signifie comme nouvelle forme du rapport au sacré entendu au sens du sacrifice, de la sortie de soi vers des entités qui nous apparaissent, que nous le voulions ou non, comme transcendantes ?

Même si je suis non croyant, et même si j'ai vaillamment déconstruit la métaphysique en m'appuyant sur Nietzsche, Heidegger ou Marx, il n'en reste pas moins que je dois me rendre à cette évidence, devenue problématique depuis la déconstruction : je n'invente pas l'amour, la vérité, la justice ou la beauté. Je les découvre, certes en moi-même, mais je les découvre en même temps comme quelque chose qui me dépasse et qui m'est pour ainsi dire donné du dehors — sans que je puisse pour autant identifier la source ultime de cette donation, laquelle demeure irréductiblement mystérieuse. L'enjeu, pour moi, se déplace donc à ce moment-là : ce qu'il m'importe désormais de penser, ce sont les contours d'une spiritualité laïque, d'*une spiritualité résolument non métaphysique,* non religieuse ou athée. On pourrait dire aussi : penser une « sagesse de l'amour » qui prenne acte du fait que, dans notre monde plus ou moins désenchanté, nous sommes tous exposés sans protection et sans garde-fou, comme jamais auparavant dans l'histoire, à la question existentielle de la finitude (je me place, ici, du point de vue des non-croyants). Il m'a alors semblé que là résidait la tâche la plus haute que doit aujourd'hui s'assigner la philosophie.

Votre rencontre avec le philosophe André Comte-Sponville, avec qui vous publiez en 1998 La Sagesse des Modernes, *a-t-elle également servi de déclic ?*

Dans cette évolution, ma rencontre avec André Comte-Sponville, survenue après la publication de *La Pensée 68*, a incontestablement joué un rôle. André Comte-Sponville était déjà très sensible à cette question de la spiritualité laïque comme on peut le voir dans ses premiers livres, dans *Le Mythe d'Icare* (1984) ou dans son *Petit traité des grandes vertus* (1995). Au début, je ne comprenais pas où André voulait en venir. Comme beaucoup, je regardais cette démarche avec distance, pour ne pas dire avec un certain mépris : toutes ces interrogations sur la vie bonne, sur la sagesse, la béatitude et le désespoir, me semblaient vaguement déplacées, un peu désuètes et fleurant par trop la sacristie… Je réagissais finalement un peu comme mon ami Gilles Lipovetsky face à mes propres interrogations sur le sens de la vie ! En outre, André Comte-Sponville n'aimait guère la philosophie allemande : il préférait Montaigne et les penseurs latins, moi les Allemands et les Grecs. Et pour achever de rendre notre rencontre improbable, il venait du communisme, du bouddhisme, du stoïcisme et de l'épicurisme, bref, de tout ce que je n'aimais pas beaucoup.

Et puis nous nous sommes rencontrés, et je l'ai vraiment lu. J'ai ainsi pu percevoir combien il était talentueux et honnête sur le plan intellectuel. J'ai tout de suite compris que nous étions en fait sur la même longueur d'onde s'agissant au moins de la définition de la philosophie comme quête de la sagesse, de la vie bonne, bref, d'une spiritualité laïque. Tout nous séparait *a priori*, sauf cela et, bien sûr, les valeurs morales, qui nous rapprochaient, mais dont nous savions tous deux qu'elles ne nous intéressaient pas vraiment. Il est comique d'observer qu'on nous définit presque toujours comme des « moralistes », alors qu'il s'agit de ce qui nous intéresse peut-être le moins… Ce qui nous passionne, en revanche, c'est la question de la spiritualité laïque, ce qu'André nomme l'éthique par opposition à la morale, suivant en cela le sens que Spinoza donne au terme d'éthique.

Quand on y regarde de près, et qu'on relit avec cet œil-là les œuvres majeures de l'histoire de la philosophie, on s'aperçoit qu'il n'est pas de philosophe important qui se soit dispensé d'une réflexion sur la question de la spiritualité, de la vie bonne, du sens que cet objectif donne dans la vie et de la sagesse requise pour l'atteindre. Chez tous, l'axe de la théorie et l'axe de l'éthique ne constituent que les deux premiers moments de la philosophie, reliés entre eux et prolongés par un troisième, le principal : celui de la sotériologie, de la sagesse entendue au sens large, à la façon d'un dispositif intellectuel capable de nous sauver de nos peurs originelles et de nous permettre d'accéder à la vie philosophique. Cette remarque vaut y compris pour les figures tutélaires de la gauche, en particulier Spinoza, qui en vérité ne s'intéresse guère à la morale. *L'Éthique* est de part en part une doctrine du salut laïque, une sotériologie rationaliste. Il en va de même chez Nietzsche : avec l'*amor fati* (l'amour du *fatum*, de son sort, de ce qui est là devant nous) ou avec la doctrine de « l'innocence du devenir », il s'agit bien de se réconcilier avec soi-même et avec le monde, d'atteindre à une sorte de grâce en se débarrassant de ces foyers de tourments ou de « passions tristes », comme les appelle Spinoza, que sont les regrets, les remords, les culpabilités ou les nostalgies liées au passé, mais aussi la tyrannie de l'espérance, l'illusion des possibles arrimée à l'avenir. Je ne dis pas que je partage le point de vue de Spinoza ou de Nietzsche. Nous verrons qu'il n'en est rien. Simplement, leur conception de la philosophie comme quête de la vie bonne, comme spiritualité sans dieu, me paraît juste. Quant au thème de la « sérénité » ou du laisser-être (*Gelassenheit*) chez Heidegger, il ne prend lui aussi tout son sens que dans le cadre d'une exigence d'authenticité (*Eigentlichkeit*), d'une réflexion sur la manière dont notre existence peut échapper à la misère qui règne dans l'univers technicien, dominé par la logique du « on » et la tyrannie de « l'arraisonnement » qui s'exerce sur la terre et les êtres qui l'habitent. En vérité, tous les grands philosophes, passés ou contemporains, sont habités, sur un mode plus ou moins explicite, par cette question du spirituel, du sens, du « salut » ou de la sagesse. Kant lui-même ne déroge pas à la règle. Lorsqu'il pose la fameuse question « Que m'est-il permis d'espérer ? », il quitte à son tour les terres de la théorie ou de la seule morale pour entrer dans une autre sphère.

PUBLIC ÉLARGI ET SOUCI DE L'ÉCRITURE

Au fond, on pourrait dire que votre expérience de la paternité, à quarante ans passés, vous a incité à une double sortie : sortie, du moins partielle, de l'histoire de la philosophie pour entrer, avec la question de la spiritualité ou de la sagesse, dans la philosophie même. Et, parallèlement, sortie du monde un peu confiné de l'enseignement universitaire pour toucher un public plus large. Certes, Le Nouvel Ordre écologique *(1992), sorte d'appendice à* La Pensée 68, *avait déjà rencontré un écho important, mais avec* L'Homme-Dieu, *qui dépasse les 100 000 exemplaires, vous pénétrez dans une autre catégorie. Celle de la vulgarisation philosophique ?*

Le terme de vulgarisation est toujours, comme celui d'« intellectuel médiatique », une vacherie qu'on vous adresse en général avec le sourire, mais cela doit se comprendre dans le contexte d'un XXe siècle entièrement dominé par l'idéologie de l'avant-garde, où le philosophe authentique se doit, comme l'artiste maudit, d'être un solitaire privé de public. La vérité, c'est que la plupart des très grands philosophes ont touché un large public. Dans la Grèce ancienne, les écoles de Platon, d'Aristote, des stoïciens ou des épicuriens étaient pleines à craquer. Et cela reste vrai dans la philosophie moderne : on se pressait aux cours de Kant où, comme à Roland-Garros, on rencontrait des élégantes et des ministres ! Quant à Rousseau, pour ne rien dire de Voltaire, il était si célèbre que les gens le reconnaissaient dans la rue… Et Sartre et Heidegger étaient de véritables stars.

Bref, l'idée qu'avoir du public serait antinomique avec la profondeur est une idée absurde, aussi datée que liée à l'idéologie avant-gardiste qui a complètement dominé les années 60-70. *L'Homme-Dieu* est un essai difficile, très difficile même, et le fait qu'il ait rencontré un public n'a rien à voir avec de la vulgarisation. Le thème était authentiquement philosophique, pas universitaire, il touchait des questions de fond, pas seulement scolaires, voilà tout. En outre, et en partie d'ailleurs grâce à André Comte-Sponville, j'avais pris conscience du fait que l'écriture faisait pleinement partie du jeu de langage philosophique. Comme disait Hegel, « on ne peut emballer les idées dans du papier journal ». Du reste, il me semble, là encore, que la plupart des philosophes dignes de ce nom furent aussi des écrivains. C'est évident chez Nietzsche, mais cela l'est même chez Kant, si étrange que cela puisse paraître, ainsi que je m'en suis aperçu en traduisant la *Critique de la raison pratique* pour la Pléiade. Non seulement les gens du monde se pressaient à ses conférences, mais imaginez-vous qu'entre 1781 et 1787, la *Critique de la raison pure* ne suscita pas moins de 3 000 articles et ouvrages de commentaires…

À un moment donné, cet impératif de l'écriture s'est donc imposé à moi : je ne suis sans doute pas un écrivain et je ne prétends pas avoir ce talent, mais je m'efforce de mettre le style en quelque façon en harmonie avec ce que j'ai à dire. Je m'adresse à mon lecteur, pas à un parterre imaginaire de « chers collègues », et cela change évidemment tout : mes livres sont devenus lisibles, mais croyez-moi, s'il n'y avait rien dedans, personne ne les achèterait. Je suis convaincu que tout peut se dire clairement, même les idées les plus profondes, comme c'est le cas chez Freud, Marx ou même Nietzsche, mais pas chez Derrida ou Lacan, dont vous aurez du mal à me persuader qu'ils sont plus profonds parce que plus obscurs. Seuls le confus ou le fumeux ont besoin de l'obscurité pour se protéger.

Les années 80 ont signé la fin de l'avant-gardisme, aussi bien dans les arts plastiques qu'en musique ou dans le domaine de la pensée, même si certains le déploreront en parlant de l'avènement des « piètres penseurs » et autres sobriquets, à vrai dire haineux et jaloux, auxquels nous avons eu droit, André Comte-Sponville et moi-même. Encore une fois, l'obscurité n'est pas, en soi, un signe de profondeur et les philosophes n'ont jamais été indifférents à l'écriture. Voyez Platon, Épictète ou Montaigne — tous sont parfaitement lisibles et le *Contrat social* fut un best-seller ! Quant à Nietzsche, qui fut un styliste hors pair, mais qui, le malheureux, éditait souvent ses œuvres à compte d'auteur, il aurait tout donné pour avoir des lecteurs — quoi qu'en dise sa figure du « solitaire », reprise et adulée par Schönberg. Quand, par bonheur, un de ses livres rencontrait quelques lecteurs, il était littéralement fou de joie. Dans sa superbe biographie, Daniel Halévy rapporte ainsi que, le jour où Nietzsche apprit qu'il avait vendu 500 exemplaires, il se mit à courir dans la rue en piaillant... Il y a en vérité une erreur de perspective : on croit souvent que la philosophie, la vraie, est nécessairement coupée du monde alors que ce n'est vrai que du snobisme avant-gardiste et sectaire. Je remarque d'ailleurs que le souci de rompre avec ce dernier est partagé, en France, par la plupart des intellectuels de ma génération, qu'il s'agisse d'Alain Finkielkraut, de Pascal Bruckner, de Régis Debray, de Gilles Lipovetsky ou de Marcel Gauchet — tous écrivent clairement et s'adressent, au-delà de l'université, au lectorat cultivé ou soucieux de se cultiver. N'en déplaise à nos adversaires, on n'est pas à tout prix obligé, pour penser juste, d'adopter un jargon incompréhensible.

Vous tenez une chronique au Figaro *depuis la rentrée 2009 et on peut vous écouter débattre chaque semaine de l'actualité avec Jacques Julliard sur la chaîne de télévision LCI. Toutefois, on commence à vous lire beaucoup dans la presse dès les années 90. En quoi ces interventions publiques participent-elles de l'idée que vous vous faites du rôle de l'intellectuel dans la cité ?*

Une précision s'impose d'emblée pour éviter toute confusion : je n'ai guère de goût, je vous l'avoue, pour le journalisme. Il suppose une attention constante à une actualité qui, le plus souvent, n'a guère d'intérêt. Mais j'aime bien, en revanche, m'obliger à écrire dans la presse et suis reconnaissant à ceux qui m'ont permis de le faire, en particulier à Étienne Mougeotte, pour qui je n'ai qu'estime et amitié. Cela vous oblige à vous adresser au grand public, à dépasser le cercle restreint des spécialistes, à éclairer l'actualité sous un jour inhabituel, à injecter pour ainsi dire des idées philosophiques dans l'air du temps. Là encore, l'idée selon laquelle écrire pour les journaux reviendrait à « collaborer », au sens quasi vichyste du terme, est absurde. Elle me paraît surtout caractéristique d'une posture prétentieuse et élitiste, qui fut notamment celle de Pierre Bourdieu et de ses élèves. J'ai donc « collaboré », il est vrai, aux pages « idées » de plusieurs grands hebdomadaires, dont *L'Événement du jeudi, Le Point* et *L'Express.* Mais nombre d'intellectuels français, parmi les plus prestigieux, l'ont fait avant moi. En préparant pour *L'Express* un dossier sur ceux qui avaient collaboré régulièrement au journal, j'ai pu trouver, en dehors de Raymond Aron, les noms de Maurice Merleau-Ponty, d'Alfred Sauvy, mais aussi de Jacques Lacan, de Jean-Paul Sartre et des trois « M » — Malraux, Mendès France et Mauriac… C'est dire si le fait d'intervenir dans les colonnes de la presse ne constitue, pour un intellectuel français, ni un fait récent ni une expérience rare. Il en va de même en politique : Victor Hugo fut sénateur, tandis que Tocqueville ou Malraux furent ministres. Or, je crois qu'il n'y a rien de déshonorant dans cet aréopage...

Cela n'empêche pas certains de vous ranger dans la catégorie des intellos médiatiques...

C'est de bonne guerre ! Comme le relève John Rawls après Tocqueville, l'envie et la jalousie étant les passions démocratiques les mieux partagées, il faut bien trouver quelque chose à redire quand un livre rencontre scandaleusement l'intérêt du public. Comme je vous l'ai dit, il y a des gens qui sont connus parce qu'ils écrivent des livres, et d'autres qui écrivent des livres parce qu'ils sont connus. J'appartiens, comme Comte-Sponville, à la première catégorie et je comprends que cela énerve, d'autant plus que nous sommes, par ailleurs, d'authentiques universitaires. Il n'y a là rien de bien grave, ni d'anormal. Il faut faire avec.

Dans Heidegger et les Modernes *(1988), vous évoquez les raisons à la fois structurelles et historiques pour lesquelles « obligation est faite aux intellectuels d'occuper, dans les sociétés démocratiques, une fonction critique ». Vos interventions régulières et fréquentes dans les médias répondent-elles à cette fonction critique ?*

Non, justement. C'est même tout le contraire, et cela irrite aussi ! Le type idéal de l'intellectuel critique que j'avais ici en tête renvoie plus à Foucault ou à Sartre. Tout en adoptant par principe une position très critique envers le monde démocratique, l'un et l'autre réunissaient la légitimité du philosophe, de l'écrivain et de l'homme politico-public dont l'autorité morale, bien que contestée, était reconnue. Par opposition à l'expert, cette figure de l'intellectuel généraliste, engagé et de gauche, adopte toujours, pour reprendre l'expression de Max Weber, le point de vue de « l'éthique de la conviction » plutôt que celui de « l'éthique de la responsabilité ».

En France, en particulier depuis l'après-guerre, deux raisons historiques feront que l'intellectuel sera forcément un intellectuel de gauche. La première, c'est bien sûr le nazisme. Le traumatisme engendré par la pire catastrophe politique du siècle contribua à disqualifier ou à entacher la droite dans son ensemble, voire le monde occidental tout entier, incapable qu'il fut d'empêcher le désastre. Dans les années 50, tout intellectuel qui se respecte est forcément de gauche. Il est de préférence membre du Parti communiste ou compagnon de route. Tel fut le cas des plus brillants d'entre eux, d'Edgar Morin à François Furet, en passant par Jorge Semprun, Emmanuel Le Roy Ladurie ou Annie Kriegel. Et comme vous le savez, Raymond Aron, à cette époque, fut très malmené car il osait se dire de droite, même s'il l'était en vérité très peu, d'abord parce que, bien que « juif déjudaïsé », sa conscience de l'horreur du nazisme n'avait rien à envier à celle d'un Edgar Morin ou d'un François Furet ; ensuite parce qu'il venait plutôt du centre-gauche, voire du socialisme qu'il avait fréquenté quand il était étudiant.

La deuxième raison, c'est la décolonisation. Être un intellectuel à l'époque présuppose une critique obligée de l'impérialisme. Alors que l'humanisme du XVIIIe siècle avait largement légitimité la conquête coloniale, les mouvements de décolonisation jetaient la suspicion et l'opprobre sur les Lumières. Cette critique de l'européocentrisme, que l'anthropologie structurale de Claude Lévi-Strauss accompagne sur le plan des idées, a contribué à ce que, dans l'après-guerre, le monde intellectuel bascule quasi obligatoirement à gauche. C'est aussi dans ce contexte qu'il faut resituer le succès de la théorie marxiste revue et corrigée par l'École de Francfort, avec son analyse de « la dialectique des Lumières », sa critique de la rationalité instrumentale, anonyme et technique, une rationalité « capitaliste » qui s'était révélée impuissante à endiguer le suicide de l'Europe. Moyennant un certain aveuglement, le marxisme pouvait donc apparaître, jusque dans les années 60, comme la seule vision du monde à n'être pas suspecte de compromission avec les deux catastrophes du siècle, le nazisme ou le colonialisme.

Vous parlez aussi des raisons « structurelles » pour lesquelles l'intelligentsia française se devrait d'avoir le cœur à gauche...

Oui, car la troisième raison est bien structurelle. Depuis Voltaire, l'intellectuel français est celui qui a incarné ce que la démocratie a de plus précieux : l'instance de la critique. Vous remarquerez, en effet, que le régime démocratique est le seul à autoriser la critique du pouvoir. Cela semble une banalité, mais par les temps qui courent, on ne sait jamais... Dans une société qui se veut *auto*-instituée, même par le biais d'institutions représentatives, il n'est pas de norme qui ne puisse être dénoncée par les individus, pour une raison extrêmement simple : ce sont eux qui, directement ou indirectement, les produisent. Ce paradoxe est structurellement lié à la démocratie, au point que l'intellectuel, même lorsqu'il la dénonce en adoptant une position d'apparente extériorité radicale, ne fait jamais, en réalité, que jouer son jeu et accomplir l'une de ses dimensions essentielles : l'entretien d'un rapport critique à la loi, à la normativité et à l'autorité. De proche en proche, on qualifiera ainsi d'intellectuel tout écrivain, philosophe ou pas, soucieux d'occuper l'espace de la critique. Or, jusqu'à une date récente, cette situation a conduit la majorité des clercs français à pratiquer l'éthique de la conviction et presque jamais l'éthique de la responsabilité.

Au fond, on pourrait dire que l'intellectuel, dans cette perspective, incarne à la fois la gauche, l'esprit critique et l'éthique de la conviction. Ce sont ses trois caractéristiques majeures et il sera promis à devenir « un grand intellectuel » quand, en plus de ses trois caractéristiques, il ajoutera d'autres cordes à son arc. Il faut que l'intellectuel soit philosophe, qu'il soit encore, comme Sartre ou Voltaire, un écrivain — qu'il ajoute donc la légitimité littéraire à la légitimité philosophique, avec si possible un peu de légitimité historique, comme ce sera le cas chez Foucault. Et s'il a le talent de réaliser un film ou d'écrire une pièce de théâtre, alors c'est grandiose ! Il faut cet ensemble pour faire un intellectuel parfait, et c'est d'ailleurs après ce mythe que Bernard-Henri Lévy a couru toute sa vie.

ÉTHIQUE DE LA CONVICTION OU ÉTHIQUE DE LA RESPONSABILITÉ ?

Et pour Luc Ferry, qu'en est-il ?

Dans l'espace public comme en privé, j'ai toujours fui cette posture de l'intellectuel critique. Je préfère l'éthique de la responsabilité à l'éthique de la conviction, la philosophie à la littérature et l'action politique à la posture de l'indignation. Je déteste d'ailleurs depuis toujours la mise en exergue de l'indignation, cette passion faussement morale qui ne s'applique qu'aux autres, jamais à soi, et dont on se sert en général pour se donner l'apparence d'une belle conscience morale. Comme je vous l'ai dit, à tout prendre, je préfère mettre les mains dans la glaise et passer à l'action. Au sein de ma génération, je suis d'ailleurs le seul à avoir accepté d'occuper un poste ministériel. J'ai peut-être tort, et je ne prétends nullement être un modèle en quoi que ce soit. Cette position relève presque, chez moi, du réflexe davantage que de la pensée. On ne saurait, en tout cas, me refuser le fait d'avoir très concrètement, et pas seulement en paroles, entrepris de jouer l'éthique de la responsabilité plutôt que de m'en tenir aux facilités de l'éthique de la conviction, étant entendu que la première, contrairement à ce que disent quelques niais, ne se confond ni avec le cynisme ni avec la *Realpolitik*. Il en va un peu à cet égard comme avec le principe de réalité chez Freud. Ce dernier n'est pas le contraire du principe de plaisir, mais sa poursuite compte tenu du réel. De même, professer l'éthique de la responsabilité ne signifie pas que l'on renonce à la morale, qu'on abandonne les principes, mais au contraire qu'on cherche à les incarner dans le réel du mieux que l'on peut, compte tenu du fait que tout n'y est pas possible. Où l'on retrouve cette idée des antinomies de l'action historique que Max Weber avait empruntée à Nietzsche : le politique ne choisit que très rarement entre le bien et le mal (ce serait trop facile), mais presque toujours entre des options qui sont toutes plus ou moins mauvaises ou pénibles.

Depuis toujours, et sans doute plus encore depuis que j'ai des enfants, ce n'est pas l'éthique de la responsabilité qui m'apparaît comme le comble du cynisme, mais l'éthique de la conviction, cette pseudo-morale de l'indignation, ce sentiment que l'on réserve toujours aux autres et que l'on n'applique jamais à soi, cette attitude hautaine qui fit le bonheur de la plupart des intellectuels critiques de Sartre à nos jours. Comme s'il y avait une sorte de partage des rôles, que je trouve franchement absurde : d'un côté le politique, censé être dans le réel, et de l'autre l'intellectuel, supposé être dans la morale — la position morale, dans ce partage, ne changeant jamais rien, bien entendu, à la réalité. Dans ce petit arrangement, le politique et l'intellectuel ne font jamais que se partager l'espace public en se laissant mutuellement en paix, le premier se souciant des idées comme de sa première chemise, et le second du réel comme d'une cerise. Ils font semblant de se rencontrer de temps à autre, au cours de ces fameux déjeuners ministériels, voire élyséens, où les conseillers s'efforcent de faire rencontrer au ministre ou au président ce qui compte sur le moment dans Paris. Grotesque…

Le philosophe, à mes yeux, reste celui qui construit une œuvre et qui s'efforce de reprendre à nouveaux frais les trois seules questions qui vaillent : celle de la théorie, celle de l'éthique, et surtout, *in fine*, celle de la vie bonne pour les mortels. Je vous le disais, c'est essentiellement le premier et le troisième niveau qui m'intéressent. Or, tout cela n'a presque rien de commun avec la vie intellectuelle parisienne. Le deuxième niveau, celui de l'éthique de la responsabilité, n'est cependant pas vain — il est même crucial — car il permet de conserver ce contact avec le monde tel qu'il va, un monde dont le milieu universitaire tend également à nous couper, ce qui représente un sérieux handicap. Continuer à penser le réel, voilà qui me paraît toujours essentiel (penser la mondialisation est la tâche principale de la pensée aujourd'hui), même si le troisième niveau de la philosophie m'intéresse avant tout. Hegel avait raison : la philosophie est bien, du moins dans sa partie théorique, « l'intelligence de ce qui est ». Elle consiste aussi à être capable de ressaisir son temps dans la pensée. La théorie et l'éthique de la responsabilité sont donc constitutives des deux premières parties de la philosophie, et je me garde bien de l'oublier.

Ce qui m'anime, c'est moins le souci de m'occuper de ce qui ne me regarde pas, pour rependre la célèbre formule de Sartre définissant la tâche de l'intellectuel, que le souci de comprendre le réel : la crise économique, que j'ai passé des centaines d'heures à déchiffrer ; la mondialisation et ses enjeux, liés à la régulation écologique et financière, au « choc des civilisations » ou à l'entrée de la Turquie dans l'Europe, dont je suis un chaleureux partisan. Or, ce n'est ni en s'enfermant dans un amphithéâtre avec des étudiants, ni en se calfeutrant dans l'éthique de la conviction — laquelle ne rencontre jamais le monde réel et le rate même à tous les coups ou presque — qu'on peut y parvenir. Voilà pourquoi ce ne fut pas une déchéance, pour moi, que de devenir ministre.

6

Un agrégé de science politique au ministère de l'Éducation nationale (2002-2004)

Vous avez occupé le poste de ministre de l'Éducation nationale dans le gouvernement de Jean-Pierre Raffarin, de 2002 à 2004, alors même qu'on ne vous connaissait pas d'engagement partisan et que vous n'aviez auparavant jamais exercé la moindre responsabilité dans un cabinet ministériel. Du jour au lendemain, le non-professionnel de la politique que vous êtes se retrouve donc à diriger, à la tête d'un quadruple ministère — Éducation, Recherche, Université et Jeunesse —, la plus grande administration de France et même d'Europe. Vous avez hésité avant d'accepter ?

Oui, atrocement, car je savais combien c'était risqué, et même dangereux. En même temps, cette proposition s'inscrivait bel et bien dans la logique de l'éthique de la responsabilité que nous venons d'évoquer. En ce sens, et malgré l'angoisse qui s'est emparée de moi quand Dominique de Villepin m'a appelé à la maison — moi qui n'avais jamais fait de politique, qui n'appartenais à aucun parti, qui ne savais pas ce qu'était un chauffeur ou un officier de sécurité —, il m'était impossible de me dérober. Question de cohérence et de consistance. J'avais bien entendu rencontré, ici ou là, des responsables politiques, mais en tant qu'intellectuel. Je me souviens, par exemple, d'avoir été invité par l'historien et ancien dissident polonais Bronislaw Geremek (1932-2008), alors ministre des Affaires étrangères. Il me proposait, avec Hubert Védrine, de venir le rejoindre à Weimar avec Joschka Fischer pour un grand débat sur l'histoire et l'avenir de l'Europe. Nous avons ainsi dîné, Hubert Védrine, Joschka Fischer et moi-même, dans la salle à manger de la maison de Goethe. Il s'agissait de moments certes exceptionnels, mais qui n'avaient rien de strictement politique. Quand le poste de ministre m'a été proposé, ma femme Marie-Caroline m'a dit à peu près en ces termes : « Avec tout ce que tu sais ou prétends savoir sur l'école depuis tant d'années, si tu refuses, tu n'auras plus qu'à la fermer pendant vingt ans ! » Elle avait raison.

« IL M'ÉTAIT IMPOSSIBLE DE ME DÉROBER »

Cela dit, la charge ministérielle ne me tentait pas du tout — mais vraiment pas du tout — à titre personnel. Je savais qu'il me faudrait arrêter d'écrire et que j'allais forcément y laisser des plumes. J'avais vu de près ce qui était arrivé à Claude Allègre ou à François Bayrou, et ce n'était pas particulièrement rassurant ! Après trois jours de réflexion, j'ai finalement accepté, avant tout parce que je pensais pouvoir faire quelque chose pour l'école, pour les enfants dont je vous ai dit combien je les aime, y compris ceux des autres. Et puis je me suis dit, presque pour me consoler par avance, que si j'échouais, cette expérience me permettrait au moins de mieux appréhender le réel, de mieux comprendre « comment ça marche », ce qu'est la pratique des affaires publiques, les multiples facettes de la décision politique et les difficultés très concrètes auxquelles elle se heurte. C'est ce que je regrette le moins, car il faut avoir vécu cela de près pour le savoir. Cela ne s'invente pas.

Au terme de ces deux années passées dans ce magnifique

ministère, j'ai ainsi pu mesurer à quel point les politiques, sous l'effet conjugué de la pression médiatique et de la mondialisation, ont moins de pouvoir sur le cours du monde que ne le croient d'ordinaire la majorité de nos concitoyens. Là réside même, à mes yeux, le problème politique numéro un auquel nous sommes aujourd'hui confrontés : comment retrouver des marges de manœuvre et une réelle efficacité dans une démocratie d'opinion hypercritique, alors même que nous sommes pris dans une mondialisation qui oblige sans cesse à procéder à des économies budgétaires ? Dans le cadre de cette mondialisation, en effet, les leviers de la politique nationale ne lèvent plus grand-chose — une vérité que tous les politiques connaissent. Le problème, c'est qu'ils ne veulent pas l'avouer et que le peuple ne veut surtout pas l'entendre, ce qui ne facilite pas les choses…

Il n'y avait, en tout cas, aucune incohérence à me définir comme républicain et à assumer la fonction de ministre de l'Éducation nationale. Cet aboutissement obéissait même à une implacable logique. Le philosophe Michel Onfray, toujours aimable avec moi en privé et toujours très agressif en public, a écrit un jour à mon propos, dans *Le Point*, je crois, qu'on ne saurait être ministre dans un gouvernement de la droite républicaine quand on est kantien. Cette remarque m'a fait hurler de rire et je crois n'avoir jamais lu (pardon, Michel…) une phrase aussi stupide de ma vie. Comme si le fait de devenir ministre de la République revenait à aller au bordel, en pire. Jalousie ? Bêtise ? On s'interroge sur l'origine du propos, qui m'a tout de même laissé perplexe : me définir comme kantien n'a pas de sens, mais l'aurais-je été jusqu'au bout des ongles que je ne vois guère en quoi cette qualité aurait dû m'interdire d'accepter une charge ministérielle. Kant fut tout de même un des plus authentiques pères fondateurs de la philosophie républicaine. Servir la République est un honneur, pas une honte.

Vous vous attendiez à cette nomination ?

Pas un millième de seconde ! À y repenser, c'était même une folie, et quand Dominique de Villepin m'a fait part de la proposition qu'il me transmettait de la part du président Jacques Chirac, j'ai failli tomber de ma chaise. À l'époque, j'étais certes à la tête du Conseil national des programmes, un poste auquel j'avais été nommé par François Bayrou. Par la suite, Claude Allègre puis Jack Lang m'avaient demandé d'y rester. Mais il ne s'agissait en rien d'un poste politique. Le Conseil national des programmes est un collège d'experts réunissant des professeurs du supérieur, du primaire et du secondaire, une instance purement consultative avec pour vocation de contribuer à la réflexion sur les contenus à enseigner. Jusque-là, je n'avais vu que deux fois le président Jacques Chirac, à vrai dire une seule fois en tête à tête, un jour où il devait préparer une émission de télévision sur l'éducation et qu'il avait fait appel à moi pour l'aider à comprendre ce monde qui lui était un peu étranger. Nous ne nous connaissions donc pratiquement pas. Jean-Pierre Raffarin m'avait bien invité une fois à déjeuner, mais c'était autour de mon livre *L'Homme-Dieu ou le sens de la vie* (1996), qu'il me disait avoir lu et apprécié. Ma connaissance du monde politique n'allait guère plus loin et, encore une fois, je n'ai jamais été encarté où que ce soit, pas plus avant que pendant ou après le ministère. Je n'ai jamais été un militant, plutôt un contradicteur.

Entre les deux tours de l'élection présidentielle de 2002, je me suis retrouvé à dîner un soir chez mes amis Henri Weber et Fabienne Servan-Schreiber, grâce à qui j'avais pu adopter ma fille Gabrielle et que j'avais rencontrés dans une vie antérieure, chez Olivier Duhamel. Autour de la table étaient également présents Anne Sinclair et Dominique Strauss-Kahn, et nous nous étions amusés à lancer des pronostics sur Matignon. J'ai avancé que j'y aurais bien vu Jean-Pierre Raffarin, ajoutant pour plaisanter :

« Et moi à l'Éducation ! » Cette boutade a fait le tour de Paris et elle a fini par se transformer en prévision sérieuse. Au départ, il s'agissait encore une fois d'une pure plaisanterie, je n'y croyais pas un instant ! Elle avait, du reste, fait éclater de rire toute la tablée, à telle enseigne que le lendemain Fabienne m'a appelé pour s'excuser de cette hilarité. Elle me dit mot pour mot : « Pardon, Luc, d'avoir autant ri quand tu as évoqué l'idée que tu pourrais devenir ministre de l'Éducation. Mais tu sais, Henri et moi connaissons mieux la politique que toi, et nous savons combien c'est impossible ! »…

Quand j'ai été nommé, je me suis dit que mon parcours atypique m'avait somme toute permis de connaître toutes les situations scolaires, et ce à tous les niveaux. Je n'étais pas passé par le sentier lumineux de khâgne, hypokhâgne et Normale Sup, mais j'avais été collégien dans un établissement difficile de banlieue, élève à domicile, boursier, chercheur au CNRS, enseignant au lycée puis dans une école normale d'instituteurs, professeur à l'université et dans les grandes écoles, président du Conseil des programmes — bref, cette expérience pouvait me donner sur le monde de l'éducation un regard particulier et un peu décalé par rapport à celui de mes prédécesseurs.

Vous me parliez en des termes très émouvants de votre mère, notamment de ses « dîners philosophiques » avec ses fils. Puis-je vous demander comment elle a réagi en apprenant votre nomination ?

Je crois qu'elle était très fière, très très fière même… Mais je préfère ne pas m'étendre sur ce registre privé. Je l'aime plus que tout, et je la respecte trop pour m'exprimer à sa place. Il faudrait lui poser la question…

VIVRE LA SUREXPOSITION MÉDIATIQUE AU QUOTIDIEN

Dans Comment peut-on être ministre ?, *votre essai sur la gouvernabilité des démocraties (2005) qui se présente comme un livre-bilan sur votre expérience politique, vous évoquez longuement l'extraordinaire contrainte que représente, pour un responsable, la démocratie d'opinion relayée par la presse. Comment vit-on au jour le jour, et de l'intérieur, les turbulences médiatiques auxquelles la fonction de ministre vous expose et dont la plupart des gens, y compris les journalistes eux-mêmes, n'ont pas toujours conscience ? En un mot, comment fait-on pour se « blinder » ?*

C'est très simple, on ne se blinde pas ! Personne ne se blinde jamais face à la haine médiatique au quotidien, et cela vaut pour les nouveaux venus comme pour les politiciens de métier. J'ai vu le président Chirac se débattre dans son affaire de billets d'avion ; j'ai vu Nicolas Sarkozy se colleter jour après jour les unes de *Libération* sur ses impôts ; j'ai vu François Fillon quitter le ministère de l'Éducation nationale, proprement « viré » par Jacques Chirac après des semaines de grève, ou Éric Woerth comme aujourd'hui Bernard Kouchner et Christine Ockrent traînés dans la boue... Je ne dis pas qu'il n'y a pas, ici ou là, de reproche à faire à tel ou tel, les politiques étant des humains comme les autres, susceptibles de commettre des erreurs. Mais la disproportion est folle, aberrante. Et on pourrait multiplier les exemples : aucun de ces responsables politiques pourtant chevronnés ne sort indemne de ce genre de tourbillon médiatique — aucun ! Le sentiment d'injustice et les blessures qu'on en garde sont inévitables, la plupart du temps irréparables, surtout si on n'a pas d'autre profession par ailleurs. Je ne connais pas d'homme public capable de s'y rendre insensible. Et quand les attaques touchent à votre honneur, elles sont aussi déstabilisantes sur le plan personnel que dévastatrices sur le plan politique. C'est ainsi, et nul n'y échappe. Il faut seulement apprendre à l'accepter et à vivre avec, à comprendre qu'on est aussi là pour cela, que le peuple adore voir souffrir ses représentants. Cela fait partie du jeu. Mais croyez-moi, ce genre d'épreuve suppose autrement plus de courage et de nerfs que de signer une pétition en faveur des droits de l'homme depuis le sixième arrondissement de Paris…

Vous-même et votre famille n'avez pas été épargnés par les journalistes, c'est même le moins qu'on puisse dire. Sans se blinder, on finit tout de même par s'habituer ?

Il est vrai que j'ai été pris dans des turbulences médiatiques à répétition, au point de faire la une de la presse à de multiples reprises. Si on est narcissique, il vaut mieux faire un autre métier. Je me souviens de mon conseiller pour la presse, Yves Angella, qui entrait chaque matin un peu embarrassé dans mon bureau pour me dire à peu près ceci : « Monsieur le ministre, j'ai une bonne et une mauvaise nouvelle. Je commence par la bonne : vous faites encore la manchette du *Monde,* de *Libération* ou du *Figaro* ; la mauvaise, c'est que cette une dit, en résumé, que vous êtes un "gros con" ! » C'était à peu près comme cela tous les jours ! Cela m'évoque la fameuse histoire d'Edgar Faure, auquel un conseiller suggérait de répondre à un article ignoble. « Vous avez raison, c'est vrai, cet article m'a beaucoup blessé, mais, vous savez, je suis probablement le seul dans ce cas ! » lui répondit Edgar Faure. Il faut savoir qu'en réalité tout le monde s'en moque, si bien que quinze jours plus tard, pour ne pas dire dès le lendemain, le tourbillon se déplace comme un essaim d'abeilles et va frapper un autre pèlerin. Nous en riions, avant le Conseil des ministres, avec mon ami Jean-Jacques Aillagon. Quand les fameux « intermittents du spectacle » se déplaçaient chez lui et, du coup, me lâchaient un peu les mollets, je lui disais combien j'étais ravi de lui refiler le mistigri ! Nous blaguions, évidemment, mais d'autres ministres, en revanche, avaient du mal à cacher leur bonheur de nous voir l'un et l'autre dans les ennuis.

Cela fait aussi partie du jeu, tout comme le fait de se découvrir une pléiade d'amis dont vous ne soupçonniez pas qu'ils vous aimaient tant… et que vous ne revoyez plus pendant des mois dès que vous quittez votre poste. L'essentiel est de rester « zen », ne pas en faire un plat et je suis à mille lieues de me plaindre. Il faut prendre les choses avec un peu de distance et même d'humour, si possible. C'est ce que j'ai réussi à faire avec le temps — et il faut dire que j'ai été largement aidé par les déboires de mes successeurs comme de mes prédécesseurs : chacun a pu s'apercevoir *de visu* que le métier n'était facile pour personne. Il n'en reste pas moins que l'on supporte forcément mal, sur le moment, les ragots et les médisances sans aucun lien, même embryonnaire, avec une réalité autre que fantasmatique. Et en la matière, j'ai été servi…

En ce qui me concerne, cette inquisition a commencé quelques semaines à peine après mon arrivée au gouvernement. Dans un fax surréaliste arrivé vers midi, *Le Canard enchaîné* me sommait de rendre des comptes sur une prétendue « literie de satin » qui aurait été achetée par le ministère, avec obligation de leur répondre « avant 19 heures »… Les draps en question n'étaient pas en satin, mais en « satinette », ils valaient trois francs six sous et il s'agissait d'un cadeau de mariage, mais auraient-ils été en vison d'Amérique que c'eût été pareil — c'est vous dire jusqu'où allait l'inquisition ! J'ai eu droit aussi à quantité de brèves dans le *Canard,* du genre « les Ferry roulent en Rolls ». Confusion totale, là encore : il s'agissait de la voiture d'un professeur de médecine venu recevoir sa Légion d'honneur au ministère… Et ainsi de suite, tous les jours de la semaine. À se demander comment des journalistes peuvent en venir à soutenir des âneries d'une telle envergure et des contre-vérités dont l'inanité est aussi aisément vérifiable. C'est parfois inquiétant.

Encore une fois, comment fait-on, en de telles circonstances, pour ne pas ruer dans les brancards ou tomber en dépression ?

J'ai d'abord eu la chance d'être entouré de personnes d'une très grande qualité, à commencer par ma femme Marie-Caroline, qui fut d'une présence et d'un soutien sans faille, mais aussi de certains membres de mon équipe, comme Alain Boissinot, aujourd'hui recteur de Versailles, qui accepta par amitié d'être mon directeur de cabinet, sans doute l'homme le plus compétent et le plus fin qu'il m'ait été donné de rencontrer sur les questions touchant à l'éducation. Il fut et il reste d'une loyauté fraternelle à nulle autre pareille. Nous étions sur la même longueur d'onde, avec toutefois de légères nuances. Il était sans doute un peu plus démocrate que moi, et moi un peu plus républicain que lui, pour reprendre une vieille distinction. Mais nous étions tous deux convaincus qu'il fallait dépasser cette opposition stérile. Ces petites différences nous permettaient même d'avoir de belles discussions. Sans lui, sans un interlocuteur avec qui échanger en permanence, le ministère eût été un enfer. Puis il y avait d'autres amis proches, comme Claude Capelier ou Josy Reiffers, un grand professeur de médecine qui s'occupait des universités avec un réel talent. Et beaucoup d'autres auxquels je pense avec chaleur, comme l'irremplaçable Dominique Fillon, qui dirigeait mon secrétariat et qui travaille toujours à mes côtés, une femme absolument remarquable avec laquelle je continue d'avoir des discussions presque quotidiennes sur les sujets de fond. Et encore mon vieux camarade Pierre Saget, avec qui les choses étaient compliquées, mais jamais nulles, ou Jérôme Fournel, un budgétaire de génie, aujourd'hui directeur général des douanes… Bien sûr, il y avait aussi, comme dans toute organisation, quelques canards boiteux, et nous manquions sans doute de sens politico-politicien, ce pourquoi Jack Lang me traitait d'« amateur », mais ça m'allait plutôt bien. Dans l'ensemble, j'étais entouré d'une équipe formidable et je n'avais, dans le fond, aucune envie de devenir un « politicard » professionnel. Nous avons même connu de grands moments de joie, ainsi quand, en 2004, après soixante heures de débats acharnés à l'Assemblée nationale, je suis rentré au ministère à 2 heures du matin et que mon staff m'attendait dans mon bureau avec quelques bouteilles de champagne, façon anniversaire surprise, pour fêter le vote de ma loi sur le port des signes religieux à l'école… Ces moments-là sauvaient tout le reste, et de loin.

J'avais en outre déjà connu des tempêtes médiatiques, dont celle déclenchée par la parution de *La Pensée 68*. Je connaissais ou je croyais assez bien connaître le fonctionnement de la presse écrite et des médias en général pour y avoir moi-même collaboré. Au début, je n'avais cependant pas tout à fait mesuré à quel point les choses seraient différentes au niveau de responsabilité que j'occupais, pas seulement dans la nature des attaques, mais aussi d'un point de vue quantitatif. Pour vous en donner une idée, quand j'ai quitté le ministère, mon directeur de la communication m'a offert des dossiers reliés renfermant tous les articles me concernant. Résultat : je possède tout un mur de coupures de presse sur le « ministre Luc Ferry », des dizaines de volumes, sans parler des milliers de photos qui vont avec, soit l'équivalent d'une bibliothèque entière… C'est ahurissant, mais ce phénomène participe aussi de l'extraordinaire progression du goût pour la personnalisation des débats politiques et du succès des rubriques « people » de nos journaux, désormais élevées au rang de genre littéraire.

Mais l'un des aspects les plus pénibles de cette surexposition tient sans conteste au harcèlement, au fait que c'est votre vie tout entière qu'on tente de mettre en cause. Ma famille était ainsi littéralement poursuivie par les paparazzi qui n'hésitaient pas à nous pourchasser en hélicoptère ou à bord de bateaux croisant aussi près que possible de notre petite maison de vacances. Cette expérience est très spéciale, peut-être faut-il l'avoir connue au moins une fois dans sa vie. Ce fut surtout très dur pour mon épouse, Marie-Caroline, pourtant adorable avec les gens du ministère, à qui il est arrivé de ne même plus oser sortir dans la rue. À un moment donné, on m'accusera même de lui avoir offert une voiture sur les deniers de la République, une rumeur à nouveau totalement grotesque. Pendant des semaines, ma femme s'est vu traîner dans la boue en des termes parfaitement orduriers sur Europe 1, chez Laurent Ruquier, du genre « cette salope dépense notre fric » et autres amabilités de cet acabit. Cette épreuve — qui touchait à ce que l'on aurait appelé autrefois l'honneur — nous a sérieusement miné le moral. Même si, cette fois-là, je suis finalement parvenu à tordre le cou à cette contre-vérité si absurde qu'elle ne pouvait quand même pas tenir la route indéfiniment. Reste qu'aujourd'hui encore je rencontre des gens qui s'imaginent que j'aurais fait aménager au ministère une salle de sport pour ma femme ou que je lui aurais acheté une voiture sur des fonds publics…

Alors comment fait-on ? Au bout d'un certain temps, on en vient encore une fois à se dire que, dans l'univers médiatique, une affaire chasse l'autre, la tornade finissant toujours par passer de son propre champ à celui du voisin, poursuivant ainsi son chemin aveugle vers d'autres victimes. De guerre lasse, on se raccroche à l'idée que cela s'oublie et passe, parce que tout finit par passer, surtout quand on n'a rien à se reprocher, ce qui était en l'occurrence mon cas. Et puis, je l'évoquais à propos de Marie-Caroline, il m'est aussi arrivé de sortir vainqueur de ces combats. Ainsi, encore, de cette rumeur aberrante lancée par *Le Figaro* qui voulait que mon petit livre, *Lettre à tous ceux qui aiment l'école* (2003), ait représenté un coût exorbitant, alors même que la moitié du prix de chaque exemplaire vendu en librairie revenait au ministère et l'autre moitié à l'éditeur. Il s'agissait de la seule opération de communication qui ne coûtait rien, là où la moindre lettre de mes prédécesseurs, et ils en ont tous envoyé, coûtait au minimum un million d'euros ! Je n'ai, quant à moi, évidemment touché aucun droit d'auteur — mais *Libération* prétendit le contraire, ce qui était littéralement insensé. Cette folie médiatique n'en complique pas moins considérablement la tâche d'un ministre, le souci du long terme devant sans cesse composer avec les contrariétés d'un présent envahissant qui, soudain, se met à occuper tout l'espace.

Fidèle au principe aronien selon lequel il faut convaincre avant d'agir, vous aviez justement entrepris de vous adresser directement aux parents d'élèves, aux familles, aux enseignants et aux élus, en écrivant cette Lettre à tous ceux qui aiment l'école, *un petit livre que vous publiez donc chez Odile Jacob en 2003, et dont beaucoup d'intellectuels ont salué le courage. Alors que, depuis trois décennies, la majorité de vos prédécesseurs tentaient de nous faire croire que les choses allaient plutôt bien, chacun mettant un point d'honneur à engager une « grande réforme » qui porterait son nom, vous inversez la logique. D'une part, vous rejetez le mythe de ladite grande réforme, expliquant qu'il valait mieux agir sur trois dossiers prioritaires : la maîtrise du français, la lutte contre la violence scolaire et la revalorisation de l'enseignement professionnel. D'autre part, vous disiez pour la première fois que le système allait mal et qu'il était de moins en moins efficace malgré un budget en expansion. Or, je me souviens de ces images terribles diffusées à la télévision, où l'on voyait des profs surexcités brûler votre livre lors d'une manifestation. Cela s'appelle un autodafé et ce petit relent de nuit de Cristal dans la France de 2004 avait quelque chose d'assez terrifiant. Comment l'avez-vous vécu ?*

C'était, en effet, la première fois qu'on brûlait un livre en public depuis la guerre. Cela m'a fait, je vous l'avoue, un drôle d'effet. J'en fus d'autant plus choqué que ma lettre contenait un vrai programme et des analyses de fond, qu'on pouvait évidemment discuter, mais pas brûler. En outre, ce texte était de part en part animé par l'authentique respect que j'éprouvais à l'égard de mes collègues professeurs : au lieu de leur imposer des mesures sans les consulter ni les expliquer, je leur proposais une réflexion d'ensemble sur l'état de l'école, assortie d'un grand débat national. Il y a eu deux réactions face à ces autodafés, pour l'essentiel organisés par le syndicat Sud. La première, assez bien représentée par Philippe Sollers et une bonne partie de la gauche, consista, en gros, à dire que c'était bien fait pour moi étant donné qu'il ne s'agissait pas d'un livre, mais d'un vulgaire tas de papier, de la propagande de droite, etc. La seconde réaction fut celle d'Alain Finkielkraut, à qui je garderai, ne fût-ce que pour cette seule raison, une gratitude éternelle. Scandalisé, il a pris le temps de me lire, de constater que cette *Lettre* contenait de vraies analyses et de vraies propositions, de sorte qu'il m'invita à en parler sur France Culture, un geste qui m'a remonté le moral. Des intellectuels comme Philippe Raynaud, Alain-Gérard Slama et quelques autres m'ont eux aussi soutenu, et un journaliste, Éric Conan, s'est également détaché du lot. Je leur suis infiniment reconnaissant, au-delà même de ce qu'ils peuvent sans doute imaginer, mais ce furent, je dois le dire, des exceptions… Cet accueil fut d'autant plus malheureux que j'abordais dans ce texte la grave question — qui n'est ni de droite ni de gauche — de l'illettrisme.

LA TRAGÉDIE DE L'ILLETTRISME, UN PHÉNOMÈNE SOCIAL GLOBAL

Venons-en justement à vos idées sur la refondation de l'école. Dans l'affaire des signes religieux à l'école, vous aviez sur le dos deux adversaires vindicatifs : d'un côté les « laïcards », d'avis qu'il faudrait proscrire d'urgence tous les signes religieux à l'école, ostensibles ou pas ; de l'autre les tenants du droit à la différence, tout prêts à abandonner les établissements scolaires à l'expression des communautarismes. En ce qui concerne votre approche de l'éducation, vous étiez là encore en porte à faux des deux côtés. À votre gauche, vous mécontentiez les partisans du pédagogisme, pour qui l'élève doit avant tout s'épanouir, et qui vous reprochaient de dresser de l'école un sombre tableau ne visant qu'à discréditer les enseignants. À votre droite, vous fâchiez les néorépublicains, pourtant plus proches de vous — je pense à des personnalités comme Jean-Pierre Chevènement, Régis Debray ou Jean-Louis Debré. De fait, dans ce domaine comme ailleurs, vous n'avez jamais abondé dans le sens de la restauration, en l'occurrence d'un retour à l'école des blouses grises et des plumes Sergent-Major. Le soutien des néorépublicains vous aurait pourtant été utile sur le plan médiatico-politique. Bref, vous n'avez cessé d'échapper aux credos idéologiques qui encombrent la réflexion sur l'école. Ce double porte-à-faux vous a-t-il pesé et comment l'expliquez-vous ? Maladresse ou raison de fond ?

Le plus facile, pour un ministre d'un gouvernement de droite, aurait été de mettre dans sa poche les néorépublicains, ce que mon ministre délégué, Xavier Darcos, a d'ailleurs tenté de faire. Mais, comme vous dites, je n'étais ni d'un bord ni d'un autre. Je trouvais souvent juste la critique des pédagos par les républicains, mais je ne partageais pas leurs visées « restauratrices ». Ne pas se tenir dans l'axe permet souvent de voir les choses sous un jour différent. Cela dit, je parlerais plutôt d'une raison de fond, tout le problème de l'éducation étant à mes yeux de savoir comment sortir de ces deux grands modèles idéologiques — l'optimisme démocratique d'un côté, le pessimisme républicain de l'autre — qui, l'un comme l'autre, continuent de nous aveugler et nous dispensent d'aller regarder le réel. Il est d'ailleurs assez intéressant de constater combien il est facile de se faire applaudir ou huer par une salle selon qu'on décide de gérer le fonds de commerce de la « rénovation pédagogique » béate ou celui de la contestation réactionnaire plus ou moins acrimonieuse. Ce type de plaidoyer pour un retour à l'école de nos grands-parents m'a toujours paru inepte, tandis que les conséquences de ce qu'on a appelé, après Mai 68, la « rénovation pédagogique » furent plus calamiteuses encore. En un mot, ces deux approches me semblent l'une et l'autre incapables de faire face au problème majeur, soit le développement de l'illettrisme et, plus généralement, la perte des « fondamentaux ». Nous sommes là confrontés à un phénomène social global.

Avec l'amiral Alain Béreau et le Conseil d'analyse de la société (CAS) que vous présidez, vous avez d'ailleurs publié sur ce sujet un livre collectif en 2009, Combattre l'illettrisme. *Que disent précisément les chiffres en la matière ?*

Ils sont alarmants puisqu'ils nous apprennent qu'un tiers au moins des élèves qui entrent en sixième et une proportion équivalente des jeunes de dix-huit ans ont des difficultés de lecture. Ces évaluations, qui portent chaque année sur 800 000 jeunes, montrent que 11 à 12 % d'entre eux ne savent tout simplement pas lire à dix-huit ans ou déchiffrent à peine. Nous avons ensuite les lecteurs médiocres, ceux qui ne comprennent pas vraiment le sens de ce qu'ils lisent, et ils sont au moins 10 %. Enfin, on compte 15 % de lecteurs fiables, mais lents, qui ne liront probablement jamais un seul ouvrage de leur vie. Ces chiffres, trop souvent occultés, montrent donc que plus de 35 % de nos enfants peinent plus ou moins à lire et à écrire lorsqu'ils atteignent l'âge de la majorité ! Ces constats ressortent des tests mis en place lors des Journées d'appel de préparation à la défense.

Quand je suis arrivé au ministère, j'étais certes préparé à cette mauvaise nouvelle, mais je n'imaginais pas qu'il me faudrait autant batailler pour faire simplement admettre cette réalité factuelle, laquelle avait été niée pendant des années et continue d'ailleurs de l'être, mais de manière moins systématique qu'il y a dix ans. Mon message, de ce point de vue, est largement passé, et parvenir à convaincre qu'il y avait là un vrai problème représente peut-être ce que j'aurai fait de plus positif dans ce ministère. Il est toujours plus facile de refuser les faits que d'affronter la grogne syndicale et, surtout, d'avoir à traiter le problème au risque de passer pour un vilain réactionnaire de droite n'ayant qu'une idée en tête : noircir le tableau.

En vérité, le problème crucial de l'illettrisme et de la maîtrise de la langue se pose en amont du collège, avec le fait que de nombreux enfants (autour de 15 %) n'apprennent plus à lire à l'école primaire. Plus grave : entre trois et quatre enfants sur dix sont exclus, à l'entrée en sixième, de ce que j'appellerais la lecture par plaisir — s'ils parviennent à déchiffrer un texte, ils ne peuvent pas vraiment en saisir le sens, en tout cas pas suffisamment vite pour que la lecture d'un roman puisse devenir un plaisir. J'y vois un immense malheur aux conséquences souvent irrattrapables, d'autant que notre système scolaire ne sait pas réparer : quand un enfant est en difficulté à sept ans, au cours préparatoire (en CP), on observe qu'il l'est toujours à dix-sept ans ! Cette situation est tragique, car un enfant qui lit et écrit mal sera forcément en grande difficulté dans toutes les autres matières. En outre, manquer une marche au CP entraîne souvent des conséquences dramatiques pour l'enfant, qui dès lors a l'impression de ne pas être comme les autres et qui très vite risque de se refermer sur lui-même. Je suis en effet convaincu que l'échec en matière d'apprentissage de la lecture est la matrice de tous les échecs ultérieurs. Le lien entre les difficultés de lecture et les conduites inciviles ou violentes est par ailleurs avéré. Les enfants qui risquent d'être à jamais exclus de ce que Hannah Arendt appelle « la vie avec la pensée » tendent, dans le même temps, à perdre toute estime de soi, si bien que, se détestant et se méprisant eux-mêmes, ils se mettent à détester et à mépriser les autres.

Vous parliez, à propos de l'illettrisme, de « phénomène social global », une expression que vous empruntez à Durkheim. Que voulez-vous dire au juste ?

Je remarque tout d'abord que le phénomène de l'illettrisme n'est pas une spécialité française : il affecte l'ensemble de l'Europe et du monde occidental. Et, chose frappante, le déclin de la langue, de l'orthographe et de la grammaire concerne tous les secteurs de la population pour les générations des années 90. Jusque-là, en effet, le niveau scolaire n'avait cessé de s'améliorer. Depuis, on assiste à une régression partout, de l'apprentissage de la langue au nombre d'élèves sortant du système sans qualification, en passant par la montée de la violence dans les établissements. L'ancien directeur de cabinet de Jack Lang, Christian Forestier, que j'avais nommé président du Haut Conseil de l'évaluation de l'école, le reconnaissait lui-même : l'école, affirmait-il, est « en panne » depuis 1994.

De fait, on commet aujourd'hui de plus en plus de fautes d'orthographe dans tous les secteurs de la société, et la difficulté à s'exprimer dans un français soutenu concerne les élèves comme les étudiants — tous les professeurs d'université le savent. Permettez-moi de vous donner un autre exemple : en 1995, alors qu'on réhabilitait un vieux bâtiment, on a retrouvé par hasard 9 000 copies corrigées du certificat d'études primaires des années 1923-1925. Elles avaient été oubliées dans un grenier par les archives départementales de la Somme, d'où le fait qu'elles n'avaient pas été détruites, comme c'est l'usage. On a donc eu l'idée de les comparer avec des copies d'aujourd'hui. Les résultats sont évidemment contrastés selon les matières, mais pour ce qui est de la maîtrise de la langue, l'enquête comparative ne laisse aucun doute et ses conclusions sont même accablantes : là où un enfant faisait en moyenne cinq fautes à une dictée dans les années 20, il en faisait dix-sept en 1995 !

DE L'ART DE DÉRANGER À GAUCHE COMME À DROITE

Face à cette évolution, quels facteurs faut-il incriminer selon vous ?

On invoque le plus souvent, au choix, la télévision, les jeux vidéo, les ordinateurs, le manque de moyens, la mauvaise formation des enseignants, la méthode globale, la massification de l'école ou la présence de populations immigrées... Après des années de réflexion sur ce sujet difficile, je suis pour ma part arrivé à la conclusion qu'aucun de ces facteurs ne suffit à expliquer le déclin de la langue. Je dirais même qu'à se focaliser sur l'une ou l'autre de ces variables, on se prive de comprendre le phénomène.

À mon sens, l'illettrisme doit être mis en perspective à partir de deux tendances historiques lourdes : la première remonte au *pédagogisme des années 70*, moment où l'on a voulu placer l'enfant au cœur du système et en finir avec l'idée qu'enseigner, c'est d'abord transmettre un patrimoine, un héritage de savoirs et un savoir-faire. Or, dans un enseignement réussi, 90 % relève du patrimoine et de l'héritage, de la transmission et de la tradition, et 10 % seulement de la spontanéité. Pour maîtriser cet héritage, il faut du respect, voire du « par cœur », et non pas l'arrogance de l'enfant-roi censé tout réinventer. Il en va de même pour les règles de politesse qui forment, elles aussi, un héritage patrimonial. Or, depuis quarante ans, tout notre enseignement repose sur une hypervalorisation des méthodes actives — hypervalorisation dont l'opération « la main à la pâte » constitue un bon exemple. Dire cela n'a rien de réactionnaire, d'autant que ce changement d'orientation pédagogique s'enracine dans une mutation plus ancienne et plus profonde.

C'est la deuxième tendance, celle qui affecte notre rapport aux traditions. Je songe ici à la *montée en puissance de la mondialisation libérale* et consumériste qui trouve justement son apogée dans les années 90 et dont les avancées ont impliqué une déconstruction radicale des autorités et des principes traditionnels. Rien d'étonnant, donc, à ce que ce mouvement de fond ait des conséquences très fâcheuses sur la langue et la civilité, deux domaines qui relèvent par excellence d'héritages transmis de génération en génération. Il ne s'agit pas ici de stigmatiser les progrès de l'individualisme, mais de constater — et nous l'avons déjà évoqué à propos du débat entre Alain Finkielkraut et Gilles Lipovetsky à la fin des années 80 — que nous payons extrêmement cher, sur le plan scolaire, cette formidable vague d'émancipation à l'égard des traditions. Encore une fois, s'il est deux choses que ni vous ni moi n'avons inventées, c'est la langue et la civilité. Or, à cet égard, il me semble qu'une attitude de respect, d'humilité et même de « gratitude », pour parler comme Alain Finkielkraut, s'imposerait davantage que le culte de la spontanéité…

Certains enseignants, dont François Bégaudeau, l'auteur du livre (puis film à succès) Entre les murs, *vous objectent qu'ils ne sont que rarement confrontés à des cas d'incivilité caractérisés…*

Il faudrait peut-être leur faire visiter certains coins de notre beau pays… Il n'en est pas moins vrai que si vous enseignez dans de bons lycées, ou même dans des collèges situés en centre-ville, vous pouvez passer à côté d'une réalité qui ne touche, en effet, qu'un établissement sur dix environ. Mais dans ceux-là, les violences graves et les incivilités sont quotidiennes et elles empêchent littéralement d'enseigner. Les statistiques du ministère sont, hélas, implacables sur le sujet et l'avantage, quand on devient ministre, c'est qu'on voit la réalité globale en face, contrairement à ce que laisse croire l'idéologie démagogique de la sacralisation du « terrain ». Chaque année, depuis que le logiciel qui indique les incivilités a été mis en place, près de 90 000 incidents graves, parfois gravissimes (viols, agressions avec arme, violences antisémites ou racistes), nous sont signalés. L'ampleur de ce phénomène se mesure également à l'effet qu'il produit : une dramatique crise des vocations dans l'enseignement secondaire. Bref, il faut prendre lucidement la mesure du développement de l'incivilité autant que de la progression de l'illettrisme, même si la question de la civilité doit d'abord se régler dans les familles. Pour les Européens, trois grands principes éducatifs servent globalement de guide : l'*amour*, la *loi* et les *œuvres*. Autrement dit : l'élément chrétien, l'élément juif et l'élément grec. Sans amour, un enfant sera privé de cette capacité de rebond face aux aléas de la vie que Boris Cyrulnik nomme la « résilience ». Sans la loi mosaïque, il n'accédera pas à ce que Lacan appelle l'« univers du symbolique », autrement dit l'espace public et commun de la cité. Mais sans les œuvres, il ne parviendra pas à se comprendre lui-même ni à saisir le monde qui l'entoure : il sera privé des schémas intellectuels grâce auxquels on peut se repérer dans l'univers social, politique et affectif, et qui permettent aussi, plus profondément, de s'humaniser.

C'est vous dire si je ne suis pas du tout certain que l'installation de portiques de sécurité dans les établissements, ou la suppression des allocations familiales pour les parents d'élèves absentéistes, auront le moindre effet dans la réalité. Si on veut enrayer la violence au collège, qui est bien réelle, il faut que les élèves — tous les élèves — parviennent à réussir quelque chose au cours de leur scolarité. Ne pas regarder cette réalité en face revient à perpétuer d'interminables situations d'échec qui finissent par rendre ces jeunes agressifs et violents.

Si je vous suis bien, la droite et la gauche auraient des responsabilités partagées dans ces échecs. Le traitement de l'illettrisme excéderait les clivages politiques ?

Absolument ! Rattacher la montée de l'illettrisme au pédagogisme et à la mondialisation revient à observer que la droite libérale, avec sa défense tous azimuts de l'univers consumériste, est au moins autant en cause que la gauche progressiste avec sa rénovation « pédagogo ». L'une et l'autre sont responsables, sinon objectivement complices, des maux qui gangrènent l'école depuis les années 90. Derrière la rénovation pédagogique, il n'y avait pas seulement les héritiers de 68, mais la plupart de nos libéraux. Sur ce point, les néorépublicains ont raison.

Voilà encore un aspect qui faisait de vous un ministre décalé puisque vous dérangiez, au fond, autant à droite qu'à gauche, Le Figaro *ne vous épargnant pas davantage que* Libé *ou* L'Huma. *À gauche, le directeur de cabinet de Jack Lang admettait vous avoir laissé une « grenade dégoupillée » avec l'affaire des emplois-jeunes, dont une bonne partie allait être supprimée à la rentrée suivante sans que rien ne soit prévu, sur quoi vous tentez de mettre en place un vrai statut de droit public pour les assistants d'éducation. Résultat : des députés socialistes déposeront 3 000 amendements, dont l'un proposait d'interdire à un ministre d'écrire un livre... À droite, votre propre ministre délégué, Xavier Darcos, tente de vous déconsidérer auprès des journalistes, certains députés UMP n'hésitant pas, pour leur part, à manifester leur irritation devant votre franc-parler. Que se passe-t-il dans ces cas-là ? On se dit que la meilleure façon d'être tranquille est de ne rien faire ?*

Pour ne rien vous cacher, je n'ai effectivement bénéficié, quand j'étais ministre, d'aucun soutien de la part de la droite. À quelques rares exceptions près, celle-ci a beaucoup de mal à comprendre les enjeux de l'éducation et elle ne s'y est d'ailleurs jamais vraiment intéressée, sauf sur un plan strictement budgétaire, pour supprimer des postes et des heures, comme on continue d'ailleurs de le faire. C'est peut-être ce qui m'a semblé le plus navrant dans mon expérience de politique, où il est incontestable que moins on en fait, mieux on se porte ! Le ministère de l'Éducation incite d'ailleurs à cela puisque 95 % du budget sert à régler les salaires. C'est dire si la marge de manœuvre restante est infime, mais ne pas la préserver, c'est en même temps contribuer à la disparition du politique derrière la comptabilité. À droite, nombreux étaient ceux qui souhaitaient me voir prendre cette pente-là, mais comme je n'avais aucune intention de faire carrière en politique, je croyais sans doute davantage en ma mission que les professionnels.

CE QU'APPRENDRE ET ENSEIGNER VEUT DIRE

Un enseignant pourrait cependant vous rétorquer qu'avec le pédagogisme, une sorte de percée réaliste s'est malgré tout opérée il y a trois décennies dans un contexte où, pour beaucoup d'élèves issus de milieux défavorisés, les méthodes traditionnelles ne fonctionnaient plus. Ce qui a porté cette percée, ce serait donc davantage le souci de sauver des élèves en perdition. À propos de ce qu'enseigner veut dire, on vous répliquera ensuite qu'en classe il s'agit moins de mettre l'élève au centre que de le connecter au cours : s'il ne suit pas, il faut aller le chercher. Et pour qu'il s'investisse dans le cours, il faut l'écouter. Que répondez-vous à ces objections ?

Je n'ai jamais dit ni pensé que les « pédagos » étaient des imbéciles. Philippe Meirieu, qui en est l'archétype, est au contraire un homme très intelligent. Simplement, l'idéologie pédagogiste, pleine de bonnes intentions, se révèle fausse. J'entends bien qu'il faille aller chercher les élèves — là, je rends en partie les armes. Quand on aime ses élèves, il faut parfois s'adapter et naviguer, comme on dit, avec les moyens du bord. D'ailleurs, si on mettait nos néorépublicains purs et durs dans une salle de collège aujourd'hui, il y a fort à parier que la plupart en ressortiraient en tutu ! Malgré tout, on peut revendiquer le droit d'apprécier les cours magistraux et, surtout, maintenir l'idée que les professeurs sont là pour élever les élèves, pas pour s'abaisser à leur niveau ; là pour transmettre des savoirs, non pour remplacer les assistantes sociales ou les parents défaillants. Je vous le disais, j'ai eu la chance d'avoir quelques « grands professeurs ». Or, que faisaient-ils ? Ils nous donnaient passionnément le goût de l'effort, car ils nous emmenaient vers des contrées dont nous n'avions même pas idée qu'elles existaient. Le grand professeur, c'est souvent le contraire d'un démocrate : c'est un individu charismatique dont nous n'aimerions peut-être pas les méthodes en politique...

Quelles sont au juste les principales idées fausses que vous reprochez au pédagogisme ?

J'en vois quatre. La première grande erreur, celle sur laquelle s'est élaborée toute la pédagogie moderne, a consisté à *survaloriser les méthodes dites actives*, l'idée étant que les enfants allaient s'autoconstruire. D'où toute une série de méthodes *a priori* sympathiques, ludiques ou innovantes, motivées par la conviction que les élèves pourraient tout découvrir et reconstruire par eux-mêmes et qu'ils ne maîtriseraient vraiment que ce qu'ils auraient « fabriqué ». Cette prétendue autoconstruction des savoirs (auto-dictées, travail sur les documents, « main à la pâte », etc.) recèle à mon avis un immense danger en ce qu'elle tend, sans s'en rendre compte, à détruire cette part d'héritage si précieuse quand on étudie la langue ou l'histoire. Que je sache, nul n'a inventé sa langue maternelle. Appliquez la créativité, l'imagination et la spontanéité, si chères à la rénovation pédagogique, à l'apprentissage de la langue, de la civilité ou de l'histoire : vous récolterez fautes d'orthographe et de grammaire, impolitesse flagrante et ignorance crasse. Les règles de grammaire, comme celles de la politesse, représentent un patrimoine, une transmission qui suppose de la part des enfants une certaine capacité de réceptivité, voire d'humilité. Quand les élèves se traitent de « sale bougnoule » ou de « sale Juif » dans la cour de récré comme s'il s'agissait de mots légers comme des plumes, comme on se traiterait d'imbécile ou de crétin, ils n'ont plus une seconde conscience de la charge historique dont ces invectives sont porteuses. L'autoconstruction des savoirs et des normes est une belle idée, mais c'est une idée fausse.

La deuxième erreur de la rénovation pédagogique a résidé dans la conviction qu'il faut d'abord séduire les élèves pour les faire travailler ensuite, les motiver dans un premier temps avec divers miroirs aux alouettes, pour que dans un second temps ils se mettent au travail. On s'est donc mis, dans les années 70, à fabriquer toutes sortes d'hameçons pour accrocher les élèves en difficulté comme on attrape des poissons — ce que j'appelle la *pédagogie de l'hameçon*. Il s'agit à mes yeux de l'illusion pédagogiste par excellence. On tente de « motiver » l'élève en abandonnant la pédagogie du travail au profit de la pédagogie du jeu ou de l'« éveil ». Là encore, ce n'est pas inintelligent *a priori*, mais cela ne marche pas. La vérité, en effet, est inverse : on ne s'intéresse jamais qu'à ce à quoi on a d'abord beaucoup travaillé. Aucune discipline n'est passionnante à première vue, et je ne connais aucun moyen de faire travailler un enfant sinon en employant un minimum d'autorité. Avec les miens, c'est la même chose : arrive un moment où je suis obligé d'éteindre les écrans, en élevant légèrement la voix s'il le faut, pour que mes filles aillent travailler les écrits. C'est à la longue, quand on commence à comprendre et à connaître l'histoire, la géographie, la biologie ou la physique,

que ces matières peuvent devenir intéressantes, et non pas *a priori*, sous prétexte qu'on aura fait guignol devant les enfants ! C'est toute l'idée républicaine qui fut ici remise en cause par le pédagogisme, la notion de travail étant en effet l'analogue, en pédagogie, du droit de vote sur le plan politique. Cette analogie est d'une profondeur abyssale. Pour clarifier les enjeux de cette discussion, il faut en effet rappeler que, dès le XVIIIe siècle, trois grands modèles pédagogiques étaient déjà philosophiquement en place, tous reliés à une option politique. Cela explique d'ailleurs l'extraordinaire agressivité qui, de nos jours, continue d'accompagner les débats sur l'école.

Le premier modèle, lié à la naissance des premières théories anarchistes, est celui de la pédagogie du *jeu*, par exemple les échecs pour enseigner les mathématiques. Deuxième modèle : la pédagogie du *dressage*, qui trouve son pendant politique dans l'absolutisme et la monarchie. Le troisième modèle — la pédagogie du *travail* — tente de réconcilier ces deux perspectives et d'en faire la synthèse. Ce troisième modèle est lié à la conception républicaine de la loi : quand nous la votons, nous sommes libres et actifs, mais une fois votée, la loi s'applique à nous et nous sommes dans la contrainte, dans la passivité. Ce modèle trouve donc son équivalent pédagogique dans la notion clé de travail : se confronter à la nécessité, s'attaquer *librement* à des obstacles qui ne viennent pas du maître, mais des choses et de la réalité mêmes. C'est tout le sens des « problèmes » que l'instituteur propose à ses élèves : il met devant eux des obstacles à leur mesure, des obstacles qu'il est fécond et formateur de surmonter. C'est en surmontant librement ces obstacles qu'on apprend, qu'on *s'élève* et qu'on se civilise. Dans le travail comme dans le vote d'une loi, nous sommes actifs et passifs, libres et contraints, et c'est cette tension qui est formatrice, qui élève l'enfant au rang de citoyen. La rénovation pédagogique a perdu cette dimension.

Par où l'on retrouve l'idéal républicain...

Cette pédagogie du travail, et non de l'épanouissement de soi, est même consubstantielle à cet idéal. Avec l'émergence de l'idéal républicain, on voit pour la première fois apparaître l'idée que l'homme qui ne travaille pas n'est pas seulement un homme pauvre parce qu'il n'a pas de revenus, mais qu'il est aussi un pauvre homme au sens où il ne se cultive pas, ne se civilise pas. À l'origine, cette conception émancipatrice du travail est donc inséparablement démocratique et républicaine.

Or, avec la récente et spectaculaire montée de l'individualisme dans les sociétés occidentales, l'essentiel n'est plus de se confronter à des normes collectives extérieures à soi et, à ce titre, proprement « imposantes », mais d'atteindre à l'expression de soi. *Be yourself !*, voilà, à peu de chose près, le seul impératif qui subsiste. Avec ces deux conséquences majeures, assez dramatiques sur le plan éducatif : d'une part le rejet de toute forme d'autorité, y compris celle du travail, au profit de l'hédonisme ; de l'autre le culte de la différence — si l'objectif est d'être soi, toute normativité collective, y compris celle des programmes, apparaît forcément comme une forme plus ou moins insidieuse d'aliénation. En quoi, là encore, la rénovation pédagogique était dans l'illusion idéologique.

La troisième erreur est directement liée à la seconde, à l'idée que la motivation ou l'intérêt doivent absolument précéder le travail. Comme je vous l'ai dit, c'est généralement l'inverse qui est vrai : on est motivé parce qu'on a travaillé, pas le contraire. En un mot, *le travail précède l'intérêt*. Tout le contraire, donc, de la logique de l'hameçon qui veut qu'on essaie d'abord d'appâter les gamins en se persuadant qu'on les fera travailler plus tard, une fois ferrés. Parce qu'on l'a oublié, on a vu apparaître — troisième erreur — une nouvelle mission morale, une vision dans laquelle le but de l'école n'est plus d'élever mais d'épanouir, ce qui est tout différent. Là encore, on voit à quel point la valorisation du travail est liée à l'idée républicaine et on comprend pourquoi l'enfant, à l'école, s'appelle un « élève », quelqu'un qui est invité à s'élever ou à se hisser jusqu'à la réalisation d'idéaux supérieurs. Le but : que chacun d'entre nous devienne *autre* que ce qu'il était au départ. Or c'est là, justement, ce que l'idéologie soixante-huitarde va dénoncer sous le nom d'aliénation : pour elle, l'objectif n'est plus de devenir autre (aliénation), mais de devenir soi. La révolution pédagogique vise à s'assurer que l'enfant devienne ce qu'il est. D'où une préférence marquée pour des dispositifs qui cultivent l'expression de soi plutôt que l'assimilation des héritages transmis, l'esprit critique plutôt que le respect des autorités, la spontanéité plutôt que la réceptivité, l'innovation plutôt que la tradition. Non que ces qualités soient négatives en soi, loin de là. Le problème vient de ce que c'est l'idée même de norme supérieure à l'individu ou de valeurs communes qui se trouve dénoncée, sans compter que cette approche tend à perpétuer les inégalités sociales en enfermant précisément les élèves dans ce qu'ils sont.

La dernière erreur est étroitement liée aux trois premières et elle réside dans le *jeunisme*, cette idéologie funeste selon laquelle grandir, devenir une « grande personne » pour parler comme le Petit Prince, serait un désastre. Cette conception va à l'encontre de l'idée même d'éducation qui, d'évidence, consiste d'abord et avant tout dans le passage de l'enfance à l'âge adulte, alors même que nous ne cessons, depuis des décennies, de river nos enfants à leur enfance. Comment, dans ces conditions, se passionner pour l'histoire, les langues ou la littérature ? Tout cela requiert une certaine discipline du corps et de l'esprit, une rigueur intellectuelle, un effort de réflexion, de concentration et de pensée. À moins, l'univers de la haute culture ne peut dévoiler sa richesse et son intérêt. Il devient inaccessible et même pire : il devient rebutant. Que les enfants se jettent alors sur la télévision est assez compréhensible, mais j'y vois un effet plutôt qu'une cause de la faillite de l'enseignement. Il faut au contraire inciter les enfants à renoncer au monde de Peter Pan, le petit garçon qui ne veut pas grandir, à comprendre que l'univers des adultes est peut-être plus riche, plus profond, plus intense et plus passionnant que celui des petits. La preuve : on ne devient pas un grand poète, un grand sportif ou un grand artiste à dix ans… Le jeunisme constitue la négation même de l'éducation.

SUIS-JE UN IDÉALISTE ?

Mais ne faut-il pas laisser s'exprimer, jusqu'à un certain point, cette spontanéité des élèves, au même titre d'ailleurs que la tradition qui parle en eux, de façon justement que le professeur puisse la troubler, l'interroger, la recadrer ou la modifier par le cours ?

Bien entendu, vous avez raison, et tout n'est évidemment pas faux dans la rénovation pédagogique. Simple affaire, au fond, de bon sens : il s'agit de savoir où placer le curseur. L'enseignement est un art, pas une science. Il suppose que l'on sache déceler le moment où l'on doit s'adapter, ralentir, amuser s'il le faut, mais aussi élever et faire travailler. C'est l'idéologie globale qui, en l'occurrence, est fausse. Jacques Lacan disait de l'inconscient : « ça parle en moi » et, nous l'évoquions à propos de la pensée 68, il l'avait lu dans *Les Déracinés* de Maurice Barrès, sans doute un des livres les plus marquants jamais écrits sur le conflit entre la pédagogie traditionnelle et la pédagogie républicaine. L'histoire que raconte Barrès est celle d'un professeur de philosophie de Nancy, kantien et robespierriste, qui va faire « monter » ses élèves à Paris, symbole de la culture universelle, en les invitant à s'arracher à leurs particularismes provinciaux. On est dans l'élévation républicaine, voire dans l'aliénation au sens où ce professeur invite ses élèves à devenir « autres » que ce qu'ils étaient au départ. Barrès, en bon penseur d'extrême droite, est évidemment hostile à cette pédagogie républicaine et il s'acharne à montrer que les jeunes gens qui s'arrachent à leur communauté d'origine vont, pour cette raison même, connaître des destins effroyables, à l'exception de ceux qui retourneront à leur bon vieux terroir... C'est au fond le conflit entre arrachement républicain universaliste et enracinement communautariste qui se voit remis en scène par les rénovateurs, lesquels se retrouvent curieusement du côté de Maurice Barrès, du côté du *Be yourself !*, de l'enracinement dans son milieu ou dans sa subjectivité. C'est précisément cela qui me gêne.

On vous reproche parfois d'être trop « idéaliste » dans votre conception de l'éducation. Cela vous agace ?

Non, pas du tout, je l'assume : la position idéaliste est, chez moi, un choix clairement réfléchi. On voit bien, y compris à travers la question de l'éducation, qu'il existe deux grandes traditions philosophiques : la tradition matérialiste et la tradition idéaliste. Elles ont leurs références propres. Du côté des matérialistes, on aura les sophistes et les épicuriens, Gassendi plutôt que Descartes, Spinoza plutôt que Leibniz, Marx et Nietzsche plutôt que Kant et Hegel. Du côté des idéalistes, en revanche, on trouvera Platon, Kant, Descartes ou Husserl. Si l'une de ces deux familles de pensée était plus vraie ou plus « réaliste » que l'autre, depuis le temps, cela se saurait !

Mon propos n'est pas, encore une fois, de faire gagner un Kant revisité : il est de comprendre pourquoi un certain nombre de gens de bonne foi, et largement aussi intelligents que moi, ont choisi de s'installer dans cette tradition matérialiste qui m'est si étrangère. D'où vient leur passion pour Spinoza, par exemple, que je ne parviens pas à lire tant il me semble à chaque phrase empêtré dans des contradictions performatives insurmontables, à commencer par celle qui consiste à nier librement la liberté ou à confondre le réel et le possible ? C'est à partir de cette interrogation que j'ai tenté de raconter l'histoire de la philosophie autrement, comme un dialogue sans cesse recommencé entre ces deux traditions. D'où cette notion de « pensée élargie » *(voir chapitre 10)* que j'ai commencé à élaborer dans *Apprendre à vivre* (2006), le livre que j'ai publié après avoir été ministre. J'ai toujours essayé de comprendre les idées que je ne partageais pas, comprendre pourquoi les uns habitent telle tradition et les autres non, au lieu de me dire : « Je vais casser la figure à mes adversaires, leur démontrer que j'ai raison et que mes arguments sont meilleurs ! »

Prenez l'*amor fati* chez Nietzsche, ce grand thème de la réconciliation avec le monde qui domine la sensibilité matérialiste et que l'on trouve déjà chez les stoïciens et chez Spinoza : comment sortir de ces « passions tristes » que sont la culpabilité et l'espérance, qui nous gâchent le présent et nous poussent à condamner la vie au nom d'un idéal passé ou futur ? À vrai dire, je crois que la tradition matérialiste est une merveilleuse illustration de ces moments de grâce que nous connaissons tous dans la vie, ces moments rares où nous avons l'impression d'être heureux, en harmonie avec l'ordre du monde, de ne pas être dans le labeur de sa transformation infinie. Je l'expliquais ainsi à ma fille : quand on plonge dans la mer pour regarder les poissons, on est plutôt dans l'*amor fati* et la béatitude spinoziste ; en revanche, quand on est ministre de l'Éducation nationale, on est plutôt dans la perspective de la volonté ou de la transformation du monde.

Ces deux espaces de pensée, le matérialisme et l'idéalisme, renvoient avant tout, à mes yeux, à deux expériences humaines, l'une et l'autre parfaitement justes. Du coup, cela conduit à raconter l'histoire de la philosophie de façon nouvelle et à sortir des deux approches habituellement pratiquées : d'un côté la vision synthétique et harmonique à la Hegel, de l'autre la vision conflictuelle et « contre-culturelle » qui consiste à voir dans l'histoire de la philosophie quelque chose comme la poursuite de la lutte des classes par d'autres moyens. Ces deux approches ne sont pas exemptes d'une certaine paranoïa. La notion de « pensée élargie », elle, me paraît mieux à même de faire justice à l'expérience philosophique entendue comme expérience humaine. Il est probable que certaines angoisses ou passions premières nous incitent à habiter un univers philosophique plutôt qu'un autre. Cela me paraît tout à fait légitime. Le vrai problème serait de savoir pourquoi ces divergences d'affects déchaînent tant de haine…

S'il fallait les énumérer en quelques propositions, quels sont à vos yeux les chantiers prioritaires sur lesquels tout ministre de l'Éducation devrait plancher aujourd'hui ?

Pour être honnête, les dossiers essentiels que j'avais inscrits à mon agenda n'ont pas changé, depuis, d'un iota : il y a l'illettrisme et la montée des incivilités, mais aussi la réhabilitation urgente de la voie professionnelle, la crise des vocations dans le secondaire et la lutte contre l'inflation des sorties sans diplôme. Sur ces quelques grands chantiers, il nous faudrait au moins cinq ans pour sortir de l'ornière. Or, le problème vient de ce que tous les gouvernements, de droite comme de gauche, perçoivent l'éducation comme un caillou dans leur chaussure : elle pèse lourd sur le plan budgétaire et comporte un risque d'embrasement politique permanent. Du coup, les ministres ne cessent de valser — quatre ministres depuis mon départ en 2004, ce qui est proprement démentiel et unique au monde ! Cette valse programmée est un désastre : non seulement elle conforte le sentiment que le « mammouth » est irréformable, mais elle interdit toute action de fond. Ainsi, le ministre qui arrive au mois de mai (comme ce fut le cas des cinq derniers), et dont la rentrée de septembre est déjà bouclée, ne peut-il entreprendre quoi que ce soit de substantiel pendant plus d'un an et demi. Or, cette période correspond à la durée de vie moyenne d'un ministre de l'Éducation sous la Vᵉ République — juste le temps qu'il faut pour ne rien faire !

L'autre problème tient au fait que chaque ministre affiche immanquablement son désir de mener *la* grande réforme — de l'école, du collège ou du lycée —, ce qui est à la fois absurde et infaisable. Ce n'est pas à la grande réforme qu'il faudrait s'atteler, mais à quatre ou cinq dossiers prioritaires, pris un par un, et sans agiter le spectre du grand chambardement qui, chaque fois, lève les oppositions syndicales et mobilise la nation contre le gouvernement. Enfin, il serait judicieux de ne pas obliger le ministre de l'Éducation, aussitôt ses fonctions prises, à procéder à des suppressions de postes qui rapportent en vérité des clopinettes en comparaison des dépenses qu'on fait par ailleurs de manière insensée, ce qui conduit invariablement le ministre à mettre le pied sur le râteau. Pour mémoire, sachez que la suppression de la publicité à la télévision coûte plus cher, cent fois plus cher que ce que rapportent à l'État les suppressions de postes. Trouvez-vous cela intelligent ? Trois mois après ma prise de fonctions, je fus ainsi littéralement plombé, qui plus est définitivement, par la suppression totalement absurde de 5 600 postes de surveillants. Matignon me l'a imposée et j'ai eu beau expliquer que cette mesure ne servait à rien, était même politiquement suicidaire, rien n'y fit : la décision me fut envoyée par courrier ! Aujourd'hui, après des années de droite au pouvoir, les déficits publics ont été multipliés par trois par rapport à l'époque où j'étais ministre. Quand je me souviens qu'on m'accusait en permanence de venir de la société civile et d'être un amateur…

Et s'il vous fallait formuler aujourd'hui quelques propositions très concrètes ?

Il faudrait d'urgence — comme j'avais commencé à le faire en grand, pour 75 000 élèves — dédoubler les classes de cours préparatoire dans toutes les écoles difficiles de France, celles qui ne parviennent pas à faire en sorte qu'au moins un élève sur deux sache convenablement lire à l'entrée en sixième. Cela permettrait à l'enseignant de diagnostiquer l'apparition du mal et d'y remédier aussitôt — et quand on sait que 80 % des enfants qui loupent le coche en CP n'apprennent jamais vraiment à lire, le jeu en vaut la chandelle. Cette réforme, que j'avais mise en œuvre, a malheureusement été annulée aussitôt après mon départ. C'est plus que dommage — c'est même insensé —, d'autant que ces groupes de dix à douze élèves en difficulté pouvaient être pris en charge par des assistants d'éducation, des emplois-jeunes placés sous le contrôle des maîtres, ce qui avait en outre l'immense avantage de ne coûter strictement rien.

Il y a quelque temps, je suis allé assister à la remise d'une Légion d'honneur où j'ai retrouvé certains de mes anciens recteurs, en fonctions lorsque j'étais ministre. L'un d'entre eux est venu me voir, l'air contrit, pour me dire qu'il avait un aveu à me faire : « Lorsque vous avez mis en place les dédoublements de CP, vous avez été trahi par la technostructure. Nous, les recteurs, n'avions pas beaucoup de temps ni forcément très envie de faire du zèle, alors nous avons triché : au lieu de dédoubler les classes de CP difficiles, nous avons compté comme CP dédoublés toutes les classes qui étaient naturellement à douze ou treize élèves, ce qui n'avait rien à voir avec votre projet puisque cela ne tombait pas sur des écoles en difficulté. Du coup, les statistiques ont été faussées, mais votre idée était la bonne. » Pour tout vous dire, cet aveu m'a fichu un coup, même si je n'en suis pas moins reconnaissant à ce recteur de m'avoir dit la vérité. Je sais maintenant que c'est bien cela qu'il fallait faire et j'espère qu'un de mes successeurs, un peu plus ambitieux que les autres, s'attaquera sérieusement au problème de l'illettrisme. Pour l'instant, rigoureusement rien n'est fait en ce sens, hormis l'expression de quelques vœux pieux…

Par ailleurs, certains élèves de collège ne sont plus « en difficulté » : ils sont en rupture de tout ! Et sur ce point, je suis convaincu qu'il n'est pas raisonnable de laisser des professeurs face à des classes impossibles à maîtriser tant elles sont hétérogènes et tant les niveaux diffèrent. Face à cette situation, la solution n'est évidemment pas de rétablir l'apprentissage à quatorze ans — une absurdité à tous égards —, mais de créer des classes en alternance dès la cinquième entre collèges et entreprises, collèges et lycées professionnels, et d'assortir ce dispositif d'une mesure consistant à créer des filières d'excellence dans la voie professionnelle — l'équivalent des grandes écoles ou des classes prépa. Et ce dans tous les métiers où la France excelle : construction navale, haute couture, restauration, automobile, logiciels de jeux, etc. Car ne soyons pas hypocrites : pour l'heure, c'est le plus souvent par défaut qu'on se résigne à inscrire son enfant dans un lycée professionnel. Il serait bon qu'un jeune qui entre dans un grand lycée de métiers sente presque physiquement qu'il peut aller loin, jusqu'à posséder un métier prestigieux qui lui permettra d'être reconnu et de bien gagner sa vie.

Outre le développement du tutorat, il faudrait enfin se donner les moyens de mettre en place une formule qui fonctionne fort bien en Angleterre : créer une « école des parents » en ouvrant des classes le soir afin de leur expliquer comment mieux aider leurs propres enfants. Une chose est sûre : dans son dernier rapport sur l'Éducation nationale, rendu public en mai 2010, la Cour des comptes diagnostiquait un écart effrayant — effrayant, car il se creuse chaque année — entre les moyens investis et les résultats obtenus.

Encore une fois, il ne s'agit pas, dans mon esprit, de revenir en arrière, mais de revaloriser l'éducation à la fois dans ses moyens (le geste éducatif consiste à transmettre un patrimoine qu'il faut acquérir par le travail) et dans sa finalité (l'accès à l'âge adulte). En matière éducative comme ailleurs, l'équation philosophique majeure reste la suivante : comment faire revivre la promesse d'émancipation portée par l'idée républicaine, mais en la réinstallant dans l'avenir, pas en la cantonnant dans la nostalgie d'un passé révolu.

QUELLE MARGE DE MANŒUVRE POUR UN MINISTRE ?

Pour toutes les raisons que nous venons d'évoquer — absence de continuité dans l'action, contraintes liées à la démocratie d'opinion relayée par la presse, etc. —, diriez-vous que le métier de politique est aujourd'hui l'un des plus difficiles au monde ? Quelles sont d'ailleurs les autres grandes contraintes qui vous lient les mains lorsque vous êtes aux affaires et qui, par voie de conséquence, fragilisent ce que vous appelez « la gouvernabilité des démocraties » ? Autrement dit, qu'est-ce que votre passage en politique vous a appris quant au vrai pouvoir dont dispose aujourd'hui un ministre ?

Que le métier de politique soit désormais un des plus difficiles au monde, cela me paraît évident. Les chefs d'entreprise, qui critiquent toujours les politiques pour leur manque de courage, ne se rendent pas compte que leur profession est complètement différente de la leur. D'abord, parce qu'on doit tenir compte en permanence de l'opinion — nous sommes dans un pays démocratique, pas en Chine. Ensuite, et pour en rester à l'Éducation nationale, mais cela vaut dans bien d'autres secteurs, on ne peut pas, comme dans une entreprise, « virer » qui que ce soit. Le ministre de l'Éducation doit s'occuper de tous les élèves, et il doit compter avec tous les professeurs, même avec ceux qui sont à Sud et qui lui crachent à la figure ou brûlent ses livres. Un patron, lui, peut s'en séparer, pas le ministre ! Il faut aussi compter avec les effets induits par cette mutation tendancielle de l'État en État-audimat. Première difficulté : les déformations permanentes véhiculées par les médias, lesquels disent parfois n'importe quoi — je n'ai, par exemple, jamais lu un article de *Libération* sur mon budget qui ne contienne au moins deux ou trois erreurs impardonnables —, et je ne parle pas ici de divergences d'idées, simplement de données factuelles.

Deux autres difficultés se profilent encore dans ce domaine : l'une tient au fait que, lorsque vous êtes attaqué par des rumeurs, il est généralement impossible de corriger le tir, tout démenti étant inutile, voire nuisible. En effet, diffuser un communiqué ne fait le plus souvent qu'amplifier la rumeur et mettre au courant ceux qui ne l'étaient pas encore et qui croient généralement savoir qu'il n'y a pas de fumée sans feu. Vous ne cessez alors de vous débattre dans des dilemmes : faut-il laisser dire ou céder au contraire à la pression de votre entourage qui tend à considérer que ne pas répliquer pourrait inciter à penser qu'on a quelque chose à cacher ? L'autre prolonge ce que je viens de dire sur la différence avec un chef d'entreprise. Le politique n'a aucune maîtrise sur « ses » troupes qui, d'une manière générale, lui sont plutôt hostiles. Imaginerait-on un ministre de l'Éducation nationale mettre à la porte ceux qu'il tiendrait, par exemple, pour de mauvais professeurs ou de médiocres employés ? Contrairement, là encore, à ce qui se passe dans le privé, plus on a de clients et moins ça marche ! Ce n'est pas parce qu'on a 12,5 millions d'élèves que cela marche mieux que si on en avait un million. Cela marche même beaucoup moins bien, en quoi la comparaison souvent prisée par la droite entre un proviseur et un patron s'avère aberrante.

Un ministre surexposé, photographié en permanence et obligé de rendre des comptes à chaque seconde, n'a donc pas les mains libres. Pour vous donner un ordre d'idée, j'ai calculé avoir fait en moyenne, pendant toute la durée de mon ministère, six interventions publiques par jour. J'entends par intervention publique une intervention où la presse est ou peut être présente — discours officiels, auditions à l'Assemblée, remises de médaille, émissions de radio ou de télévision, points presse, etc. À ce rythme, parvenir à ne pas lâcher une bêtise, serait-ce une seule fois dans la semaine, relève de l'exploit. Aussi n'y a-t-il rien d'étonnant, dans ces conditions, à ce que certains ministères fonctionnent comme des agences de publicité et que la vie politique tende à basculer dans la communication au point, parfois, de s'y réduire. Du coup, tout le monde y perd : la plupart des hommes politiques s'entourent d'une horde de conseillers presse et préfèrent parler la langue de bois plutôt que d'être sincères ou de s'exprimer sans notes — ce qui était mon cas —, au risque de faire des « bourdes », des couacs qui enthousiasment littéralement la presse et vous plongent dans la tourmente.

J'ai d'ailleurs quitté le ministère avec cette question qui, depuis, ne cesse de me préoccuper : comment faire en sorte que l'État-auxiliaire de la société civile ne se transforme pas — transformation que j'ai vécue presque physiquement au cours de ces deux années — en un État-audimat qui formate d'avance les comportements et les discours, gomme toutes les aspérités et rabaisse finalement la politique à la mise en scène d'actions plus ou moins fictives, pour ne pas dire à de la pure communication ?

À cet égard, certains ministères sont-ils plus exposés que d'autres ?

Oui, incontestablement. Quand on s'occupe des Affaires européennes, par exemple, ou même du quai d'Orsay, on n'a ni manifestants ni syndicats sur le dos, et tout se déroule plus ou moins dans l'ombre. Un secrétaire d'État au Tourisme ou au Sport peut travailler sans souci, sauf s'il les recherche lui-même parce qu'il veut à tout prix se mettre en scène. Pour ma part, j'avais à m'occuper de quatre ministères en un — l'Éducation, la

Recherche, l'Enseignement supérieur et la Jeunesse —, et ce à un moment particulièrement difficile parce que le président Jacques Chirac avait été élu contre Le Pen et que la gauche entendait bien se venger. Certains de mes prédécesseurs s'étaient vu attribuer l'Éducation et le Supérieur, ensemble, mais jamais la Jeunesse en plus. Or, le ministère de la Jeunesse couvre tous les centres d'éducation populaire et les centres de vacances, un monde dont les acteurs ne sont pas particulièrement réputés être des amis de la droite. On notera par exemple que la Jeunesse a occupé Martin Hirsch à plein temps.

Au-delà de la pression médiatique, revenons-en aux autres contraintes auxquelles un ministre est confronté dans sa pratique quotidienne. Je songe à cette expérience douloureuse de l'impuissance publique en liaison, notamment, avec les contraintes budgétaires…

Les contraintes budgétaires sont énormes. En vérité, elles sont les premières à plomber l'action d'un ministre dans un gouvernement de droite. À gauche, c'est tout différent. Jack Lang disposait par exemple d'un plan pluriannuel de créations de postes dont j'aurais rêvé : avec un tel plan, j'aurais pu faire tout ce que je voulais sans pousser quiconque à descendre manifester dans la rue. Dès que le Premier ministre m'a appris qu'il me faudrait supprimer 5 600 postes, j'ai compris que j'étais mort. Il m'a laissé le choix entre supprimer des postes de professeurs (ce à quoi je me suis refusé) ou des postes de surveillants (mesure absurde dans un gouvernement qui entendait faire de la sécurité et de l'autorité ses points forts). Cela n'a pas manqué et, dès le mois de juillet, j'étais carbonisé. Tout cela pour des économies de bout de chandelle… C'était totalement imbécile : on économisait 150 millions d'euros à peine, sur un budget de 66 milliards, ce qui ne représentait rien, alors que si on m'avait laissé faire, j'aurais pu réaliser quinze fois plus d'économies pendant la troisième ou la quatrième année, sans fâcher quiconque ni abîmer le système. Mais le court-termisme et l'affichage primaient sur tout. On a supprimé des emplois-jeunes à tour de bras, par pure idéologie. Je l'ai dit au ministre du Budget, Alain Lambert : « Tu verras, je te parie qu'on les remettra en place sous peu », et, de fait, le « plan Borloo » a rétabli les emplois-jeunes qu'on avait supprimés : on a fait descendre des centaines de milliers de gens dans la rue et j'ai perdu mon poste — tout cela pour rien. Comme je vous l'ai dit, j'ai compris à ce moment-là que les grands « professionnels » de la politique pouvaient aussi être nuls et que tout se jouait dans la communication, l'affichage, l'idéologie. Encore une fois, ouvrons les yeux : nous avons explosé tous les déficits publics comme jamais dans l'histoire de France en temps de paix, l'école va plus mal que jamais, les banlieues aussi, et cela fait des décennies que la droite est au pouvoir ! Ah oui, ils ont du métier, les professionnels, eux au moins ne viennent pas de la société civile. Mais je vais vous dire : c'est bien dommage…

En deux mots, quel bilan l'agrégé de science politique que vous êtes tire-t-il de ces deux années de pratique réelle de la politique ? Y verriez-vous une expérience presque aussi décisive, dans votre itinéraire, que celle de la paternité ?

Somme toute, je me dis pour me consoler, à titre purement égoïste, que j'aurai quitté mon ministère avec une cote d'opinions favorables supérieure à 50 %, ce qui, compte tenu des difficultés que j'ai connues, n'était pas si mal. Beaucoup de gens ont, je crois, compris que j'avais fait de mon mieux, mais que je m'étais heurté à la résistance des « grands professionnels ». S'il y avait eu un championnat du monde de marche arrière sous la présidence de Jacques Chirac, nous l'aurions certainement gagné ! La couardise et la démagogie étaient une règle absolue de gouvernance et une partie du public a compris que je n'avais pas joué dans ce registre-là. Cela dit, je n'ai ni remords ni regrets. Sur le monde tel qu'il va, je crois savoir mille fois plus de choses qu'en entrant. J'ai géré pendant deux ans le plus gros budget de l'État, et moi qui étais à peine capable de faire ma déclaration d'impôts tout seul, j'ai appris davantage sur la mondialisation et l'économie que je n'en aurai appris en vingt ans d'études. Reste que mon but n'était pas de me former, ni de sortir en bon état, mais de faire avancer les choses, et de ce point de vue ce fut quand même un échec. Du reste, c'est aussi le cas pour l'ensemble de mes successeurs qui n'ont rien fait non plus de bien significatif. C'est ce qui me désole le plus.

DU MINISTÈRE À *APPRENDRE À VIVRE* (2006) : LA TRAVERSÉE DU DÉSERT

*Entre votre départ du ministère en 2004 et le merveilleux succès d'*Apprendre à vivre *en 2006, il s'écoule deux ans. Comment avez-vous vécu cette période ? L'atterrissage ne doit pas être facile. On me dit que vous avez alors vécu cette phase comme une « traversée du désert ». Et elles sont souvent fructueuses, on le sait bien, ces traversées-là…*

J'avais, en effet, presque tout perdu. N'étant pas un héritier, je n'avais pas d'appartement à moi. Nous avons donc dû en trouver un de toute urgence. Marie-Caroline, pourtant bien plus atteinte que moi — étant ministre, je pouvais encore agir et rebondir, pas elle —, fut tout à fait admirable. C'est là qu'on voit si quelqu'un vous aime pour de bon. Elle a maintenu la famille à bout de bras, avec gaieté et efficacité, mettant le bonheur où et quand il le fallait. En ce qui me concerne, je n'avais plus de métier, plus de voiture et plus de statut, sinon celui d'écrivain dont je ne savais pas si le passage au ministère ne l'avait pas anéanti, non pas dans mon esprit, mais dans celui du public : politique et philosophe, cela ne fait pas forcément bon ménage. J'avais mille choses à dire et à écrire, j'avais même énormément appris et progressé, mais je ne savais pas si j'étais encore audible.

Je ne me plains nullement : celui qui n'aime pas l'eau n'a pas à se faire marin. Ce fut même, je dois dire, une expérience presque aussi intéressante que celle du ministère lui-même. Un de mes éditeurs m'a dit alors, par souci de vérité, que je serais définitivement enterré et marginalisé, que la chose n'était pas rattrapable, qu'il valait mieux que je le sache et que je m'y prépare. Beaucoup de ceux qui venaient dîner au ministère avec bonheur et qui prétendaient m'adorer quand j'étais aux affaires disparaissaient d'un seul coup des écrans… Malgré de nombreuses lettres de soutien, nous étions absolument seuls. Vous me direz que j'étais toujours professeur des universités, que je possédais donc un filet de sécurité. En réalité, je ne pouvais plus mettre les pieds dans une faculté sans voir arriver l'inévitable cortège de Sud et autres excités qui voulaient à tout prix me mettre dehors *manu militari*, comme si j'étais un fasciste. Sachez que pendant toute l'année 2005, je n'ai pas pu faire une seule conférence publique : toutes étaient interrompues par des guignols armés de barres de fer ou de bâtons. C'est fou, mais c'est la vérité. La philosophe Monique Canto-Sperber, directrice de l'École normale supérieure, peut en témoigner, de même que les libraires de Rennes qui ont dû m'exfiltrer par des portes dérobées pour que j'échappe à une foule de gauchos en délire. Alors à Jussieu, mon université, je n'aurais pas pu faire trois mètres…

Avant le ministère, j'étais président du Conseil national des programmes et chroniqueur au *Point*. En sortant, j'avais perdu ces deux attaches. Il ne me restait rien. Et Franz-Olivier Giesbert, le patron du *Point*, qui m'avait promis de me réintégrer dès que je sortirais, n'a tout simplement pas tenu sa promesse. Il me l'avait pourtant promis juré, y compris sur le plateau de « Vivement dimanche», l'émission de Michel Drucker, où FOG était intervenu sur le thème : «On garde ta place au chaud...» En un mot, je n'avais plus de place dans la cité. Jean-Pierre Raffarin m'a proposé un poste d'ambassadeur que j'ai refusé à cause du devoir de réserve : je n'aurais plus pu écrire d'essais sans avoir l'imprimatur et cela m'était impossible. Il m'a fait entrer au Conseil économique et social, puis il m'a nommé à la tête du Conseil d'analyse de la société (CAS), un *think tank* que je préside toujours et qui m'a permis d'être détaché de l'université. J'ai fait de mon mieux au sein de ces deux institutions, puis je me suis remis à écrire.

Un éditeur, Olivier Orban, croyait encore en moi et je lui en sais immensément gré. Pendant deux ans, j'ai donc fait le dos rond et travaillé d'arrache-pied à mes livres. Un jour, Alain Duhamel et Jean-Pierre Elkabbach, que je connaissais à peine, m'ont invité à déjeuner au Récamier. Ils voulaient que je leur raconte un peu toute cette histoire — un déjeuner sympathique et amical. Alain Duhamel, je crois, a suggéré l'idée que je prenne la place de Claude Imbert, sur LCI, dans l'émission qui l'opposait chaque semaine à Jacques Julliard, animée par Jean-François Rabilloud. Il croyait savoir que Claude Imbert souhaitait quitter l'émission pour des raisons personnelles et qu'il cherchait quelqu'un pour le remplacer. C'est ainsi que je me suis retrouvé face à Jacques Julliard. Notre entente n'était pas gagnée, loin de là. Ce fut une divine surprise pour moi, et peut-être aussi pour lui. Et nous sommes devenus des amis, par-delà des désaccords politiques bien réels. Avec son incomparable talent et l'humilité des vrais intelligents, Jean-François Rabilloud y fut pour beaucoup. L'émission avait du succès. Elle me remit assez vite en piste et m'évita de décrocher.

Dans le même temps, je travaillais à l'écriture d'*Apprendre à vivre*, conçu à partir de cours que j'avais donnés à toute la famille de Villepin, à la demande de Dominique, alors que nous nous trouvions en vacances ensemble, un an plus tôt. C'est sans doute l'un de mes meilleurs livres, et il s'est vendu, en France, à plus de 400 000 exemplaires. Cela m'a permis de revivre, et surtout de rester indépendant. Puis, pendant la campagne pour l'élection présidentielle de 2007, Nicolas Sarkozy m'a gentiment proposé de revenir, le cas échéant, au gouvernement, en tant que ministre des Universités. Il m'a ensuite proposé, je vous l'ai dit, de figurer sur la liste UMP aux élections européennes puis, tout récemment, de me renouveler au Conseil économique et social. J'ai tout refusé : je ne suis pas un assisté et je ne demande rien à personne, surtout pas de faux postes ni des missions « bidons ». Or, à mes yeux, devenir député européen ne sert à peu près à rien, sinon à être grassement payé. Certes, il y a toujours des exceptions, des parlementaires qui travaillent et qui y croient. Mais globalement, il s'agit à mes yeux d'une gigantesque perte de temps puisqu'on n'est vraiment ni dans la pensée ni dans l'action — c'est à peine plus utile que de siéger au Conseil économique et social.

Au Conseil d'analyse de la société, en revanche, nous avons accompli un travail vraiment utile puisque nous avons conçu, à la demande de Nicolas Sarkozy, le service civique volontaire*, un petit miracle républicain que Martin Hirsch a mis ensuite en musique. Nous avons également réalisé un travail important sur les pompiers volontaires, puis sur la représentation des associations. Tout cela se fait à bas bruit et ne coûte pratiquement rien à l'État, mais débouche sur des résultats concrets et opérationnels.

* Voir l'ouvrage collectif, publié sous la direction de Luc Ferry : *Pour un service civique. Rapport au président de la République*, publié en 2008 aux éditions Odile Jacob, dans la collection « Penser la société ». Cette collection accueille des essais et études écrits par des membres du Conseil d'analyse de la société (universitaires, chercheurs, artistes, membres de la société civile) ou par des auteurs sollicités sur divers sujets en débat, des enjeux bioéthiques aux défis du développement durable, de l'éducation ou de la mondialisation, en passant par les transformations de la famille moderne et les nouvelles technologies.

7

L'humanité de l'homme après Auschwitz : le défi humaniste et ses ennemis

ALEXANDRA LAIGNEL-LAVASTINE — *Revenons sur la question qui, de livre en livre, traverse comme un fil rouge votre réflexion philosophique. Que votre regard se porte sur l'histoire du XXe siècle, sur les totalitarismes, sur les enjeux de l'éducation, de la démocratie ou de la laïcité, sur les questions existentielles ou sur la « vie bonne », il y a chez vous cette interrogation, sans cesse reprise, approfondie et réaménagée sur ce qui fait le propre de l'humain comme tel. Comment se pose-t-elle à vous et pourquoi, au fond, vous tient-elle à ce point à cœur ?*

LUC FERRY — Permettez-moi d'abord de replacer cette question dans le contexte intellectuel où j'ai commencé à y réfléchir. Je serai bref car nous l'avons déjà en partie évoqué. Ce moment, celui des sixties philosophantes, était dominé par la philosophie de la déconstruction (dans le sillage de Heidegger et Nietzsche), laquelle dénonçait l'illusion d'un sujet libre. Dans cette optique, vous aviez à votre disposition toute une pléiade de discours nietzschéens, heideggériens, freudo-lacaniens, néomarxistes, voire néodarwiniens pour vous expliquer que le libre arbitre est une illusion de la conscience occidentale relevant du « phalo-logo-centrisme » (Derrida). Dans tous les cas, l'humanisme « bêlant », comme disait Foucault contre Sartre, était considéré, soit comme une idéologie petite-bourgeoise, soit comme l'illusion suprême de la métaphysique occidentale.

D'où ce problème de taille que les représentants français de ces courants suspicieux venus d'Allemagne, mais curieusement affadis et radicalisés en France (il faut bien avouer qu'Althusser est moins intéressant que Marx, Foucault que Nietzsche, Lacan que Freud, etc.), prennent de plein fouet avec la publication de *La Pensée 68* : quel statut accorder au sujet *après sa déconstruction* ? Si l'idée de sujet est un mythe et l'humanisme un « obstacle », pour reprendre le terme de Jean-François Lyotard, comment va-t-on s'y prendre pour penser et défendre les droits de l'homme, une notion dont les mêmes se plaisaient, depuis plus de deux décennies, à proclamer le caractère idéologique, illusoire et « dépassé » ?

Ce porte-à-faux était devenu d'autant plus intenable qu'à cette époque, à Varsovie, Prague ou Budapest, voire à Moscou, les dissidents se réclamaient desdits droits de l'homme, parfois au péril de leur vie. Et qu'un Derrida, un Foucault ou un Bourdieu (qui consacre en 1986 un numéro spécial des *Actes de la recherche en sciences sociales* à Solidarnosc) avaient fini par se résoudre, tant bien que mal, à les soutenir. Or, pour que la notion de droits de l'homme ait un sens et puisse exercer sa fonction critique à l'égard du pouvoir établi, il fallait bien que ces droits fussent pensés par rapport à une certaine idée de l'humain — susceptible de constituer une valeur supérieure à toutes les déterminations imprimées par l'époque, l'inconscient, les pulsions, l'histoire de l'Être, l'appartenance de classe, et ainsi de suite. Pendant que ceux qui sortaient du totalitarisme en dénonçaient les horreurs au nom d'une sacralisation de l'humain, les stars de la pensée française chantaient sur tous les tons l'air de la « mort de l'homme ». Cela ne tournait franchement pas rond. Foucault s'est même offert le ridicule de soutenir la révolution islamiste iranienne, tellement séduisante puisqu'elle n'avait rien à voir avec notre démocratie moisie. Il ajoutait, comble du grotesque, qu'après avoir bien étudié la situation, nous pouvions être rassurés : les événements de Téhéran ne se réclamaient pas des droits de l'homme ! Une chose est sûre : le décalage était complet avec ce qui se jouait à l'Est, si bien que nos déconstructeurs firent tout pour opérer un virage à 180 degrés afin d'apparaître comme des antitotalitaires. Il suffisait de faire croire aux opposants que la critique de la métaphysique et celle du totalitarisme coïncidaient, ce que Jacques Derrida réussit, du reste, assez bien à faire passer dans les pays de l'Est. Là encore, il s'agissait d'une pure imposture : Derrida était en France un compagnon de route du PC, mais en Pologne, où on ignorait tout de ce qui se passait réellement chez nous, on le prenait pour un philosophe de la dissidence ! Ces intellectuels jouaient admirablement sur les deux tableaux et notre livre, *La Pensée 68*, vendit la mèche…

Entre la fin des années 70 et le début des années 80, l'apparition de mouvements d'opposition démocratique en Europe de l'Est (la Charte 77 en Tchécoslovaquie, le Comité de défense des ouvriers, puis Solidarnosc en Pologne) incitait donc plusieurs revues, dont *Esprit* ou *Libre*, à engager une sérieuse réflexion sur la portée antitotalitaire de la référence aux droits de l'homme. En 1980, dans un article qui fit date, précisément intitulé « Droits de l'homme et politique », Claude Lefort mettait carrément les pieds dans le plat. Il s'érigeait en effet contre la lecture que Marx, dans *La Question juive*, avait faite des principes de 1789, réduits à n'être qu'une « superstructure du monde bourgeois » et une simple fiction formelle destinée à masquer les réalités de l'exploitation de l'homme par l'homme. Contre Marx, Claude Lefort, qui venait du trotskisme, expliquait pourquoi le discours des droits de l'homme n'était pas réductible à l'esprit de la « société bourgeoise » et en quoi de tels droits s'avéraient au contraire « constitutifs de l'espace social démocratique ». Il montrait, en s'inspirant de Maurice Merleau-Ponty et de son concept d'« écart », que l'humanisme abstrait supposait une capacité d'abstraction par rapport aux communautarismes, que l'homme avait des droits *abstraction faite* de ses enracinements communautaires. Son article était juste. Il rejoignait en tout point ce que je pensais moi-même depuis longtemps, mais lui venait de l'extrême gauche, moi pas, et cela supposait de sa part un bel effort d'honnêteté et de cohérence intellectuelles. Bien entendu, personne, hormis quelques proches des revues *Libre* et *Esprit*, ne prêta la moindre attention à ce texte capital. On préférait suivre les circonvolutions des stars de l'époque…

Si le statut politique du « sujet » renvoie inévitablement aux droits de l'homme, à quoi renvoie-t-il au plan philosophique ? Ou pour le formuler autrement : en quoi une philosophie humaniste est-elle nécessairement une philosophie du sujet ?

À vrai dire, vous posez là l'immense question de l'autoréflexion. En effet, chaque fois que nous portons un jugement de valeur, nous sommes bien obligés, que nous le voulions ou non, si du moins nous réfléchissons à nos propres actes de pensée (autoréflexion), de mobiliser une référence au sujet qui n'a guère de place dans l'univers de l'antihumanisme déconstructif. Quand nous développons une argumentation morale, politique ou esthétique, nous présentons nos choix ou nos idées comme imputables à notre subjectivité libre. On peut toujours prétendre qu'il s'agit d'une illusion, mais comme elle est inévitable, il faut bien se poser un jour ou l'autre la question de savoir quel pourrait être le statut de cette nécessaire illusion. Autre exemple : la question du mal. Il n'est possible de la poser que dans une perspective où l'on admet la réalité d'un sujet libre, d'une volonté qui en est en quelque façon la source et qui peut « répondre » de ce qu'elle choisit et décide. Gilles Deleuze, rejoignant le thème nietzschéen de *l'amor fati* (du « oui » à la vie), avance que l'éthique, entendue en un sens normatif ou kantien, est une absurdité : seule existerait une éthologie, une étude en quelque sorte « objective » et non normative des mœurs humaines, comme on étudie celles de lions, des souris ou des girafes. Pourtant, quand Deleuze me traitait de « petit con », c'est bien un jugement de valeur qu'il assumait là. Comme le premier kantien venu, il se croyait donc libre de juger et m'imputait à moi aussi la même liberté. On ne traite pas un lion de salaud, mais Hitler si.

Voilà pourquoi, dès cette époque, ma principale interrogation philosophique, celle qui me paraît alors la plus brûlante, est la suivante : comment repenser un humanisme plausible après sa déconstruction au vitriol ? Il est clair que l'humanisme traditionnel et naïf a vécu, celui qui faisait métaphysiquement du sujet, du *cogito*, une entité close, absolue et sans inconscient, transparente à elle-même et toute-puissante, susceptible de prétendre à la domination de toute chose. Il est clair aussi que le premier humanisme républicain avait encouragé de toutes ses forces la colonisation et le mépris des peuples qu'il jugeait « primitifs ». Ce constat oblige-t-il pour autant à jeter toute référence au sujet par-dessus bord et, avec lui, les droits de l'homme ou l'idéal d'autonomie ? Et dans le cas contraire, comment repenser un humanisme non métaphysique ? Tout mon effort philosophique vise alors à résoudre cette équation et il me faudra plus de vingt ans pour articuler une authentique réponse, notamment à partir de ce que j'appellerai, dans *La Révolution de l'amour* (2010), le « deuxième humanisme ».

LES PROMESSES TRAHIES DE LA MODERNITÉ : HANNAH ARENDT

Avant d'en arriver là, laissons un instant les « philo-sophistes » de 68 et prenons quelques penseurs plus substantiels. Que faites-vous de la critique du subjectivisme moderne — l'homme érigé en « maître et possesseur de la nature » —, telle que la formule Hannah Arendt dans le cadre de sa critique de la modernité ? Une critique énoncée d'un point de vue humaniste (fidèle aux Lumières) et qui se veut en même temps instruite par les catastrophes politiques du XX*e siècle, d'où une double proximité avec vous. Dans une perspective démocrate et universaliste, Arendt fait en effet valoir que si le subjectivisme moderne repose sur une affirmation sans précédent des pouvoirs de l'homme, il finit par conduire à une déshumanisation ou à un étiolement de ses facultés les plus hautes dans la mesure même où il favorise la perte du monde commun* via *la tendance à l'isolement (*loneliness*), au repli sur soi, à la perte du sens du réel et, finalement, au plus extrême conformisme.*

*L'humanisme moderne, inséparable aux yeux d'Arendt d'une mentalité technicienne et utilitaire (dans son versant pratique), se retournerait donc en son contraire. Que ce soit sous la forme d'une société dominée par la mentalité fabricatrice, selon laquelle les choses ne sont que des moyens par rapport à une fin posée par l'homme (*homo faber*), ou que ce soit sous la forme d'une société de consommation qui perçoit toute chose comme un objet à consommer (*animal laborans*) — dans les deux cas, soutient Arendt, l'homme perd sa capacité à penser, à agir et à juger par lui-même dans la mesure même où il perd la capacité de se rapporter aux choses pour elles-mêmes et dans leur singularité. Comment intégrez-vous cette critique ?*

Nous avons affaire, avec Hannah Arendt, à une critique *interne* de la modernité. En effet, sa critique de la société libérale et consumériste ne s'opère pas au nom d'un ailleurs radical et sublime, mais au nom des promesses trahies de l'univers démocratique, ce qui n'est pas le cas chez Heidegger dont la lecture unidimensionnelle des Temps modernes débouche sur une critique de la démocratie comme telle. Jusque-là, nous sommes donc d'accord. Toutefois, la façon dont Arendt tend à interpréter le nazisme comme une sorte de victoire lointaine de l'*homo faber* ou de l'*animal laborans* — la victoire d'une idéologie qui repose sur une instrumentalisation de toute chose et sur une appréhension de la nature comme simple matériau — m'a toujours paru fausse. Autant cette lecture du totalitarisme comme comble de la métaphysique est pour une part justifiée pour décrire le stalinisme, où se déploie quelque chose comme le devenir-monde d'une subjectivité devenue folle, autant elle ne me semble pas pouvoir s'appliquer au nazisme.

De fait, le totalitarisme nazi demeure très largement habité par une volonté de restauration. En dépit de ses composantes techniciennes — la mobilisation générale, la figure de l'*Arbeiter*, la dimension industrielle de la Shoah, etc. —, le nazisme reste foncièrement animé par la volonté romantique d'un « retour à » l'origine, à la pureté, à l'âge d'or de la germanité pure. Et il est aussi, à maints égards, hostile à une modernisation économique perçue comme destructrice des caractères ethniques particuliers aussi bien que de la nature originelle, comme l'atteste bien l'écologie nazie des années 30.

La critique arendtienne de l'idée de sujet, dénoncée comme source lointaine du totalitarisme, relèverait donc, selon vous, d'une erreur de perspective ?

Assurément, d'autant qu'à pousser sa logique un peu plus loin, comme n'ont pas hésité à le faire certains disciples de Heidegger, on en arrive à la conclusion que le nazisme n'aurait péché que par excès d'humanisme, ce qui est extravagant. Voilà aussi pourquoi je n'ai jamais été séduit par la thèse de la « banalité du mal » que développe Hannah Arendt à propos du cas d'Adolf Eichmann. J'ai au contraire toujours été convaincu que ces criminels-là savaient parfaitement ce qu'ils faisaient. Sous l'apparence d'un problème technique ou bureaucratique, l'extermination des Juifs apparaissait bien aux nazis pour ce qu'elle était : une quintessence du mal absolu. En tendant à faire du nazisme l'une des variantes de la métaphysique de la subjectivité, fût-elle la pire, il me semble qu'Arendt court paradoxalement le risque de le banaliser, même si elle n'alla jamais aussi loin que Heidegger qui assimilait brutalement, quant au fond, le totalitarisme stalinien et le libéralisme américain. Hannah Arendt reproche justement aux idéologies totalitaires de réifier l'homme et d'annuler en lui toute possibilité d'« action » en le réduisant à un simple jouet de la nature (sa race) ou de l'histoire (sa classe).

Tandis que le libéralisme sanctifie plutôt le présent et le stalinisme l'avenir radieux, le nazisme est clairement porté par une volonté de retour en arrière. D'ailleurs, Heidegger avait sur ce point raison quand il voyait dans le régime nazi, non pas le comble de la technique, mais plutôt une réaction antitechnicienne qu'il opposait à ces deux autres figures du règne de la subjectivité qu'étaient à ses yeux le bolchevisme et le libéralisme, renvoyés dos à dos. On oublie trop souvent que les mouvements réactionnaires sont par définition des mouvements modernes, sans quoi ils ne seraient pas réactionnaires. L'idée d'un « retour à » — à la tradition, à la pureté de la race, etc. — est une idée éminemment moderne, car quand on est dans la tradition, on n'y retourne pas ! En un mot, je ne crois pas que les supermarchés et la police politique menacent au même degré notre inscription dans « un monde commun », humain et pluriel. Ce n'est pas simplement affaire de goût et Hannah Arendt ne s'y était pas trompée, contrairement à Heidegger, puisqu'elle n'alla jamais jusqu'à assimiler les méfaits des totalitarismes aux effets pervers d'une société occidentale dont la formidable complexité permet des espaces de liberté que rien n'autorise à considérer comme les résidus d'un univers en déclin.

DE LA PHILOSOPHIE DU SUJET À LA BARBARIE ? L'ÉCOLE DE FRANCFORT

Vous êtes un fin connaisseur de l'École de Francfort, un courant fondé au début des années 30 par Max Horkheimer, qui réunissait des intellectuels d'inspiration marxiste aussi divers qu'Erich Fromm, Herbert Marcuse ou Walter Benjamin. Vous avez même participé à la traduction de Théorie critique *d'Horkheimer dans l'importante collection « Critique de la politique » que dirige Miguel Abensour chez Payot. Or on trouve aussi chez les théoriciens de l'École de Francfort l'idée que la promotion d'une subjectivité autonome et autofondatrice va contribuer à embarquer la modernité vers le pire (le nazisme) en assurant l'empire d'une rationalité entièrement centrée sur le critère de l'efficience, une rationalité qui considère qu'il n'est rien dont elle ne puisse, en droit ou en fait, venir à bout. Vous opposez à cette thèse les mêmes objections qu'à l'interprétation de Hannah Arendt ?*

On trouve incontestablement, chez les penseurs de l'École de Francfort, notamment chez celui que j'ai le plus traduit en français, Max Horkheimer, la conviction que la domination de la raison instrumentale — cette raison qui regarde toute chose comme un moyen et qui ne se soucie jamais des « objectifs », des finalités — débouchera *in fine* sur la déshumanisation et la barbarie, avec cette conviction que l'homme peut désormais tout faire à l'homme. D'où la tâche que s'assigne la théorie critique après le traumatisme de la Shoah : comprendre comment, au gré de quelle « dialectique des Lumières », la raison, d'émancipatrice qu'elle est par essence, a pu devenir, au sein d'un monde totalement réglé et « administré », l'instrument même de l'aliénation (technocratie) et de l'oppression (bureaucratie). Après le génocide des Juifs d'Europe par les nazis, cette lecture se radicalise : Adorno et Horkheimer inscrivent désormais l'inhumanité et la barbarie dans la rationalité elle-même, comme ses prolongements inévitables, et tendent à considérer les deux totalitarismes comme de simples outrances dans le processus de rationalisation totale. Selon cette perspective, c'est l'ensemble du processus de rationalisation, quel que soit le régime, démocratique ou pas, qui, en son achèvement, porterait en lui la mort de l'individu autonome dans l'avènement du « monde administré » (*Verwaltete Welt*). L'oppression ne leur apparaît donc plus comme le fait d'une seule figure de la raison — la raison instrumentale —, à critiquer par la raison elle-même et à dépasser par un surcroît de raison objective, mais bien comme *le fait même de la raison.*

Par là, l'École de Francfort maintient d'ailleurs une proximité avec la critique heideggérienne du « monde de la technique »...

Oui, tout à fait. Par sa mise en cause totale d'un univers de part en part rationalisé, cette vision reste indubitablement proche de celle des heideggériens. Elle ne s'en distancie guère que par sa formulation dans une veine néomarxiste. La lecture de Heidegger conduit en effet à dénoncer la vision « dominatrice » du monde qui, selon lui, trouve son apogée avec les Lumières et la volonté d'inspiration cartésienne de se rendre comme maître et possesseur de la nature. Si l'univers est calculable et prévisible sur le plan théorique, s'il apparaît donc manipulable et exploitable à merci sur le plan pratique, cela signifie que l'homme moderne en est venu à considérer que le monde entier lui appartient, que tout peut y devenir un moyen pour les fins d'une subjectivité au pouvoir virtuellement illimité.

*Paradoxalement, cette manière de faire des Lumières, du règne du Sujet ou de la Raison, l'origine lointaine de l'oppression totalitaire se retrouvera plusieurs décennies plus tard dans les thèses avancées par certains protagonistes de l'*Historikerstreit, *« la querelle des historiens allemands » à laquelle vous vous êtes beaucoup intéressé et qui, à la fin des années 80, a cristallisé les questions que l'Allemagne se posait sur elle-même et sur sa place en Europe. Je pense notamment à l'historien Michael Stürmer, de sensibilité plutôt nationaliste. Paradoxe, donc, puisque les vues plutôt « banalisantes » de Stürmer et d'autres concernant la Shoah sont évidemment à l'opposé de celles d'un Adorno ou d'un Horkheimer. La mise en cause des Lumières, par contre, figure également au cœur de son argumentation…*

Oui, et celle-ci est tout à fait révélatrice à cet égard même si, dans le cadre de l'*Historikerstreit*, la controverse de 1987 sur la singularité de l'extermination des Juifs par le régime nazi, cette argumentation procédait surtout d'un souci stratégique, comme je l'ai montré dans ma préface à *Devant l'Histoire* (1988), l'édition française de cette polémique. Que soutient, en effet, Michael Stürmer en 1987 ? Il suggère que c'est bien la modernité, en tant qu'elle se caractérise par l'anéantissement progressif de toute tradition, qui a rendu « pensable l'impensable », au point de faire de la barbarie un système de gouvernement. Le raisonnement était, en gros, le suivant : si Hitler a pu triompher, s'il a pu s'approprier et corrompre la Prusse et le patriotisme, l'État et les vertus bourgeoises, c'est à la philosophie des Lumières et à l'idéologie révolutionnaire de la table rase qu'il faut remonter pour saisir les conditions de possibilité de cette catastrophe.

On avait donc là un double message. Face à ceux qui voudraient aujourd'hui reprendre certains thèmes des Lumières contre les révisionnistes — et c'est pour l'essentiel Jürgen Habermas qui était ici visé —, il fallait suggérer que l'*Aufklärung* est indirectement liée à l'émergence du nazisme. Réciproquement, Stürmer entendait rappeler que la finalité du travail de l'historien n'est pas la recherche désintéressée ou la soif abstraite de savoir, mais que cette recherche s'inscrit dans un contexte politique où il y va, disait-il, de la continuité intérieure de la République allemande et de sa fiabilité en politique extérieure. Bref, c'est la déculpabilisation du nazisme qui se déculpabilisait elle-même à travers Stürmer. Faire passer ce passé qui ne passe pas serait, autrement dit, une nécessité politique et morale pour qui voudrait éviter de nouvelles catastrophes… Cet exemple est particulièrement intéressant puisqu'il montre où peut mener la disqualification des Lumières quand on tend à y voir, sans autre forme de nuance, la matrice de l'oppression totalitaire, en l'occurrence nazie.

Les théoriciens de l'École de Francfort ont-ils malgré tout influencé votre réflexion critique sur la modernité ?

Si je ne partage pas la mise en cause par trop globalisante des Lumières à laquelle conduit la pensée d'Adorno, la lecture des grands textes de Francfort a quand même joué un rôle dans ma quête d'un humanisme désillusionné, d'une modernité qui ne mette pas au centre l'idée de l'homme comme volonté impérieuse et souveraine à qui tout serait permis. Cette quête m'a paru d'autant plus nécessaire que je m'accorde avec Adorno pour penser qu'il est devenu rigoureusement impossible, « après Auschwitz », d'écrire des hymnes naïfs à la grandeur de l'homme. En outre, et à l'inverse de Heidegger, les penseurs de l'École de Francfort se sont gardés, eux, de toute fuite romantique hors des Temps modernes. Par où j'en reviens à mon équation de départ : un humanisme non métaphysique est-il pensable ou s'agirait-il d'un monstre, d'un concept contradictoire ?

Qu'en est-il justement de cet humanisme postérieur à la déconstruction, non tyrannique et pour ainsi dire désillusionné, que vous préconisez ? Sur quelle conception du « propre » de l'homme proposez-vous de le fonder ?

À y regarder de près, on décèle, à travers toute l'histoire de la philosophie, une filiation de penseurs, trop souvent passée inaperçue, une lignée de philosophes ayant compris et en quelque sorte anticipé la nécessité d'une vision non métaphysique de l'humain. Il me semble qu'on la voit se dessiner pour la première fois dans le *Protagoras* de Platon, et ce n'est pas un hasard si ce dernier l'attribue à ces déconstructeurs avant la lettre qu'étaient les sophistes. Dans le monde grec, ces grands rhéteurs étaient en quelque sorte des représentants de la contre-culture, des critiques radicaux de la cosmologie dominante, celle qui allait de Parménide aux stoïciens, en passant par Platon et Aristote. Or, que disent les sophistes d'après Platon ? Selon Protagoras, l'un des plus célèbres d'entre eux, le différend entre les hommes et les dieux tirerait son origine d'un épisode qui se déroule à l'époque où les hommes n'existaient pas encore. Après une guerre terrible contre les Titans, lesquels sont des forces du chaos, Zeus finit par rétablir l'ordre cosmique. Il partage le monde en attribuant une part de l'ordre cosmique aux diverses divinités qui l'ont aidé à remporter la guerre : à Poséidon la mer, à Ouranos le ciel, à Gaïa la terre, etc. C'est avec ce partage originaire, cet *Ur-teil*, comme on dit en allemand, que la paix s'installe et que le monde passe enfin de la guerre à cette harmonie que désigne le mot « cosmos ». Survient alors une difficulté imprévue : l'ennui s'installe — cet ennui qui, pour nous tous, continue de représenter un des grands problèmes de l'existence dès lors qu'elle s'englue dans une paisible routine. Pourquoi l'ennui ? Parce que Zeus ayant attribué à chacun sa place dans l'ordre cosmique, on est désormais dans un équilibre parfait, presque semblable à la mort. Du coup, les dieux désœuvrés décident, pour se distraire, pour qu'il se passe quelque chose, qu'il y ait de l'histoire, de la vie, du mouvement, de créer les mortels, les animaux et les hommes. Ils font alors appel à Prométhée et à Épiméthée, deux frères, fils de Titans, pour fabriquer des archétypes ou des modèles sous forme de figurines forgées avec de la terre, de l'eau et du feu, puis pour organiser leur coexistence dans l'univers.

Épiméthée, c'est l'idiot de la famille, celui qui pense après coup, avec un temps de retard, par opposition à Prométhée qui, comme son nom l'indique, est l'intelligent, celui qui « pense en avant », qui anticipe et a toujours un coup d'avance. Le premier demande à son frère de le laisser répartir les différentes qualités entre les animaux de sorte que nous ayons un bon écosystème, dirions-nous aujourd'hui, un système où les espèces pourront coexister. Aux espèces vulnérables, aux lapins par exemple, on donnera la capacité de courir très vite et de se cacher dans des terriers. Pour les lions, en revanche, on fera en sorte que les espèces dont ils se nourrissent soient en quantité suffisante. La tortue, elle, n'est pas bien rapide, mais elle sera protégée par sa carapace, et ainsi de suite. Les animaux vont donc avoir une identité : en ce sens, ils sont des êtres métaphysiques, ils sont ce qu'ils sont, ils sont fidèles à leur essence, ils collent à eux-mêmes. Une fois toutes les qualités distribuées, il ne reste cependant plus rien et Prométhée dit en substance à son frère : « Tu es un imbécile, tu as tout distribué ! Que va-t-on donner aux humains ? » De fait, les humains sont tout nus, ils n'ont ni fourrure, ni griffes, ni carapace, ils ne courent pas vite, bref, non seulement ils sont vulnérables, mais ils n'ont pas d'identité claire. C'est pour les sauver que Prométhée décide de voler le feu à Héphaïstos et de dérober les arts et les techniques à Athéna.

Aux hommes, il donne ainsi la capacité de l'*hybris*, de la

démesure, la capacité de ne pas être ce qu'ils sont, d'être toujours *en excès par rapport à soi*, selon la formule de Merleau-Ponty — bref, de ne pas être eux-mêmes, comme enfermés dans une nature. On trouve déjà, ici, un premier analogue du concept de néant chez Sartre : le propre de l'homme est d'être toujours en projet, en projection, en dépassement de soi, donc de ne pas être identique à lui-même. Formulé autrement : alors que les animaux sont ce qu'ils sont, *les humains ne sont originairement rien*, rien de déterminé puisqu'il n'y a plus aucune qualité particulière à leur distribuer. Ils sont à distance d'eux-mêmes, comme le montre l'expérience de la conscience de soi, où une distance à jamais irréductible s'installe pour ainsi dire entre moi et moi. N'ayant pas d'essence, pas de destinée tracée *a priori* dans leurs modèles d'origine, les humains vont ainsi se définir comme des êtres capables de s'inventer eux-mêmes, comme des êtres d'histoire — car cette invention de soi, c'est très précisément l'histoire —, une idée que l'on rencontrera plus tard chez Pic de La Mirandole, Rousseau, Kant ou Fichte, puis bien sûr chez Husserl, Sartre et Heidegger. Je ne développerai pas ici ce point, dont je retrace le parcours de manière détaillée dans *La Révolution de l'amour* (2010). Quoi qu'il en soit, on voit bien qu'à la différence des sociétés humaines, les sociétés d'abeilles ou de fourmis, elles, ne connaissent pas l'histoire.

Où l'on voit qu'il y a déjà, dans cette conception de l'humanité de l'homme comme néant, quelque chose qui relève de la transcendance ou de la liberté, une *transcendance de l'humain par rapport à lui-même*. Cette idée surgit dès les sophistes, et Prométhée sera d'ailleurs puni par Zeus, très inquiet d'assister à la naissance d'une espèce qui menace l'ordre cosmique dans la mesure où, par définition, elle n'y reste jamais à sa place. Et pour cause : elle n'a aucune identité précise ni aucune place déterminée au sein d'un cosmos qu'elle peut défier à tout instant.

Vous parliez d'une filiation. Vous diriez qu'elle va des sophistes grecs aux existentialistes et aux grands penseurs de la phénoménologie, comme Merleau-Ponty ou Husserl, en passant par certains humanistes antérieurs même au siècle des Lumières ?

Cette filiation constitue un point essentiel. C'est une histoire vraiment admirable et passionnante. Dans la lignée que vous évoquez, et bien avant nos philosophes contemporains, il faut réserver une place particulière à Pic de La Mirandole. En effet, dans son *Discours sur la dignité de l'homme* (*De dignitate hominis*), un texte écrit à la toute fin du XVe siècle (1486), il souligne déjà combien l'homme est *hors échelle, hors hiérarchie*, sans place particulière assignée dans l'ordre du monde, mais aussi sans archétype qui servirait de modèle à sa création et lui prescrirait une destinée préformée. Comme le dira Sartre exactement dans le même sens que Pic, mais sans le savoir : en l'homme, « l'existence précède l'essence ». Pic de La Mirandole, alors un très jeune homme, sans doute l'un des plus doués de son temps, prend l'initiative d'organiser un gigantesque colloque réunissant toutes les compétences de son époque autour de la question du propre de l'homme. Lui-même lit, en dehors de l'italien, sa langue maternelle, l'hébreu, l'arabe, le grec, le latin, le français et l'allemand. Ce garçon, d'une culture hors du commun pour son époque et son âge, perçoit très bien que dans l'univers du Moyen Âge, dans l'univers chrétien, on ne valorise la dignité de l'homme qu'en tant qu'être intermédiaire — mi-ange mi-bête, pour parodier Pascal.

L'idée grecque d'une hiérarchie aristocratique des êtres, l'homme occupant l'échelon intermédiaire entre le divin et l'animal, s'est perpétuée tout au long du Moyen Âge. Elle est même consubstantielle au monde féodal et à l'univers hiérarchisé dont elle constitue, pour ainsi dire, le double cosmologique. Pic la juge pourtant insatisfaisante : si l'homme est un intermédiaire entre les anges et les bêtes, on ne voit pas pourquoi, dit-il en substance, on ne devrait pas préférer les anges. Or, l'homme lui paraît admirable entre toutes les créatures, supérieur même aux anges qui, en un sens, ne peuvent que faire le bien tandis que l'homme, comme il va tâcher de le montrer, est libre d'inventer son destin, donc de faire aussi le mal. Cette ligne argumentative ancienne ne lui semble donc pas apporter la bonne réponse à la question du « propre » de l'humain. Ce qui caractérise celui-ci, explique Pic, ce n'est pas la place qu'il occupe sur l'échelle entre les dieux et les animaux, c'est le fait qu'il est justement hors échelle, qu'il est pour ainsi dire un électron libre, raison pour laquelle Pic de La Mirandole le compare à un caméléon qui peut adopter toutes les destinées. En effet, si l'homme n'est rien au départ, s'il n'a aucune identité préformée, pas d'essence entendue comme une idée platonicienne, pas d'archétype ni de modèle, à la différence de toutes les autres créatures, s'il peut devenir ceci aussi bien que cela, c'est qu'il est l'*être des possibles.* Or, cela s'appelle la liberté. C'est parce que l'homme n'est originellement rien de particulier qu'il est foncièrement libre, raison pour laquelle il n'y a pas, à proprement parler, de « nature humaine » — là encore, Sartre sera directement un héritier de Pic. Cinq siècles avant lui, Pic le disait déjà : « Je ne t'ai donné ni place déterminée, ni visage propre, ni don particulier, ô Adam, afin que ta place, ton visage et tes dons, tu les veuilles, les considères et les possèdes par toi-même. » Là réside donc la grandeur et la dignité de l'homme. Où l'on trouve déjà, dans ce texte d'une incroyable modernité qu'est le *Discours sur la dignité de l'homme*, l'idée sartrienne selon laquelle l'homme, voué à la liberté, est bel et bien une exception dans la nature, ou plutôt, au sens propre, un être « surnaturel ».

HUMANISME ABSTRAIT *VERSUS* BIOLOGISATION DE LA POLITIQUE : FACE AU SEXISME ET AU RACISME

Dès vos premiers livres, vous avez toujours placé le volontarisme, le réformisme et, surtout, l'humanisme abstrait au cœur de l'idéal républicain. Cette façon de concevoir l'homme comme « l'être des possibles » vous apparaît-elle aussi, en ce sens, comme une réponse appropriée aux idéologies racistes, antisémites ou sexistes qui, tout au long de l'histoire moderne, n'ont cessé de menacer ou de fragiliser l'idée républicaine ?

Il s'agit même de la seule réponse qui tienne vraiment la route à mes yeux. C'est du reste une des raisons pour lesquelles il vaut mieux ne pas ignorer cette figure de l'homme sans détermination qui est à la racine de ce que Lefort appelait à juste titre l'*humanisme abstrait*. En effet, si l'homme est fondamentalement un être d'anti-nature, s'il n'y a en général pas d'essence de l'homme, alors il n'y a pas non plus de races au sens où l'entend le racisme, pas de catégorie générale dont les Noirs, les Juifs ou les Arabes ne seraient que des exemplaires, voués à reproduire les propriétés supposées du groupe. L'humanisme abstrait implique l'idée qu'il n'existe pas d'essence propre à chaque race ou chaque sexe. Les individus ne sont pas prisonniers d'une nature qui les enfermerait. C'est bien cette définition de l'être humain que mobilise Simone de Beauvoir dans *Le Deuxième Sexe* : si on assigne les femmes à une essence de la féminité, si on leur dénie la possibilité de transcender la nature — une nature qui impliquerait une prédisposition biologique à élever les enfants, à vivre dans la cuisine ou dans la domesticité —, cela signifie qu'elles ne seraient pas « des hommes comme les autres ». De là, un féminisme à la fois humaniste (il refuse de confondre humanité et animalité), égalitaire (les femmes ne sont pas davantage rivées à leurs déterminations naturelles que les hommes) et républicain (c'est en s'arrachant à ces déterminations que l'on peut s'élever vers l'universel de la culture ou de l'éthique) — féminisme que reprendra et développera Élisabeth Badinter avec le talent que l'on sait.

Permettez-moi à ce sujet d'ouvrir une parenthèse qui montre bien que nous n'en avons malheureusement pas fini avec ce combat-là. Dans un livre récent, *Le Conflit* (2010), Élisabeth Badinter montre qu'avec la crise et la montée du chômage en Europe, les femmes tendent aujourd'hui à se voir ramenées à leur prétendue « condition naturelle », celle de mères au foyer. Sur ce point, l'Allemagne, pays par excellence de l'écologisme, semble en passe de réhabiliter les fameux trois « K » de la culture protestante traditionnelle : *Kinder, Kirche, Küche*, enfants, église, cuisine ! On ne compte plus en effet les admonestations de « spécialistes » incitant les mères à cesser de travailler pour allaiter leur nourrisson, jusqu'aux écologistes qui en rajoutent une couche — c'est le cas de le dire ! — en les invitant à renoncer aux culottes jetables de leurs bébés pour « sauver la planète »...

Promouvoir cette vision de l'humain comme « être des possibles » vous apparaît-il aussi comme la meilleure manière de combattre le racisme ?

Oui, sur le plan intellectuel, même si le combat politique passe aussi par d'autres voies. Car la logique est la même, le racisme consistant à prétendre que les différents groupes humains posséderaient certaines caractéristiques insurmontables puisque inscrites dans leur concept. Pour le raciste ou l'antisémite, il serait dans l'essence du Noir d'être paresseux, dans l'essence du Juif d'aimer l'argent ou dans l'essence de l'Arabe d'être voleur. Dans l'optique de l'humanisme non métaphysique, cette façon de réduire les hommes à une essence immuable, comme s'ils étaient programmés d'avance, n'a en revanche aucun sens. Pic de La Mirandole poursuit d'ailleurs son discours en expliquant que si les animaux sont bridés par leur nature, « toi [l'homme] que ne limite aucune borne, par ton propre arbitre entre les mains duquel je t'ai placé, tu te définis toi-même ». Les hommes deviennent donc ce qu'ils sont à l'arrivée, en bout de course, rien ne les assignant au départ à une quelconque identité. Telle est bien encore l'idée qui ressort de ce passage : « Je ne t'ai fait ni céleste, ni terrestre, ni mortel, ni immortel afin que, souverain de toi-même, tu achèves ta propre forme librement, à la façon d'un peintre ou d'un sculpteur. Tu pourras dégénérer en formes inférieures, comme celles des bêtes ou, régénéré, atteindre les formes supérieures, qui sont divines » — une idée que l'on retrouvera au sein de la phénoménologie *via* la distinction entre existence inauthentique (notre penchant à nous engluer dans les choses et leur préoccupation : ce que Sartre nomme la « mauvaise foi ») et authentique (notre capacité à accéder à la pensée, à transcender l'univers réifiant ou aliénant de la préoccupation immédiate).

Pour récapituler, Pic de La Mirandole trace un lien entre trois éléments ou trois moments : 1. L'homme n'est pas l'exemplaire d'une essence ou d'une idée platonicienne. Contrairement à ce qu'affirme l'antihumanisme de la pensée 68, l'humanisme se signale par le refus d'enfermer l'homme dans quelque définition historique, familiale, sociale ou naturelle — encore une fois : selon lui, « l'existence précède l'essence », comme le soutient Sartre dans *L'existentialisme est un humanisme* (1970), une conférence qu'il allait malheureusement plus ou moins renier par la suite. Chez les animaux, à l'inverse, c'est l'essence qui précède l'existence. Ainsi, quand un croyant avoue au prêtre lors de la confession : « Je suis gourmand, menteur et égoïste », le « moi » qui avance cela est à l'évidence en décalage avec le moi gourmand, menteur et égoïste : quand j'avoue que je suis gourmand, je ne le suis plus tout à fait. Là où les choses et les animaux sont ce qu'ils sont, nous, les humains, ne sommes pas ce que nous sommes. 2. C'est ce *ne pas* que Sartre appelle le néant. S'il n'y a pas de nature humaine, l'homme, en effet, est néant : impossible pour lui de coïncider avec lui-même ni avec un code naturel, historique ou biologique quelconque. 3. Dans la mesure où il est néant, rien de déterminé ni de programmé au départ, dans la mesure, donc, où il doit s'inventer lui-même, l'être humain est un être de liberté, entendue comme capacité à s'arracher à toute assignation d'une essence, comme aptitude à s'émanciper des multiples déterminations particulières qui menacent sans cesse de l'emprisonner. Cela pose d'ailleurs de manière admirable le problème de la vieillesse qui nous pousse toujours à nous identifier à un rôle, à un caractère, à devenir « quelqu'un », c'est-à-dire, comme le note Rousseau, à « redevenir imbécile ». Cela signifie également que l'idée d'universalité — l'intersubjectivité, la délibération, la communication avec autrui — est forcément à l'horizon d'un tel arrachement. Si je suivais toujours ma nature et mes penchants particuliers, il est probable que le bien commun ou l'intérêt général pourraient attendre longtemps avant que je daigne seulement considérer leur éventuelle existence.

C'est cette définition du propre de l'homme comme étant celui qui n'a pas de propre, comme un être sans identité *a priori*, qui commence à faire vaciller les catégories de la métaphysique classique. À vrai dire, ces deux moments prémodernes — exposés dans le *Protagoras* de Platon puis dans le *Discours sur la dignité de l'homme* de Pic de La Mirandole — m'apparaissent aujourd'hui comme deux moments cruciaux de l'histoire de la pensée.

LE RELAIS DES LUMIÈRES : LA LIBERTÉ SELON ROUSSEAU ET KANT

*Jusqu'à quel point la philosophie des Lumières, dans sa conception de l'*humanitas *de l'homme, est-elle l'héritière de ces deux moments ?*

Cette idée de l'homme comme « être d'anti-nature » sera reprise par toute une partie de la philosophie moderne, à commencer par Rousseau et Kant. Mais, à ma connaissance, personne n'a jamais véritablement retracé l'histoire et la « généalogie », si j'ose dire, de cette filiation intellectuelle. Alexis Philonenko avait commencé de le faire dans sa superbe préface aux *Réflexions sur l'éducation* de Kant, mais il n'a pas poursuivi ce filon. L'idée est pourtant tout à fait révolutionnaire. Au XVIIIe siècle, on la retrouve chez Rousseau à propos de la différence entre l'humain et l'animal, une réflexion dont l'écho est encore perceptible aujourd'hui et sans laquelle notre univers intellectuel ne serait pas ce qu'il est. Tandis que l'animal est programmé par son instinct, par sa nature, dans la mesure où il ne peut s'émanciper de la règle qui régit son comportement, la situation de l'être humain est inverse : il est par excellence indétermination et si peu programmé par la nature qu'il peut s'en arracher pour le meilleur comme pour le pire. La nature de l'homme est de ne pas avoir de nature, au sens d'une essence, d'une idée platonicienne (pas au sens biologique, évidemment, mais au sens où un mathématicien parlerait de la « nature du cercle », de sa définition essentielle), si bien qu'en lui « la volonté parle encore quand la nature se tait », écrit magnifiquement Rousseau dans le *Discours sur l'origine et les fondements de l'inégalité parmi les hommes*, cette phrase fondant, en un sens, toute la politique moderne.

Nous avons, là encore, les premiers linéaments d'une pensée non métaphysique de la subjectivité. Vercors, à son tour, la reprendra à son compte dans un livre étonnant, *Les Animaux dénaturés*. Alors que l'animal fait un avec la nature, l'homme fait deux car il peut s'en distancier pour porter des jugements de valeur, ce que l'animal ne fait jamais : il entre dans son pouvoir de se retourner contre le réel pour le critiquer, de prendre ses distances à l'égard du monde comme de lui-même.

Où placez-vous la contribution de Kant dans ce dispositif ou cette filiation ?

Que notre ouverture sur l'universel soit fonction directe de notre capacité à nous éloigner de la nature *particulière* ou à nous en arracher, c'est bien entendu ce que développe toute la morale kantienne. De la nouvelle définition rousseauiste de l'homme par la liberté, définie comme « perfectibilité », comme capacité d'entrer dans l'historicité, Kant va tirer deux conséquences majeures sur le plan éthique. Première déduction : la vertu éthique réside avant tout dans le désintéressement et, par suite, l'action morale sera celle qui témoigne de ce propre de l'homme qu'est la liberté comprise comme faculté de s'affranchir de la logique des penchants naturels. Deuxième déduction : une action authentiquement morale doit être orientée vers l'universel, vers l'intérêt général (vers ce qui ne vaut pas seulement pour moi, mais aussi pour tous les autres) et non vers le seul intérêt particulier. L'accent, ici, tombe sur le bien commun ou l'exigence d'universalité : l'action morale doit prendre en compte les intérêts d'autrui, voire de l'humanité dans son ensemble.

Mais ce qui m'intéresse au plus haut point ici, c'est surtout la réflexion très éclairante que développe Kant sur la différence entre vérité et signification. Dans la *Critique de la faculté de juger*, Kant explique en effet qu'il y a trois catégories de l'entendement qui donneront lieu à un discours métaphysique : la causalité (qui donnera l'idée de cause première, donc de Dieu), la substance (qui débouchera sur l'idée de *cogito*, de Sujet absolu) et l'action réciproque (à l'origine de l'idée de Système).

Prenons la causalité. Elle a, pour Kant, une double casquette, disons un double usage possible. Le premier, en tout point légitime, renvoie à la causalité dans ses applications scientifiques, autrement dit à la méthode expérimentale qui consiste à isoler des variables pour déterminer la cause d'un phénomène. Quand Claude Bernard observe qu'il y a du sucre dans le sang des lapins, il isole des variables et procède par élimination pour tenter d'en déterminer la cause : le sucre vient-il des aliments ou de l'organisme et, s'il vient de l'organisme, par quel organe est-il fabriqué ? Mais le concept de causalité se prête également à un usage illégitime ou métaphysique, selon Kant, quand nous entreprenons de rechercher la cause de la cause, et ainsi de suite à l'infini, jusqu'à remonter, comme Leibniz, à une éventuelle cause première (Dieu). Que la science porte à la métaphysique, c'est du reste ce que diront aussi bien Nietzsche que Heidegger : à vouloir tout expliquer par la biologie, le biologiste finit souvent par faire du biologisme, et il en va de même du sociologue ou encore du physicien quand il en vient à croire qu'il tient avec l'infrastructure la cause des comportements, ou avec le big-bang la cause de l'univers.

Une fois ces mauvais usages déconstruits ou critiqués, Kant montre cependant qu'il n'en subsiste pas moins un reste, un *horizon de sens*, un usage légitime des catégories déconstruites. On le voit bien avec l'exemple de la causalité : même si je ne suis pas croyant et en rien disposé à faire de Dieu une cause première, reste cette idée de Dieu qui évoque pour ainsi dire l'idéal d'une réconciliation entre le sensible et l'intelligible. Étant omniscient puisqu'il sait tout et qu'il voit tout, y compris le moindre grain de sable sur une île de Polynésie, Dieu serait celui pour qui le sensible ne ferait plus obstacle à l'intelligible.

Or, cette idée évidemment délirante — c'est le délire métaphysique par excellence ! — va néanmoins servir à penser le progrès scientifique comme un mouvement qui se rapproche de cet idéal de savoir absolu qu'on attribue à Dieu, ou encore de penser l'œuvre d'art comme réconciliation fortuite et gratuite du sensible et de l'intelligible. Quand nous écoutons un prélude de Bach, c'est comme si on nous racontait une histoire avec un début, un développement, une progression et une fin. Et cette histoire, purement sensible, n'en est pas moins porteuse de toutes sortes de significations intelligibles. Comme le dit déjà Alexander Gottlieb Baumgarten (1714-1762), l'auteur de la première *Esthétique* jamais écrite (1750), un texte que Kant avait lu, une suite de Bach est comme un *analogon rationis*, l'analogue d'un développement logique ou rationnel, tout se passant comme si le sensible avait du sens, comme s'il faisait signe vers de l'intelligible. En musique aussi, il y a une logique du phrasé et de l'interprétation, mais il n'y a pourtant pas de mots dans une phrase musicale, pas de concepts comme dans une démonstration mathématique — ce ne sont que des vibrations sonores. Selon Kant, on peut donc considérer que cette réconciliation fonctionne à la manière d'un symbole ou d'une présentation sensible de l'idée de Dieu. Bien que cette idée soit, à ses yeux, une illusion de la métaphysique, elle n'en continue pas moins de conserver une *signification* pour penser un certain nombre de phénomènes, en l'occurrence celui de la beauté ou celui du progrès des connaissances qui, à l'instar du plaisir esthétique, procure des satisfactions à celui qui en est l'artisan... Voyez combien cette idée est d'une profondeur abyssale, comment elle permet de penser certains aspects de la subjectivité sans retomber dans le dogmatisme métaphysique...

Mais pourquoi en irait-il de l'homme et du sujet (idée de substance) comme de l'art (idée de causalité) ?

Pour une raison très simple : même si on ne s'en laisse plus compter, l'idée métaphysique du sujet, quoique illusoire, conserve un sens, comme l'idée d'omniscience en conserve un, même si on ne croit plus au savoir absolu. On le comprend bien à travers l'exemple de la psychanalyse. Tout analysant sait bien qu'il ne deviendra jamais un sujet intégralement transparent à lui-même, mais il n'en travaille pas moins avec cette idée, entendue comme un *idéal régulateur* : s'il sait pertinemment que la guérison totale est un leurre, elle reste indispensable comme idéal si l'on veut progresser vers plus de conscience, donc plus de subjectivité. Si nous n'avions pas l'idée que cette perspective-là se profile à l'horizon de la cure, nous ne ferions jamais l'effort de pousser la porte d'un psychanalyste.

Pour rapporter cet exemple à la philosophie, on pourrait imaginer trois interprétations de la cure analytique : une interprétation métaphysique, disons hégélienne ou cartésienne, selon laquelle il s'agit de parvenir au *cogito* absolu, à une santé mentale parfaite, ce qui est naturellement un pur fantasme ; une interprétation heideggériano-lacanienne, tout aussi fantasmatique à mon sens, qui voudrait que l'intention même de s'approcher de la conscience soit un leurre, le sujet étant irrémédiablement « brisé » ; et une troisième interprétation, kantienne celle-là, qui consisterait à penser l'analyse comme une pratique qui ne prend son sens qu'à la lumière d'un idéal régulateur ou un foyer de sens — lequel reste, malgré tout, celui de la subjectivité métaphysique. Et c'est bien ce que nous faisons lorsque nous nous efforçons, sur le divan, de récupérer la conscience et la maîtrise de processus psychiques ou de comportements qui nous échappent. S'il n'y avait pas d'usage légitime possible de la métaphysique déconstruite, la psychanalyse elle-même sombrerait dans le non-sens.

Justement, on vous reproche souvent, nous l'avons évoqué, d'être un ardent partisan du « retour à Kant ». Que répondez-vous à cette critique ?

Je vous remercie de me donner enfin l'occasion de balayer cette étiquette absurde qui ne vise qu'à disqualifier mon travail en suggérant qu'il ne serait pas novateur, donc sans intérêt. Au départ, ce fut justement un mauvais coup des… lacaniens de la revue *Ornicar*. Dans les années 80, ces derniers nous avaient demandé un article, à Alain Renaut et moi-même, et ce sont eux qui le publieront sous ce titre sans nous demander notre avis.

Cette étiquette de « kantien » est à mes yeux absurde, et ce pour deux raisons. D'abord parce que vous voyez bien que nous sommes en train de parler d'une vision de l'homme que l'on trouve déjà à l'état embryonnaire chez Platon et Pic de La Mirandole, donc bien avant Kant. Ensuite parce que je m'inscris dans une problématique post-heideggérienne et post-nietzschéenne. L'ensemble de ma réflexion sur un humanisme post-métaphysique tient compte de la déconstruction. Je n'ai jamais, et en aucune façon, plaidé pour un retour en arrière, au point que je ne partage pas non plus le point de vue de Jürgen Habermas, par exemple, lequel suggère plutôt de renouer avec les Lumières. D'une manière générale, le néokantisme de Habermas, avec son « éthique de la communication », ou celui de John Rawls, avec sa fameuse « théorie de la justice », ne me passionnent pas. L'un et l'autre sont certes de remarquables intelligences, leur travail est profondément respectable et je ne vois d'ailleurs pas comment contester les grands principes que Rawls place au cœur de sa théorie. Quant à Habermas, il a évidemment raison de dire qu'il faut argumenter dans l'espace public, privilégier le dialogue sur la violence, respecter la loi du meilleur argument ou se montrer sensible aux prétentions à l'universalité qui se manifestent dans les jeux de langage. Mais sans vouloir paraître irrévérencieux, je crois que j'étais déjà d'accord avec eux… avant de les lire! Second point: ce deuxième humanisme que je m'efforce aujourd'hui de penser, lié à ce que j'appelle la révolution de l'amour, est en tout point distinct de l'humanisme de Kant et de Voltaire. Du reste, Kant ne parle pratiquement jamais de l'amour, alors qu'il est au centre de ma réflexion.

Un pas de plus: en dépit de l'intérêt que je porte à la définition de l'homme comme néant, cette conception me paraît encore porteuse de l'idéologie coloniale. Si le propre de l'homme est d'entrer dans l'historicité, comment résister à la tentation d'identifier les «sociétés sans histoire» à des sociétés animales, semblables aux fourmilières, aux termitières ou aux ruches qui, régies par la nature, ne sont pas affectées par l'historicité? Le premier humanisme comporte un vice de forme: d'un côté il permet certes de lutter contre le racisme, mais de l'autre il conduit à considérer que «l'homme africain n'étant pas entré dans l'histoire», il faut l'y conduire de l'extérieur… Ce n'est pas un hasard si Jules Ferry est à la fois un grand républicain, un grand éducateur et un grand colonisateur: les trois marchent d'un même pas et c'est cela que le deuxième humanisme permet de dépasser — en quoi il est aussi post-kantien.

Refermons donc la parenthèse du Zurück zu Kant *(retour à Kant) et poursuivons notre intéressante excursion de Platon à Pic de La Mirandole, Rousseau et Kant, jusqu'aux phénoménologues. De quelle façon ces derniers vont-ils revisiter cette approche de l'homme comme arrachement, comme celui dont la nature est de ne pas avoir de nature?*

Au XXe siècle, c'est en effet à la phénoménologie qu'il revient d'avoir approfondi cette vision de l'homme comme transcendance. On le voit chez Husserl, pour qui l'homme est originellement apte à rompre les liens de familiarité qui l'unissent aux choses, à ne pas être rivé à la naturalité. Même sensibilité chez Hannah Arendt, pour qui l'humanité de l'homme réside dans son pouvoir de transcender les processus qui tendent à s'imposer comme des processus naturels — dont l'aliénation consumériste (vivre pour consommer et non consommer pour vivre), ce qu'elle nomme « le cycle de la vie », par quoi l'homme moderne, s'il n'y prend garde, peut aussi retomber dans un processus aussi aliénant que l'ordre répétitif et clos de la tradition. Quant à Emmanuel Levinas (1906-1995), il présente de son côté l'homme comme un être d'anti-nature. De fait, pour la philosophie critique issue de Kant comme pour le judaïsme — d'où, d'ailleurs, leurs affinités électives —, l'homme est l'être-pour-la-loi, ce que restitue fort bien ce passage extrait de *Difficile liberté* (1963) : « L'homme juif découvre l'homme avant de découvrir les paysages et les villes. Il est chez soi dans une société, avant de l'être dans une maison. Il comprend le monde à partir d'autrui plutôt que l'ensemble de l'être à partir de la terre. [...] Cette liberté n'a rien de maladif, rien de crispé et rien de déchirant. » Et Levinas de souligner qu'elle « met au deuxième plan les valeurs d'enracinement et institue d'autres formes de fidélité et de responsabilité ». Là encore, l'être humain est défini comme transcendance.

Bien entendu, cette conception vient directement de Heidegger et de sa définition de l'« ek-sistence » comme transcendance ou comme liberté. D'une manière générale, la phénoménologie fut peut-être plus sensible qu'aucune autre philosophie contemporaine au fait qu'il entre aussi dans les possibilités de l'homme de déchoir dans l'inauthenticité, autrement dit dans l'oubli de sa propre transcendance, de sa propre liberté, dans ce que Sartre nomme la « mauvaise foi » et Heidegger la « déréliction ».

On assiste depuis quelques années à une montée en puissance de la pensée « communautarienne » ou multiculturaliste, je pense en particulier à ses représentants modérés et universalistes comme Michael Walzer aux États-Unis ou Charles Taylor au Québec, mais aussi au philosophe allemand Axel Honneth et à sa philosophie de la reconnaissance. Ce courant tend à pointer les méfaits de l'individualisme libéral et plaide en faveur d'une prise en compte accrue des identités culturelles au motif que les individus sont toujours-déjà insérés dans une culture donnée. Le but : réfléchir aux contours que devrait prendre une société pour assurer à ses membres les conditions d'une « vie bonne », une problématique qui est aussi la vôtre. Or, pour parvenir à cette fin, les hommes doivent certes pouvoir bénéficier d'une reconnaissance juridico-politique, mais ils ont aussi besoin de jouir d'une considération morale qui leur permette de se rapporter positivement aux qualités qui dérivent de leur identité culturelle spécifique, argumente ainsi Axel Honneth, qui a remplacé Habermas à la tête de l'École de Francfort. D'où l'idée qu'il conviendrait d'être plus attentif, dans nos sociétés, aux effets négatifs engendrés par la dépréciation de certains modèles culturels de réalisation de soi, pourvu, bien sûr, qu'ils n'entrent pas en conflit avec les valeurs communes. Êtes-vous sensible à cette argumentation ?

Le débat qui oppose libéraux et « communautariens » soulève sans doute d'importantes questions, liées à la récente poussée des identités culturelles. Dans la mise en place de cette problématique comme dans les arguments avancés de part et d'autre, il me semble que deux interlocuteurs les avaient toutefois précédés de loin : les romantiques et les *Aufklärer* (les philosophes des Lumières). Pour les romantiques, l'être humain n'est proprement humain qu'en tant que membre d'une communauté (*Gemeinshaft*), d'un corps social conçu sur le modèle de l'organisme.

Contre les illusions de la *tabula rasa* qui instituent le sujet, l'individu ou le peuple en posture de fondement, les romantiques entendent penser les divers aspects de la culture comme des émanations de la Vie. Tout le romantisme repose sur l'idée que l'homme n'est homme parmi les hommes que dans la mesure où il appartient à un monde commun. C'est cette vision de l'homme comme être-en-communauté qui domine encore la pensée de Maurice Barrès sur le déracinement ou celle de Joseph de Maistre (1753-1821) dans ses *Considérations sur la France* (1797) quand il déclare : « J'ai vu, dans ma vie, des Français, des Italiens, des Russes, etc. ; je sais même, grâce à Montesquieu, *qu'on peut être persan* ; mais quant à *l'homme*, je déclare ne l'avoir jamais rencontré de ma vie ; s'il existe, c'est bien à mon insu. » Cette critique de l'humanisme abstrait deviendra le trait fondamental de la contre-révolution. Or, par une étrange ironie de l'histoire, cette idée à proprement parler réactionnaire en est venue, au cours des dernières décennies, à prendre une allure éminemment « progressiste » pour s'identifier à l'aspiration des colonisés à une singularité bafouée par l'impérialisme européocentriste ou encore aux positions différentialistes d'une partie de l'extrême gauche et de l'écologie radicale.

Pour les Lumières, à l'inverse, l'*humanitas* de l'homme ne se définit pas par l'*enracinement*, mais par l'*arrachement* : c'est par sa capacité à ne pas se laisser enfermer dans une détermination particulière (d'où sa capacité à devenir conscience et volonté) que l'homme accède à son humanité. C'est dans la mesure où il peut se distancier de son histoire ou de sa nature, pour les considérer pour ainsi dire du dehors, que l'être humain, homme ou femme, peut prétendre à une vie authentiquement humaine — une vision qui est au fondement même de l'esprit critique. On retrouve ici le geste républicain par excellence d'une abstraction par rapport à la communauté d'origine, d'où la notion d'humanisme abstrait.

Là où Michael Walzer et Charles Taylor, plus proches des romantiques, commettent à mon sens une erreur factuelle, c'est que leur critique vise avant tout l'idéologie républicaine à la française. Or, pour celle-ci, il ne s'agit pas, ou plus, d'exclure les appartenances culturelles : la République les autorise depuis un certain temps, au point qu'elle en garantit non seulement la possibilité, mais encore la coexistence pacifique. Nous ne sommes plus dans la guerre de Vendée ! La République apaisée — et cette notion a toute son importance — accepte les communautarismes : nous sommes tous un peu romantiques et tous membres d'une ou de plusieurs communautés, qu'il s'agisse d'une communauté sexuelle, religieuse, d'une association de militants, de motards ou de joueurs de pétanque… Si ces appartenances sont parfaitement garanties par la République, celle-ci considère toutefois que l'être humain doit être respecté, non pas en tant que membre d'une communauté particulière (sexuelle, ethnique, religieuse ou linguistique) — à ce titre, il n'est que protégé —, mais en tant que représentant du genre humain.

C'est là tout le sens de la Déclaration des droits de l'homme de 1789…

Oui, en effet, et cette Déclaration se trouve au principe même de l'idéal républicain puisqu'elle stipule que l'être humain possède des droits, une dignité et qu'il mérite d'être respecté *abstraction faite* de toute appartenance communautaire, religieuse, culturelle, linguistique ou même nationale. Du coup, tout individu, en République, mérite la protection de la loi, fût-il étranger, clandestin ou sans papiers.

Dans sa critique de l'humanisme abstrait, Hannah Arendt évoque ces hordes d'apatrides et de personnes déplacées qu'elle considère comme la catégorie la plus représentative du XXe siècle. Selon Arendt, le drame de ces réfugiés nous montrerait que l'homme ne conquiert pas son humanité par la liquidation de son passé ou de sa culture. Au contraire, explique-t-elle, l'homme qui perd la protection de son État-nation, l'homme qui n'est plus rien qu'un homme (une pure conscience sans attache ni résidence) n'est, en un sens, plus un homme : il est *déshumanisé*. Il me semble pourtant que cette argumentation plaide surtout en faveur d'une défense de l'État et de son pouvoir protecteur. Encore une fois, l'État républicain protège ceux qui se trouvent sur son sol, y compris illégalement. Même les expulsions doivent, au moins en principe — et ce n'est pas rien —, obéir à des règles de justice. C'est dire d'ailleurs si « l'humanisme abstrait » — lequel consiste à protéger les hommes en tant qu'hommes — n'a rien d'abstrait, il coûte même très cher si l'on songe que tous ceux qui se trouvent sur notre sol peuvent par exemple bénéficier de soins hospitaliers s'ils sont malades. Les Américains persistent à voir dans le modèle républicain une sorte de jacobinisme hyperbolique, voire une espèce de totalitarisme hostile au respect des différences, ce qui ne correspond en rien à la réalité. Les communautariens, même ouverts, tendent à se fabriquer un adversaire républicain totalement imaginaire.

Pour les communautariens ou les multiculturalistes modérés, la principale difficulté touche en vérité à la représentation ou à la reconnaissance des identités culturelles dans l'espace public. Cela renvoie aussi à la question, que je soulevais tout à l'heure, de savoir dans quelle mesure cette reconnaissance politique est nécessaire à la dignité des individus et à leur propre estime de soi. Quel est votre sentiment sur la question ?

La difficulté tient au fait que le communautarisme, même universaliste et de gauche, conduit forcément, de quelque manière qu'on tourne et retourne le problème, à une politique de « droits collectifs », voire de discrimination positive, c'est-à-dire, *in fine*, à un système de quotas. C'est précisément ce que les Américains appellent l'*Affirmative Action*, un dispositif qui vise toujours, plus ou moins, à réserver des places (que ce soit dans les entreprises, les assemblées ou les universités) à des personnes sélectionnées selon leur appartenance à une catégorie ciblée (les femmes, les Noirs, les jeunes issus de l'immigration), l'objectif affiché étant de suspendre provisoirement l'égalité formelle pour parvenir à une égalité réelle des chances. Avec les quotas, nous ne raisonnons plus en termes de droits individuels, mais en termes de droits collectifs. Cela me paraît éminemment injuste et même dangereux, car en sortant du cadre républicain, on fabrique des « femmes quotas » ou des « Noirs quotas », autrement dit des individus qu'on va soupçonner toute leur vie d'avoir réussi, non par leurs talents ou leurs mérites, mais grâce à une discrimination à l'envers. Pour des raisons qui tiennent à leur trajectoire historique propre, les Canadiens et les Américains peinent à comprendre qu'au pays de la révolution de 1789, instaurer des quotas et, par là même, transformer le *droit à la différence* en *différence des droits* reviendrait à rétablir des privilèges — des privilèges certes inversés, puisqu'ils seraient consentis à des minorités, mais cela ne change rien quant aux principes. Ce serait revenir sur la nuit du 4-Août. Je remarque en outre que, au cours de la seconde moitié du XXe siècle, l'antihumanisme s'est souvent nourri de la lutte des identités opprimées (que l'on songe, par exemple, au tiers-mondisme) pour accoucher d'une idéologie du « droit à la différence » qui porte atteinte au cœur de l'idéal républicain.

Dans les faits, il n'existe en France que deux lois installant de la discrimination positive : la loi sur le handicap et la loi sur la parité, sur la représentation des femmes à l'Assemblée nationale et, plus généralement, dans les élections locales. Auparavant, en 1958, le général de Gaulle avait émis deux ordonnances qui demandaient qu'on intégrât un certain nombre de « musulmans » dans l'administration française. Quand le président Nicolas Sarkozy a parlé de « préfet musulman », c'était certes une maladresse, mais il se référait précisément à ces deux ordonnances en employant le vocabulaire d'une époque où 90 % des Français se disaient chrétiens et où l'on parlait effectivement de « musulmans » pour désigner les Algériens naturalisés français, sans imaginer qu'ils pouvaient être athées ou convertis à une autre religion.

Autant un système de quotas me paraît parfaitement justifié pour aider à l'intégration des handicapés, autant son application aux femmes me semble à la limite insultante car cela revient à assimiler la féminité à un handicap irréversible. Telle est, entre autres, la raison pour laquelle de nombreuses féministes, dont Élisabeth Badinter, Catherine Kintzler ou Évelyne Pisier, ont à juste titre combattu la loi sur la parité. J'y suis hostile pour les mêmes raisons, car cette loi suggère que les femmes seraient à protéger comme le « sexe faible », incapable de réussir par elles-mêmes, ce qui me semble paradoxalement reconduire un des pires clichés machistes. C'est parce qu'on les aura considérées comme des mineures qu'il aura fallu les protéger constitutionnellement, par où la parité, loin d'appuyer l'idée que les femmes sont en politique « des hommes comme les autres », tend à les enfermer à nouveau dans le ghetto des clichés essentialistes les plus éculés.

On remarquera d'ailleurs que cette loi, qui est la plus extrémiste au monde, n'a strictement rien changé à la présence des femmes au Parlement, laquelle n'a pas évolué d'une virgule depuis — et je suis le premier à le déplorer. Je suis favorable à ce qu'on rattrape des handicaps historiquement accumulés au prix d'un certain volontarisme. Mais inscrire ce rattrapage dans la loi me paraît foncièrement antidémocratique et antirépublicain. Fonder la différence de droits sur une *définition biologique* de l'être humain, même limitée à un cas unique, est contraire à toutes les traditions démocratiques modernes.

En Suède, l'instauration de quotas provisoires a quand même abouti à ce que la présence de femmes cadres dans les conseils dirigeants des entreprises passe de 6 % à 44 %...

Est-ce vraiment la loi sur les quotas qui a donné ce résultat ? N'est-ce pas plutôt l'évolution des mœurs ? Je vois mal comment trancher. Encore une fois, n'oubliez pas que la condition féminine, indépendamment de toute politique de quotas, a davantage évolué en Europe en cinquante ans qu'au cours des cinq derniers siècles. La vérité, c'est que, avec la discrimination positive, on vole au secours de la victoire. Mais admettons que vous ayez raison, ces quotas, comme vous le rappelez vous-même, sont en Suède provisoires (ce qui n'est pas le cas de la loi sur la parité). Si jamais on devait se résoudre à de telles politiques, j'ai toujours été favorable à ce qu'elles relèvent d'un moratoire et non d'une loi intangible qui installerait la féminité dans le registre d'une espèce de handicap définitif.

Votre raisonnement est-il le même en ce qui concerne les minorités ethniques ou culturelles ?

Oui, bien sûr : chacun a absolument le droit de revendiquer une identité culturelle propre, mais pas celui de la représenter au niveau juridique et constitutionnel. On ne saurait faire de l'appartenance à une communauté, voire à une pseudo-communauté d'origine, un droit à être représenté à l'Assemblée nationale ou à obtenir un poste à l'université. Ce serait foncièrement antiméritocratique. Du reste, vous voyez bien que la loi sur la parité fait problème par rapport à toutes les autres communautés qui peuvent elles aussi revendiquer le droit à bénéficier d'un coup de pouce de rattrapage historique. Croyez-vous sérieusement que les femmes aient été exclues davantage que les classes populaires ou que les immigrés ? Engager la discussion sur ce terrain revient à ouvrir la boîte de Pandore. Sur un plan pragmatique, le remède se révèle, en outre, pire que le mal qu'il prétend réparer car il finit immanquablement par se retourner contre ses bénéficiaires, toujours suspects de n'avoir pas mérité la place qu'ils occupent. Enfin, ce n'est pas la différence, mais la similitude humaine qui fait la valeur de l'autre.

Comment expliquez-vous la poussée récente, en France, des logiques communautaires ?

Il me semble que les ratés de l'intégration à la française tiennent moins à un échec de la logique républicaine qu'au fait que celle-ci a été insuffisamment appliquée — ce qui est largement lié au fait que, depuis 68, la « deuxième gauche » l'a emporté sur la première, les démocrates ayant vaincu les républicains, à l'école (victoire des « pédagos » dans les années 80) comme sur la question des communautés. La montée récente des communautarismes me paraît en grande partie procéder de ce que nous avons largement baissé les bras depuis 1968. L'œil rivé sur le modèle américain, nous avons multiplié les erreurs, comme les cours dispensés aux immigrés dans leur langue d'origine et autres mesures du même type. Pour des raisons autant économiques qu'idéologiques, libéraux et libertaires se sont objectivement associés pour laisser se constituer des ghettos. Pourtant, quand on traverse le Bronx ou les quartiers noirs de Chicago, on se dit qu'on n'a peut-être pas tellement de leçons à recevoir des États-Unis…

Reste un dernier point, tout de même difficile à nier, devant lequel il me semble que nous ne devons pas fermer les yeux : la multiplication, en France, des actes de violence liés à des affrontements intercommunautaires. On assiste, dans certains établissements scolaires, à une insoutenable banalisation des actes et des propos racistes ou antisémites. Cette perte du sens des mots et cette banalisation des fondements mêmes du crime contre l'humanité sont à mes yeux très préoccupantes. Et elles ne plaident assurément pas en faveur d'un encouragement accru aux replis communautaristes.

Vous est-il arrivé de discuter de ces questions avec le président de la République Nicolas Sarkozy ?

Nous avons eu plusieurs conversations à ce propos, dont l'une fut d'ailleurs publiée dans un rapport du Conseil d'analyse de la société. J'ai là un vrai point de désaccord avec lui. Le président Sarkozy veut « faire plus pour ceux qui ont moins », ce qui me va parfaitement à moi aussi, du moment toutefois qu'on ne recourt pas à des quotas : créer une zone d'éducation prioritaire (ZEP), par exemple, ce n'est pas pratiquer la discrimination positive, c'est engager davantage de fonds en direction des territoires déshérités. Il n'y a, là-dedans, aucune politique de quotas. La politique républicaine de service public a toujours consisté à faire plus pour ceux qui ont moins, une philosophie que reflète notre politique fiscale comme notre système scolaire. Cela dit, le jeu de concepts impliqué ici est subtil et les confusions sont souvent de mise, y compris chez les responsables politiques.

Et pour les grandes écoles ? Le souhait formulé par l'actuel ministre de l'Éducation nationale de voir les grandes écoles accueillir 30 % d'élèves issus de milieux défavorisés en recourant, le cas échéant, au système des places réservées dans les concours vous semble-t-il acceptable ?

Comment être hostile à l'accueil d'étudiants issus de milieux populaires dans ces lieux d'excellence que sont les grandes écoles ? Pour autant, je demeure, dans ce domaine-là aussi, absolument hostile à l'instauration d'une discrimination positive au niveau des concours, ainsi que certains l'ont aussitôt réclamé dès l'annonce du ministre de l'Éducation. D'abord, nous l'évoquions à propos des femmes, parce que les jeunes qui bénéficieraient d'un tel avantage resteraient à jamais des « étudiants-quotas ». Il faut élever le niveau, pas baisser la barrière. J'ai été moi-même un étudiant boursier. J'aurais préféré faire n'importe quoi plutôt que d'être reçu au capes ou à l'agrégation grâce au coup de pouce des quotas. C'eût été pour moi une honte indélébile. Je crois qu'on ne mesure pas l'insulte faite aux étudiants issus de milieux pauvres ou difficiles quand on suppose implicitement qu'ils sont trop nuls pour s'en tirer seuls. Imagine-t-on Péguy ou Senghor en agrégés ou en normaliens-quotas ? L'idée les aurait probablement écœurés.

Reste à savoir par quels types de mesures remplacer les quotas si on veut lutter contre les discriminations. Je n'ai cessé de proposer que l'on demande aux grandes écoles de mettre en place des systèmes de tutorat dès la seconde, comme l'a fait Pierre Tapie à l'Essec. Il s'agirait, d'une part de repérer les bons élèves issus de milieux populaires, de l'autre de les préparer à ces voies difficiles, notamment (mais pas seulement) en leur donnant accès aux formations linguistiques les plus « classantes ». Enfin, et pour que ces dispositifs soient efficaces, il serait impératif d'augmenter substantiellement, comme je l'avais fait, le nombre de bourses au mérite de façon que ces élèves doués puissent se permettre de faire des études longues. C'est là une solution républicaine et efficace, qui ne suppose aucune reddition à cette facilité, pour ne pas dire à cette lâcheté politique, que constitue l'alignement sur l'*Affirmative Action* à l'américaine…

Certains sociologues arguent du fait que, pour pouvoir mieux s'intégrer et participer de façon plus satisfaisante à la société française, les immigrés ou leurs enfants ont d'abord besoin de mieux connaître leur culture d'origine afin de mieux savoir qui ils sont et d'où ils viennent. Comment accueillez-vous ce type de raisonnement, aujourd'hui très répandu, notamment parmi les travailleurs sociaux ?

Je pense surtout que les enfants d'immigrés ont non seulement besoin mais envie d'être comme tout le monde, et le plus vite possible ! Le culte des racines ne mène à rien. Je suis convaincu que les gens ne se replient sur leur communauté ou sur leur culture que parce qu'ils se sentent mal intégrés dans la société qui les accueille, parce qu'ils éprouvent des difficultés avec les usages en vigueur ou avec la langue. Lorsque j'étais ministre de l'Éducation nationale, j'ai été frappé par les ravages psychologiques occasionnés par une mauvaise maîtrise de la langue, qui engendre une perte de l'estime de soi et entame par conséquent le respect des autres. Bref, le repli communautariste intervient presque toujours en désespoir de cause. Au demeurant, la même logique prévaut quand on est français depuis des générations. Voyez comme on se sent mal à l'aise quand on vient d'un milieu modeste et qu'on entre, comme on dit, dans le « grand monde », où l'on manque, au début, d'aisance et de distinction…

Vous parlez d'expérience ?…

Si vous saviez l'énergie qu'il m'a fallu pour avoir l'air à peu près normal ! Alors, oui, je parle un peu en connaissance de cause et je sais que ce passage d'un monde à un autre peut s'avérer d'une grande violence, au point qu'on peut en venir à éprouver presque physiquement le poids de l'inadaptation sociale. Mais ce à quoi on aspire alors, c'est de parvenir à en maîtriser les codes aussi rapidement que possible, plutôt que de continuer à se comporter comme un « plouc » ou de maintenir envers et contre tout son identité de paysan mal dégrossi…

L'immigré algérien qui arrivait en France dans les années 60 souffrait d'un sentiment permanent d'humiliation et de blessure narcissique. Or, un homme blessé peut vite se tourner vers de fausses solutions. Je m'en rends compte aujourd'hui encore lorsqu'il m'arrive de faire soutenir une thèse à un étudiant originaire du Maghreb. Quand la famille arrive à la faculté en tenue traditionnelle pour assister à la soutenance, le doctorant commence souvent par venir me voir, un peu gêné, pour m'expliquer que ses parents ne parlent pas très bien français et ne savent ni lire ni écrire. On sent bien la formidable charge d'affectivité et d'humiliation potentielle que recèlent ces situations, le moindre geste déplacé de la part des membres du jury ou le moindre défaut d'attention pouvant avoir des conséquences dramatiques. Il faut beaucoup de délicatesse pour ne pas choquer, mais ce n'est pas une raison pour refuser l'intégration.

Vous parliez des sociologues. Certains soutiennent aussi que, si certaines jeunes filles se plaisent à porter le voile, c'est qu'elles y voient une manière d'affirmer ou d'épanouir leur subjectivité, ce geste revêtant, à leurs propres yeux, une dimension émancipatrice. Cet argument avait été mille fois avancé lors des débats autour de la loi sur les signes religieux à l'école et je n'y crois pas une seconde. Ces jeunes filles sont souvent très malheureuses et la loi de 2004 a incontestablement contribué à leur intégration. C'est d'ailleurs la raison pour laquelle les militantes de « Ni putes ni soumises » ont choisi, tout à fait à juste titre, de tenir un discours laïc et républicain pur et dur.

L'AVENIR DE L'HUMANITÉ EUROPÉENNE

Dans Critique de la modernité, *un livre publié en 1992, le sociologue Alain Touraine formulait la mise en garde suivante : « Si nous ne parvenons pas à définir une autre conception de la modernité, moins orgueilleuse que celle des Lumières mais capable de résister à la diversité absolue des cultures et des individus, nous entrerons dans des tempêtes encore plus violentes que celles qui ont accompagné la chute des anciens régimes et l'industrialisation. » Partagez-vous cette inquiétude ?*

Comment ne pas être d'accord avec ce souci de surmonter la dialectique du mondial et du local ? Mais comment s'y prend-on ? Là réside toute la difficulté. On ne peut pas se contenter, comme le font si souvent les programmes politiques, de décliner des têtes de chapitre en faisant miroiter la quête perpétuelle d'un « grand dessein » qui ouvrirait une troisième voie entre ceci et cela, en l'occurrence entre un néolibéralisme dominateur et un néocommunautarisme intolérant. La philosophie ou la sociologie ne se résument pas à poser des questions : il faut aussi apporter des réponses. Affirmer qu'on est à la fois contre l'arrogance républicaine et contre la perspective d'une fragmentation ethno-identitaire, je veux bien, mais cela signifie quoi au juste ? Il faut le demander à Alain Touraine. De mon côté, je propose une évolution qui conserve ce que le premier humanisme, l'humanisme abstrait et républicain, a de grandiose, mais qui le prolonge cependant vers un deuxième humanisme, qui n'est plus seulement celui des droits, de la raison et de la colonisation, mais un humanisme du souci de l'autre, voire un humanisme de l'amour en ce sens qu'il a été profondément affecté et modifié par l'invention de la famille moderne, fondée sur le libre choix, et non plus sur le mariage arrangé. Cela dit, ne stigmatisons pas trop le premier humanisme, celui de l'idée républicaine. N'oublions pas qu'à l'encontre d'une imagerie toute pétrie d'ignorance, la loi de 1905 sur la séparation de l'Église et de l'État est une loi très modérée et beaucoup plus tolérante envers les identités religieuses qu'on ne le croit d'ordinaire.

Pour d'autres, de sensibilité plutôt souverainiste, le lieu idéal d'une réconciliation entre l'universel et le particulier serait l'État-nation, la pratique de la démocratie et du débat contradictoire requérant une langue et des références communes, argumente par exemple Paul Thibaud, l'ancien directeur de la revue Esprit. *Grâce à un scénario alliant la liberté à l'identité, la communauté nationale sera ainsi pensée comme le lieu privilégié d'une lutte contre la déchéance du citoyen en consommateur (démission ultra-libérale), mais aussi comme le lieu d'une problématisation des identités et des héritages culturels, soumis, du coup, au travail de la raison et du politique (contre la démission ultra-communautariste). Qu'en pensez-vous ?*

Paul Thibaud et Marcel Gauchet, qui sont proches sur ce point, ont raison de souligner que la solidarité entre les hommes se fait d'abord et avant tout, Union européenne ou pas, dans le cadre national. C'est, du reste, de simple bon sens : les budgets de la Santé, de l'assurance chômage ou de l'Éducation nationale sont des budgets nationaux et ils le resteront. À cette vision souverainiste et anti-européenne, qu'il faut écouter et même entendre, j'objecterai cependant que notre entrée récente dans la mondialisation change totalement les données du problème. Pourquoi ? Parce que le modèle de l'État-nation est désormais le lieu de l'inexorable montée en puissance... de l'impuissance publique qui constitue le trait majeur de la politique moderne. Dans un univers mondialisé, qu'on le veuille ou non, les leviers de la politique nationale, c'est un fait d'observation quotidienne, ne lèvent plus grand-chose. Pour sécuriser un État en faillite face aux attaques des marchés financiers — comme la Grèce ou l'Irlande ces derniers temps —, il faut s'y mettre à plusieurs : à lui seul, le sursaut national est insuffisant, et cela vaut désormais pour tous les pays d'Europe. Il suffit d'y réfléchir trois secondes pour s'en persuader : si nos responsables politiques nationaux bénéficiaient d'une véritable marge de manœuvre, nous n'aurions ni récession, ni chômage, ni déficit budgétaire. Or, nous avons les trois dans des proportions considérables, ce qui est bien le signe que cela se joue en grande partie ailleurs. En soi et pour soi, le cadre de l'État-nation est sans doute le meilleur s'agissant de réconcilier l'universalité de la citoyenneté et le respect des appartenances culturelles. Mais il faut aujourd'hui que ces États-nations, au minimum, se regroupent. C'est la condition *sine qua non* pour que nous puissions *reprendre la main sur le cours du monde* qui, depuis les années 90, nous échappe de toute part. Il convient donc de construire des entités plus vastes et plus puissantes. Or, cela s'appelle, malgré tous ses défauts qui sont grands et que je connais bien, l'Union européenne. Il ne s'agit pas de la quitter, mais de l'améliorer. C'est difficile, lent, pénible et parfois insatisfaisant, mais nous n'avons pas d'autre choix.

Si je vous comprends bien, l'Europe, en ce début du XXIe siècle, constituerait aussi une façon de relever le défi humaniste, à un moment où la mondialisation risque de déposséder les individus de la maîtrise de leur destin, mettant ainsi à mal l'une des grandes promesses des Lumières ?

Oui, tout à fait, on peut le formuler ainsi. D'évidence, c'est à l'échelle européenne, et non plus à l'échelle nationale, que nos vieux États-nations peuvent espérer reprendre la main. Paradoxalement, plus on est souverainiste, plus on souhaite que l'État ait du poids, plus il faut être pro-européen. Une nation européenne isolée serait vouée à la mort : en elle, la politique n'aurait plus aucun poids. Il faut tout ignorer des questions budgétaires, par exemple, pour s'imaginer qu'un pays isolé en Europe pourrait se permettre de pratiquer la rigueur tout seul si les autres n'en font pas autant. La mondialisation qui s'est amorcée dans les années 90, avec la mise en instantané des marchés par Internet, est en train de lier nos destins.

L'Union européenne est pourtant moins perçue par nos concitoyens comme un facteur de résistance à la mondialisation que comme le bras armé de l'adaptation de nos vieux pays à la barbarie mondialisatrice et technicienne, comme un instrument chargé de les livrer pieds et poings liés à la flexibilité, à la précarité et au dumping social. Les enquêtes le montrent : plus de 60 % des Européens pensent que l'Europe ne protège pas contre la mondialisation. Je comprends ces inquiétudes, liées au fait qu'avec le pacte de stabilité et de croissance l'Union européenne a demandé des efforts davantage qu'elle n'a apporté des aides — du moins pour les citoyens lambda. Une protection sans protectionnisme reste largement à inventer et la diplomatie européenne n'est pas brillante, c'est même le moins qu'on puisse dire. On a choisi de mettre à la présidence des diverses instances européennes des zombies dont personne ne connaît le nom, et dont nous ignorons à peu près tout, actions comprises. C'est calamiteux et je suis le premier à le dire. Quand j'étais ministre, je me rendais à toutes les réunions ministérielles européennes et, franchement, si vous entrez pro-européen, vous ressortez souverainiste dans le quart d'heure tant ces réunions — où l'on ne parle que la langue de bois, où l'on ne décide rien et où tout semble déjà bouclé par des sherpas venus de nulle part — paraissent dérisoires. Reste que cette malheureuse Union est le seul outil dont on dispose pour que nos vieux États s'inscrivent malgré tout plus efficacement dans des rapports de forces qui se jouent au niveau mondial, et pour nous éviter de sombrer dans une impuissance plus grande encore.

La lutte contre le dumping social, par exemple, passe par l'instauration de rapports de forces plus que par de beaux discours sur les droits sociaux. Selon un paradoxe qui n'est qu'apparent, c'est donc vers l'intégration européenne qu'il faut aller si l'on veut redonner plus de marge politique à la nation. Dans le contexte de la mondialisation et de l'interdépendance, la quasi-totalité des enjeux économiques, financiers, écologiques, voire de société, échappent en effet à l'emprise des États européens pris séparément. Je dis « de société » en connaissance de cause : à quoi bon interdire le tri d'embryons, l'insémination artificielle pour les couples gay ou le clonage thérapeutique en France, s'ils sont autorisés à Bruxelles ? À rien, sinon à se tirer une balle dans le pied. Face à la mondialisation, face notamment au « G2 », l'alliance de l'Amérique et de la Chine, il est évident que la France seule, l'Allemagne seule, l'Italie ou la Grande-Bretagne seules, ne font pas le poids. À quoi bon une politique de rigueur en France si les autres pays européens ne font pas de même ? À quoi bon une législation française sur les OGM ou une taxe carbone à la française si aucun de nos voisins ne l'adopte ? On pourrait multiplier les exemples. Ils montrent en tout cas qu'il serait urgent de bâtir une véritable Europe politique qui, pour l'heure, il faut bien l'admettre, n'est guère convaincante, encore moins enthousiasmante. L'Union européenne ressemble davantage à une vaste Suisse, à un espace de droit, de paix et de relative prospérité, qu'à une entité politique susceptible d'être à la hauteur des défis que nous adresse la mondialisation. Si les Européens entendent influer sur le cours du monde et ne pas se laisser laminer, il est urgent qu'ils se mettent à s'exprimer d'une seule voix.

De nombreux intellectuels français n'en ont pas moins voté « non » au référendum de 2005…

Voter « non » au référendum de 2005 était, du point de vue que je vous expose ici, un geste dénué de sens, l'expression d'un agacement, un réflexe passionnel de rejet. D'autant que ce vote négatif ne nous faisait nullement sortir de l'Europe, mais nous obligeait à rester dans le traité de Nice, le pire de tous, et revenait à se prononcer contre le traité de Lisbonne, lequel avait au moins l'avantage de démocratiser le fonctionnement des institutions européennes et de créer un embryon d'Europe politique. Auparavant, avec la règle de l'unanimité, on ne pouvait prendre aucune décision d'aucune sorte : il y avait toujours un Anglais, un Tchèque ou un Polonais pour lever le doigt et dire non. La principale vertu du traité de Lisbonne était d'instaurer le vote à la majorité qualifiée dans une quarantaine de domaines de compétences, de façon à récupérer une marge de manœuvre vitale. Or, c'est justement ce que l'on peut souhaiter quand on est un partisan de l'État-nation. Vilipender l'Union européenne au motif qu'elle serait antisociale, antidémocratique et que sais-je encore, ainsi que le firent tant de néorépublicains de droite comme de gauche, me paraît constituer le signe que même nos meilleurs intellectuels perdent un peu les pédales. Il faut dire que la plupart d'entre eux ignorent tout des questions économiques et budgétaires qui sous-tendent la réalité de la politique moderne. Encore une fois, c'est parce je suis souverainiste que je suis pro-européen.

Dans ses fameuses conférences prononcées à Vienne et à Prague en 1935 sur « la crise de l'humanité européenne », Edmund Husserl, déjà interdit de parole par les nazis, nous mettait en garde en ces termes : la crise de l'Europe n'a que deux issues, prévoyait-il. Ou bien elle « sombrera dans la haine de l'esprit et dans la barbarie ; ou bien l'Europe renaîtra de l'esprit de la philosophie ». Et de conclure : « Le plus grand péril qui menace l'Europe, c'est la lassitude. » Quel contenu, nous autres Européens du début du XXIe siècle, pourrions-nous donner à cette proposition, dont chacun sent bien à la fois la justesse et l'urgence ?

Je crois qu'il faut inlassablement rappeler — la chose ne semblant plus aller de soi — que cette création unique et irremplaçable, indissociablement historique, sociale et culturelle, qu'est l'Europe (et je ne parle pas seulement de l'Union européenne, mais plus généralement de ce mixte admirable de protection sociale et de liberté que les vieux pays d'Europe de l'Ouest ont su inventer) est aujourd'hui menacée de toute part, y compris sur le plan démographique. Elle est semblable à la flamme infiniment fragile d'une bougie exposée à tous les vents. Au lieu de la protéger en l'entourant de nos mains et de nos soins, nous nous acharnons à souffler nous-mêmes dessus. À persister dans cette voie, Husserl avait raison, nous risquons fort de récolter et la haine de l'esprit et un éventuel retour de la barbarie.

8

Le nouveau désordre écologique

ALEXANDRA LAIGNEL-LAVASTINE — *Dans votre essai sur* Le Nouvel Ordre écologique *(1992), vous interrogiez les capacités d'un humanisme non métaphysique à prendre en charge les questions environnementales. Dans ce cadre, vous pointiez les dérives anti-humanistes de l'écologie profonde (*deep ecology*) comme d'autres mouvances, moins extrémistes, mais qui n'en proposent pas moins, elles aussi, de faire de la nature un sujet de droit à part entière. Dans cette optique radicale, ce n'est plus l'homme, considéré comme centre du monde, qu'il faudrait au premier chef protéger, fût-ce de lui-même (position humaniste), mais bien le cosmos comme tel. L'écosystème se voit dès lors investi d'une valeur intrinsèque bien supérieure à celle de l'espèce humaine. L'essentiel, pour cette écologie fondamentaliste, c'est, dites-vous, le cœur du diagnostic, à savoir que la modernité anthropocentriste serait un désastre, pour ne rien dire de l'héritage honni des Lumières. Pourriez-vous revenir en quelques mots sur cette critique de fond ?*

LUC FERRY — Volontiers, d'autant que si je porte depuis longtemps un regard critique sur ce que j'appelle l'« écologisme », je me suis toujours efforcé de penser la possibilité d'une écologie qui s'inscrirait dans le cadre de la démocratie et d'un humanisme non métaphysique. Comme je le montrais d'ailleurs à la fin de ce livre (mais personne, ou presque, ne l'a lu jusqu'au bout), cela n'exclut nullement l'idée que la nature ait une valeur intrinsèque : ainsi de sa beauté, que nous savons détruire, mais que nous ne savons ni inventer ni même reproduire. En quoi je sortais déjà des cadres étroits de l'humanisme classique. À cet égard, l'émergence d'une conscience mondiale sur les problèmes d'environnement — dont témoigne, entre autres, le sommet de Copenhague, si décevant fût-il, non seulement dans ses résultats, mais plus encore dans les objectifs finalement affichés — me paraît bien sûr une bonne nouvelle, même si le sujet mis à l'ordre du jour (pour l'essentiel, le réchauffement climatique) ne me semblait pas nécessairement le plus urgent.

DEUX ÉCOLOGIES

Votre question me permet d'emblée de balayer un des malentendus suscités par une lecture hâtive et incomplète du *Nouvel Ordre écologique*. L'intention de ce livre, publié en 1992, n'était pas de disqualifier l'écologie sur un mode polémique en braquant le projecteur sur l'écologie nazie. J'ai simplement tenté de montrer que la valorisation de la nature comme nature originaire, sauvage et vierge (comme *Urnatur*) — telle qu'elle existait avant l'homme et indépendamment de lui (une valorisation qui s'accompagne de celle des cultures traditionnelles) — est historiquement ancrée dans le romantisme allemand et dans la haine à l'égard de la civilisation issue des Lumières. Pour une part, le nazisme était en effet animé par un geste romantique rejetant le rationalisme et le classicisme français au profit d'une sacralisation de la nature originelle et pure, à sauvegarder contre la nature artificielle et domestiquée par l'homme. Cela dit, la présence d'un authentique intérêt pour l'écologie au sein du nazisme — dont témoignent les premières grandes législations qu'il édicte sur la protection des animaux (1933) et de la nature en général (1935) — ne constitue évidemment pas, en tant que telle, une objection pertinente contre l'écologie contemporaine. Il s'agissait pour moi de souligner le caractère potentiellement antihumaniste d'une écologie toujours marquée par une critique radicale du monde moderne, que celle-ci soit d'inspiration néoconservatrice ou anticapitaliste. Mais je ne m'arrêtais pas là puisque je plaidais pour une autre écologie. Ma position n'a pas changé depuis : je reste convaincu qu'il faut choisir entre l'idéologie antihumaniste de l'écologie profonde et une écologie réconciliée avec l'humanisme démocratique. Ce sont là deux écologies incompatibles entre elles.

Justement, quels seraient les principaux reproches que vous adresseriez aujourd'hui à l'écologie politique, dans une configuration qui n'est plus tout à fait la même que dans les années 90 ?

Soyons clairs : nous sommes tous, aujourd'hui, des écologistes et on voit assez mal comment quiconque pourrait plaider pour un développement non durable ou un principe d'« imprécaution ». L'affaire est donc entendue, à un détail près : de quelle écologie entendons-nous devenir les apôtres ? De plus, avec l'émergence de ces deux géants que sont la Chine — qui vient de passer au rang de deuxième puissance mondiale — et l'Inde, nous sommes confrontés à une situation tout à fait inédite. Leur entrée dans la logique de la production et de la consommation à l'occidentale, sur laquelle nous n'avons absolument aucune prise, pose un gigantesque problème : si leurs ressortissants atteignaient le même niveau de vie que le nôtre, il est clair que l'ensemble des ressources du globe (pétrole, acier, matières premières, etc.) n'y suffirait pas ! Il nous faudrait au moins deux ou trois planètes, voire davantage, pour y subvenir. Bref, quand bien même nous le souhaiterions, nous n'avons strictement aucun moyen — aucun ! — de réguler si peu que ce soit leur développement. Et c'est peu dire que ces deux géants se moquent comme d'une guigne de nos soucis de bobos-écolos nantis, parisiens ou berlinois. S'ils s'intéressent à l'écologie, c'est avant tout parce qu'ils savent que la crise des matières premières interviendra de manière massive d'ici 2020, et qu'ils seront eux aussi touchés.

L'ÉCOLOGIE DE LA PEUR ET DE L'URGENCE : UN COCKTAIL EXPLOSIF

Cela posé, l'omniprésence des idéologies qui visent à attiser les peurs, comme si nous étions à la veille de l'apocalypse, me paraît au plus haut point fâcheuse. Voyez le personnage que s'est façonné Nicolas Hulot au fil des ans, un homme talentueux et sympathique qui incarne ce qu'on pourrait appeler l'écologie populaire, dont le premier représentant fut le commandant Cousteau. Ce qui ne va pas, c'est son côté attrape-tout, tantôt favorable à la croissance, tantôt à la décroissance, incarnant cet écologisme debout sur les freins qui entend limiter, taxer et interdire au nom du principe de précaution, alors que nous avons plus que jamais besoin d'audace et d'innovation. Je connais Nicolas Hulot pour avoir travaillé avec lui à la fin des années 90, à une époque où il était clairement chiraquien, à vrai dire bien plus que moi. Nous avions élaboré de concert, pour le Premier ministre Alain Juppé, un projet visant à mettre sur pied un comité d'éthique de l'environnement analogue au comité d'éthique pour les sciences de la vie. L'idée était de soumettre à l'appréciation et à la discussion d'experts scientifiques de tous horizons les trois questions suivantes : qu'est-ce qui est vrai dans les risques que nous encourons ? Qu'est-ce qui est faux ? Et, enfin, qu'est-ce qui reste indécidable en l'état actuel de nos connaissances ? Le texte portant création de ce comité avait été rédigé par les juristes de Matignon et approuvé par Alain Juppé, malgré la résistance acharnée de Corine Lepage, alors ministre de l'Écologie, très soucieuse de ne pas voir amputer une part de ses prérogatives. Il devait entrer en vigueur quand la dissolution de l'Assemblée nationale et la démission du Premier ministre ont brisé cette initiative.

Ce projet n'a pourtant rien perdu de sa pertinence. Les fonds n'étant pas extensibles à l'infini, je suis convaincu que pour mener une bonne politique écologique le problème numéro un réside dans la hiérarchisation des priorités. S'agit-il prioritairement de sauver les baleines de l'Arctique ? Je ne le crois pas. De lutter contre le réchauffement climatique ? Peut-être, le débat n'est pas clos : les variables du climat étant incertaines et d'une infinie complexité, il se révèle extrêmement difficile de prévoir en toute certitude les effets de possibles mutations du climat à l'échelle de cinquante ans. La dépollution des eaux et des nappes phréatiques me paraît en revanche constituer un problème majeur auquel il faudrait très sérieusement s'atteler. N'étant toutefois ni un scientifique ni un spécialiste de ces questions, je ressentais justement, pour cette raison même, le besoin d'un lieu de débat éclairé et éclairant, pour le plus grand bénéfice des politiques comme des citoyens. Sur le fond, nous étions donc, Nicolas Hulot et moi-même, sur la même longueur d'onde.

Et depuis ?

Depuis, Nicolas Hulot a beaucoup changé, il s'est même radicalisé au point qu'il semble parfois être passé du côté des théoriciens de la décroissance. Je dois dire que son dernier film mérite à cet égard la palme d'or de l'ambiguïté. D'un côté (et pour soigner sa gauche), il nous livre un plaidoyer en faveur de l'anticapitalisme ; de l'autre (car il faut tout de même soigner sa droite), l'animateur d'« Ushuaïa », sur TF1, jure ses grands dieux qu'il est tout sauf hostile au monde de l'entreprise. Reste qu'on le sent secrètement ravi de démontrer que les peuples naturels, dont son magazine ne cesse de faire l'éloge, sont un modèle de sagesse tandis que l'abominable homme moderne serait responsable du réchauffement climatique et, avec lui, de toutes les catastrophes à venir. Il va donc falloir faire payer aux humains leur démesure et leur orgueil, les punir par des taxes, des restrictions et des interdits…

En dehors du courant incarné par Nicolas Hulot, d'autres sensibilités vous semblent-elles émerger, plus responsables ou plus en phase avec le souci humaniste qui vous habite — je songe notamment à Europe Écologie ?

En gros, je distinguerais, au sein de l'écologie actuelle, deux grands courants d'inspiration très différente. Le premier, dont la logique médiatique fait merveille et que Nicolas Hulot semble rallier, voire conduire — mais où est-il au juste et le sait-il lui-même ? —, repose sur trois piliers : la *peur*, l'*urgence* et la *décroissance*. La *peur*, devenue l'une des passions dominantes de l'univers démocratique, ne serait plus une passion triste, infantile et honteuse — nous avons peur de tout, des OGM, de la côte de bœuf, du téléphone portable, du sexe, de l'alcool, du tabac, de la vitesse, des nanotechnologies, de l'effet de serre, du réchauffement climatique, des volailles, de Claude Allègre, etc. Dans l'optique de cette écologie-là, la peur devient au contraire le premier pas de la sagesse, car elle nous ferait prendre conscience des menaces que le développement industriel fait peser sur la planète. D'où cette stratégie présente dans la plupart des films d'horreur écocatastrophe qu'on nous inflige à jet continu ces derniers temps, de Nicolas Hulot à Al Gore, en passant par Yann Arthus-Bertrand. Leur message nous porte à l'opposé de toute la tradition philosophique qui, d'Épicure à Nietzsche, avait montré que la peur était le principal obstacle à la sagesse, qu'elle empêchait les humains de vivre bien, libres, lucides et généreux, de penser, d'agir et d'aimer. En outre, cette « heuristique de la peur », comme l'appelle le philosophe allemand Hans Jonas, l'auteur du *Principe responsabilité*, tient en horreur la contestation démocratique, et c'est justement pourquoi il lui faut surfer, pour s'en débarrasser, sur la vague d'angoisse qui submerge nos sociétés. Résultat : une nouvelle peur s'ajoute, chaque mois, aux précédentes.

Le deuxième pilier, c'est l'*urgence* : « Assez discuté, la parole est aux actes ! La planète brûle, il faut en finir avec l'éthique de la discussion. » Et pourquoi pas, tant qu'on y est, avec la démocratie ? Même Daniel Cohn-Bendit a critiqué Nicolas Hulot sur ce point, n'hésitant pas à le comparer à Olivier Besancenot. Cette idéologie de l'urgence a des accents autoritaires déplaisants. D'ores et déjà, elle offre aux khmers verts l'insigne bonheur de bloquer les voies sur berges à Paris et de traiter les automobilistes en délinquants, les embouteillages ainsi occasionnés dussent-ils accroître la pollution et transformer en cauchemar la vie quotidienne de milliers de gens.

Troisième pilier : soumettre l'économie à l'écologie (et non l'inverse), ce qui, en dépit de toutes les dénégations, revient à aller dans le sens de la *décroissance*. Or, les théoriciens de celle-ci sont absolument incapables d'assumer les conséquences humaines et sociales de la solution qu'ils défendent : aggravation inéluctable du chômage et de la misère, faillite des entreprises, augmentation telle des déficits publics qu'elle rendrait la prochaine crise ingérable, sans parler du retour probable de grands conflits mondiaux. Aujourd'hui, la décroissance est notamment défendue par notre ancien ministre de l'Environnement, Yves Cochet, un homme dont je ne partage pas les idées, mais que j'estime et auquel je reconnais une grande intelligence ainsi qu'une réelle probité intellectuelle. J'ai toujours plaisir à l'écouter. À ses yeux, pourtant, le développement durable et la croissance verte sont des impostures, la crise des matières premières étant tout à la fois inéluctable et proche (ce qui est incontestable). Nous courons, selon lui, à la catastrophe (ce qui, en revanche, n'est pas certain), si bien que dans cette logique la décroissance serait inévitable. Yves Cochet propose donc de la programmer volontairement et politiquement au lieu de la subir passivement, une position qui implique bien entendu que nous renoncions à l'horizon illusoire du consumérisme. Outre les conséquences dramatiques que cela entraînerait sur le plan humain en termes de chômage et de faillites d'entreprises, cette perspective me semble dépourvue d'efficacité pour une autre raison, qui tient encore une fois au fait que nous n'avons absolument aucun moyen d'imposer quoi que ce soit à la Chine ou à l'Inde, deux pays de plus de un milliard d'habitants, à la fois autoritaires et ultra-libéraux. La peur et l'urgence alliées à la décroissance forment en vérité un cocktail explosif. Du reste, Yves Cochet le reconnaît lui-même : on ne saurait fonder un programme politique sur la décroissance. Il attend donc que la catastrophe nous amène à prendre conscience du danger et, le cas échéant, à réagir. Rien, là, de très engageant...

Mais cette écologie-là se présente malgré tout comme humaniste...

C'est exact. L'écologie profonde, telle qu'elle existait au début des années 90, au moment où j'ai écrit *Le Nouvel Ordre écologique*, a finalement subi le même sort que le gauchisme des années 70 : elle a été laminée par l'histoire. Mais de même que ce dernier reprend du poil de la bête sous la forme de l'altermondialisme, elle aussi se recompose. Si la théorie actuelle de la décroissance ne se confond pas tout à fait avec l'écologie profonde, elle n'en épouse pas moins, bien qu'en sous-main, les discours les plus virulents de l'altermondialisme, avec cette diabolisation systématique de tout ce qui relève, peu ou prou, de la logique d'entreprise, du monde marchand, du capitalisme et des marchés financiers. Par comparaison, les positions défendues par les militants d'Europe Écologie me paraissent plus raisonnables, hormis leur opposition au nucléaire. Daniel Cohn-Bendit est un démocrate ouvertement hostile à la décroissance. Il est clairement favorable à l'éthique de la discussion et, en ex-porte-parole du fameux « Jouir sans entraves » comme du non moins célèbre « Il est interdit d'interdire », Dany a quelque peine à défendre l'idée que ce serait justement par des interdits et des contraintes qu'on ferait avancer les choses. Contrairement à d'autres, passés du rouge au vert pour continuer de dénoncer l'abomination des sociétés libérales, il me semble qu'il a plutôt bien évolué depuis 68.

POUR UNE ÉCOLOGIE DE L'INTELLIGENCE COMPATIBLE AVEC LA DÉMOCRATIE

Vous-même soulignez que la civilisation du déracinement et de l'innovation qui est la nôtre n'est pas incompatible avec le souci d'une meilleure protection de la nature. Dans Le Nouvel Ordre écologique, *vous allez jusqu'à concéder que l'écologie adresse un redoutable défi à l'humanisme moderne. D'où, dans ce domaine-là aussi, l'importance que vous accordez à l'élaboration d'une écologie fondée sur une critique interne, donc réformiste, de la modernité — une écologie animée par des passions aussi démocratiques que le souci de soi, le respect de l'individu ou la recherche des conditions d'une vie bonne sur cette terre. Cette écologie humaniste représente-t-elle à vos yeux le deuxième grand courant que vous annonciez tout à l'heure ?*

Je pense qu'il n'y a pas trente-six solutions : soit on opte pour la décroissance, en assumant les conséquences que je viens d'évoquer, mais je vois mal comment Yves Cochet et ses amis vont s'y prendre pour convaincre les Indiens, les Brésiliens ou les Chinois de les suivre, sans parler des Français ! Soit on choisit de parier sur l'intelligence humaine, sur l'innovation scientifique et sur l'intégration de l'écologie à l'économie, sous la forme de la croissance verte. Or, cela suppose que l'on cesse de stigmatiser la recherche scientifique, en particulier sur les OGM, mais aussi que l'on renonce à inventer des usines à gaz aussi absurdes que la taxe carbone dans un seul pays. Cette mesure franco-française ne servait absolument à rien sur le plan écologique — vue de Chine ou du Brésil, cette initiative solitaire, donc inefficace, prêtait même franchement à rire. En concevant cette taxe, il s'agissait certes, pour le gouvernement français, de donner l'exemple en maintenant le bras de fer avec les États-Unis : il s'agissait d'un beau « sujet G20 ». Une écologie de l'intelligence et de l'innovation me semblerait préférable, et de loin. En effet, comment allons-nous procéder pour doubler la production agricole dans les cinquante années à venir si nous voulons nourrir la planète ? Croit-on sérieusement y parvenir en instaurant de nouvelles taxes, en renonçant au progrès scientifique et en interdisant la recherche sur les OGM ?

Il faudrait donc parier sur la science ?

C'est en investissant massivement dans la recherche, et en jouant sur les variables que nous maîtrisons, que nous disposons d'une (petite) chance de nous en sortir. Je dis « petite », parce que rien n'est joué, et il n'est pas sûr qu'avec une croissance à deux chiffres le développement de la Chine ne pose pas rapidement d'insurmontables problèmes. Pour l'heure, il s'agit néanmoins, pour nous autres Européens, de la seule stratégie possible. L'atome et le génie génétique montrent en effet que la science peut, dans certains cas, nous permettre d'imaginer un développement infini : une source d'énergie infinie (avec l'énergie atomique), des médicaments ou des aliments en quantité potentiellement infinie (avec la génétique). C'est en proposant des solutions nouvelles et inventives, des technologies propres et moins dévastatrices que les anciennes — de la voiture électrique au nucléaire fiable, en passant par les maisons basse consommation —, que nous aurons une chance de nous en tirer. Là encore, je ne suis pas un scientifique et mes exemples ne sont peut-être pas les bons. Reste que nous n'avons pas d'autre choix. Quant à la crise des matières premières qui se profile pour demain, le marché se chargera dans un proche avenir de nous rappeler à l'ordre et de nous rendre plus raisonnables. Si nous voulons aller de l'avant, il va cependant falloir investir dans la recherche — et massivement. Or, quand les écolos détruisent des plantations d'OGM, ils anéantissent des années de travail scientifique, ce qui montre à quel point ils sont encore à côté de la plaque.

NATURE ADMIRABLE, SCIENCE MALÉFIQUE : UN CHANGEMENT HISTORIQUE DE PARADIGME

Le peu de confiance que nous semblons désormais accorder à la science ne constitue-t-il pas un obstacle à la mise en place de cette écologie de l'intelligence et de l'innovation pour laquelle vous plaidez ?

La difficulté tient à ce que, saisis que nous sommes par les idéologies sécuritaires et leurs litanies fanatiquement anxiogènes — et de ce point de vue, les tenants du « réchauffisme » dans la querelle climatique portent une grande responsabilité —, c'est la nature qui nous semble aujourd'hui admirable et la science maléfique. Pour autant que je sache, cette atmosphère intellectuelle n'a guère de précédent dans l'histoire. Du coup, on en oublie que mère nature, loin d'être toujours un partenaire harmonieux et fidèle, se révèle la plupart du temps un redoutable adversaire. Quoi de plus « naturel » que le virus du sida (des centaines de milliers de morts), le tsunami en Asie (300 000 victimes), le tremblement de terre en Haïti (250 000), l'irruption du volcan islandais, les incendies en Russie ou les inondations catastrophiques de l'été 2010 en Chine ou au Pakistan ? La nature n'est pas toujours une bonne mère…

La logique qui s'impose, si nous voulons assurer la survie de l'espèce humaine, se situe aux antipodes de la sacralisation de la nature couplée à un rejet de la science. Plutôt que de nous méfier des mille et une innovations que nous réservent les prétendus apprentis sorciers d'une technoscience mondialisée, nous ferions mieux de miser sur les avancées de la connaissance. D'autant que, derrière tous ces discours, il y a au fond l'idée qu'il faudrait réduire drastiquement la population mondiale, si possible de plusieurs milliards d'individus, une idée que le commandant Cousteau n'avait pas hésité à énoncer à haute voix… Bref, ces prétendues solutions n'en sont pas. C'est un peu comme les Verts à Paris qui, pour en finir avec les voitures et décourager leur usage, aménagent d'autorité des trottoirs et des remblais sur les boulevards pour provoquer volontairement des encombrements. Encore une fois, ces mesures ne servent qu'à installer une idéologie de l'urgence foncièrement antidémocratique. Et, malheureusement, ça marche ! Parce que cette vision surfe sur la superstition (la science diabolique) et, surtout, sur une peur proliférante. Comme le conseillait Machiavel au prince : si tu veux conserver ton pouvoir, plutôt que de t'appuyer sur les riches, la police et l'armée, appuie-toi sur la passion la plus puissante et la plus répandue : la peur. Nous avons aujourd'hui des Machiavel au petit pied qui ne savent pas ce qu'ils font et qui n'ont d'ailleurs jamais lu *Le Prince*…

*L'écologie profonde (*deep ecology*) dont vous dénonciez les dérives extrémistes il y a près de vingt ans, à une époque où elle tendait à devenir l'idéologie dominante des mouvements alternatifs en Allemagne et aux États-Unis, vous semble-t-elle reprendre du poil de la bête en cette première décennie du* XXIe *siècle ?*

Vous m'auriez posé cette question il y a trois ans, je vous aurais répondu que la *deep ecology* était complètement carbonisée et discréditée. Or, ce n'est plus tout à fait le cas. L'écologie profonde se recompose plutôt qu'elle ne disparaît et revient, ces temps-ci, par deux biais : par le biais de la crise, qui redonne du muscle aux théoriciens de la décroissance, et par la vogue altermondialiste et anticapitaliste. Comme naguère l'écologie profonde, qu'il récupère d'ailleurs en quasi-totalité, l'altermondialisme recycle dans un même mouvement des thèmes traditionnels de l'extrême droite, y compris l'antisémitisme déguisé en antisionisme, comme des motifs hier futuristes de l'extrême gauche. Et ils ne sont pas forcément incompatibles, surtout dans le domaine écologique.

Je vous le disais, il revient à l'Allemagne nazie d'avoir élaboré en Europe les premières grandes lois sur la protection de la nature et des animaux sauvages (en s'opposant explicitement à la tradition française de la loi Grammont qui ne protège que les animaux domestiques). C'est ce pathos des années 30 que l'on retrouve dans l'écologie profonde à travers l'idée qu'il n'est, avec le monde occidental, aucun compromis possible. Contre l'uniformité, le consensus, les prétentions à l'universalité, l'écologisme fait l'éloge de la diversité, de l'enracinement et de la singularité, donc aussi bien du local (version de gauche) que du national (version de droite). En France même, sur la question de la protection des animaux, le Front national (FN) a toujours été en pointe — Brigitte Bardot en est un bon exemple, et Jean-Marie Le Pen le rappelait récemment : « L'écologie, c'est le Front national qui l'a inventée ! » Une fois de plus, ce n'est pas un hasard : préférer la nature aux humains est l'un des lieux communs de l'extrême droite. Il ne s'agit évidemment pas de dénoncer l'écologie en général comme étant intrinsèquement « pétainiste » ou « gauchiste » : ce serait délirant, et cela manquerait en outre le sens de la lame de fond qui s'empare aujourd'hui des sociétés démocratiques. C'est justement parce que l'écologie est une affaire sérieuse qu'il ne faut pas en laisser le monopole aux écologistes profonds. D'où la nécessité d'intégrer l'écologie à l'économie dans un cadre démocratique. C'est dans ce sens qu'il faut agir, certainement pas dans le sens d'un « retour à la nature » dont Voltaire prédisait déjà qu'il nous ferait marcher à quatre pattes…

Si vous me permettez de reformuler ce que nous venons de dire de manière plus systématique, je dirais les choses de la façon suivante : le problème écologique fondamental prend aujourd'hui la forme d'une véritable antinomie, d'une contradiction absolue entre deux propositions, d'autant plus difficile à résoudre que la thèse et l'antithèse paraissent également justes. Sa formulation la plus simple pourrait être à peu près celle-ci :

Thèse : nos économies ont besoin de la croissance, sans quoi, de toute évidence, nous assisterons à des faillites d'entreprises, donc à l'augmentation du chômage et de la misère, à quoi s'ajoutera un accroissement des déficits publics qui rendra d'éventuelles prochaines crises économiques ingérables.

Antithèse : en l'état actuel de nos connaissances, il est clair que la croissance mondiale est littéralement intenable, et ce pour une raison que personne ne peut nier sérieusement : l'Inde et la Chine entrent désormais de plain-pied dans la logique de la production et de la consommation à l'occidentale ; or, si les deux milliards et demi d'habitants de ces deux pays avaient le même niveau de vie que le nôtre, par exemple le même nombre de voitures par tête d'habitant, toutes les ressources de la planète n'y suffiraient point.

La croissance est donc tout à la fois nécessaire et intenable. Comment résoudre l'antinomie ? Il n'y a plus, désormais, que deux réponses possibles. La première, dans la filiation directe du Club de Rome, consiste à opter pour la décroissance. Celle-ci étant inévitable à ses yeux, il est urgent de la programmer politiquement et de l'assumer volontairement plutôt que de la subir passivement — ce qui suppose, sur le plan philosophique et moral, que l'on sorte d'une vision du monde dominée par l'horizon illusoire et mercantile du seul consumérisme. L'objectif ne manque ni d'ampleur ni d'attraits, du moins pour ceux qui n'aiment ni la liberté individuelle ni la consommation.

Il se heurte pourtant à deux objections implacables. L'une est déjà contenue dans la thèse de notre antinomie : sans croissance, nous assisterons inéluctablement à la montée du chômage et de la misère, peut-être même à la faillite de certains États et probablement au retour de grands conflits mondiaux. Mais si l'écologiste pur et dur s'en accommode, s'il continue de penser que l'enjeu en vaut la chandelle, on lui fera valoir que la seconde objection vaudrait même si l'on contestait la première : nous n'avons de toute façon aucun moyen, je dis bien *aucun,* d'imposer quoi que ce soit à l'Inde et à la Chine, ce dernier pays, notamment, tout à la fois autoritaire, nataliste et ultralibéral, se moquant comme de l'an quarante de nos recommandations. Les impératifs du développement économique et de la croissance sont absolument prioritaires pour le gouvernement et, sans doute aussi, pour le peuple chinois, et nous, Européens, n'y changerons strictement rien, quoi que nous voulions ou fassions. Là se situe le vrai problème, pas ailleurs. Limités à la France, voire à l'Europe, nos principes verts ont en effet autant de sens que le socialisme dans un seul pays. Mais il y a plus : nous n'avons en outre aucune leçon à donner à ces peuples qui nous accusent de nous être nous-mêmes développés sans aucun égard pour le monde ni pour les peuples que nous avons colonisés et exploités à l'envi.

Il faut donc jouer sur les variables que nous maîtrisons et, par quelque bout qu'on prenne le problème, il ne nous reste que le pari de l'innovation et de la science. Là est notre vrai rôle, notre seule marge de manœuvre, du moins tant que notre avance historique à cet égard est encore réelle — ce pourquoi, cela dit au passage, la crise des vocations scientifiques qui gagne aujourd'hui la plupart des pays occidentaux est extrêmement préoccupante. C'est en inventant et en proposant au reste du monde des solutions nouvelles que nous pourrons peut-être, car rien n'est certain, « sauver la planète ». Cela suppose qu'on accélère, qu'on prenne des risques et qu'on valorise la recherche au lieu de s'empêtrer dans le funeste principe de précaution.

On pourrait développer, et sans doute nuancer chacun des arguments ou contre-arguments esquissés ici. Mais là n'est pas l'essentiel. Ce qui est remarquable, dans le cas de l'écologie, tient à la façon dont s'y nouent aujourd'hui trois préoccupations fondamentales de la politique moderne : la mondialisation, qui nous dépossède des leviers traditionnels et nationaux de l'action politique ; l'obligation de construire, par voie de conséquence, des entités supranationales pour retrouver un minimum de marge de manœuvre, mais aussi, et peut-être même surtout, l'impératif d'avoir enfin une conscience claire des finalités et des objectifs souhaités par les peuples démocratiques, en l'occurrence la protection des générations futures, à commencer par celles de nos enfants et de nos petits-enfants. Ici encore, je suis convaincu que seul l'amour né dans la sphère privée peut constituer à la fois le moteur et le carburant de l'action publique. Sans motivation forte, rien ne bougera en matière d'écologie et, plus généralement, de régulation du monde.

L'HOMME COMME ÊTRE CAPABLE D'AMOUR ET DE HAINE : LES LIMITES DE LA SOCIOBIOLOGIE

À propos de « marcher à quatre pattes », selon la formule de Voltaire, une partie de votre effort philosophique sur la question écologique vise aussi à faire comprendre que le monde humain et le monde animal appartiennent à deux ordres à jamais irréductibles. Vous affirmez ainsi que la question de l'humain revêt au fond deux visages complémentaires. Il y a, on l'a vu, l'homme comme être de transcendance, comme capacité de se libérer jusqu'à un certain point des codes qui l'enserrent. Et il y a l'homme, mais il s'agit du même, comme être capable d'amour et de haine, capable de prendre le mal comme projet. Souligner cela, est-ce aussi, pour vous, une façon de contrer cette nouvelle idéologie antihumaniste et assez envahissante que constitue la sociobiologie, maintenant que le marxisme est relativement passé de mode ?

Ces deux dimensions sont inséparables. La première, nous l'avons évoquée au chapitre précédent, est que l'homme est un être de transcendance qui échappe à tout enfermement dans des catégories. Cette anthropologie, dont nous avons vu comment elle venait des sophistes et de Pic, est à l'origine de la discussion que je mène depuis plusieurs années avec certains penseurs matérialistes, en particulier avec André Comte-Sponville. Pour eux, l'être humain n'a pas un corps et une histoire, il *est* son corps et son histoire, ce qui, à mon sens, constitue le principe même des visions métaphysiques traditionnelles de l'homme avec lesquelles l'humanisme a rompu. Deuxième dimension : c'est précisément cette transcendance — cette capacité qui nous est propre de ne justement pas nous réduire à notre corps et à notre histoire — qui, nous dit Fichte dans le sillage de Pic et de Rousseau, rend l'œil humain différent de celui de la langouste ou du pigeon. Tandis que l'œil de la langouste est totalement opaque — on n'y voit rien —, l'œil humain est ce fameux « miroir de l'âme » dans lequel se reflète toute la gamme de ses sentiments et, partant, tout ce qui, en lui, est en excès par rapport à ses codes historiques ou naturels. Si on raisonne en termes d'affects, cet excès renvoie à ces deux passions spécifiquement humaines, et pour ainsi dire prémorales, que sont l'amour et la haine. Comme je le montre dans *La Sagesse des Modernes* (1998), un livre de conversations avec André Comte-Sponville, si les sociobiologistes n'ont pas trop de difficulté à expliquer l'amour, la haine et la méchanceté leur posent en revanche un problème plus difficile parce qu'elles semblent bien n'avoir aucun équivalent dans la nature. Dans le règne animal, on voit bien sûr des bêtes faire du mal à d'autres bêtes, des chats qui, par exemple, mangent des souris, mais point de chat qui, pour autant, prenne explicitement le mal comme projet. Il y a une grande différence entre faire du mal et faire *le* mal…

En un sens, on rejoint ici votre réflexion sur la différence entre humanité et naturalité, développée dans plusieurs de vos livres, notamment dans votre anthologie intitulée Des animaux et des hommes *(1994)…*

Ces deux problématiques se recoupent, en effet, puisque les animaux étant ce qu'ils sont — incapables d'être en excès par rapport à eux-mêmes —, ils ne sont probablement susceptibles ni d'amour ni de haine : ils ont certes des affects, peuvent s'attacher à leur maître ou manifester leur contentement, mais ils ne connaissent pas ces deux passions typiquement humaines en ce qu'elles supposent, toutes deux, un excès par rapport à la logique de la seule nature. Pour reprendre le même exemple, quand un chat mange une souris vivante, il lui fait évidemment du mal, contrairement à ce que dit Descartes. Mais le chat n'est pas méchant, encore moins démoniaque : il attrape et mange la souris, un point c'est tout. Et s'il joue avec, comme le font les jeunes chats, c'est pour perfectionner l'apprentissage de la chasse, pratique qui, du reste, disparaît presque totalement avec l'âge. L'homme, en revanche, est capable de méchanceté et de perversité : seul il peut prendre le mal pour projet, car seul il est un être libre au sens d'un écart avec les règles de la nature qui dominent la logique de l'instinct animal. Ce qui définit le sadisme, c'est bien le plaisir gratuit de transgresser l'interdit et d'infliger à autrui une souffrance inutile. L'homme jouit du mal qu'il inflige, précisément parce qu'il sait (contrairement au chat) que sa proie souffre. Il en va de même pour la générosité ou les conduites altruistes : seul l'homme est généreux, capable de prendre le bien pour projet ou de se réjouir de l'existence d'autrui de manière désintéressée. L'animal, lui, protège ses petits par instinct.

Je ne dis pas cela au hasard, sans avoir sérieusement travaillé l'éthologie contemporaine. Ann Premack, une des plus éminentes spécialistes des grands singes, note ainsi que, dès l'âge de deux ans, les enfants sont capables de partager des émotions avec leurs parents, de les entraîner vers une fenêtre pour regarder un feu d'artifice ou un spectacle qui les attire. Lorsqu'un singe acquiert le langage humain — et on sait que certains bonobos parviennent à maîtriser plusieurs dizaines de mots sur ordinateur —, il ne l'utilise jamais pour partager des émotions, seulement pour demander ou pour obéir. Les variétés les plus intelligentes de chimpanzé ne maîtrisent pas cette relation au sens qui rend possible la *réciprocité* — qui permet tout à la fois de se faire comprendre et de comprendre autrui : de se distancier de soi afin de s'intéresser à autrui suffisamment en profondeur pour lui imputer des intentions, saisir ce qu'il veut dire et, partant, prendre plaisir à partager une histoire, une expérience ou des connaissances avec lui.

Il n'en reste pas moins malaisé de faire admettre cela à certains biologistes matérialistes, comme Jared Diamond, tout à leur souci de démontrer que certains animaux possèdent des embryons de culture ou d'histoire qui les rapprocheraient de nous. Souvent, pour ce qui touche au penchant vers le bien, les scientifiques vous expliqueront que, si vous protégez vos enfants, c'est parce que, de tout temps, les animaux que nous sommes veillent instinctivement sur leurs gènes. À l'inverse, pour le mal, on aura des travaux néodarwiniens visant à débusquer chez l'animal un penchant à la torture. J'ai eu de nombreuses discussions avec des savants sur la question des grands singes. Quand ils croient découvrir que quatre bonobos en auraient torturé un cinquième, ils sont au comble du bonheur : cela semble prouver à leurs yeux que la méchanceté « excessive » existerait déjà dans le monde animal. Allez donc savoir ! Je continue, jusqu'à preuve du contraire, à penser que la pratique de la méchanceté ou de la perversité proprement démoniaque constitue un argument majeur en faveur de la différence entre humanité et animalité. C'est ce que j'appelle la « preuve par le mal ». L'homme, lui, pratique la torture avec un luxe de raffinement dans la souffrance infligée à autrui qui n'a aucun équivalent dans la nature, même chez les bonobos. C'est parce que l'homme est au-delà ou en excès par rapport à la réalité matérielle qu'il peut prendre en vue le bien ou le mal.

Lorsque vous parlez par métaphore du « divin » en l'homme — « l'homme-Dieu » —, n'est-ce pas au fond cette faculté d'être en excès de soi que vous désignez par cette image souvent mal comprise sous votre plume ?

Oui, bien sûr. Quand je parle du « divin » en l'homme, je ne veux évidemment pas dire que l'homme serait pourvu de certains attributs divins comme la toute-puissance ou l'omniscience, encore moins qu'il serait admirable, épatant et sans défaut. Je vise cette disposition *méta-physique*, cet écart, cette capacité d'arrachement ou de non-coïncidence, bref, cette capacité d'excès par rapport à la nature que nous venons d'évoquer longuement et qui est également à l'origine de la disposition morale. C'est elle qui ouvre un abîme entre le monde humain et le monde animal, entre la culture et la nature. Bien entendu, les arguments que je vous donne ici ne sont qu'embryonnaires, mais je les ai notamment développés dans *Qu'est-ce que l'homme ?* (2000), un dialogue avec Jean-Didier Vincent, un de nos grands biologistes.

9

Mondialisation, liquidation du sens et naissance d'un deuxième humanisme

ALEXANDRA LAIGNEL-LAVASTINE — *Dans plusieurs de vos livres récents, vous avancez l'idée selon laquelle nous assisterions aujourd'hui à l'émergence d'un nouvel humanisme. Vous parlez en ce sens d'une « sacralisation » sans précédent de l'humain. Dans le même temps, vous développez une critique sans concession de la logique contemporaine de la mondialisation libérale, ce stade ultime du capitalisme dont vous n'hésitez pas à dire qu'il nous fait entrer dans un monde totalement dénué de sens. Vous déplorez ainsi les effets antihumanistes d'une société d'hyperconsommation au sein de laquelle plus rien, ou presque, ne transcende l'empire du marché. Pourriez-vous expliciter ce paradoxe ?*

LUC FERRY — À vrai dire, le paradoxe n'est qu'apparent. Le temps présent est traversé par deux mouvements ou deux dynamiques contradictoires et cependant inséparables. D'un côté, celle de la mondialisation libérale, parvenue à maturité dans les années 90 au moment où l'Internet va rendre les marchés financiers instantanés, et qui tend, comme jamais à l'époque moderne, à déposséder les hommes du sens et de la maîtrise de leur destin. D'un autre côté, et bien que le XXe siècle ait beaucoup contribué à creuser la distance qui nous sépare de l'humanisme des Lumières, on assiste à l'émergence de *nouvelles figures du sens*, lesquelles gagnent le collectif, mais à partir d'un autre terrain — celui de l'intimité, de la vie privée, de la famille —, sans que nous en ayons encore véritablement pris la mesure, ni compris les impacts que cette révolution de la vie privée pouvait avoir sur la sphère publique et politique. Tandis que les discours nostalgiques ou réactionnaires continuent de faire fureur, nous vivons, depuis quelques décennies, l'avènement d'un nouvel âge de l'humanisme : un humanisme moins centré sur la raison et sur les droits, comme à l'époque des Lumières, que sur le sentiment et sur la *relation à l'autre*. Pour comprendre comment émerge ce deuxième humanisme et ce qui le caractérise, permettez-moi de remonter un peu en amont dans l'histoire. Il faut en effet distinguer deux âges de l'humanisme et deux âges de la mondialisation, et les mettre en rapport l'un avec l'autre.

LES DEUX ÂGES DE LA MONDIALISATION

Mais je vous en prie… Vous écrivez vous-même, dans Apprendre à vivre *(2006), que « penser le passage d'une époque à une autre, d'une vision du monde à une autre, fait désormais partie de la philosophie elle-même ». Je sens en outre que vous allez derechef fâcher les déclinologues de service comme les progressistes béats !*

Ce n'est pas grave… Pour aller à l'essentiel, on peut dire que l'époque des Lumières a inauguré un premier âge de la mondialisation — une *mondialisation optimiste*, adossée à la perspective d'une amélioration lente, mais inéluctable, du sort de l'humanité grâce à la science et à la politique. Avec la découverte du principe d'inertie ou de la gravitation universelle, la révolution scientifique met en effet en place, pour la première fois dans l'histoire de l'humanité, un discours qui vaut pour tous les êtres humains et traverse toutes les frontières. Auparavant, nous étions en quelque sorte dans la collection « Contes et légendes » : les discours antérieurs (mythologies, cosmologies, philosophies) ne possédaient jamais qu'une portée régionale. La première figure de la mondialisation est donc liée à l'humanisme des Lumières — celui de Kant, de Voltaire ou des encyclopédistes français, mais aussi des utilitaristes anglais —, qui se présente comme un humanisme fondé sur l'universalité des droits et de la raison humaine. Cet humanisme, on l'a vu, ne s'en accommodait pas moins de la colonisation, de l'impérialisme, voire du racisme, et dans ce domaine il est clair que quelque chose a profondément changé, depuis, en Europe. Après la Seconde Guerre mondiale, notamment, et après les mouvements de décolonisation, nous assistons à la naissance progressive d'un deuxième humanisme, à la fois post-colonial, post-déconstructionniste et possiblement post-métaphysique. J'y retrouve à bien des égards des éléments qui m'intéressent d'autant plus qu'ils me semblent correspondre parfois à ce qui constitue, depuis le commencement, l'essentiel de ma recherche philosophique *(voir chapitres 4 et 7)*. L'histoire des XIXe et XXe siècles nous donne en effet à observer la transition d'un humanisme juridique et rationaliste à un humanisme qui va accorder une place croissante à l'amour et au souci de l'autre, à ce deuxième humanisme largement lié à l'invention, en Europe, du mariage librement choisi, par affinité élective. C'est d'ailleurs ce souci grandissant des autres qui a alimenté une critique de plus en plus virulente du capitalisme sauvage et de l'individualisme moderne, contribuant ainsi puissamment à animer les mouvements sociaux, à l'origine de la création des États providence.

Tel est le paradoxe dont il faut partir à mes yeux pour comprendre le siècle qui s'achève : l'essor du capitalisme et le vaste processus de déconstruction des valeurs traditionnelles qui a dominé le XXe siècle ont certes débouché sur l'épanouissement du consumérisme illimité et sur la montée en puissance d'un sentiment de non-sens, comme si le cours de l'histoire se déroulait désormais hors de la volonté des hommes (deuxième mondialisation). Mais il a aussi induit l'histoire de la famille moderne et, à travers elle, une *sacralisation de l'humain* qui incite sans cesse davantage, comme en témoigne la naissance des mouvements humanitaires et, plus largement, caritatifs, à la fraternité et à la solidarité. Voilà qui pourrait même constituer le socle à venir d'un réenchantement de la politique. C'est bien ce double mouvement qu'il s'agit de penser car il explique ce sentiment étrange que nous éprouvons si souvent sans pouvoir le rendre clair, que le monde est à la fois plus brutal ou plus insensé que jamais et, malgré tout, plus critique et plus soucieux des autres, les deux moments de cette proposition étant également vrais.

Pourriez-vous revenir plus en détail sur ce passage de la première à la deuxième mondialisation, d'une modernité optimiste (celle des Lumières) à une seconde vague, la nôtre, plus pessimiste et inquiète, mais qui, dites-vous, donnerait en même temps chair à l'idée d'un sacré incarné au cœur de l'humanité et non plus, comme jadis, dans diverses boursouflures métaphysiques ?

Le premier âge de la mondialisation se confond tout simplement avec la grande révolution scientifique qui débute au XVIe siècle pour s'épanouir au XVIIIe. La science moderne incarne en effet, comme je le suggérais à l'instant, la première forme de discours à *vocation mondiale*, un discours qui prétend valoir pour tous les hommes, en tout temps et en tout lieu, pour les riches comme pour les pauvres, pour les aristocrates comme pour le peuple. La loi de la gravitation n'est pas réservée à quelques-uns, à une élite : elle est à la fois universelle et démocratique. Auparavant, rien d'équivalent : qu'il s'agisse de la mythologie, de la religion, des arts ou des littératures, nous avions affaire à des discours toujours limités à des cultures particulières. Il faut avoir toute l'arrogance d'un Européen pour s'imaginer que le catholicisme est universel :

au fin fond de la Chine du XVIIIe siècle, personne ne savait qui était le Christ.

Qu'est-ce qui distingue à vos yeux cette première mondialisation de la nôtre ?

C'est d'abord le fait qu'elle était portée par un extraordinaire *projet de civilisation*, à la fois pratique et politique — de quoi faire rêver le président Nicolas Sarkozy. Car il faut bien voir que ce discours rationaliste et scientifique n'était pas seulement porteur d'un projet de connaissance, il ne visait pas uniquement à percer à jour les lois de la nature. Au-delà, il s'agissait bien, sur le plan moral comme sur le plan politique, d'édifier une civilisation nouvelle susceptible de rendre l'humanité à la fois plus libre et plus heureuse. La *liberté* et le *bonheur* enfin accessibles à tous : tels étaient les deux objectifs. Pour reprendre le mot de Saint-Just, le bonheur, au siècle des Lumières, était une « idée neuve en Europe » (propos discutable, bien sûr, mais néanmoins significatif). La science de l'époque ne s'intéressait pas seulement aux *moyens* de dominer le monde pour le dominer, par pure fascination narcissique pour notre propre puissance, mais aux *fins* que cette domination allait nous permettre d'atteindre. Elle possédait en ce sens une visée émancipatrice qui impliquait, d'une part, qu'on libérât l'humanité des chaînes de la superstition et de l'obscurantisme moyenâgeux et, d'autre part, qu'on s'affranchît de la tyrannie de la nature, brutale et indomptable — songez, par exemple, au terrible tremblement de terre de Lisbonne qui frappa tant les esprits en 1755. La colonisation elle-même s'inscrit paradoxalement dans cette optique puisqu'elle visait, dans l'esprit de ceux qui l'ont envisagée, à émanciper les peuples, y compris par la force et la violence. La première mondialisation se donne ainsi un objectif transcendant, une *finalité supérieure* tant par rapport à la science qu'à l'histoire.

Ce premier âge de la mondialisation, marqué par l'idée que l'histoire possède un sens, jusqu'où le faites-vous perdurer ?

Je dirais qu'en Europe ce « grand dessein » tiendra, *grosso modo*, jusqu'à la Seconde Guerre mondiale, et même jusqu'aux années 70. Le nazisme, et avec lui l'image du SS cultivé torturant un Juif en écoutant Beethoven, posait déjà un immense problème au premier humanisme. Comment soutenir, après Auschwitz, que le progrès des Lumières et des sciences va de pair avec le progrès de la civilisation ? Après la guerre, l'idéologie du progrès se survit malgré tout à elle-même pendant un certain temps. C'est encore elle qui anime le chancelier Adenauer ou le général de Gaulle lorsqu'il déclare que « la ménagère » aimerait bien avoir un frigidaire, une machine à laver, et « pourquoi pas une auto » : il pense encore que le progrès des sciences et des techniques va « libérer la femme » des tâches domestiques et, plus généralement, apporter liberté et bien-être à l'humanité. Au cours des Trente Glorieuses, beaucoup continuent de nourrir l'espoir, bien qu'affaibli, que le cours de l'histoire nous emmènera vers le mieux grâce aux « progrès de l'industrie ». Qu'il s'agisse de combattre l'illettrisme, d'œuvrer à l'amélioration du confort moderne ou à l'approfondissement de la démocratie et des droits de l'homme, le mouvement de la société demeure aspiré par la représentation d'un idéal ou d'un monde meilleur. De Voltaire à de Gaulle, nous continuons donc, droite républicaine et gauche démocratique confondues, d'évoluer dans l'humanisme du progrès « première manière ». Une évolution certes ponctuée d'accidents mineurs ou d'autres majeurs — comme le nazisme —, mais dont le cours paraît malgré tout globalement tracé…

À quel moment précis se produit selon vous le basculement vers la mondialisation que nous connaissons aujourd'hui ? Dans Familles, je vous aime. Politique et vie privée à l'âge de la mondialisation *(2007), vous en faites un tableau très sombre, de quoi sérieusement ébranler ceux qui veulent voir en vous un libéral : « Dans le monde technicien, c'est-à-dire, désormais, dans le monde tout entier puisque la technique, comme l'a dit à juste titre Heidegger, est un phénomène sans limites, planétaire, il ne s'agit plus de dominer la nature ou la société pour être plus libre et plus heureux, mais de maîtriser pour maîtriser, de dominer pour dominer. Pourquoi ? Pour rien justement ou, plutôt, parce qu'il est tout simplement impossible de faire autrement... », écrivez-vous. Faut-il comprendre ce passage d'une mondialisation à l'autre comme une rupture radicale ?*

La deuxième mondialisation représente à la fois le produit de la première et une rupture totale avec elle. On pourrait dire, en termes plus philosophiques, que la première phase de la mondialisation a engendré la seconde de manière dialectique, au sens où l'entend Hegel, c'est-à-dire au sens où le premier terme engendre son contraire, sans forcément le vouloir ni le savoir. Ce passage, je l'interprète donc comme un *renversement dialectique*. La première modernité, celle des Lumières, a donné naissance à la nôtre au gré d'une filiation presque nécessaire, mais cette dernière est entrée point par point en rupture avec elle. Ce mouvement n'est pas dû au fait que les Européens se seraient subitement inspirés d'un modèle de société nouveau : c'est en se retournant contre elle-même, au fil d'un approfondissement de ses propres principes, que la première mondialisation engendre la deuxième. Pour le dire autrement, c'est de leur propre mouvement que les Lumières produiront en partie l'inverse des promesses dont elles étaient porteuses à l'origine. Un seul exemple : la République nous promettait que nous ferions notre histoire et maîtriserions notre destin. Or, dans la deuxième mondialisation, il nous échappe comme jamais, la machine économico-financière tournant quasiment toute seule.

Comme je l'ai suggéré tout à l'heure, cette deuxième mondialisation ne s'accomplit vraiment qu'avec l'expansion d'Internet et des nouvelles technologies de l'information. On peut donc la faire remonter aux années 90, qui marquent à cet égard un véritable saut qualitatif. En effet, et contrairement à une croyance encore trop répandue, la globalisation ne découle pas seulement de l'irruption, dans le concert des nations, de ces deux superpuissances que sont désormais la Chine et l'Inde. Elle ne se réduit pas davantage à l'« américanisation du monde », à notre entrée dans la logique américaine de la production et de la consommation. Si la mondialisation s'est progressivement mise en place depuis le XVIIIe siècle avec l'essor du capitalisme, la révolution numérique des années 90 nous a fait basculer dans autre chose. D'une part, elle rend la communication sur les marchés financiers instantanée, de l'autre elle met chacun en relation avec tous, de sorte que les entreprises sont désormais ouvertes sur le grand large, y compris les petites, par le biais des systèmes fiscaux. Cette révolution, qui entraîne avec elle un écrasement de l'espace et du temps tout à fait inédit, a en outre pour effet de nous plonger dans le même monde alors que nous évoluions, il y a encore peu, selon des rythmes de développement très différents. Or, voilà que les sociétés européennes se retrouvent d'un coup dans la même temporalité que l'Iran, l'Afrique ou l'Asie.

Vous employez souvent la métaphore de la « chute » pour caractériser le monde contemporain. En quel sens ?

Au sens où ce qui caractérise surtout cette deuxième mondialisation — et je ne suis pas sûr que nos contemporains en aient suffisamment conscience — tient à ce que le grand projet de civilisation que nous évoquions est pour ainsi dire victime d'une *chute*, au sens biblique ou platonicien du terme : au lieu de s'inspirer d'idéaux transcendants, de fins extérieures et susceptibles de constituer les éléments d'un « grand dessein » — le progrès, la liberté, le bonheur, l'idée républicaine, les droits de l'homme, etc. —, la révolution scientifique *tombe* pour ainsi dire dans la structure de la compétition tous azimuts, si bien que le mouvement qui domine nos sociétés va progressivement se réduire à n'être plus que le résultat mécanique de la libre concurrence entre leurs différentes composantes. Les fins deviennent des moyens et les moyens deviennent des fins. Nul ne sait plus où peut bien nous mener le cours d'un monde mécaniquement engendré par la compétition et non plus dirigé, fût-ce seulement en idée ou en principe, par la volonté des hommes collectivement regroupés autour d'une cause commune (principe qu'incarnait par exemple une institution comme le Commissariat au plan). C'est cette chute que nous allons appeler « mondialisation » ou « globalisation », un terme qui fait son apparition dans les années 80, et ce n'est pas un hasard.

Du coup, le point essentiel consiste dans le fait que le projet des Lumières « tombe », pour ainsi dire, dans la structure de la concurrence généralisée — concurrence entre les individus, les entreprises, les peuples, les cultures, les universités ou les laboratoires scientifiques. Cet état de *benchmarking* et de compétition incessante où se voient placées toutes les activités humaines change tout au projet même de la modernité et, du coup, à la nature de cet humanisme des droits et de la raison propre au premier âge de la mondialisation. Pourquoi ? Parce que non seulement le cours du monde nous échappe de plus en plus, mais parce que, privé de sens, c'est-à-dire de signification et de direction, il semble désormais soumis à la seule logique adaptative de la nécessité et de l'urgence.

Pour bien saisir cette rupture radicale, songeons à nouveau à ce que les écoles de management appellent le *benchmarking*, autrement dit la nécessité, pour les entreprises, de se comparer sans cesse au voisin, d'innover en permanence, d'augmenter leur productivité et de développer l'application de leurs connaissances à la consommation. L'entreprise qui fabrique des téléphones portables aura comme *benchmark* telle ou telle firme rivale. Son patron, au fond, ne sait qu'une chose et une seule (sur le reste, il peut avoir toutes sortes d'hésitations) : s'il ne sort pas dans trois mois un *smartphone* plus joli, plus performant, mieux connecté, bref plus innovant que celui que nous avons aujourd'hui dans nos poches, il est fichu ! Il s'agit là non d'un projet, mais d'une contrainte. Or, cette logique change tout au premier humanisme. Si l'innovation devient la règle absolue du monde, l'histoire n'avance plus mue, ne fût-ce que partiellement et en idée, par la représentation d'une fin, d'un grand projet, d'un idéal, mais au contraire « poussée dans le dos » par l'obligation mécanique, anonyme et aveugle faite à chaque entreprise et à chaque pays d'avancer, d'innover ou de crever.

Vous professez là une vision qui, de prime abord, semble rejoindre les critiques les plus radicales du capitalisme mondialisé et de ses conséquences pour l'homme contemporain. À vous entendre, on ne serait d'ailleurs pas très loin de la sélection naturelle selon Darwin, ce qui constitue tout de même une vertigineuse régression…

Oui et non. Régression par rapport au projet républicain, mais régression qui engendre aussi de fantastiques progrès sur le plan technique et, parfois même, humain. Quand nous allons à l'hôpital, nous sommes forcément contents de bénéficier d'appareils ou de médicaments ultra-performants par rapport à ceux des années 30. Mais il est vrai qu'en termes de sens de la politique, c'est un désastre : il faut le dire, et ce n'est pas parce qu'on est un libéral ou un républicain de droite qu'on est obligé d'être idiot. Oui, l'économie contemporaine fonctionne de façon analogue à l'évolution que décrit Darwin, à ceci près qu'elle va mille fois plus vite : une espèce qui ne s'adapte pas finit par s'éteindre au fil des décennies ou des siècles, une entreprise qui n'innove pas chaque jour est vouée à une mort prochaine. Si s'adapter, dans l'univers de la mondialisation, signifie innover et innover sans cesse, la notion même de « sens de l'histoire » s'en trouve intégralement bouleversée puisque nous n'avançons plus, encore une fois, que poussés par la nécessité de la survie, par la logique quasi automatique d'une compétition d'autant plus immaîtrisable qu'elle se trouve disséminée sur toute la surface du globe. Les causes efficientes ont remplacé les causes finales. Contrairement à l'idéal de civilisation hérité des Lumières, la mondialisation libérale apparaît ainsi comme un processus *définalisé* — dépourvu de finalité, de sens et d'objectif défini. On peut certes trouver cela désespérant, mais cette contrainte d'adaptation n'en demeure pas moins irrépressible. Il ne s'agit pas d'une question de goût : nous ne sommes pas confrontés à un choix parmi d'autres, mais bien à un impératif.

L'ÉCLIPSE DU SENS

D'où cette image du gyroscope qu'on trouve sous votre plume ? C'est intéressant, car Zygmunt Bauman, sociologue et philosophe d'origine polonaise — un néomarxiste très intelligent —, l'affectionne aussi. Il l'utilise notamment dans le cadre de sa réflexion sur l'éducation, que vous pourriez, je crois, signer des deux mains, quand il fait valoir que la tâche d'éduquer aujourd'hui est confrontée à des défis tout à fait inédits. Là où la mémoire était par exemple considérée comme une richesse, la voilà qui apparaît comme potentiellement incapacitante. De même pour les valeurs stables, les cadres cognitifs solides ou les liens de loyauté : tout cela, explique Bauman, est désormais perçu comme autant de freins ou d'obstacles dont il faudrait débarrasser la voie. La façon même dont il analyse notre passage d'une modernité « solide » à une modernité « fluide » ou « liquide » est finalement assez proche de la vôtre. Au fond, on se retrouve dans la situation décrite il y a déjà longtemps par Emerson : quand on est sur des patins à glace, le salut se trouve dans la vitesse… L'entendez-vous ainsi ?

J'ignorais que Zygmunt Bauman utilisait lui aussi cette métaphore, mais il est clair que l'analyse que je produis là est d'inspiration marxienne : elle consiste au fond à dire, comme Marx l'avait parfaitement vu, que le capitalisme révolutionne en permanence les forces productives et les rapports de production. La différence avec Marx vient de ce que le sens de l'histoire a disparu, car nous savons bien que ce mouvement permanent de rupture et d'innovation — mouvement dont je prétends que l'art moderne et, plus généralement, toute la culture d'avant-garde n'est que le reflet superstructurel — ne conduit pas au communisme entendu comme fin de l'histoire. Autre différence avec les marxistes, je ne suis pas à proprement parler « hostile » à la mondialisation, une position qui, à mes yeux, n'a guère de sens. D'abord, parce qu'elle est un fait incontournable et que le problème n'est pas tant de la combattre que de la *réguler*. Ensuite parce qu'elle possède d'incontestables vertus, à commencer par le fait qu'elle ouvre des univers jusque-là repliés sur eux-mêmes et fermés les uns aux autres, sans parler du fait que si les inégalités entre riches et pauvres s'accroissent, toutes les analyses économiques montrent que la mondialisation bénéficie aussi, et malgré tout, aux plus démunis : il est indéniable, par exemple, que les Chinois et les Indiens sortent de la misère. L'Afrique, à coup sûr, suivra.

La deuxième mondialisation n'en pose pas moins un énorme problème, qui m'apparaît bel et bien comme le défi majeur de la politique moderne : non seulement celui du sens, mais plus encore celui de l'efficacité de la politique qui, au niveau national, sombre chaque jour davantage dans l'impuissance, voire dans l'insignifiance face aux énormes machines économico-financières internationales. Certains néomarxistes passés par l'École de Francfort peuvent bien sûr partager cette opinion, à ceci près qu'ils imaginent toujours qu'il y a derrière les processus visibles des puissances cachées qui tirent les ficelles, ce dont je doute radicalement. Le jeu des marchés financiers est bien plus mécanique, anonyme et aveugle qu'on ne l'imagine. En outre, je ne crois pas que nous nous accordions sur les remèdes...

L'image du gyroscope pour caractériser le temps présent me paraît en tout cas assez appropriée. En effet, de même qu'un gyroscope doit tourner en permanence sur son axe pour ne pas tomber, un cycliste pédaler pour ne pas chuter ou quelqu'un qui dévale un escalier aller de plus en plus vite pour ne pas perdre l'équilibre — par où je rejoins le patineur d'Emerson —, de même il nous faut sans cesse « progresser », même si nous n'avançons plus par rapport à un grand dessein, mais par rapport à une logique aussi contraignante qu'aveugle, l'innovation faisant désormais partie du cahier des charges. Au passage, nous profitons évidemment d'un certain nombre d'améliorations technologiques utiles, ne serait-ce que dans le domaine de la santé, de l'allongement de la vie, etc. Mais qui pourrait sérieusement penser qu'il sera plus libre et plus heureux parce qu'il aura dans trois mois un portable de quatrième génération ? Si personne n'est assez stupide pour le croire, il n'en reste pas moins que nous finirons tous, ou presque, par l'acheter.

Tel est le monde dans lequel nous vivons : un monde frappé par ce que Daniel Halévy appelait déjà « l'accélération de l'histoire » — une histoire où tout semble aller désormais à une vitesse vertigineuse, mais dont la finalité semble s'être totalement obscurcie. La mondialisation constitue l'accomplissement du projet nietzschéen de « liquidation du sens » et renvoie à la volonté de puissance définie comme volonté de volonté, comme volonté qui ne veut plus rien sinon sa propre intensification infinie. En fait, la mondialisation pourrait se laisser décrire comme l'incarnation de trois structures : la volonté de puissance, le « monde de la technique », au sens de Heidegger, ou encore le « procès sans sujet » d'Althusser (un processus que nul, désormais, ne contrôle véritablement), ce qui, encore une fois, pose de manière cruciale le problème de la régulation ou de la gouvernance mondiale.

En ce sens, on pourrait donc parler d'une « trahison des Lumières » ?

Oui, et j'avais d'ailleurs développé cette idée dès les années 80 dans un article publié dans *Le Débat*, où je plaidais pour une critique interne de la modernité, une critique qui s'adosse à la considération des promesses non tenues du monde démocratique. De fait, la promesse républicaine par excellence résidait dans l'idée qu'en balayant l'Ancien Régime nous allions enfin faire ensemble notre histoire et participer collectivement à son élaboration. Aujourd'hui, cette promesse est manifestement trahie comme jamais, l'action des hommes sur le monde dépassant désormais de toute part les volontés individuelles conscientes. Là encore, la formule de Marx selon laquelle les hommes font leur histoire mais sans savoir l'histoire qu'ils font s'applique à merveille. Jamais l'histoire n'a été aussi opaque qu'aujourd'hui. Nous avançons à toute vitesse, ne serait-ce que sur le plan technologique, mais sans savoir au juste ni vers quoi ni pourquoi. C'est évidemment cela qui inquiète dans la mondialisation, et les libéraux seraient bien avisés de le comprendre plutôt que d'ironiser sur la couardise de nos concitoyens.

Nous avançons dans le brouillard le plus complet. Là où, à

mon sens, les altermondialistes délirent carrément, c'est quand ils s'imaginent que derrière les marchés financiers se dissimuleraient des « gros » ou des puissants, renouant ici avec le fameux thème, à peine recyclé, des « deux cents familles », cher à l'extrême droite des années 30... Si c'était le cas, on pourrait au moins désigner des responsables et les pendre d'urgence, comme au bon vieux temps, avec les tripes du dernier curé. Je laisse ce beau et noble projet à Olivier Besancenot et Alain Badiou... Pour ma part, je crains malheureusement que la réalité ne soit beaucoup plus complexe. Qu'il s'agisse des marchés financiers ou des médias, il n'y a rien ni personne derrière, et assurément aucun complot, mais la seule et puissante logique de l'audimat ou, pour reprendre le vocabulaire de l'extrême gauche, de la « marchandisation du monde ». Les marchés, tout comme les journaux, sont semblables aux bancs de poissons dans les films de Cousteau : tout d'un côté, puis soudain tout de l'autre, mais hélas sans chef d'orchestre... Si le président Nicolas Sarkozy contrôlait la presse, comme le croient tant de paranos, je vous garantis que cela se saurait et se verrait : il n'en prendrait pas plein la musette tous les matins !

D'une chute l'autre, celle du mur de Berlin en 1989 vous semble-t-elle avoir favorisé cette « chute » des Lumières dans la compétition généralisée ?

L'avènement de la mondialisation libérale coïncide, en effet, avec l'effondrement du bloc communiste en Europe de l'Est. Et les deux événements sont liés dans la mesure où c'est précisément parce que l'économie communiste n'était plus dans la course, comme l'avait très bien vu Mikhaïl Gorbatchev, que ces régimes ont fini par imploser. Depuis, il n'y a plus qu'un seul monde, une situation que Francis Fukuyama a résumée, dans un livre désormais célèbre publié en 1992, en parlant de « la fin de l'histoire ». Tous les intellectuels français, ou peu s'en faut, se sont précipités, non sans jalousie parfois, pour crier haut et fort que cette thèse était absurde et son auteur un crétin. La vérité, c'est qu'ils n'y ont, la plupart du temps, rien compris. Fukuyama, que j'ai eu l'occasion de rencontrer et d'entendre aux États-Unis, est un homme d'une rare intelligence et, contrairement à nos têtes molles, il ne parlait pas au hasard, sans y avoir réfléchi.

Affirmer que nous sommes entrés dans la fin de l'histoire ne revient pas à soutenir qu'il n'y aurait plus d'événements historiques, ce qui serait absurde, mais à observer qu'avec la chute du communisme à l'est de l'Europe ne subsiste plus désormais qu'un seul principe de légitimité : la légitimité démocratico-libérale des régimes représentatifs. De fait, nous ne sommes tout simplement plus capables ne serait-ce que d'imaginer un régime légitime autre que la démocratie. Pourquoi ? C'est toute la question que pose Francis Fukuyama et, en bon lecteur de Hegel, il suggère que les principes de légitimité auraient tous été plus ou moins explorés au fil de l'histoire, jusqu'à ce que le plus conforme aux exigences fondamentales de l'humanité s'impose à nous. Cette thèse ne signifie pas non plus que nous serions entrés dans un monde post-conflictuel, ni que l'islamisme radical, par exemple, ne risque pas de faire des milliers, voire des millions de victimes, en particulier dans le monde arabo-musulman. Mais si le colosse islamiste représente bien l'un des derniers « blocs » à résister à cette unification du monde, l'intégrisme ne pourra jamais se prévaloir de la même légitimité que le communisme. Ce dernier pouvait se penser comme une alternative universelle au capitalisme, potentiellement valable pour l'humanité tout entière, tandis que l'islamisme intégriste, lui, ne saurait nourrir une telle prétention.

Il n'y aurait donc pour vous ni « deuxième » ni « troisième voie » ?

Non, et pour une raison de fond : l'humanisme démocratique est la forme politique qui correspond à une humanité parvenue à l'âge adulte. On peut régresser, on peut même revenir au despotisme asiatique ou aux théocraties si on y tient à tout prix, mais il ne s'agirait pas d'une nouveauté. Si nous pouvons diverger sur la forme de libéralisme que nous appelons de nos vœux, se vouloir plus ou moins social-démocrate, plus ou moins favorable à l'intervention de l'État, l'idée selon laquelle il existerait « une troisième voie », celle-là même qu'a théorisée en Angleterre le sociologue Anthony Giddens, me paraît surtout démagogique. La troisième voie de Giddens, c'est la social-démocratie, la vision politique dont Tony Blair avait besoin pour accéder au pouvoir, et il n'y a pas de quoi en faire tout un plat. Encore une fois, on peut raffiner, inventer des jurys populaires, de nouvelles formes de saisine des cours suprêmes, des défenseurs du peuple, des suffrages par Internet ou tout ce que vous voudrez pour perfectionner la démocratie libérale, mais on n'en sortira pas pour autant, sauf en régressant, l'« hypothèse communiste » elle-même représentant une terrible régression parmi d'autres possibles. Voyez, au demeurant, comment les pays de l'ex-bloc soviétique se sont précipités dans la mondialisation, certains, comme les Tchèques, devenant plus libéraux que tous nos ultralibéraux. Dans le même temps, et toutes les enquêtes le montrent, les Européens de l'Ouest et de l'Est ressentent d'un même mouvement la mondialisation comme une menace et un danger, comme un processus qui tend à évacuer l'homme et la subjectivité. Vous me direz qu'avec tout cela nous ne sommes toujours pas dans le nouvel humanisme, et qu'en parlant de « révolution de l'amour » je risque de passer pour un fou furieux…

LE XXe SIÈCLE OU LA LIQUIDATION DES VALEURS TRADITIONNELLES

Nous allons y venir ! Jusque-là, en effet, nous serions plutôt dans l'antihumanisme, et on ne voit guère comment votre « deuxième humanisme » va surgir de cette époque où, comme vous le soulignez vous-même, l'adaptation économique, l'innovation technologique et la consommation sont devenues des fins en soi. Mais cette même logique de l'innovation et de la table rase, en liquidant les vieilles transcendances de jadis, aurait libéré l'espace pour autre chose, en l'occurrence une véritable révolution de la vie privée, porteuse, selon vous, de bien des promesses — peut-être même d'un nouveau projet de civilisation. Bref, une autre dynamique semble venir contrarier la pente nihiliste où nous sommes embarqués. Comment ces deux versants s'articulent-ils au juste dans votre analyse ?

Votre résumé me va tout à fait, mais avant de le commenter et de le développer il faut insister un instant sur le fait que nous nous sommes à ce point habitués aux innovations et aux changements que nous en oublions parfois à quel point, au XXe siècle, l'essor du capitalisme a eu un effet corrosif sur les valeurs et les autorités traditionnelles comme jamais l'humanité n'en avait connu. Songeons aux bouleversements inouïs dont le continent européen fut le théâtre en moins d'un siècle. Laissons même de côté les innovations technologiques ou scientifiques que chacun vit quotidiennement — la télévision, Internet, la révolution numérique, les portables, les évolutions de la génétique ou de la médecine, etc. — et regardons tout bêtement l'état de nos villes et de nos campagnes : elles ont souvent davantage changé d'aspect en cinquante ans qu'en plusieurs siècles. Sur le plan artistique, nous avons déconstruit la tonalité et l'harmonie en musique, la figuration en peinture, affranchi le roman des contraintes de la chronologie et de la psychologie, bouleversé les règles du théâtre, de la danse, du cinéma. D'une manière générale, les principes de la culture classique, qui pour certains valaient depuis des siècles, se sont effondrés en un laps de temps incroyablement court. Et si l'on prend les figures traditionnelles du « surmoi », des morales conventionnelles, religieuses ou laïques, « bourgeoises » comme on disait en 68, la révolution des mœurs est impressionnante. Les valeurs encore tenues récemment pour quasi sacrées par la majorité de nos concitoyens nous font aujourd'hui sourire. Songez, par exemple, à l'évolution de la condition féminine ou du regard porté sur l'homosexualité. Ces évolutions sont donc loin d'êtres univoques : certaines — je pense aux femmes et aux homosexuels, notamment — sont infiniment positives, d'autres moins (comme l'état de l'école).

Mon propos, ici, n'a rien de nostalgique, les plaidoyers pour le « retour au bon vieux temps de la IIIe République » m'étant, je vous l'ai dit, totalement étrangers. Le point où je veux en venir est double. Il y a d'abord le constat que le siècle écoulé a fonctionné comme un acide surpuissant sur la plupart des normes, des autorités et des idéaux traditionnels, que ce soit dans le domaine des mœurs, de l'éthique, de l'esthétique ou de la culture. Une érosion telle que nous ne prenons pas toujours la mesure de ces mutations. Cette prise de conscience me paraît pourtant s'imposer et elle devrait également influer sur notre façon de repenser l'humanisme : vouloir faire retour à l'humanisme laïc ou chrétien de nos grands-parents, à notre bonne vieille république et à ses accents souverainistes à la française, serait aussi vain que de prétendre composer, peindre ou penser comme si Schönberg, Picasso ou Nietzsche n'avaient pas existé.

Deuxième point : si la déconstruction a accompagné l'avènement de la mondialisation libérale en contribuant à liquider les anciennes figures figées du « sens transcendant » — si bien que tout pourra devenir fluide et se soumettre aux exigences de la consommation —, la déconstruction a aussi accompagné, en parallèle, *l'avènement de la vie privée* ou de la famille moderne, fondée sur l'amour et le sacre de la personne. En libérant toutes sortes de dimensions naguère évincées ou absentes de la haute culture — les affects, la sexualité, l'irrationnel, l'absurde, les pulsions, le corps, l'inconscient —, la subversion tous azimuts a fait exploser les forces de la vie privée et conféré ses lettres de noblesse à ce culte de l'intime qui constitue l'autre facette du libéralisme — le terme n'étant nullement, ici, péjoratif. C'est pourquoi ce nouvel humanisme que je vois poindre est historiquement post-déconstructionniste, du moins contemporain d'une déconstruction dont il va tenir compte, cela ne fait aucun doute. Les révolutions capitaliste et déconstructionniste vont ainsi déboucher sur une conception tout à fait originale de l'individu, sur fond de laquelle il me paraît possible de repenser le collectif, voire de concevoir à nouveaux frais ce que Nietzsche appelait « la grande politique ». Tel est du moins le programme philosophique qui m'occupe depuis une quinzaine d'années.

Avant d'aborder de front ce qui caractérise ce deuxième humanisme, que se passe-t-il si nous regardons les bouleversements du XXe siècle du point de vue des acteurs qui les ont favorisés ? N'y retrouve-t-on pas les protagonistes de Mai 68 et, au-delà, les avant-gardes du XIXe et de la première moitié du XXe siècle ? Est-ce cela que vous avez en tête lorsque vous remarquez qu'en contribuant à abolir les dernières résistances susceptibles de brider la « marchandisation du monde », les bohèmes sont paradoxalement devenus le « bras armé des bourgeois » ?

En apparence, tout semble opposer le geste bohème, avant-gardiste et contestataire, au monde bourgeois du capitalisme et de l'argent. Toutefois, si on y regarde de plus près, ils sont liés comme les deux faces d'une même médaille, ce qui constitue à mon sens l'une des principales clés de compréhension du XXe siècle. Je vais vous le dire d'une phrase : il fallait que les valeurs traditionnelles fussent déconstruites (et pour certaines, comment ne pas s'en réjouir) par des jeunes gens révolutionnaires et utopistes, par des bohèmes, des contestataires ou des soixante-huitards avant la lettre, pour que nous, et surtout nos enfants, puissions entrer dans l'ère de l'hyperconsommation sans laquelle l'épanouissement du capitalisme mondialisé eût été impossible. Voilà, je crois, l'un des spots les plus éclairants que je connaisse pour comprendre le XXe siècle européen et le XXIe dans lequel nous entrons. En faisant table rase des traditions, le geste subversif a contribué comme aucun autre à nous plonger dans un monde de consumérisme addictif dont l'effet premier est de nous installer en permanence dans le manque afin que nous consommions toujours plus.

À cet égard, les acteurs et les penseurs de 68 furent les dindons de la farce : loin d'inventer un ordre nouveau sur le plan économique et politique, et loin d'en finir avec le monde bourgeois, ils n'ont fait — sans le savoir ni, bien sûr, le vouloir — que le renforcer et servir son essor. La preuve ? En France même, la Constitution de 1958 est, que je sache, toujours en place, nos institutions libérales sont intactes et quant au capitalisme, c'est peu dire qu'il est plus arrogant que jamais. Bref, nous n'avons eu ni révolution politique à la Tocqueville, ni révolution économique à la Marx, mais des révolutions « sociétales » qui, toutes, vont dans le même sens : celui de la liberté et de la jouissance. Les fameux slogans de Mai, relus sous cette lumière, apparaissent clairement, aujourd'hui, pour ce qu'ils sont, à savoir des incitations à la consommation et à l'hédonisme. « Jouir sans entraves », « Sous les pavés la plage » : éclatez-vous et n'obéissez qu'à vous-mêmes, bref, consommez ! Invitation au règne sans partage de l'individualisme libéral-libertaire…

Les déconstructeurs en tout genre furent les cocus de l'histoire. Et j'inclus dans ce mouvement la déconstruction philosophique qui a accompagné l'explosion de la société de consommation aux

États-Unis. La pensée de Jacques Derrida n'est rien d'autre que la superstructure du capitalisme mondialisé. Le sujet « brisé », éclaté, est aussi celui qui s'éclate. Quant à la « différence » et à la critique du « phallo-logocentrisme », elles ont magnifiquement accompagné l'essor du politiquement correct qui a littéralement dévasté les universités américaines et que l'écrivain Philip Roth a si intelligemment percé à jour dans ses romans. D'où l'avènement de la figure — cruciale — du bobo, du « bourgeois-bohème ». C'est un fait : la déconstruction de la vision traditionnelle du monde nous a débarrassés des vieilles lunes qui freinaient la consommation, de sorte que nous pouvons enfin nous y livrer sans retenue. Il revient ainsi, très paradoxalement, à la bohème d'avoir accompli la promesse du capitalisme moderne, y compris dans les aspects antihumanistes que nous évoquions tout à l'heure. Je ne dis pas que la déconstruction n'a pas eu ses effets positifs, notamment la prise en compte, dans l'art et la littérature, de dimensions de l'être humain que les académismes refoulaient. Mais elle correspond à merveille à l'adage de Marx : les hommes font l'histoire sans savoir l'histoire qu'ils font. C'est en ce sens que les bohèmes ont servi la soupe aux bourgeois, et ces derniers, qui les détestaient il y a un siècle, se sont d'ailleurs mis à les adorer. Ce sont aujourd'hui les grands financiers et les grands industriels qui se passionnent pour l'art contemporain, rarement les paysans et les ouvriers…

Quel est au juste le statut de cette analyse ? En suggérant que les bohèmes de 68 ont « fait l'histoire sans savoir l'histoire qu'ils faisaient », n'êtes-vous pas en train de leur appliquer cette approche « généalogiste » que vous leur avez tant reprochée par ailleurs ?

Vous avez tout à fait raison : il ne faut jamais omettre de s'interroger sur le statut de son propre discours. J'y pense souvent, mais je ne le dis pas forcément pour ne pas alourdir inutilement le propos. Puisque vous m'y invitez, je suis néanmoins très heureux de saisir l'occasion pour préciser les choses. Mon analyse tombe-t-elle ici sous les coups de ma propre critique de la généalogie ? Non, et voici pourquoi : j'ai toujours affirmé que la démarche généalogique, qui consiste à regarder du dehors les acteurs de l'histoire comme des êtres déterminés, voire manipulés, comportait des usages légitimes et des usages illégitimes. Elle est légitime toutes les fois où la logique de l'histoire, que ce soit avec un grand ou un petit « h », échappe aux individus. La même chose se passe sur le plan personnel : lorsque vous commettez un gros lapsus, un acte manqué particulièrement réussi, si j'ose dire, alors vous êtes bien obligé de reconnaître que Freud a raison et que l'approche généalogique, en l'occurrence, est ici légitime. En revanche, s'il s'agit de tester une hypothèse scientifique, de pratiquer ce que le philosophe Karl Popper (1902-1994) appelle la « falsifiabilité », elle est totalement hors de propos : lorsque Einstein prédit une éclipse et décrit *a priori* les observations qu'on pourra faire de tel point de l'Afrique (l'expérience d'Edington en 1910), la question de savoir quelle est la part de son inconscient dans l'affaire n'a aucune pertinence. Le seul problème qui vaille est de savoir si ses prédictions vont être, oui ou non, contredites par l'expérience. En revanche, lorsque les bohèmes servent la soupe aux bourgeois, ils ressemblent furieusement à celui qui commet un lapsus : ils ne font pas ce qu'ils veulent, les effets de leurs propos et de leurs actes leur échappent. Ici, la généalogie retrouve sa pertinence, et il ne faut pas s'en priver.

L'essentiel est de bien comprendre que la généalogie, légitime dans certains cas, ne l'est pas dans tous : il faudrait élaborer une théorie de la légitimité de la grille de lecture généalogique dont le principe serait que lorsque l'histoire, individuelle ou collective, nous échappe, il faut s'interroger sur les motifs de cette dépossession, motifs qui se situent alors forcément hors de la conscience claire. Il s'agit, je le précise, d'une grille de lecture que je ne réserve nullement aux autres, mais que je m'applique aussi à moi-même.

Cette sévérité envers les bohèmes comporte tout de même un paradoxe puisque vous admettez que la contre-culture a contribué, en liquidant les « vieilles idoles », à la montée des valeurs de l'intimité, donc à l'arrivée du deuxième humanisme. En outre, il semble que vous vous réappropriiez en partie la critique nietzschéenne du nihilisme quand vous dénoncez, dans son sillage, la nostalgie de la grande espérance politique ou métaphysique, nostalgie où s'enracinent le ressentiment envers l'ici-bas et le dénigrement de la vie privée. En 1991, vous aviez pourtant initié, dans la collection du Collège de philosophie chez Grasset, un ouvrage collectif précisément intitulé Pourquoi nous ne sommes pas nietzschéens. *Qu'en est-il au juste ?*

Il y a un léger malentendu, qui tient sans doute à l'ambiguïté de certaines de mes formulations à propos des bienfaits de la déconstruction, notamment le fait qu'elle a libéré ce que les académismes refoulaient. En vérité, je ne pense pas que la déconstruction ait vraiment contribué, en liquidant les vieilles idoles et en libérant l'intimité, à la montée du deuxième humanisme. Toute ma thèse, dans *La Révolution de l'amour* (2010), thèse que je reprends aux meilleurs historiens du Moyen Âge, consiste à soutenir que c'est bel et bien le capitalisme lui-même, avec l'invention du salariat, qui fut à l'origine du mariage d'amour et de la famille moderne. Voilà pourquoi ces deux mouvements — le désenchantement (mondialisation et déconstruction) et le réenchantement (sacralisation de l'humain à travers l'invention de la famille moderne) — traversent la modernité démocratique.

La déconstruction libère des éléments cachés de la vie intime et s'inscrit dans ce vaste mouvement du capitalisme, mais elle n'en est nullement l'auteur : elle en est bien davantage l'effet que la cause. Si la « contre-culture » a incontestablement travaillé à ce que le sens tende désormais à s'incarner ici et maintenant, dans les liens d'amitié ou la vie de famille, ce fut là un résultat bien involontaire, aussi involontaire que d'avoir encouragé de façon forcenée la consommation de masse.

Pour ce qui concerne la critique nietzschéenne du nihilisme, je la reprends en partie à mon compte et j'assume pleinement cette réappropriation. Dans l'ouvrage auquel vous faites référence, nous en appelions d'ailleurs à penser *avec* Nietzsche *contre* Nietzsche. Avec Nietzsche, car les écailles nous sont tombées des yeux au sens où nul ne croit plus au Savoir absolu, au Sens de l'histoire ou à la transparence absolue du Sujet. Contre lui, car je ne pense pas que la philosophie soit vouée à l'exercice infini du « marteau » et de la déconstruction.

Avec Nietzsche encore, car, quand on éprouve chez soi, dans sa maison, dans une vie privée racornie et ratée, le sentiment que « la vraie vie est ailleurs », la perspective d'une sacralisation de la vie privée ne peut que faire fuir. J'ai toujours constaté que les soixante-huitards les plus fanatiques, les plus dogmatiques et les moins joyeux avaient de sacrés problèmes privés, d'où leur investissement dans le collectif. Les idéologues qui en appellent, avec un look à la Robespierre ou à la Saint-Just, à la nécessité de redonner espoir en ressuscitant les utopies défuntes les plus mortifères (écologisme, fondamentalisme, altermondialisme radical, maoïsme délirant, etc.) me semblent terriblement suspects. Je crains fort que ces inventeurs de grandes causes supérieures à l'individu, non contents d'avoir gâché leur vie, ne veuillent aussi pourrir celle des autres avec un acharnement vindicatif qui n'a d'égal que leur entêtement dans l'illusion. Méfiez-vous d'eux, disait justement Nietzsche, ce sont des « empoisonneurs » ! Il avait vu juste sur ce point : c'est toujours dans le poison de nos échecs ou de nos frustrations qu'on trempe la plume d'où jaillissent les grands récits politiques déconnectés des hommes — et souvent tout prêts à les sacrifier… À défaut d'oser dire clairement que la vie quotidienne ne vaut rien, on feint d'avoir le regard ailleurs, tourné vers le ciel de l'utopie plutôt que vers la terre. Attention, danger…

VERS UN DEUXIÈME HUMANISME : LA RÉVOLUTION DE L'INTIMITÉ

Expliquez-moi, au milieu de tous ces bouleversements, dans une mondialisation qui ne connaît plus que la rapidité, la superficialité, l'innovation tournant à vide et le consumérisme effréné, comment pointe le museau du deuxième humanisme ?

Nous y arrivons ! Car le principal effet de la mondialisation capitaliste, en marche depuis le XVIIIe siècle, c'est l'arrachement aux vieilles structures communautaires — un arrachement qui consacre la naissance de l'individu moderne si bien décrite par Tocqueville comme par Marx, et à peu de chose près dans les mêmes termes. Le mot « individualisme » apparaît d'ailleurs dans les années 1830 pour désigner cette émancipation des individus par rapport aux communautarismes traditionnels. Ces structures étaient avant tout religieuses et paysannes. Cela s'appelle un village, avec une église et un clocher au milieu des fermes. Le capitalisme constitue bien le moteur de cette histoire puisque c'est avec son corollaire, *l'invention du salariat*, que des masses de gens vont monter vers les villes pour devenir ouvriers et ouvrières, travailler dans des fabriques, des usines ou des maisons bourgeoises. Ces jeunes y gagnent alors une double liberté. Celle de l'*anonymat*, qui leur permet d'échapper au contrôle social du village, de la famille et du curé ; et celle du *salaire*, qui leur procure pour la première fois une autonomie matérielle. Notez au passage que c'est aussi grâce au salariat que les femmes, qui accèdent enfin à une relative autonomie, deviennent des individus autonomes et à part entière, capables de gouverner leur existence.

C'est là que vous situez l'apparition du mariage d'amour par opposition au mariage de raison ?

Oui, et les historiens des mentalités le montrent très bien, notamment Edward Shorter dans son excellent livre, *Naissance de la famille moderne* (1981). Celle-ci, et avec elle le mariage d'amour, peut être considérée comme une des premières grandes conséquences de la mise en place du marché du travail. Dès lors que les individus s'affranchissent des encadrements collectifs anciens où ils étaient mariés contre leur gré — par tradition ou par convenance entre les familles —, le mariage choisi s'installe peu à peu comme une nouvelle forme de vie commune. C'est aussi dans ce cadre nouveau que l'amour des enfants va prendre peu à peu une importance jusqu'alors inconnue, les produits de l'amour étant en général eux-mêmes des objets d'amour. Le mariage d'amour est d'apparition récente et occidentale puisqu'il ne deviendra vraiment la règle en Europe qu'à partir des années 50. Dans mon enfance encore, du moins dans un milieu bourgeois, on ne se mariait guère sans l'autorisation du père. Aujourd'hui, personne ne songe à revenir en arrière : je ne connais aucune femme en Europe qui voudrait être mariée de force par ses parents ou par son village…

L'autre conséquence connexe de cet arrachement au monde villageois réside dans la distance prise à l'égard de la religion. D'où l'expansion de la *laïcité* qui supposait un éloignement par rapport au poids de la communauté indissolublement paysanne, villageoise et religieuse. Bien entendu, la question même du sens de la vie s'en trouvera peu à peu bouleversée puisque c'est désormais l'amour profane, et non plus l'amour de Dieu, qui donnera sa signification la plus manifeste à l'existence des individus.

Nous verrons aussi que cette révolution de la vie privée aura des conséquences d'une profondeur abyssale sur le plan politique et collectif. C'est donc de l'émancipation des individus par rapport au village que naîtront d'un même mouvement, en Europe, et la laïcité et le mariage d'amour. Avec l'inévitable revers de la médaille — la reconnaissance du *droit au divorce* —, mais aussi la sacralisation des enfants en tant qu'ils sont justement les fruits de l'amour.

En effet, dès lors que l'on fonde le mariage sur la passion ou sur le sentiment amoureux, on le fonde sur quelque chose d'éminemment variable et fragile : il suffit que le lien affectif s'éteigne ou se renverse pour que la séparation s'impose. Ce thème est omniprésent dans la littérature, que l'on songe par exemple à la nouvelle de Maupassant, *Jadis*, où une vieille dame, qui vit toujours dans les valeurs de l'Ancien Régime, explique à sa petite-fille que « le mariage et l'amour n'ont rien à voir ensemble. On se marie pour fonder une famille, et on forme une famille pour constituer la société », lui dit-elle. On ne se marie donc qu'une fois, mais, ajoute-t-elle comme une invitation au libertinage, « on aime vingt fois ! ». Voilà précisément pourquoi, dans ce monde-là, on ne divorce pas. En revanche, aussitôt qu'on fonde le mariage sur le sentiment, et non plus sur le lignage, sur la transmission du nom et du patrimoine à l'aîné, sur la biologie ou l'économie, on l'enracine forcément dans quelque chose qui mènera au divorce dès lors que le sentiment se transformera en indifférence ou en haine. La récente expansion des divorces n'a donc rien à voir avec le fait que la famille va mal. Contrairement à ce qu'on pense dans les milieux conservateurs, les valeurs de la famille se portent mieux que jamais. J'irai même jusqu'à dire que le chiffre de 50 % de divorces seulement parmi les mariages fondés sur l'amour tient presque du miracle… Et sans les enfants, les divorces seraient sans doute plus nombreux encore. Pourquoi ? Parce que l'amour passion n'a qu'un temps et que sa transformation en tendresse, en complicité et en amitié amoureuse ne va pas de soi. Il faut savoir passer, comme l'écrit très justement Denis de Rougemont (1906-1985), de la passion à l'action, de l'amour qui vous emporte à l'amour que l'on choisit et que l'on construit.

Troisième aspect : l'avènement d'un *amour parental* sans doute inconnu des temps anciens, un amour dont on rencontre peut-être l'expression dans l'Antiquité, mais très peu au Moyen Âge. Aujourd'hui, la perte d'un enfant représente la pire chose qui puisse arriver au sein d'une famille. Dans l'Ancien Régime, elle était souvent perçue comme beaucoup moins grave que celle du cheval ou du cochon. C'est là ce que montrent de manière implacable les travaux d'un historien comme Jean-Louis Flandrin. Sur ce point, il faut lire aussi François Lebrun, *La Vie conjugale sous l'Ancien Régime* (1975). Au Moyen Âge, l'amour des enfants était rare et peu développé, et la mortalité très élevée. Si étonnant que cela puisse paraître, cette situation n'évoluera que très lentement entre le XVIe et le XVIIIe siècle. Jean-Louis Flandrin rapporte ainsi le cas de cette nourrice à qui l'on avait confié douze bébés et qui, en vingt ans de métier, n'en rendra pas un seul vivant sans que cela n'émeuve quiconque. De fait, la mise en nourrice qui, au siècle des Lumières, touchait cinq à six enfants sur dix dans les classes populaires, équivalait souvent à une mise à mort (entre 62 et 75 % des nourrissons y périssaient avant d'avoir atteint l'âge de un an). Et puis, souvenons-nous : Bach et Luther ont perdu chacun une dizaine d'enfants, Rembrandt ses trois premiers-nés : ils en avaient du regret, sans plus. Rousseau, quant à lui, en abandonne cinq, conformément à un comportement encore assez répandu à son époque. Quant à Montaigne, notre grand humaniste, il écrit à un ami qu'il a perdu « deux ou trois enfants en nourrice » (*sic !*), bref, il ne se souvient plus bien du nombre exact… Voilà qui semble aujourd'hui totalement étranger à notre façon de penser, comme si les historiens du Moyen Âge étaient un peu les ethnologues d'une tribu exotique...

Si je vous suis bien, la famille, selon vous, va donc devenir, au terme de cette évolution, une sorte de sanctuaire du sens dans l'univers de la mondialisation libérale. C'est inattendu car on aurait plutôt tendance à placer la notion de famille du côté du conservatisme. Or vous regardez au contraire l'invention de la famille moderne comme une sorte de révolution culturelle (si j'ose dire) aux conséquences abyssales... Ne craignez-vous pas quand même que cette vision puisse passer pour quelque peu désuète, voire « pétainiste » aux yeux de certains ?

Étant donné le climat ambiant, cela ne me surprendrait guère, mais c'est tout à fait absurde. La famille glorifiée par le maréchal Pétain est le contraire exact de la famille moderne : c'est la famille traditionnelle, pas la famille choisie et fondée sur l'amour. Quant à ses enfants, ce sont ceux du « Allons enfants de la patrie », pas ceux de la passion érotique. Quand on se donne la peine de la retracer, l'histoire de la famille moderne montre que celle-ci n'est nullement un thème exclusif de la droite, comme on le répète de manière mécanique, mais à l'inverse l'un des fleurons de l'aventure démocratique. Le livre de Léon Blum sur le mariage d'amour en témoigne, tout comme la revendication du divorce, qui émane de la gauche et sur laquelle le régime de Vichy reviendra. L'émancipation à l'égard des communautés villageoises, qui emprisonnaient les gens dans des traditions intangibles et les contrôlaient en permanence, va obliger les hommes et les femmes à agir comme des êtres *autodéterminés*, pour ainsi dire contraints à la liberté ainsi qu'à la poursuite de leurs intérêts et de leurs objectifs propres, d'abord au travail puis dans leur vie privée. Le mariage d'amour constitue en ce sens une expression de l'*individualisation* propre à la modernité. Je ne vois là rien qui renverrait à un lieu commun réactionnaire ou à une pensée « de droite », laquelle valoriserait plutôt l'emprise du milieu ou de la tradition. Du reste, quoi de plus démocratiquement partagé que la vie amoureuse et affective, le souci de l'avenir d'un enfant, la relation au bonheur, mais aussi à la maladie, à la souffrance et à la mort — toutes choses qui nous exposent également, les uns et les autres, riches ou pauvres, puissants ou faibles, au drame de la finitude.

La famille moderne vous apparaît donc comme le lieu par excellence où s'épanouirait aujourd'hui un nouvel humanisme de l'amour et, partant, un nouvel horizon de sens pour la vie en commun ?

Oui, mais il ne s'agit nullement de faire l'apologie de la famille comme telle ni du repli sur la sphère privée. Je le précise car ceux qui n'ont lu ni mon livre ni ceux des historiens, et qui croient tout comprendre alors qu'ils ne s'en tiennent qu'aux clichés les plus superficiels, me font sans cesse la même objection : « À une époque où les grandes utopies sont en crise, vous prônez un retour sur le cocon familial »... C'est si stupide que cela finit par en être singulièrement irritant. Car ce qui m'intéresse, c'est précisément l'inverse : examiner en quoi cette révolution par laquelle s'instaure un nouveau mode de vie peut aujourd'hui représenter le *levier* d'un certain réenchantement du monde, non seulement dans la sphère privée, mais plus encore dans celle de la politique, du collectif, du public. La famille est à l'évidence l'instance à partir de laquelle est né et s'est développé, sans qu'on en prenne forcément conscience, cet humanisme du souci de l'autre caractéristique de l'époque contemporaine, et naturellement voué à s'étendre au-delà du cercle familial.

En fait, et ce point est crucial à mes yeux, la révolution de l'amour (la naissance de la famille moderne, choisie et fondée sur le sentiment) aura deux effets politiques extraordinairement profonds. Le premier coïncide avec la naissance de l'humanitaire moderne, qui représente une formidable extension de la première génération des droits de l'homme, auparavant réservés aux citoyens d'une même nation. L'humanitaire moderne va étendre le souci de l'autre à l'humanité tout entière, et cette extension constitue une conséquence directe de la montée en puissance de la famille fondée sur l'amour — les deux histoires étant du reste rigoureusement parallèles. Le deuxième effet est plus visible et plus frappant encore : sous l'effet de l'accroissement vertigineux de l'amour des enfants, la problématique des « générations futures » (quel monde allons-nous laisser à nos enfants ?) deviendra centrale. Elle va peu à peu remplacer les deux anciens motifs de sens et de sacrifice collectif qui avaient animé toute la politique moderne (la nation à droite, la révolution à gauche), de sorte que toutes les grandes questions politiques vont se réorganiser sous son égide : la question de l'environnement, mais aussi celle de la dette publique, du choc des civilisations, de l'avenir de la protection sociale dans le cadre de la mondialisation, bref, tout ce que la politique compte comme questions cruciales est d'évidence bouleversé par la révolution de l'amour dans la vie privée. Il faut vraiment avoir de la boue dans les yeux pour ne pas le voir.

Du coup, par-delà les apparences et par-delà le lamento habituel sur le « tout fout le camp » ou sur le fait que la famille se porterait plus mal que jamais — familles disloquées, recomposées, monoparentales, etc. —, la vérité est que le seul lien social qui se soit approfondi, enrichi et intensifié depuis deux siècles est celui qui unit les générations à partir de l'expérience familiale. Je suis convaincu que c'est en elle, mais surtout à partir d'elle, qu'apparaissent de nouvelles formes de solidarité dans le reste de la société. C'est parce que nous faisons, avec nos proches, l'apprentissage du fait que nous sommes prêts à *sortir de nous-mêmes,* à admettre la transcendance de l'autre, donc à trouver ou retrouver du sacré et du sens, que nous pouvons aussi nous mobiliser pour des causes touchant les générations futures. Bien entendu, nous sommes en quelque sorte au milieu du gué : les principes anciens (la patrie et la révolution) viennent de s'estomper, et le nouveau (le souci des générations futures) n'est pas encore installé. Or, cette donnée politique nouvelle n'est en rien triviale.

Je connais la chanson : « Luc Ferry rêve, il croit qu'on est au pays de l'amour alors que le capitalisme sauvage est en train de broyer les humains comme jamais dans l'histoire de l'humanité, au nom de la concurrence impitoyable, de la loi du fric, de la dureté absolue des banques, des traders, bref, de l'horreur économique. » À en croire certains, en effet, jamais nos sociétés n'auraient été plus inégalitaires et « individualistes », aussi peu aimantes et peu soucieuses des faibles. Chaque jour, de nouvelles voix s'élèvent pour dire : « Voyez les bonus des traders, les profits des banques, les expulsions d'immigrés, l'arrogance des riches face à la misère des chômeurs. Égalité, fraternité, tu parles ! Ce qu'il nous faut, c'est un changement de cap, une révolution qui anéantisse l'ordre actuel. » Applaudissements garantis sur les bancs du côté gauche de l'hémicycle. À ceci près que l'analyse est historiquement erronée et géographiquement fallacieuse. À l'encontre des poncifs que cette vision parvient à installer dans les têtes, la vérité, si choquante soit-elle pour la vieille extrême gauche, est ailleurs : par-delà la dureté de la mondialisation, jamais nos vieilles démocraties ne furent plus soucieuses des personnes ni plus attachées à leurs droits et à leur bien-être. Nulle part, et à aucune autre époque, le souci d'autrui ne fut plus grand. Et je mets quiconque au défi de prouver le contraire, de montrer un seul exemple d'une société qui eût, crise ou pas, protégé davantage, non seulement ses ressortissants, mais aussi ses étrangers, fussent-ils en situation irrégulière, ou qui ait développé un État providence plus puissant et plus efficace que celui dont chacun, en Europe, bénéficie dès sa naissance.

Que ce soit insuffisant, que les inégalités se creusent en

période de crise, qui le contestera ? Mais où a-t-on fait mieux, avant ou ailleurs ? Comme l'écrit fort justement André Comte-Sponville dans *Le Goût de vivre* (2010), « certains espèrent qu'avec la crise, "on va revenir à un peu plus de générosité, à un peu moins d'égoïsme". C'est qu'ils n'ont rien compris à l'économie, ni à l'humanité. Revenir ? Mais à quoi, grands dieux, ou à quand ? Croyez-vous que la société du XIXe siècle était plus généreuse ou moins égoïste que la nôtre ? Relisez Balzac et Zola ! Et au XVIIe siècle ? Relisez Pascal, La Rochefoucauld, Molière ! Au Moyen Âge ? Relisez les historiens ! Dans l'Antiquité ? Relisez Tacite, Suétone, Lucrèce ! L'égoïsme n'est pas une idée neuve… » On ne saurait mieux dire. Qu'il faille faire appel à l'idéal pour critiquer le réel, au droit naturel pour l'opposer au droit positif, c'est l'évidence. Encore faut-il indiquer de quel réel on parle et de quel idéal on se réclame. Or, en l'occurrence, et malgré tous les défauts qu'on voudra lui trouver, le réel de nos États providence est tout simplement le plus doux qu'on ait connu dans l'histoire humaine. Quant à l'idéal au nom duquel on dénonce ses méfaits, on me permettra de douter que le regain délirant du maoïsme ou du trotskisme, ces doctrines qui ont invariablement engendré les pires catastrophes humaines partout où elles furent imposées aux peuples, soit en mesure de faire mieux que ce mixte admirable de liberté et de bien-être qu'ont réussi à nous assurer nos républiques démocratiques. Notre niveau de vie, quoi qu'on en dise à tort et à travers, est aujourd'hui, en moyenne, trois fois plus élevé en France que du temps de mon enfance. Il suffit d'aller en Afrique, en Inde, en Chine, voire en Amérique latine, pour mesurer à quel point nos démocraties sont incroyablement privilégiées en termes de protection juridique et sociale. Bien que ce soit difficile à admettre par ceux, et ils sont nombreux, qui se complaisent dans le ressentiment et l'esprit négatif, notre monde est mille fois moins rude que par le passé. On nous rebat certes les oreilles avec l'angoisse des jeunes, mais pour pleuvoir comme des hallebardes les lieux communs n'en deviennent pas plus vrais. Était-ce plus aisé d'avoir vingt ans en 1914, dans l'Allemagne des années 30 ou dans les années 50, quand il fallait partir pour l'Algérie ? La génération du baby-boom aura été la première, dans notre histoire moderne, à ne pas connaître la guerre. N'est-ce pas un immense progrès ? Entre la fascination du passé et la peur du futur, entre les diverses figures de la « repentance » et de la lutte pour les « acquis sociaux », l'*homo democraticus* glisse doucement vers la sénilité. Dépourvues d'audace et de courage, incapables de se réformer comme de penser à l'avenir autrement qu'en tremblotant, nos sociétés s'apprêtent à être balayées par les nouveaux entrants. Elles ne sont pas minées par la dureté, mais par une insondable mollesse. Voilà pourquoi il est vital à mes yeux de réfléchir aux nouveaux principes de sens et aux nouvelles figures du sacré que la révolution de l'amour peut faire apparaître.

Ce deuxième humanisme comporte tout de même certains effets pervers. Si l'on prend par exemple la recrudescence de la violence dans les quartiers sensibles, une violence qui émane de plus en plus d'enfants ou d'adolescents mineurs, on pourrait penser que le culte de l'enfant-roi n'y est pas étranger ?

Non, je crois qu'il s'agit de deux choses totalement différentes. Bien sûr, le culte de l'enfant-roi comporte un risque, celui de voir l'amour l'emporter sur la loi et sur les œuvres, pour reprendre des catégories que nous avons déjà évoquées. Mais l'enfant mal élevé n'est pas l'enfant violent dont vous parlez. Ce qui se passe dans les banlieues se situe en marge du développement naturel de l'Europe. Nous payons les méfaits de la colonisation et d'une décolonisation ratée, parce que accomplie, du moins en Algérie, par une guerre qui laisse évidemment des traces indélébiles. C'est de cela qu'il s'agit, de la révolte des « indigènes de la république », pas des enfants du sixième arrondissement de Paris mal élevés parce que trop gâtés et, à la limite, presque trop aimés.

Au Conseil d'analyse de la société que je préside, nous avons récemment eu la chance d'écouter Malek Boutih, l'ancien président de SOS Racisme, parler de la violence des « quartiers ». De son propos, aussi captivant que passionné, j'ai retenu quelques analyses, si justes et si éloignées des discours ordinaires que je voudrais vous en faire part ici (cela dit sans l'engager, lui-même présenterait peut-être les choses différemment). Il développait ainsi l'idée que la violence aveugle et féroce qui prolifère dans les « ghettos de la République » est un phénomène inédit. Elle possède sa logique propre, en rupture avec les visages traditionnels de la délinquance. Nous n'avons pas affaire à un simple avatar des « Apaches », des « blousons noirs » ou autres « loulous de banlieue » des années 30 ou 50. C'est d'autre chose qu'il s'agit, d'une étrange contre-culture, voire d'une « contre-politique » qui prend à revers tout ce qui fait l'idéal des « gens des centres-villes », blancs et prospères : « Tu aimes l'art ? Je te pète ton tableau. Tu t'habilles bien ? Je mets une cagoule. Tu parles convenablement ? Je cause le verlan façon rappeur. Tu adores les livres ? Je brûle la bibliothèque municipale. Tu es blanc et catho ? Je vote Ben Laden. Tu tiens à ta bagnole ? Je la fais cramer. Tu défends les droits de l'homme ? Je te casse la gueule pour le plaisir… » Cette révolte contre l'ordre établi est aux antipodes de celle qu'affectionnent nos révolutionnaires en charentaises qui raniment l'« hypothèse communiste » pour faire genre, sachant pertinemment que c'est sans conséquence aucune sur qui ou quoi que ce soit. Là, nous parlons de la réalité, d'actes quotidiens et de la vie de centaines de milliers de personnes qui vivent désormais sous la loi de la terreur, dans des territoires où les policiers eux-mêmes risquent leur peau.

Mais ce n'est pas tout. Ces jeunes qui dévastent les valeurs « convenables » n'en sont pas moins en parfaite harmonie avec le culte fou du sport et du fric qui domine le reste de la société. Quoi de plus admirable que le foot, ce métier essentiellement physique, où les dons naturels l'emportent de loin sur le mérite, où la culture et le livre ne tiennent rigoureusement aucune place, contrairement à l'argent roi, aux supporters débiles et aux amours tarifées ? L'idéal absolu du nouveau « sauvageon » ! Par-delà notre investissement dans ces jeux du cirque, n'est-ce pas le *credo* de tout un pan de la société — pas celui de la révolution de l'amour, justement — qui s'esquisse sous nos yeux ? Les montants perçus par les traders, brokers et autres dealers en col blanc ne confirment-ils pas, dans un secteur pourtant fort éloigné du ballon rond, que c'est bien dans la sacralisation de la réussite rapide, éclatante et provisoire, que certaines de nos élites communient ? Nos petits barbares hyper-violents ont beau jeu de nous retourner le miroir : quelle différence, tout bien pesé, entre « eux » et « nous », entre eux et le joueur qui claque 100 000 euros dans une boîte de nuit, entre eux et le trader qui joue dans l'économie-casino des sommes que cinquante générations d'ouvriers ne parviendront pas à réunir ? Entre eux et le secrétaire d'État qui s'offre, sans la moindre utilité, des avions privés à 130 000 euros ? Là, voyez-vous, ils sont en phase avec la logique de la mondialisation libérale, pas avec celle de la révolution de l'amour — en quoi il faut toujours rappeler les deux faces de la société libérale.

Les moyens divergent, mais les objectifs et les valeurs sont les mêmes. On objectera sans doute que ces jeunes délinquants des cirés vendent de la drogue, que c'est très mal, tandis que les héros des stades incarnent les valeurs de la sportivité qui sont, comme chacun sait, un modèle de vertu. Sans les bobos qui les lui achètent, notre voyou n'écoulerait pas ses barrettes de shit, en quoi il les sait complices. Quant à l'éthique du sport, le bémol s'impose tant les contre-exemples abondent, depuis les affaires de prostitution jusqu'au coup de boule de sa majesté Zidane lui-même, cet homme-sandwich que des millions de jeunes, emportés par le délire des adultes, placent très au-dessus du général de Gaulle, de Pasteur et du Christ.

Face au culte de la violence, la droite et la gauche sont démunies. Les opérations coup de poing sont aussi vaines et peu efficaces que la politique du chèque. Il faut se rendre à l'évidence : le Kärcher n'a rien nettoyé. Sans doute faudrait-il, à l'instar du maire de New York, allier une tolérance *vraiment* zéro à une politique *vraiment* sociale. On préfère faire semblant, sans quoi il y faudrait une action de longue haleine et un sacré courage. Quant à la France du « care » et du « soin mutuel », vaste hospice de vieillards précoces tétanisés par leurs retraites, elle est debout, certes, mais comme toujours sur les freins.

DEUXIÈME HUMANISME CONTRE DEUXIÈME MONDIALISATION : REPRENDRE LA MAIN

Un élément me manque dans votre analyse car, malgré tout, les acteurs de la deuxième mondialisation et ceux du deuxième humanisme sont a priori *les mêmes acteurs. D'un côté, vous nous dites que nous sommes entrés dans la deuxième mondialisation avec tout ce que celle-ci implique de négatif : elle réifie, elle est addictive, elle rend l'éducation des enfants de plus en plus difficile, elle engendre une déculturation molle, rend la réflexivité inutile, les héritages incapacitants, etc. Parallèlement émerge ce deuxième humanisme caractérisé par une sacralisation de l'humain et une valorisation sans précédent de l'amour. Comment se fait-il alors que ces deux révolutions ne semblent pas se rencontrer ? Pour le formuler autrement : comment expliquez-vous que votre deuxième humanisme ne soit pas — déjà — plus visible dans ses effets et plus agissant sur le réel ?*

Ce que vous dites est juste, mais cela tient à la réalité elle-même, c'est-à-dire au caractère foncièrement équivoque du capitalisme.

Car celui-ci, comme nous l'avons vu tout au long de notre dialogue, comporte bien deux faces, étroitement liées entre elles, mais cependant contraires. C'est ce que je désigne explicitement, dans *La Révolution de l'amour*, comme les « contradictions intellectuelles et morales du capitalisme ». Je leur consacre un chapitre, justement parce que je suis sensible à l'argument que vous évoquez. Sur un versant, le capitalisme apparaît comme formidablement libérateur pour les raisons que nous venons de voir (invention du salariat et arrachement aux communautés villageoises, mariage d'amour, ouverture des frontières, etc.) ; sur l'autre versant, il se présente bel et bien comme un système à réifier, à transformer les humains en simples choses.

Bref, ce n'est pas mon discours qui est contradictoire, mais la logique capitaliste qui est, de fait, *intrinsèquement ambivalente*. Sur le deuxième versant, il est incontestable qu'il entraîne un certain nombre d'effets pervers calamiteux, la mondialisation capitaliste étant une machine à produire du non-sens, machine que seul un nietzschéen fanatique (désireux de liquider le sens) ou un libéral fou (désireux de liquider l'État) pourrait trouver admirable. Dans le même temps, ce deuxième versant s'enracine dans le premier, il en découle. Marx et Tocqueville furent les premiers à le dire : le capitalisme invente l'individu moderne, l'électron libre enfin affranchi des communautés « holistes » (fondées sur le primat du tout, du collectif). Or, cette ambivalence, logée au cœur même de la logique capitaliste, se retrouve dans le fait que, si nos sociétés sont critiquables à maints égards, elles sont en même temps extrêmement critiques vis-à-vis d'elles-mêmes. La société capitaliste et démocratique est celle qui ne cesse de générer et d'organiser sa propre critique, une critique parfois si radicale qu'elle en devient délirante, comme on le voit à l'extrême droite aussi bien qu'à l'extrême gauche, et elle est le seul régime dans ce cas. On conteste donc le capitalisme (sa tendance réifiante) à partir de l'un de ses aspects (la possibilité de la critique), mais sans voir que ces deux aspects sont inséparables.

Il me semble — et je réponds à votre objection — que la sacralisation de l'humain à laquelle nous assistons a justement modifié le regard que les individus portent sur eux-mêmes, cette modification entraînant à son tour un surcroît de critique ou d'autocritique. Pourquoi les effets de cette critique de la mondialisation comme destructrice du sens ne sont-ils pas plus agissants, me demandez-vous ? En fait, je crois qu'ils le sont, et même de manière extraordinairement puissante. Je parlais de l'importance croissante des préoccupations humanitaires, mais aussi de la critique du monde financier ou encore du souci des générations futures qui occupent sans cesse davantage de place dans la vie médiatique et politique. Mais pour autant que les critiques du capitalisme sont intégrées dans sa superstructure démocratique, la contestation tend à être moins radicale, parce que moins extérieure et ce d'autant plus que, malgré ses défauts, la mondialisation nous a rendus plus riches, plus ouverts aux autres et, à certains égards, plus libres. Certes, les inégalités s'accroissent entre riches et pauvres mais, au sein des puissances émergentes, les pauvres sont moins pauvres qu'avant et il faut être d'un égocentrisme occidental absolu pour ne pas s'en réjouir. Dans ses derniers livres, l'économiste Daniel Cohen montre que les Français sont en moyenne trois ou quatre fois plus riches, en vrai pouvoir d'achat, qu'à l'époque du général de Gaulle. On se rend bien compte, quand on voyage dans le monde occidental, que celui-ci a fabriqué des sociétés de liberté et de bien-être comme jamais nous n'en avions connu dans l'histoire de l'humanité, raison pour laquelle personne ne se précipite à Bombay ou à Alger. L'immigration, vous le remarquerez, va toujours dans le même sens. Songez aussi à la France de l'après-guerre que nous évoquions à propos de mon enfance : ce pays était quand même d'une grande pauvreté et d'une grande tristesse comparé à aujourd'hui.

Oui, mais vous ne répondez qu'en partie à ma question. Encore une fois, si nous sommes d'ores et déjà dans le deuxième humanisme et si les valeurs portées par celui-ci sont à ce point dominantes, comment se fait-il que cette sacralisation de l'humain n'ait pas eu davantage d'impact sur le cours d'une mondialisation insensée ?

Mais, encore une fois, ces impacts sont, malgré tout, déjà immenses. Il faut être aveugle pour ne pas les voir. Non seulement nous sommes quatre fois plus riches que dans les années 50, ce qui n'est pas totalement nul, mais nous sommes aussi quatre fois plus libres en termes de mœurs et, comme je le suggérais, quatre fois plus soucieux d'autrui. Ceux qui critiquent le temps présent comme s'il était atroce — alors que comparé aux *Misérables* de Victor Hugo, notre monde est un véritable paradis — oublient toujours de noter que leurs critiques rencontrent en vérité l'adhésion du plus grand nombre : elles ne sont nullement marginales, mais forment au contraire l'idéologie la plus commune. Dire que les critiques des méfaits du capitalisme ou de la mondialisation n'auraient pas d'effet serait tout simplement fou : nous ne cessons de travailler à corriger les effets pervers de la mondialisation, nous ne cessons de chercher plus d'égalité, de protection sociale, et si nous n'y arrivons pas autant que nous le voudrions, ce n'est pas du fait d'un manque de volonté politique, mais parce que la mondialisation nous pose deux problèmes redoutables.

Le premier tient au fait que l'entrée de l'Inde et de la Chine dans le circuit du commerce et de l'économie internationale — autrement dit, l'entrée de deux milliards et demi de pauvres qui travaillent jour et nuit pour des salaires de misère sans bénéficier de la moindre protection sociale — ne peut pas ne pas attaquer de plein fouet nos vieux États providence. Il ne s'agit pas d'un problème droite/gauche, mais d'une réalité que tous les gouvernements européens, quelle que soit leur couleur politique, vont devoir affronter au cours de la décennie qui vient. Ce n'est pas la droite au pouvoir qui est dure (elle est en vérité plutôt molle), mais la mondialisation qui entame à coups de dumping social massif les systèmes d'amortisseurs sociaux mis en place dans nos démocraties. Si les gouvernements européens ne sont pas capables de le faire clairement comprendre à leurs ressortissants, ils devront laisser la place aux démagogues, dont il n'est pas besoin d'être grand clerc pour prédire qu'ils s'en donneront à cœur joie sur le thème : « Une autre politique est possible, on peut avoir le beurre, l'argent du beurre et le sourire du laitier ! »

Le second problème posé par la mondialisation est plus préoccupant et moins facile à percevoir que le premier. Il repose, lui aussi, sur une réalité incontournable, une réalité que les politiques ne veulent pas avouer tandis que le peuple ne veut surtout pas l'entendre. Cette réalité n'en est pas moins évidente : qu'on le veuille ou non, face à la mondialisation de l'économie, du commerce et de la finance, les leviers de la politique nationale ne lèvent pratiquement plus rien. Chaque semaine nous en apporte une preuve supplémentaire. Voyez la Grèce, voyez l'Irlande. Pendant des semaines, ces deux pays endettés au point d'être en faillite ont prétendu pouvoir s'en tirer seuls, sans le secours de l'Europe ni du FMI. Avec le temps, ils ont néanmoins dû accepter l'aide internationale et comprendre qu'une nation isolée n'a plus les moyens de se sécuriser par elle-même. D'une manière plus générale, nous voyons sans cesse monter l'impuissance publique, y compris en France. Nos États sont tellement endettés qu'il n'y a plus de grain à moudre, plus de miel à offrir pour faire passer l'absinthe, mais seulement du sang et des larmes. Dans ces conditions, l'action politique, sans cesse prise au piège d'une vie médiatique hypercritique, perd peu à peu ses moyens. On m'objectera que cette analyse est désespérante. Quelle niaiserie ! Ce qui est désespérant, c'est de refuser de voir la réalité en face, de comprendre enfin que le seul problème politique réellement important dans la décennie qui vient est le suivant : comment retrouver des marges de manœuvre, comment redonner à la politique un réel pouvoir de transformation du monde ? C'est la problématique de l'Europe et c'est celle du G20 — d'une gouvernance mondiale qui, même si elle semble utopique aujourd'hui, devra bien, un jour ou l'autre, prendre corps...

Les valeurs portées par le deuxième humanisme n'auraient donc pas encore assez d'effets visibles au niveau collectif ou politique ?

Mais bien sûr que si ! Elles crèvent même les yeux, et je suis sidéré que le goût forcené du pessimisme et du désenchantement empêche à ce point de les voir. Cela dit, les valeurs du deuxième humanisme ne signifient pas que les humains soient soudainement devenus des bisounours ni que la haine, qui est l'autre face de l'amour, ait disparu comme par enchantement du cœur des hommes. De même pour l'égoïsme, l'avidité, l'appât du gain et mille autres défauts dont je vois mal pourquoi ils se seraient évanouis d'un coup de baguette magique. Cela dit, les mutations que nous vivons sous l'effet des révolutions de la vie privée n'en sont pas moins immenses. Dans ce monde qui nous échappe encore de toute part, le deuxième humanisme agit aujourd'hui à travers le souci — vital — de regagner des marges de manœuvre, d'ailleurs dans un état d'esprit plus républicain qu'ultra-libéral.

Encore une fois, cela renvoie à toute la problématique de la régulation, du G20 et de la construction européenne. L'existence même de cette institution qu'est le G20 représente déjà, en soi, un événement historique majeur, le signe d'une prise de conscience que la mondialisation ne peut plus proliférer sans gouvernance politique. Évidemment, on peut lui faire mille critiques, se gausser de ce « G vain » qui ne parvient pas à réguler la finance ni à accoucher de décisions concrètes sur l'environnement. Imaginez-vous que je ne puisse, moi aussi, entonner cet air-là ? Rien n'est plus facile au contraire. Mais il faut bien voir qu'un projet se dessine, une ambition apparaît, qui est toute nouvelle à l'échelle de l'histoire si l'on songe que nos parents tiraient encore contre les Allemands ! Faut-il que le sens historique se soit estompé et que nous soyons à ce point « raptés » par le court-termisme pour que nous n'ayons pas conscience des évolutions inimaginables de l'Occident vers la paix et le souci de mieux gouverner le monde au fil des soixante dernières années ? Entre la colonisation raciste et l'Aide publique au développement, il y a quand même une sacrée marge. Entre l'extermination des Juifs et la victoire quasi sans partage des mouvements antiracistes en Europe aussi. Entre la ségrégation raciale encore en vigueur dans l'Amérique des années 50 et l'élection de Barack Obama, n'y a-t-il vraiment aucun progrès ? Et que dire de l'effondrement du totalitarisme à l'Est et des dictatures en Amérique latine ?

Le pessimisme n'est pas seulement un travers éthique : il devient une forme d'aveuglement, pour ne pas dire de crétinisme. Tous les pays entrés, peu ou prou, dans la logique européenne sont allés depuis soixante ans vers le mieux d'une manière totalement inimaginable par les hommes de la génération de mes parents. Souvenez-vous de la façon dont un Jean-François Revel ou un Cornelius Castoriadis parlaient encore du totalitarisme comme d'un régime imprenable, prêt à durer mille ans… quelques semaines avant son implosion complète ! Il est temps d'ouvrir les yeux et de cesser de penser le monde avec les catégories de la gauche pseudo-révolutionnaire des années 60.

L'idée qu'il faut sortir de l'impuissance en réassignant des *finalités humaines* à la mondialisation, de façon que nos enfants ne soient pas broyés par le monstre, n'est peut-être pas encore mise en œuvre autant qu'elle le devrait. Pourquoi ? Parce que c'est atrocement difficile dans le contexte de l'incroyable pression que font peser l'Inde et la Chine sur nos États providence. Cette idée, cette nécessité n'en sont pas moins partagées par tous les dirigeants politiques responsables, de Barack Obama à Angela Merkel, en passant par l'ensemble des dirigeants français — l'idée que la droite française serait néolibérale étant tout simplement comique quand on voit l'augmentation des dépenses de l'État depuis vingt-cinq ans. À l'échelle des défis qui nous attendent en termes de régulation économique et écologique, nous autres Européens sommes certes très loin du compte, mais comment ne pas voir que la réunification européenne marque une révolution et que les finalités humaines deviennent peu à peu omniprésentes ? Avez-vous noté les réactions (du reste très excessives) de la Commission européenne face à la récente expulsion des Roms organisée en France à l'été 2010 ? Aurait-on pu imaginer l'équivalent dans les années 30 ? Quoi qu'en disent les souverainistes, l'Europe est aujourd'hui clairement entrée dans une politique post-nationale, ce qui constitue une nouveauté inouïe quand on sait à quel point les nationalismes ont ravagé et ensanglanté le XXe siècle et menacent toujours, notamment à l'Est, de relever la tête. De même, et n'en déplaise cette fois aux indigènes de la République, l'Europe d'aujourd'hui est radicalement post-coloniale.

Nous étions hier encore embarqués dans un avion sans cockpit. Avec ces différentes initiatives (le G20, la régulation, l'Europe), au moins avons-nous construit le cockpit. Ce sursaut est encore modeste au regard des exigences « court-termistes » que la vie médiatique nous insuffle en permanence, je vous l'accorde. Mais prétendre qu'il ne correspond à rien relève d'un déni de réalité. Or, aucune de ces initiatives n'aurait eu lieu si la sacralisation de l'humain n'était à l'œuvre pour fournir et fourbir des armes contre les aspects les plus négatifs ou les plus antihumanistes de la deuxième mondialisation. Le deuxième humanisme se traduit par le fait que la passion démocratique fondamentale consiste désormais à vouloir corriger le tir afin de retrouver une prise sur notre histoire et notre avenir. Faites un sondage sur les banques américaines et vous verrez où est l'« idéologie dominante » : il n'est pas jusqu'au président de la République lui-même pour qui elles représentent quasiment, aujourd'hui, le mal absolu. Pour comprendre ces évolutions et construire une « politique de civilisation », il ne fait guère de doute, comme l'avait déjà vu Husserl dans *La Crise de l'humanité européenne* (1935), que nous avons davantage besoin de philosophie que de politique politicienne.

Vous dites que ce deuxième humanisme, contrairement à celui des Lumières, serait résolument post-colonial et post-raciste. N'avez-vous pas au contraire l'impression que nous assistons, au cours de ces dernières années en Europe, à une libération progressive des postures xénophobes, notamment judéophobes, comme si la judéophobie était subrepticement en train de réintégrer la « sphère du discours légitime » ? En 2005, vous observiez vous-même, non sans courage, que les faits de racisme et d'antisémitisme s'étaient beaucoup multipliés dans l'Hexagone depuis l'année 2000, ajoutant que la violence antisémite était devenue, depuis cette date, plus importante que les autres formes de violence raciste, totalisant par exemple, sur l'année 2002, 62 % des actions et 74 % des menaces. Comment mettez-vous ces données en accord avec l'idée que nous serions entrés dans un humanisme post-raciste ?

Non seulement nous n'assistons pas à une libération des postures xénophobes ou antisémites, mais ces attitudes n'ont jamais été autant dénoncées, détestées, haïes même, que dans l'Europe d'aujourd'hui. Là encore, il ne faut pas confondre deux choses, totalement différentes : l'antisémitisme classique des milieux catholiques réactionnaires traditionnels, en régression constante depuis soixante ans, et un antisémitisme d'un nouveau genre, lié à la montée des fondamentalismes religieux fanatiquement anti-israéliens. Nous l'avons vu lors de la conférence de l'Onu contre le racisme qui s'est tenue début septembre 2001 à Durban. À moins de me persuader que l'antisémitisme du président iranien soit typique de ce qui se passe en Europe, je ne vois guère par quel biais il me faudrait accepter l'idée que le racisme et l'antisémitisme, qui sont les deux idéologies les plus clairement haïes par les Français, et plus généralement par les Européens, sont en augmentation. Toutes les enquêtes montrent à l'inverse qu'ils sont en régression drastique, voire en chute libre depuis des décennies. Songez à ce qu'était le racisme colonial des années 30, ne serait-ce qu'à travers les clichés véhiculés par *Tintin au Congo*! Songez encore à ce qu'était l'antisémitisme d'avant-guerre et à ce que fut l'hitlérisme, et vous aurez du mal à faire passer l'idée que rien n'a changé! Tenez donc en public le moindre propos raciste, même sous forme de boutade ou de blague, et vous m'en direz des nouvelles! Vous serez cloué au pilori pour l'éternité.

L'augmentation récente de la violence antijuive à laquelle vous faites allusion représente, certes, une première en France depuis la Seconde Guerre mondiale. J'ai été quasiment le seul à le dire dans la classe politique lorsque j'étais ministre, ce qui m'a d'ailleurs valu, à l'Assemblée, d'être copieusement insulté par la gauche. La montée des actes de violence liés à des affrontements communautaires n'est pas un fantasme, mais bel et bien une réalité sur laquelle nous ne pouvons ni ne devons fermer les yeux. Mais tous ces phénomènes n'ont rien à voir avec l'antisémitisme classique, *a fortiori* hitlérien: ils sont liés pour l'essentiel à la réfraction, chez nous, du conflit au Moyen-Orient ainsi qu'à la montée du fondamentalisme. Que s'est-il passé dans les établissements scolaires après la deuxième Intifada? Un certain nombre de petits Français d'origine maghrébine se sont pris pour des Palestiniens, se sont «frités» avec les petits Juifs de leur quartier et certains d'entre eux ont réagi comme s'ils étaient des petits Israéliens. Il fallait mettre un terme à cette folie et c'est précisément ce que j'ai tenté de faire, notamment avec la loi sur les signes religieux à l'école, qui n'avait pas d'autre but que de calmer le jeu… Je persiste toutefois à penser que ces violences n'ont rien à voir avec je ne sais quel retour, ni du racisme colonial, ni de l'antisémitisme nazi qui relève, vous le savez mieux que quiconque, d'une tout autre logique.

Cela dit, je me rends compte que pour comprendre en profondeur ce que j'appelle le deuxième humanisme, un autre concept est absolument indispensable : celui de « spiritualité laïque ».

10

Penser une « spiritualité laïque » : l'enjeu du XXIe siècle

ALEXANDRA LAIGNEL-LAVASTINE — *Constater la présence de valeurs incarnées dans l'humain et dont nous sentons qu'elles nous engagent absolument, cela revient donc à observer, jusqu'au cœur de cette mondialisation libérale définalisée, une montée de l'éthico-spirituel dans la conviction ou la conscience intime (et parfois politique) des individus. Est-ce cette permanence du spirituel qui vous a conduit à forger la notion, souvent mal comprise, de « spiritualité laïque », la bannière sous laquelle se place votre projet philosophique depuis une quinzaine d'années ?*

LUC FERRY — La « spiritualité laïque » constitue en effet le concept clé de ma réflexion, la pierre angulaire qui sous-tend aujourd'hui toute ma philosophie. Il n'est pas inutile d'en préciser les contours, d'autant que, sans elle, on ne comprend pas non plus la notion de « deuxième humanisme ». Ces précisions sont d'autant plus nécessaires que, du point de vue des grandes religions, la notion de « spiritualité laïque » tend à être perçue comme une forme de concurrence insupportable et, du coup, mais c'est de bonne guerre, comme un appauvrissement de la « vraie » spiritualité (laquelle supposerait la foi en l'existence tenue pour certaine d'un Être suprême). Pour les matérialistes et les athées les plus dogmatiques, en revanche, cette notion se rapproche trop du religieux pour être honnête. À leurs yeux, la morale — républicaine si possible — suffit à tout et il n'est pas besoin d'une autre sphère de réflexion sur la vie bonne pour achever le projet philosophique. Bref, la notion de spiritualité laïque se voit pourfendue par les athées comme par les croyants, son caractère subversif expliquant le fait que sa place ne va pas de soi dans le paysage intellectuel. Elle est pourtant, depuis toujours, depuis Homère et même depuis l'épopée de Gilgamesh, au cœur du cœur de ce qu'est réellement la philosophie : une quête de la vie bonne qui ne passe ni par Dieu ni par la foi, une quête « laïque » qui recommande aux humains d'accepter leur condition de mortels et de vivre avec leur finitude sans pour autant renoncer au souverain bien.

UNE NOTION CRUCIALE POURFENDUE PAR LES ATHÉES COMME PAR LES CROYANTS

En vérité, aucune grande philosophie n'a jamais contourné la sphère du spirituel *(voir chapitre 5)* : toutes, sans exception, assignent pour finalité à l'existence humaine de nous élever, au-delà de la morale et de la religion, vers une vie bonne et libre. Hegel lui-même parle d'une « vie de l'esprit » et Schopenhauer écrivit (la plupart de ses disciples semblent l'avoir oublié aujourd'hui) un *Art d'être heureux*, explicitement destiné à « apprendre à vivre » (ce sont ses propres termes), qu'il concevait comme le couronnement de sa pensée. En France, il me semble que les réticences face à la notion de spiritualité laïque, bien que circonscrites à un minuscule microcosme, viennent pour une large part du climat intellectuel, laïcard plus que laïc, qui a longtemps prédominé dans le monde de la philosophie au XXe siècle : risquer quelque référence que ce soit à la « spiritualité », à la limite confondue avec le « spiritisme », suffisait, dans les années 70-80, à vous faire passer pour un fou furieux.

J'ai donc eu beaucoup de mal à faire comprendre, y compris à certains de mes amis philosophes, pourquoi il fallait sortir de cet enfermement qui dominait une époque où l'on considérait, en gros, qu'en dehors de la philosophie morale ou politique et de la philosophie des sciences rien n'avait, en philosophie, ni légitimité ni sens *(voir chapitre 3).* C'était d'autant plus appauvrissant sur le plan intellectuel que, dans ces domaines, il m'a semblé assez tôt qu'il valait mieux être un acteur qu'un commentateur : à quoi bon faire de l'épistémologie si l'on n'est pas soi-même scientifique ? C'est comme parler du sexe sans le pratiquer… Et pourquoi analyser les théories de la justice ou, pire, se croire autorisé à donner des leçons de justice à nos gouvernants, si l'on s'enferme dans sa « librairie », à mille lieues de l'action réelle et sans rien connaître à l'économie, au budget, à la politique réelle ? Franchement, la philosophie commençait à ressembler à la mouche du coche, à une mouche plutôt arrogante quand elle s'envolait dans le monde des intellectuels qui passent leur temps en pétitions et autres admonestations des malheureux chevaux qui tirent tant bien que mal la charrette…

Quelqu'un de ma génération, né aux alentours de 1968, voit pourtant assez mal comment une philosophie digne de ce nom pourrait omettre de se demander ce que devrait être une vie proprement ou authentiquement humaine (ce que vous appelez une « vie bonne »). D'Edmund Husserl à Emmanuel Levinas en passant par Jan Patocka, cette interrogation est d'ailleurs au cœur de toute la tradition phénoménologique au XX*e siècle. Cela revient-il à dire que la notion de « spiritualité laïque » devrait, selon vous, répondre à un « besoin de spiritualité » ou à un « besoin de sens » ?*

Ici, il faut faire attention : on peut parler d'une vie « authentiquement humaine » sans sortir de la morale, de la problématique de la justice, de l'éthique et du droit. C'est d'ailleurs largement ce que fait Levinas, qui a toujours refusé de se prononcer — j'ai eu l'occasion d'en parler longuement avec lui — sur son rapport personnel au religieux. Il considérait au fond que la question de la spiritualité, contrairement à celle de l'éthique, appartenait à la sphère privée et, comme telle, se situait hors de la philosophie.

Quant à la notion de « besoin de spiritualité », je m'en méfie comme de la peste. Cet appel au « besoin » représente même, à mes yeux, l'argument le plus contre-productif et le plus suspect qui soit. Le fait qu'on ait « besoin » de quelque chose est une objection contre cette chose, le besoin de Dieu l'objection principale contre lui : l'athée a beau jeu de vous répondre qu'on en a tellement besoin qu'on l'a sans doute inventé. Du reste, ce besoin, en admettant son existence (et il en a une, mais qui ressemble moins à un besoin qu'à une aspiration, à ce que Kant appelait la « disposition naturelle de l'homme à la métaphysique »), n'est pas plus sensible aujourd'hui qu'hier. La philosophie se présente depuis toujours comme une spiritualité laïque. Le vrai problème serait plutôt de savoir pourquoi notre enseignement de terminale, centré sur la dissertation et l'instruction civique, refuse de s'en apercevoir. Comment revenir à la vraie philosophie, comment aborder à nouveaux frais ses interrogations fondamentales sur la vie bonne et la sagesse, alors que l'être humain est aujourd'hui dans une situation assez tragique, à la fois moins protégé (il ne dispose plus des filets de sécurité que lui apportaient les grandes religions ou les grandes utopies d'hier) et plus exposé que jamais aux tourments de la finitude, car plus affectif et plus aimant et, sans doute, plus conscient que jamais de sa condition de mortel ?

Voilà, me semble-t-il, le vrai sujet. Dans ces conditions, il me semble qu'assumer la tâche de philosopher implique, d'une part, que l'on s'interroge sur ce qui fait sens pour nos contemporains — qu'on l'*explicite* ou le *dévoile* — ; d'autre part, que l'on travaille à élaborer ce en quoi pourrait consister une sagesse de l'amour, une définition de la vie bonne ou une spiritualité laïque qui ne passe ni par Dieu ni par la foi, mais qui ne se réduise pas pour autant à la seule sphère de la morale. Enfin, il faut l'élaborer dans une perspective caractérisée par l'autoréflexion et le sens historique, attendu que nous ne pouvons plus philosopher sérieusement abstraction faite de l'histoire de la philosophie comme de l'Histoire tout court — en quoi la tâche purement théorique de la philosophie, sa fonction de connaissance, ne doit évidemment pas être sous-estimée. J'insiste sans cesse sur le troisième étage de la philosophie, celui de la spiritualité, de la sagesse, de la sotériologie, mais ne pensez pas que j'oublie pour autant le premier, celui de la théorie. Simplement, on a tellement oublié le troisième au cours des cinquante dernières années en France que j'essaie de corriger le tir.

Bref, la philosophie est d'abord là pour penser ce qui est, pas pour répondre à un besoin ni délivrer je ne sais quelle cure de développement personnel afin de « donner du sens » à la vie. Pour autant, sa finalité ultime est bien d'affronter la question de la vie bonne qui est, d'évidence, le pôle du sens non *de* la vie (car je doute que nos vies aient un sens), mais *dans* la vie (ce qui n'est pas la même chose, je le précise, car certains critiques semblent ne pas le percevoir), sans rien éluder du tragique de la condition humaine, donc en intégrant avec lucidité notre finitude comme l'absence de « pourquoi » définitif. Voilà pourquoi j'affirme qu'il y a deux types de spiritualités : les spiritualités avec Dieu (ce sont les religions) et les spiritualités sans Dieu ou « laïques » : cela s'appelle la philosophie.

LA PHILOSOPHIE N'EST PAS UNE VARIANTE DE LA PSYCHOLOGIE : MISE AU POINT

Vous ne craignez pas que votre quête d'une spiritualité laïque ou votre réflexion sur une sagesse de la finitude vous assimile, aux yeux de certains, à la vogue du comment « mieux vivre sa vie » ?

C'est en un sens tout l'inverse, mais c'est une question qu'on me pose souvent et vous me permettez de mettre en évidence la différence entre philosophie et psychologie. On me dit parfois : « Si la philosophie a pour but "d'apprendre à vivre", si elle est même un "art du bonheur" (Schopenhauer) qui entend aider les humains à "vaincre les peurs", voire une espèce de "médecine de l'âme" (Épicure), en quoi peut-on encore la distinguer de la psychanalyse et de ses multiples dérivés, du type "développement personnel" ? N'est-elle pas, au fond, comme le pensait d'ailleurs Freud, une espèce de préfiguration approximative, une sorte d'esquisse plus littéraire que scientifique de la "psychologie des profondeurs" ? » Cette vision des choses, qui a connu dans les années 70 une certaine vogue au sein des départements de sciences humaines, repose sur une erreur si fondamentale qu'il n'est pas inutile de la dissiper.

En effet, ce n'est pas parce que la philosophie s'est définie dès l'origine comme une quête de la sagesse, voire comme une thérapeutique de la vie de l'esprit, qu'on doit pour autant la confondre avec la psychologie, encore moins avec les théories contemporaines du « développement personnel ». Elle s'en distingue au contraire radicalement. La confusion vient du fait qu'à première vue l'objectif peut paraître identique : il s'agit de parvenir autant qu'il est possible à une forme de sérénité en faisant un sort à l'angoisse. Mais ce n'est pas du même sentiment que l'on parle ici et là, l'angoisse métaphysique et l'angoisse psychologique étant de nature tout à fait différente, les moyens de les aborder n'étant pas non plus les mêmes. Voici, en quelques mots, pourquoi.

Selon Freud, que je tiens pour un des plus grands penseurs du XXe siècle — cela dit pour éviter tout amalgame avec les critiques ordinaires portées contre lui par les philosophes —, l'apparition de l'angoisse s'explique essentiellement par la « désintrication », c'est-à-dire par l'éclatement ou la fragmentation de la personnalité. Lorsque surgit un conflit interne entre le « ça » et le « surmoi », entre les désirs inavouables et les interdits moraux, et lorsque cet « économe » ou ce régulateur qu'est censé être le « moi » ne parvient pas à régler le différend, le refoulement et l'angoisse se mettent en marche. En principe, le but de l'analyse, *via* le transfert, est de rendre au « moi » la maîtrise de ce conflit afin de parvenir à des solutions qui remettent le sujet en état « de jouir et d'agir », selon le célèbre mot de Freud. Imaginons un instant que quelqu'un parvienne ainsi, grâce au travail analytique et au transfert, sinon à un état de santé psychique parfait, du moins à une situation dans laquelle les principaux conflits seraient sous contrôle. La perfection est bien sûr impossible en la matière, mais faisons un instant l'hypothèse qu'on s'en approche : alors, en principe, l'angoisse psychique serait vaincue, les phobies ou les idées obsédantes les plus invalidantes commenceraient à s'estomper, permettant à l'individu de s'approcher d'une certaine sérénité. Or, c'est précisément là, en ce point idéal, qu'apparaîtrait malgré tout en pleine lumière la différence entre l'approche psychanalytique et ce qui préoccupe, depuis toujours, la philosophie.

Car notre individu, par hypothèse « presque guéri », n'en aurait pas moins toujours à affronter, comme vous et moi, non plus des conflits internes, mais des problèmes existentiels intrinsèquement liés à la finitude humaine, au fait que nous sommes des mortels. L'angoisse liée aux conflits psychiques et l'angoisse existentielle ne sont pas de même nature. On pourrait dire — je force volontairement le trait pour me faire comprendre — que la psychanalyse s'occupe de l'angoisse pathologique, de celle qui naît de conflits internes dont, à la limite, on devrait, au moins en droit sinon en fait, pouvoir faire l'économie. La philosophie, elle, s'intéresse à l'angoisse existentielle — sentiment absolument « normal » lié, quoi qu'on fasse et santé ou pas, à la condition humaine en tant que telle. Quand bien même on en aurait fini avec l'angoisse pathologique, l'angoisse liée à la possibilité permanente de la mort de ceux que nous aimons resterait intacte.

En ce sens, psychanalyse et philosophie ne se recouvrent nullement. Elles ne s'opposent pas non plus d'ailleurs, et peuvent même se compléter pourvu qu'on mette fin, de part et d'autre, aux sempiternels procès en sorcellerie.

D'où cette nécessité qui vous est aussi apparue, me disiez-vous, après l'arrivée de votre fille Gabrielle, de séparer le registre existentiel ou spirituel, non seulement du registre psy, mais aussi du registre moral. Il est vrai que vous êtes l'un des rares penseurs laïcs contemporains à distinguer les ordres de la réflexion. Est-ce à dire que la sphère de la spiritualité — la question du sens de l'existence et de la vie bonne — commencerait là où s'achèvent l'engagement éthique et la réflexion politique ? En certaines circonstances historiques dramatiques, ces trois ordres peuvent pourtant en venir à se confondre…

Il me paraît pourtant crucial de ne pas les confondre. Tâchons de dire les choses simplement. La morale, en quelque sens qu'on l'entende, c'est le respect de l'autre, disons les droits de l'homme avec, de surcroît, la bienveillance et la générosité. Se conduire moralement revient à respecter autrui et à lui vouloir activement du bien. Si nous appliquions parfaitement les valeurs morales, il n'y aurait plus sur cette planète ni massacres, ni viols, ni vols, ni meurtres, ni injustices. Ce serait une révolution. Et pourtant, cela ne nous empêcherait ni de vieillir, ni de mourir, ni de perdre un être cher, ni même, le cas échéant, d'être malheureux en amour ou, tout simplement, de nous ennuyer au fil d'une vie quotidienne engluée dans la banalité. Car ces questions — celle des âges de la vie, celle du deuil, de l'amour ou de l'ennui — ne sont pas essentiellement morales. Vous pouvez vivre comme un saint, respecter et aider autrui à merveille, appliquer les droits de l'homme comme personne… et néanmoins vieillir, souffrir et mourir. Car ces réalités, comme le dit Pascal, sont d'un autre ordre : elles relèvent de la « spiritualité », de la vie de l'esprit, laquelle ne se limite pas au religieux et va bien au-delà de la morale.

Or, ce dont nous manquons aujourd'hui, c'est d'une spiritualité laïque, d'une conception de la vie bonne, d'une vision du monde commun que nous voulons construire ensemble, à l'image de ce que les Grecs avaient élaboré dans le premier texte écrit dans leur langue, *L'Odyssée* d'Homère. Souvenez-vous : pendant dix longues années, Ulysse prend part à la terrible guerre de Troie. Toute son histoire commence par le chaos et le sens de son voyage, qui est aussi le sens de sa vie, consiste à retrouver l'harmonie perdue, dévastée par la guerre. Une fois le conflit éteint, il lui faut rentrer chez lui, à Ithaque. Mais son voyage est parsemé d'embûches. L'une d'entre elles porte un bien joli nom : Calypso. Cette sublime déesse tombe folle amoureuse de lui et décide de le retenir prisonnier. Son nom vient d'ailleurs du grec *calyptein,* qui signifie cacher. Elle est belle à en mourir, son île est paradisiaque, et elle est prête à tout pour « cacher » son amant et faire obstacle à son retour. Mais Ulysse est attiré comme un aimant par les siens, et plus encore par son royaume, qui forme comme son lieu naturel dans l'ordre cosmique. Chaque soir, il pleure en contemplant cette mer qui le sépare de l'harmonie d'Ithaque. Alors Calypso lui offre l'impossible pour un humain : l'immortalité et la jeunesse éternelle, pourvu qu'il reste dans ses bras. Ulysse refuse, il résiste à la tentation, et la signification de ce refus est immense.

Il signifie que le but de l'existence humaine n'est pas de gagner le salut éternel ou de parvenir à l'immortalité, car *une vie de mortel réussie est bien supérieure à une vie d'immortel ratée.* La « délocalisation », la vie loin de chez soi, hors de l'harmonie de son « lieu naturel », comme dit Aristote, est aux yeux d'Ulysse pire que la mort. Par contrecoup, c'est une spiritualité laïque, une définition non religieuse de la vie bonne qui s'esquisse là et nous parle encore aujourd'hui, à nous qui vivons comme jamais le désenchantement du monde.

À l'instar d'Ulysse, ne faut-il pas, en effet, préférer une existence de mortel réconciliée avec le monde au mirage religieux d'une quête d'immortalité ? Ne faut-il pas s'efforcer de vivre avec lucidité, en accord avec la condition humaine, qui est celle des mortels, et en harmonie avec les autres comme avec l'ordre du monde ? C'est là le cœur de toute sagesse laïque, de toute spiritualité philosophique qui ne passe ni par un dieu ni par la foi. Si l'on veut réinventer une « politique de civilisation », si l'on veut fixer un cap, bien plus que de morale, c'est de spiritualité que nous avons besoin, de philosophie plus que de stratégies et de pouvoir.

Vous voyez donc que, s'il y a des points de passage possibles entre les trois ordres — entre la morale, la politique et la spiritualité —, ils n'en sont pas moins fondamentalement distincts. L'histoire d'Ulysse est globalement une histoire philosophique, une affaire de spiritualité sans Dieu : la morale n'y joue presque aucun rôle et la politique à peine…

Malgré tout, les différentes sphères de valeurs auxquelles nous nous rapportons — le vrai, le bien (ou le juste), le beau et l'amour — ne sont pas séparées par des frontières totalement étanches, elles se recoupent en partie…

Pas vraiment. Je ne dirais pas qu'elles se recoupent, mais qu'il existe, entre elles, des passerelles, l'une pouvant donner du sens aux autres. La preuve ? On peut être un savant passionné par la vérité et cependant le pire des salauds, aimer Schubert, être loyal à son pays ou à ses amis, et organiser la torture dans un camp de concentration, ou encore commenter en bon juriste positiviste les lois de Vichy contre les Juifs. Je crains que l'idée d'un recoupement entre les différents ordres ne soit une illusion. Ils n'en possèdent pas moins, et sans doute est-ce à cela que vous voulez en venir, des points communs, à commencer par cette fameuse *transcendance dans l'immanence* qui me semble constituer le cœur du deuxième humanisme : qu'il s'agisse du vrai, du bien, du beau ou de l'amour, nous sommes mis en rapport avec une transcendance, avec quelque chose qui nous dépasse, nous oblige, nous contraint… et qui, pourtant, ne se situe nulle part ailleurs que dans l'immanence à notre cœur, à notre raison théorique ou pratique. J'ai longuement analysé ce paradoxe dans *La Révolution de l'amour* (2010), mais pour autant les ordres de valeurs restent bien distincts. La morale républicaine laïque ne saurait constituer une réponse à la question de la sagesse de l'amour, elle n'a rien à voir avec la question du deuil de l'être aimé ou encore avec celle de la séduction — pourquoi Ulysse est-il si séduisant ? Je mets au défi la morale républicaine de me l'expliquer…

Oui, mais dans le même temps vous soutenez que ce dont nous manquons aujourd'hui, c'est d'une spiritualité laïque. En bonne logique, celle-ci fait donc encore défaut à l'humanisme moderne ?

Non, elle est déjà très largement présente, sans quoi je ne pourrais pas même en parler, et je maintiens que nous vivons probablement mieux dans l'Europe d'aujourd'hui que jamais, avant ou ailleurs, dans l'histoire de l'humanité. La révolution de la famille moderne a engendré de nouvelles formes de spiritualités laïques qui sont même omniprésentes dans la vie de tous les jours. Mais la plupart ne les voient pas parce que nous sommes fascinés par les miroirs aux alouettes, notamment par les variantes du pessimisme et la tentation de la critique radicale. Il faut dire que le pessimisme et l'indignation donnent des ailes, ils donnent l'air intelligent. À lire Philippe Muray, Cioran ou Schopenhauer, le premier venu peut se prendre pour un être d'exception. Le pessimisme est la maladie du siècle. Comme la conscience malheureuse dont parle Hegel dans l'introduction de *La Phénoménologie*, nous sommes fascinés par les mondes qui s'écroulent (« tout fout le camp »), fascinés aussi par les tentations de la critique radicale (« tous pourris, qu'ils s'en aillent tous ! »). Nous voyons ce qui meurt, mais nous ne voyons jamais ce qui naît, ce qui surgit de la cendre et des décombres.

Voyez la problématique des « générations futures », problématique dont nous avons vu comment elle était liée au souci croissant du destin des enfants que nous aimons. Quand apparaît-elle ? Il y a trente ou quarante ans à peine, soit un battement de cils, pour parler comme Schopenhauer, à l'échelle de l'histoire… Elle n'en gagne pas moins tous les secteurs de la vie politique — écologie, dette publique, choc des civilisations, protection sociale, etc. —, au point que toutes les grandes questions se réorganisent peu à peu dans cette perspective nouvelle. Cela ne signifie pas que la nation républicaine n'ait plus voix au chapitre, mais qu'elle se réorganise dans ce sens. Voyez encore l'Allemagne : ce pays est à la fois le plus écologiste d'Europe (celui où le souci des générations futures est le plus grand) et celui où la cohésion nationale est la plus forte, au point de permettre un dialogue social inimaginable chez nous, voire, chose impensable en France, des gouvernements de coalition droite/gauche.

Et du côté des Anciens ? La figure d'Ulysse, dont vous parliez à l'instant et dont vous analysez les tribulations dans La Sagesse des mythes *(2008), montre justement que le but de la vie humaine ne peut consister à poursuivre le salut éternel…*

Oui, on peut tout à fait partir de cette histoire magnifique et fondatrice, qui coïncide parfaitement avec ce que j'entends par « spiritualité laïque ». La sagesse que comporte la mythologie grecque, sécularisée ensuite par la philosophie, présente en effet cet immense intérêt qu'elle consacre déjà la séparation entre deux ordres : entre l'ordre des mortels et celui des immortels, mais aussi, comme je viens de vous le montrer, entre l'ordre de la morale et celui de la spiritualité.

Alors revenons encore un instant à Ulysse. Que nous apprennent précisément ses mésaventures ?

En refusant l'offre religieuse, l'offre d'immortalité de la belle Calypso, Ulysse définit comme en creux les trois critères de la vie bonne. C'est d'abord l'*acceptation de la finitude.* Par son refus, il accepte d'être un humain, se montrant ainsi capable de surmonter la peur de la mort. Ulysse, il faut le préciser, a déjà séjourné dans les enfers et il sait à quel point la mort est atroce. Il ne se fait donc aucune illusion, mais préfère néanmoins une vie de mortel. Ce refus suggère ainsi qu'une existence de mortel réconciliée avec le monde et avec la finitude est infiniment préférable au mirage d'une quête d'immortalité ou au fait de se raconter des histoires sur la vie après la mort. Telle est la première condition de la vie bonne : le sage est celui qui parvient, autant qu'il est possible, à vaincre les peurs qui nous coincent et nous empêchent de vivre bien. Aussi longtemps qu'on est paralysé par la peur de la mort, on ne peut accéder à une vie humainement accomplie, un message qu'on retrouvera plus tard chez les épicuriens comme chez les stoïciens.

La deuxième condition tient à l'idée, qui constitue l'un des fils rouges de *L'Odyssée*, selon laquelle deux maux pèsent sur la vie humaine : le *passé* et l'*avenir*. Le passé nous tire en arrière par les passions tristes que sont les nostalgies, les regrets, les remords, les culpabilités. Le futur nous trompe en nous faisant miroiter l'espoir d'une vie meilleure toujours différée, toujours remise à plus tard. Épictète et Marc-Aurèle développeront ce thème majeur qu'on retrouvera encore chez Nietzsche, et que Sénèque résume joliment en observant qu'« à force de vivre dans le passé et dans le futur, nous manquons de vivre », nous n'habitons pas le présent, qui représente pourtant la seule dimension réelle du temps, le passé n'étant plus et le futur pas encore. Voyez le lien avec *L'Odyssée* : tant qu'il est en guerre, à Troie, ou en voyage vers Ithaque, Ulysse est toujours dans la nostalgie d'Ithaque ou dans l'espérance d'Ithaque, jamais dans l'amour ou la jouissance d'Ithaque. Il n'est donc jamais dans la vie bonne.

Le troisième critère, enfin, intervient lorsque Ulysse rentre à Ithaque, lorsque, après avoir éliminé les prétendants au trône, comme Zeus avait dû venir à bout des Titans, il est désormais réconcilié avec l'ordre cosmique. Ulysse est donc aussi réconcilié avec le présent. Revenu à Ithaque, il occupe désormais ce qu'Aristote appelle son « lieu naturel ». Cette *réconciliation avec le présent* est d'une importance capitale. Ainsi, quand il entre dans le lit de Pénélope, Athéna et Zeus suspendent le temps — l'instant devient éternité, il se dilate. Pourquoi ? Parce que c'est uniquement quand on se réconcilie avec le présent, avec le cosmos éternel, que l'on devient soi-même une sorte de fragment d'éternité.

Voici donc, dans la sagesse des Anciens, les trois conditions d'une vie humainement authentique : accepter la mort et vaincre les peurs, être capable d'habiter le présent et devenir ainsi semblable à un fragment d'éternité. Nous avons là une belle définition de la vie bonne, qui ne passe ni par Dieu ni par la foi, et qui ne gomme pas la finitude humaine. C'est ce que j'appelle une spiritualité laïque. On peut, bien sûr, ne pas partager cette vision, mais nous avons là une spiritualité qui se situe au-delà de la morale et qui n'est pas religieuse pour autant. Les dieux grecs ne sont pas des dieux qui sauvent. Ulysse s'en tire pour l'essentiel par lui-même et, bien qu'Athéna l'aide ici ou là, il n'en accepte pas moins son sort de mortel. La philosophie occidentale ne sera rien d'autre qu'une sécularisation ou une rationalisation de cette quête de sagesse et de vie bonne inaugurée par la mythologie grecque.

Ulysse est toutefois en quête d'une sagesse cosmique, d'une sagesse de l'ajustement à l'harmonie cosmique. Comment transposer cela dans le contemporain ?

À la différence d'Ulysse, les Modernes sont plutôt en quête, non d'une *sagesse du monde*, mais d'une *sagesse de l'amour*, fondée sur une nouvelle conception de la transcendance qui n'est ni celle des Grecs, ni celle des grandes religions, ni celle de ces chrétiens sécularisés qu'étaient les penseurs humanistes et républicains du siècle des Lumières (premier humanisme).

LA TRANSCENDANCE DANS L'EXPÉRIENCE VÉCUE

Les transcendances « verticales » de jadis ont fait long feu, mais vous affirmez que nous ne vivons pas non plus une époque relativiste où les individus « inventeraient » pour ainsi dire leurs valeurs. Est-ce pour rendre compte de ce paradoxe d'une transcendance moderne, incarnée dans l'humain, que vous mobilisez, sur le plan théorique, la notion de « transcendance immanente à l'expérience vécue » ou de « transcendance horizontale » ?

Pour bien comprendre cette notion — centrale à mes yeux pour saisir les évolutions de la notion de « spiritualité laïque » aujourd'hui —, il faut revenir un instant à l'histoire de la philosophie. On peut y distinguer trois grandes conceptions de la « transcendance ». Un premier visage de la « transcendance dans l'immanence » nous est justement offert par le *cosmos* des Grecs. Cet ordre cosmique harmonieux, juste, beau et bon, auquel les humains doivent s'ajuster, est tout à la fois transcendant par rapport à l'humanité (dans la mesure où il n'est pas créé ni inventé par elle) et parfaitement immanent au monde, puisqu'il est le monde lui-même. L'harmonie cosmique, pour les Grecs, c'est la structure même du réel. La notion de transcendance dans l'immanence est donc déjà en partie présente ici — en partie, car il s'agit encore d'une transcendance *objective* et non pas immanente à la subjectivité. Un deuxième visage de la transcendance dans l'immanence s'incarne dans l'humanisme des Lumières et la tradition idéaliste. On le voit apparaître dans la théorie leibnizienne de l'objectivité : il s'agit de distinguer les rêves (subjectifs, qui ne valent que pour moi) et la science (objective en ce sens qu'elle vaut pour tous) dans l'immanence à la subjectivité (à la monade). On la retrouve encore à travers l'exemple de la loi dans le *Contrat social* de Rousseau : quand je choisis de la voter, je suis libre, souverain ; quand je m'y soumets volontairement, je suis contraint, je deviens sujet, mais il s'agit d'une contrainte librement et subjectivement consentie, donc en quelque façon d'une transcendance.

La troisième figure, celle dont je m'inspire le plus directement, on la trouve chez Husserl avec l'idée d'une transcendance présente au cœur du « monde de la vie », du monde vécu. Tout mon effort vise à montrer, ce dont Husserl et Heidegger avaient du reste parfaitement conscience, qu'à ce titre elle échappe aux coups de marteau de la déconstruction opérée par Nietzsche et ses épigones. Cette phénoménologie de la transcendance est capitale si l'on veut penser un humanisme non métaphysique. Transcendance dans l'immanence, cela signifie ici que c'est bien « en moi », dans ma pensée ou ma sensibilité, que se dévoilent des valeurs qui s'imposent à moi comme extérieures à moi, comme transcendant ma subjectivité (je n'y peux rien : 2 plus 2 font 4, ce n'est pas une affaire de goût). Pour autant, elles s'imposent hors de toute référence à une fondation ultime située en Dieu, dans la nature, la tradition ou un quelconque argument d'autorité. Quoique situées en moi (immanence), tout se passe comme si ces valeurs s'imposaient à ma subjectivité, comme si elles venaient d'ailleurs (transcendance).

Cette figure post-déconstructionniste de la transcendance constitue l'*horizon* incontournable de nos expériences vécues. Husserl en rend compte, en renouant ici avec Kant et son analyse de l'espace et du temps, par une description phénoménologique de la *conscience d'une impossibilité à penser ou à sentir autrement* : la ligne droite est le plus court chemin d'un point à un autre, je n'y puis rien, pas plus que je puis quoi que ce soit à l'irréversibilité du temps. Cette phénoménologie de la transcendance des valeurs dans l'immanence à la subjectivité vaut dans l'ordre de la vérité comme dans celui de l'éthique, de l'esthétique ou de l'amour. Quand je dis que « 2 plus 2 font 4 », je formule une vérité que je n'invente pas : je la découvre, ce qui n'est pas la même chose. De même, la beauté d'un paysage ou d'une œuvre d'art s'impose à moi sans que j'y sois pour grand-chose et, comme on le dit si bien et presque dans toutes les langues, on « tombe » amoureux : l'amour ne se commande pas. Pourtant c'est bien en soi, dans son « cœur », qu'on éprouve le sentiment amoureux, lequel nous pousse cependant, comme nul autre, à la « sortie de soi ».

Les valeurs, en ce sens, conservent une dimension d'*objectivité* et d'*extériorité*, même si on découvre cette dimension *par soi-même* et *en soi-même*.

Cette transcendance phénoménologique serait donc immanente à l'humanité et à la subjectivité, sans pour autant dériver de l'individualité, de ce que mon intérêt ou mon désir me dicte ? C'est assez subtil...

C'est cette subtilité qui me fait dire qu'il y a là une forme de mystère. Contrairement à ce que prétendent les matérialistes, qui professent un immanentisme, donc un relativisme radical, les valeurs auxquelles nous adhérons ne sont, en vérité, ni une question d'humeur, ni l'affaire de nos pulsions, ni le produit de quelque stratégie de distinction sociale, pour parler comme Pierre Bourdieu. Regardez, par exemple, les valeurs morales : elles transcendent largement les classes sociales, l'histoire et la géographie. On peut, si on y tient, insister sur les différences, sur le thème « vérité en deçà des Pyrénées, erreur au-delà ». Mais la réalité, c'est qu'aucune grande vision morale du monde, du moins à ma connaissance, n'a jamais fait l'apologie du mensonge, de la mauvaise foi, de la haine et de la violence. Les matérialistes s'efforcent bien sûr d'expliquer cela en recourant à la biologie, à l'histoire ou à la théorie de l'évolution, mais comme le montre parfaitement Husserl dans sa critique du « psychologisme », ces tentatives de « fondation ultime » s'enferment toujours dans un cercle vicieux. Heidegger y insistera à juste titre : elles ont toujours la structure métaphysique de l'ontothéologie. J'ai développé cet argument si souvent dans mes livres que je vous en fais grâce ici : il suffit de s'y reporter. J'ajouterai seulement que l'exigence d'autonomie qui caractérise à juste titre le monde démocratique, s'agissant de la fabrication de la loi notamment, ne signifie nullement que nous « inventions » les valeurs. Cette exigence joue tout au plus dans le choix de leur hiérarchisation : on peut préférer la liberté à l'égalité, ou l'inverse, mais tout le monde reconnaît qu'il s'agit de valeurs. Même dans le monde aristocratique, une certaine forme d'égalité, pensée comme équité, est valorisée. Au demeurant, cette marge d'inventivité disparaît entièrement dans le domaine de la science. Par rapport à l'assertion « 2 plus 2 font 4 », ma marge de liberté individuelle est égale à zéro. À l'encontre d'une opinion courante, mais irréfléchie, il en va presque de même dans l'ordre de l'éthique : je n'invente pas les droits de l'homme, je les découvre comme quelque chose qui *s'impose à moi*, avec toute sa cohérence et sa rigueur propre. Quand je condamne le viol ou le racisme, cette condamnation, là encore, s'impose à moi comme une évidence reçue de l'extérieur et non comme l'émanation de mes désirs subjectifs, sans pour autant qu'elle me soit donnée par une révélation antérieure à la conscience. Même les racistes éprouvent le besoin de clamer haut et fort qu'ils ne le sont pas — l'hypocrisie étant, comme on sait, l'hommage que le vice rend à la vertu.

Il y eut bien entendu des moments de délire, le nazisme par exemple, mais on ne souligne pas assez combien ils constituent plutôt l'exception que la règle. Du reste, les pires salauds appliquent toujours, entre eux, des codes d'honneur et de vertu qui ressemblent à s'y méprendre aux formes classiques de moralité, ce qui tend à prouver qu'ils ne les ont pas totalement mises de côté. Certains principes de justice nous apparaissent même à ce point non négociables que nous les percevons comme pouvant, le cas échéant, engager le risque de notre propre vie. De là, il faut bien admettre que nous avons le sentiment de quelque chose comme des valeurs absolues, comme un « absolu pratique ». Cela ne veut pas dire que nous soyons au niveau, cela signifie que nous avons, en nous, l'idée qu'il faudrait l'être.

Cette expérience de l'*irréductibilité des valeurs* s'impose même, ce qui est assez fascinant, dans la sphère de l'esthétique dont on dit souvent qu'elle est affaire de « goût », donc de relativisme purement subjectif. Pourtant, comme dans le cas de « 2 plus 2 font 4 », je n'invente pas la beauté d'une suite de Bach : je me contente humblement de la découvrir. Cette conception post-déconstructionniste de la transcendance habite le deuxième humanisme : elle reflète la structure de la conscience commune tout en produisant un surcroît de lucidité par rapport à la pensée de tous les jours.

On pourrait donc dire que la notion de transcendance conserve un sens à notre époque, mais qu'elle aurait changé à la fois d'orientation et de contenu ?

La transcendance a surtout changé de statut, puisque nul ne nie le sentiment de transcendance. Simplement, les théologiens l'enracinent dans un dieu et les matérialistes dans une infrastructure neuronale ou sociale, sans se rendre compte que ces tentatives de fondations ultimes relèvent typiquement des idoles d'une métaphysique classique que Nietzsche et Heidegger ont légitiment déconstruite. D'où ma question : comment penser la transcendance après la déconstruction de la métaphysique ? Certainement pas en revenant au matérialisme du XVIIIe siècle, à la manière d'un certain sociobiologiste contemporain. On l'a dit, les transcendances d'autrefois ont été, sinon liquidées, du moins largement fragilisées par la grande déconstruction du XXe siècle, mais nous ne leur avons pas substitué l'immanentisme radical, le renoncement au sacré, le cynisme ou le relativisme moral, ainsi que la déconstruction le prédisait et que la logique du marché nous y invitait. Nous les avons en vérité remplacées par de nouvelles formes de transcendance, des transcendances qu'on pourrait appeler *horizontales* et non plus verticales car elles sont tournées vers l'autre et enracinées dans l'humain, et non dans des entités situées au-dessus de nos têtes. Là sont les deux traits typiques du deuxième humanisme : il repose sur une conception post-métaphysique de la transcendance, mais aussi sur une transcendance dont l'objet est l'humain comme tel. C'est cela que j'appelle, depuis la fin des années 90, la « sacralisation » ou la « divinisation » de l'humain.

LE SACRÉ À VISAGE HUMAIN OU LA RECONNAISSANCE DE VALEURS PLUS HAUTES QUE LA VIE

Dès vos premiers travaux, à vrai dire dès votre article de 1975 sur « Sublime et système chez Kant », écrit à vingt-quatre ans, la thèse de la finitude radicale apparaît comme un des piliers de votre humanisme non métaphysique, à quoi il faut ajouter, on l'a vu, la thèse de la liberté et celle de la transcendance des valeurs. Le moins qu'on puisse dire, en tout cas, c'est que cette reconnaissance d'une transcendance immanente à l'humanité vous singularise de manière surprenante au sein d'une tradition qui oppose, depuis deux siècles, sur le plan intellectuel comme sur le plan moral, la pensée religieuse et la pensée matérialiste. Est-ce aussi pour mettre la perspective relativiste en contradiction avec elle-même que vous avez recours à ce que j'appellerais « la preuve par le sacrifice » : l'intuition que cette notion est inséparable de celle de sacré, qu'il ne peut y avoir de sacré — de grandes causes sacrées — sans une disponibilité au sacrifice ? Une intuition qui, du même coup, permet de fonder l'affirmation selon laquelle nous serions en train de vivre une révolution dans l'histoire du sacré et, par là même, du sens ?

Parler d'une sacralisation de l'humain ne signifie évidemment pas — mais les malentendus sont fréquents — que l'homme serait devenu un être extraordinaire. Il n'y a, ici, ni idolâtrie ni irénisme : non, les humains ne sont pas entrés au paradis. J'entends par « sacré » ce pour quoi, à tort ou à raison, nous serions prêts à faire des sacrifices, voire à nous sacrifier. Parallèlement à la montée des valeurs de l'intimité, l'Europe a enregistré une incroyable érosion des motifs traditionnels du sacrifice — et pour tout vous dire, j'y vois la meilleure nouvelle du siècle, voire du millénaire ! — même s'il en va (hélas) tout différemment ailleurs (je songe au terrorisme ou à l'islamisme intégriste). Pour l'autre homme, pour nos prochains, nos proches et nos enfants, en revanche, nous autres Européens serions certainement prêts à certains risques, voire au risque de la mort, et plus nous aimons, plus cette remarque est vraie. Quand je parle de la « sacralité » de l'être humain, je veux donc dire qu'il représente désormais, pour la majorité d'entre nous, le seul objet de sacrifice possible.

Ce constat n'a rien de trivial. Regardez encore la manière dont la guerre des tranchées fut conduite en 1914, la façon dont les Américains n'ont pas hésité à raser deux villes japonaises en 1945, moins pour gagner la guerre que pour tester leurs armes et impressionner l'Union soviétique, sans se soucier une seconde des dizaines de milliers d'enfants et de civils qui allaient y laisser la vie dans des conditions atroces. Le monde occidental a changé, ces horreurs choquent aujourd'hui les opinions publiques. Souvenez-vous aussi du Kosovo et de l'intervention de l'Otan à la toute fin des années 90. Les forces militaires occidentales disposaient des photos-satellite de l'armée serbe, si bien que les présidents américain et français, ainsi que le chancelier allemand, auraient pu la détruire dans le quart d'heure. On m'a raconté cette affaire en détail lorsque j'étais ministre et je tiens ces informations de la meilleure source : ils y ont renoncé parce qu'ils n'étaient pas là pour tuer, fût-ce des soldats ennemis, mais pour procéder à une intervention militaire à but humanitaire. On peut être pour ou contre, mais nier que cela soit nouveau serait absurde. C'est peut-être même la première fois dans l'histoire qu'une armée en guerre renonce à massacrer des soldats ennemis.

Mais permettez-moi de revenir un instant sur la notion de

sacrifice possible pour l'être aimé, au fait que la plupart d'entre nous serions disposés à donner notre vie pour ceux que nous aimons. L'hypothèse du sacrifice, fût-elle fictive, signifie que la préservation de notre propre vie, si précieuse soit-elle, n'est pas nécessairement et en toutes circonstances la valeur absolue. Affirmer cela, c'est bien admettre qu'il existe des *valeurs supérieures à la vie matérielle ou biologique*, des valeurs à proprement parler sur-naturelles. Or, si nous voulons cesser de vivre dans une intenable et permanente dénégation, il faut bien assumer le fait que ces valeurs doivent être qualifiées de sacrées ou d'absolues dans la mesure même où elles nous commandent de dépasser notre individualité, de sortir de nous-mêmes, voire, le cas échéant, de mettre en jeu notre propre existence.

Cette idée me semble très juste, d'autant que, si on se place dans une perspective européenne, on peut dire qu'elle s'est en partie élaborée dans le creuset de la Résistance puis de la dissidence est-europénne. On la rencontre déjà chez Vladimir Jankélévitch qui, dans L'Imprescriptible *(1971), relève que « la vie sans les raisons de vivre ne mérite pas d'être vécue. Car la vie sans les raisons de vivre n'est que ce qu'elle est : une vie de fourmi ou de ruminant ». Si l'on fait le détour par la dissidence est-européenne, on retrouve la même conviction au cœur de l'engagement philosophique et politique de Jan Patocka, assassiné par la police politique en 1977. Celui qu'on peut considérer comme le maître à penser de la dissidence affirmait qu'« une vie qui n'est pas disposée à se sacrifier elle-même à son sens ne mérite pas d'être vécue ». Lui aussi cherchait à déblayer le chemin d'une transcendance horizontale. Le point capital tient ici au lien direct tracé entre le fait d'accepter de mettre sa vie en péril et la possibilité d'en sauvegarder l'humanité. Comme si la question de notre humanité et de ses raisons — de notre trahison ou de notre fidélité à leur endroit — ne pouvait faire sens que de notre éventuelle disponibilité à mettre notre vie (ou notre confort quotidien) dans la balance — ce que Patocka nommait d'ailleurs le « souci de l'âme ». C'est très exactement ce que Václav Havel, qui était son disciple, expliquera en 1985 aux pacifistes allemands qui brandissaient leur « plutôt rouge que mort ». Cette disponibilité au sacrifice, Patocka la plaçait au cœur même de ce qu'il appelait l'« héritage spirituel européen ». Que vous inspire cette parenté dissidente établie entre la notion d'héritage spirituel européen et l'éventuelle disponibilité à sacrifier sa vie, ou certaines possibilités de vie, pour en préserver le sens et l'humanité ?*

Vous connaissez les dissidents et la pensée de Jan Patocka beaucoup mieux que moi, et je suis heureux de ce que vous m'apprenez sur cette parenté, y compris dans le vocabulaire de la « spiritualité ». Le détestable slogan des pacifistes allemands — *Lieber rot als tot* — constitue un fort bon exemple, car on constate qu'il n'a finalement pas convaincu l'ensemble de nos contemporains. Cela prouve bien que, dans nos sociétés pourtant sorties de la religion, la notion de sacrifice conserve un sens : dans un contexte infiniment moins dramatique que celui où évoluaient les dissidents, il demeure une *perspective organisatrice de l'expérience vécue*. Si nous ne faisons de la disponibilité au sacrifice qu'un usage très modéré, il n'en reste pas moins que nous ne pouvons en faire tout à fait l'économie pour penser et nous orienter dans le monde. S'obliger impérativement et disposer de son existence en vue d'un but plus haut restent inscrits au cœur de la relation que l'individu hypermoderne entretient avec lui-même.

SAGESSE DE LA FINITUDE

Ulysse nous enseigne qu'une vie accomplie repose toujours sur l'acceptation de la finitude. Jan Patocka voyait également les choses ainsi et, comme Ulysse, il soulignait combien cette « conquête de soi » est aussi une conquête contre notre propension à vivre une vie toujours prête à occulter (ou à oublier) toute responsabilité supérieure à sa propre survie. Dans sa modalité la plus haute, notre humanité, dit le philosophe tchèque, n'advient qu'à la faveur d'une « lutte intérieure » dans la mesure où nous sommes toujours enclins à nous laisser derechef ravir par l'illusoire mais rassurante infinité de la quotidienneté au sens du encore et encore, du « mauvais infini » de Hegel. Et d'insister sur le fait qu'il nous faut chaque fois — au gré d'un combat sans cesse recommencé — nous arracher à cette plate fascination si nous voulons entrer dans une relation authentique au monde, aux autres et à nous-mêmes. D'où la référence constante à Héraclite, « polemos *est le père de toutes choses ». Mais d'où aussi le fait que l'inspirateur de la dissidence voyait dans le « dévouement » l'attitude caractéristique destinée à prolonger le mouvement de conquête de soi : nous n'accueillons notre finitude qu'en nous dépassant vers autrui. Cela revient aussi à suggérer que le souci de l'autre se déploie précisément dans l'espace ouvert par cette lutte intérieure de chacun contre soi. Loin de creuser un abîme d'indifférence entre les hommes, la finitude (la finitude acceptée) serait donc seule à même de réconcilier. Différence avec Ulysse : il ne s'agit pas de passer une bonne fois de la discorde à l'harmonie, mais de comprendre que la condition du commun en tout est bien* polemos, *la discorde, le combat intérieur. Par là, la philosophie de Patocka apparaît tout à la fois comme une éthique combattante, une spiritualité laïque et une philosophie du dévouement, le « soin de l'âme » trouvant son pendant dans le soin porté à autrui. Y a-t-il une place pour* polemos *dans votre dispositif?*

Jan Patocka voit évidemment juste : c'est seulement dans la mesure où je suis dans l'acceptation de la finitude, où je ne me laisse pas engluer dans le caractère répétitif de la quotidienneté, que la distinction du bien et du mal peut m'apparaître. Si nos valeurs étaient réductibles à d'infinis processus matériels, il nous serait proprement impossible de distinguer entre l'absolu et le relatif, le beau et l'agréable, le bien et l'intérêt. L'idée de Patocka selon laquelle la poursuite d'une vie authentiquement humaine est aussi un combat, un combat intérieur, rejoint, il me semble, celle que j'exprime lorsque j'avance l'idée d'une transcendance de soi à soi.

La finitude comporterait donc un versant positif qui, à la limite, conditionnerait notre humanité ?

Cette problématique est d'une grande profondeur, car elle revient, vous avez raison, à se demander ce que nous apporte la finitude, le fait que le temps nous soit compté. Par où l'on retombe sur Ulysse, car si nous n'avons pas le choix, Ulysse, lui, l'avait : qu'a-t-il trouvé de si précieux dans sa condition de mortel qu'il en soit venu à décliner l'offre de Calypso qui lui proposait la jeunesse éternelle et l'immortalité ? À vrai dire, sans ce sentiment que le temps passe et qu'il presse, on ne voit pas bien ce qui nous inciterait à nous lever le matin, à travailler, à tenter d'agir sur le monde, à hiérarchiser nos priorités et nos passions. Il se pourrait en dernière instance que ce soit cette réconciliation avec notre condition de mortels, cette acceptation de la finitude qui, d'une part, donne de l'intensité à l'existence et qui, de l'autre, puisse conférer à l'instant présent le statut de fragment d'éternité, nous inciter à ne pas nous presser afin de nous réjouir du simple fait d'exister, du fait même que les choses soient. C'est ce que Pierre Hadot a très intelligemment souligné à propos de Rousseau et de Goethe dans plusieurs de ses livres : il faut avoir la mort en tête pour que le charme gratuit de l'existence nous apparaisse en tant que tel, pour que l'on puisse prendre plaisir au simple fait d'exister. Ces deux exigences, en apparence contradictoires, sont en fait indissociables et toutes deux dérivent de la conscience de la finitude. C'est parce qu'il y a urgence que nous ne laissons pas filer le temps, mais c'est aussi parce qu'il nous est compté, et que nous le savons, que nous pouvons parfois le laisser filer volontairement. Il faut tenir ensemble ces deux mouvements si l'on ne veut pas que la mort, déniée, s'empare subrepticement de la vie derrière notre dos.

S'HUMANISER, OU L'IDÉAL DE « LA PENSÉE ÉLARGIE »

Vous dites souvent que, face à la mort et à la souffrance, il nous faut aujourd'hui, nous autres laïcs, nous débrouiller avec les moyens du bord. Pourriez-vous être plus précis sur les « moyens » en question ? Quels seraient, en d'autres termes, les piliers susceptibles de constituer le socle d'une spiritualité laïque ?

Pour commencer, toute sagesse moderne, nous l'avons évoqué, présuppose comme sa condition première l'acceptation de la finitude. La vie bonne implique le face-à-face avec notre condition de mortels. Cela dit, si nous voulons aujourd'hui réinvestir philosophiquement, en des termes évidemment nouveaux, l'antique problématique du salut, il me semble que trois éléments devraient prédominer pour en concevoir le socle. Le premier tient à l'*exigence de la pensée élargie*. Kant désignait par cette formule la contrainte qui, par exemple dans une discussion ou dans la contemplation d'une œuvre d'art, oblige à se mettre à la place d'autrui pour saisir son point de vue. Je lui donne un champ d'application plus étendu puisqu'elle ne désigne pas seulement, à mes yeux, une exigence de l'esprit critique, mais une nouvelle façon de répondre à la question du sens de la vie comme à celle de savoir comment *s'humaniser*.

C'est là un point sur lequel l'écrivain anglo-indien V.S. Naipaul insistait avec beaucoup de profondeur lors de la réception de son prix Nobel en 2001. Dans ce discours, Naipaul raconte son enfance, évoque les limitations inhérentes à la vie des petites communautés refermées sur elles-mêmes et l'« extraordinaire égocentrisme » qui y régnait : « Nous regardions vers l'intérieur ; nous accomplissions nos journées ; le monde extérieur existait dans une sorte d'obscurité ; nous ne nous interrogions sur rien », dit-il. Naipaul explique ensuite comment il écrivit un livre sur son île natale. Lui-même souligne cependant que ce fut au prix d'une distanciation et d'un arrachement à soi. Il fallait dépasser le folklore pour accéder à la littérature universelle : ressaisir le monde de son enfance à partir d'une perspective moins égocentrique et moins immergée. Après quoi il est devenu voyageur, découvrant de « nouveaux domaines d'émotion ». Pour prendre conscience de soi, il faut se situer en quelque façon à distance de soi : non pas renier sa culture d'origine, mais *décentrer sa perspective initiale* pour pénétrer des coutumes et des valeurs éloignées des siennes, mais aussi pour pouvoir revenir à soi d'une manière moins dogmatique. Or, rien de tel n'est évidemment possible là où l'esprit demeure enfermé dans sa communauté d'origine ou dans sa petite vie au jour le jour.

Le point où je veux en venir, que l'on retrouve aussi dans l'histoire d'Ulysse, est le suivant : dans la mesure même où cet idéal de la pensée élargie exhorte à sortir de soi pour se retrouver, elle peut donner à la fois une signification et une orientation à notre existence, y compris au fait de vieillir. À quoi cela sert-il de vieillir ? Peut-être, justement, à rien d'autre qu'à élargir la vue et l'horizon, ce qui nous permet au passage de mieux connaître les autres, de les aimer davantage, et peut-être bien aussi d'être soi-même plus aimable : j'ai toujours pensé que la séduction qu'exerçait Ulysse, sur les hommes comme sur les femmes, était liée à cet élargissement de l'horizon que les voyages et les épreuves lui ont permis d'acquérir. Chaque fois qu'il en a l'occasion, il fait l'effort de découvrir les autres, parfois au péril de sa vie, comme avec les cyclopes dont il veut savoir si ce sont des monstres ou des « mangeurs de pain », c'est-à-dire des humains. Ce n'est pas un gamin, il connaît la vie, il est devenu un être « singulier » — un être qui n'est pas commun et qui ne ressemble à aucun autre. Et manifestement, cela plaît aux femmes.

Nous parlions, s'agissant de penser une spiritualité laïque, d'un socle comportant plusieurs éléments ou piliers. Quel serait le deuxième ?

L'autre notion centrale à mes yeux est justement celle de *singularité,* qui est directement liée à cet élargissement de l'horizon que nous venons d'évoquer et qui désigne peut-être le sens de nos vies. Poursuivons avec V.S. Naipaul : d'un côté, nous avons le *particulier* (la petite communauté indienne à laquelle il appartient par sa naissance, avec sa langue, ses rituels, ses usages propres, etc.) ; à l'autre bout, nous avons l'*universel,* une notion qui ne désigne pas seulement le vaste monde, mais la finalité du parcours entrepris par l'écrivain. Or, entre ces deux termes, le particulier et l'universel, il y a place, comme le dit déjà la logique d'Aristote, pour un troisième terme qui les dépasse et en fait pour ainsi dire la synthèse : le *singulier* ou l'individuel. Cette singularité, toutefois, n'est pas donnée d'emblée : elle se forge précisément au fil de l'expérience et de l'existence. L'individualisation, ou le devenir authentiquement humain (qui est le contraire du culte narcissique de soi, du fameux *Be yourself!*), repose sur l'accès à la pensée élargie. C'est en inscrivant son expérience particulière dans les formes de l'intersubjectivité — ces lieux universels du sens que sont la vérité, la justice, la beauté et l'amour — que l'individu se singularise et s'humanise. D'une certaine manière, la singulière universalité de l'œuvre d'art répond à la même règle. Si un catholique européen peut être profondément ébloui par une calligraphie chinoise et un Chinois par un tableau de Vermeer ou un concerto de Mozart, c'est que le grand artiste ne s'en tient ni au particulier (folklore) ni à un universel abstrait et désincarné semblable à une formule mathématique. Il fait œuvre de singularité.

Où l'on voit ici par quel biais la notion de singularité se rattache directement à l'exigence de la pensée élargie : c'est en m'arrachant à moi-même pour m'intéresser à autrui et pour le comprendre, c'est en élargissant mon horizon en même temps que le champ de mon expérience, que je me singularise. Alors seulement, en effet, je dépasse le particulier de ma condition première, celle de ma naissance, pour accéder à plus d'humanité, à moins de particularité et à plus d'universalité, du moins à une prise en compte toujours plus large des possibilités que recèle l'humanité tout entière. C'est de cette expérience singulière qu'Ulysse tire la séduction et l'autorité qu'il exerce sur les autres.

Si l'on suit ce fil rouge, on s'aperçoit enfin que l'on peut en partie réinvestir l'idéal grec (repris par Nietzsche) de l'« instant éternel », de l'intensité comme critère d'une « vie réussie ». Si le double mouvement d'arrachement au particulier et d'ouverture à l'universel singularise nos propres vies et nous donne accès à la singularité des autres, il nous offre en même temps le moyen de nous mettre en contact avec ces moments de grâce que comporte l'existence, eux aussi irremplaçables et singuliers, où la peur paralysante de la mort passe au second plan.

Dans le jeunisme ambiant, comment cette exigence de la pensée élargie nous permet-elle d'aborder à nouveaux frais la question de savoir à quoi sert-il de vieillir ?

Cette sagesse de la pensée élargie, pour humble et modeste qu'elle soit, peut donner un sens au fait de vieillir en le comprenant comme la contrepartie d'une individualisation accomplie. Comme l'écrit joliment Victor Hugo dans *Booz endormi*, si les femmes regardent Booz « plus qu'un jeune homme », c'est que si l'on voit de la « flamme aux yeux des jeunes gens, dans l'œil du vieillard on voit de la lumière ». Et d'ajouter : « Le jeune homme est beau, mais le vieillard est grand. » J'adore Victor Hugo et, comme François Furet, je tiens *Les Misérables* pour le plus grand de tous les romans. Bien sûr, il s'agissait un peu, dans *Booz*, d'un plaidoyer *pro domo* : à quatre-vingts ans, Hugo courait encore et toujours après les bonnes ! Mais il y a aussi une immense profondeur dans ces quelques vers. Vous remarquerez du reste que, dans la mythologie grecque, les dieux préfèrent toujours les mortelles aux déesses. Zeus ne cesse de coucher avec des humaines, alors même que toutes les déesses sont à ses pieds et qu'elles sont d'une beauté parfaite. Pourquoi ? Parce que les mortelles sont des créatures beaucoup plus séduisantes : elles sont fragiles, elles peuvent se faner, leur beauté disparaître, elles sont terrifiées, parfois insupportables — bref, elles ont toutes les qualités qui font que, par comparaison, les déesses apparaissent un peu fades. L'âge peut certes représenter un naufrage, mais il offre aussi la chance de devenir un être plus humain, de plus en plus irremplaçable et de plus en plus singulier, sculpté qu'il est, sans cesse davantage, dans un mixte de particularité et d'universalisme.

Cette notion de « pensée élargie » paraît très féconde, surtout à l'heure de la mondialisation. Elle permettrait au fond de se maintenir sur le terrain issu de la tradition critique des Lumières sans pour autant sacrifier à cette alternative un peu absurde opposant le paradis de l'universel à l'enfer de la différence. Dans une Europe prise en étau entre ces deux faces de la modernité en crise, le concept de « pensée élargie », où l'universel et le particulier sont médiatisés par la notion de singularité, montrerait finalement que nous ne sommes pas obligés de choisir. De voir dans l'idéal d'une humanité entièrement homogène, enfin émancipée parce que affranchie de tout sol et de toute tradition, le dernier mot des Lumières. Ni de tenir pour le dernier mot du romantisme la vision, renversée, d'une humanité vouée à s'enfermer dans l'absolutisation de ses différences. Votre « pensée élargie » m'évoque cette phrase de l'écrivain portugais Miguel Torga qui, dans une conférence prononcée à São Paulo en 1954, remarquait déjà que « l'universel, c'est le local moins les murs ». On pourrait d'ailleurs inverser la proposition et dire, dans le même esprit, que l'universel moins le local, c'est aussi le mur! L'exigence d'un élargissement de l'horizon permet en tout cas d'échapper au dilemme mortifère du marché (l'universel moins le local) et du ghetto (le local plus les murs). Ce que je vois moins bien, en revanche, c'est ce que l'amour vient faire dans cette histoire? Peut-être y a-t-il là une certaine résistance de ma part face à l'idée d'une spiritualité qui ferait de l'amour le cœur de la vie spirituelle (connaître, c'est aimer) et qui, en cela, s'apparente un peu à une version sécularisée du christianisme…

Pourquoi l'amour est-il ici central? D'abord parce que tout le processus de la « pensée élargie » implique que l'amour guide et anime l'expérience: lui seul confère à ce cheminement ou à cet élargissement de l'horizon sa valeur et son sens. La logique de l'amour, l'amour des personnes comme celui des œuvres ou des choses du monde, possède en effet une vertu, pour ainsi dire salvatrice, en ce qu'il arrache à l'égocentrisme. C'est par l'amour, l'amour qui relie entre eux des individus concrets et singuliers, qu'on entre dans la dimension de la pluralité et de la vie commune. D'où l'idée d'une *sagesse de l'amour*, sagesse d'autant plus nécessaire que la haine est à l'évidence l'autre face d'une même médaille — en quoi, une fois encore, il n'y a nul irénisme dans la philosophie de l'amour à laquelle je songe. Au demeurant, c'est toujours la singularité d'un être qui constitue l'objet véritable de l'amour. Pascal le dit dans ses *Pensées*: celui qui aime quelqu'un pour sa beauté ne l'aime pas car la petite vérole, qui tuera la beauté sans tuer la personne, fera qu'il ne l'aimera plus.

Ce qui donne le sentiment qu'on pourrait continuer à aimer un être, quand bien même la maladie ou le grand âge l'auraient défiguré, n'est jamais réductible à telle ou telle de ses qualités. Ce qu'on aime en lui, ce n'est ni la particularité pure ni les qualités abstraites (l'universel), mais cette singularité qui le rend irremplaçable, à nul autre pareil. À celui ou celle qu'on aime, on peut dire affectueusement, « ça, c'est tout toi ! » ou, comme Montaigne, « parce que c'était lui, parce que c'était moi », mais pas : « parce qu'il était beau, fort, intelligent et riche ».

11

L'air du temps, ou le conformisme de l'anticonformisme

ALEXANDRA LAIGNEL-LAVASTINE — *Dans une chronique parue en 2010, vous observiez à propos d'un certain nombre de nos humoristes : « Il leur faut toujours aller plus loin, plus fort, plus haut… ou plutôt plus bas, là où il n'y a rien à craindre », une remarque qui visait notamment Stéphane Guillon. Dans la foulée, vous lui faisiez la proposition suivante : plutôt que d'enfiler un préservatif sur une statuette de Benoît XVI, vous lui suggériez, histoire de tester son audace, de tenter la même opération avec Mahomet. Et vous ajoutiez : « Je crains qu'une fatwa bien sentie ne vienne interrompre la plaisanterie dans le quart d'heure et pour les vingt ans qui viennent », offrant ainsi à Guillon « une nouvelle occasion de percevoir l'écart entre la pseudo-répression qu'il prétend défier et une authentique idéologie totalitaire », à savoir l'islamisme radical. Quelques jours plus tard, on vous traitait, à cause de cette remarque, de « philosophe islamophobe » ! Comment expliquez-vous que Stéphane Guillon et tant d'autres puissent à ce point aller dans le sens du vent tout en ne cessant de mettre en garde contre les périls qui menaceraient la liberté d'expression. L'humeur dominante des temps serait-elle au conformisme de l'anticonformisme ?*

LUC FERRY — S'il règne encore une chape de plomb dans nos démocraties européennes, c'est bien celle de ce politiquement correct qu'incarnent à merveille nos nouveaux humoristes. Ils font profession de transgresser, sans voir que leur rôle d'amuseur public relève presque toujours du plus parfait conformisme : celui, redoutable, car indétectable par les gogos, de l'anticonformisme. Quoi de plus facile, de moins risqué, que de critiquer aujourd'hui Nicolas Sarkozy ou le pape ? Critiquer Mahomet est plus délicat — voyez les philosophes Fernando Savater en Espagne ou Robert Redeker en France, qui vivent en permanence sous protection policière : cela ne semble plus choquer grand monde. Là, il y a un risque, je vous le confirme. En revanche, pour se donner des airs de grand subversif face à l'Élysée ou au Vatican, il suffit de surfer sur la vague en en rajoutant trois louches pour faire rire grassement le bon peuple et le tour est joué. Plus c'est grossier et outrancier, mieux cela passe. Il ne me semble pas, en effet, que le premier mal dont souffre notre société tiendrait à un trop-plein d'interdits qui, comme au temps de l'ORTF, rendrait toute transgression humoristique risquée, subversive et, du même coup, nécessaire et sympathique. C'est à l'évidence l'inverse qui est vrai.

DE L'ART DE TRANSGRESSER À VIDE

On aimerait voir notre sympathique Stéphane Guillon reproduire en Libye ou en Corée du Nord ses blagues antiprésidentielles, y déclarer par exemple haut et fort, à l'instar de son collègue Didier Porte (qui, il est vrai, mettait ces propos dans la bouche de quelqu'un d'autre et qui, au demeurant, ne manque pas de talent, là n'est pas le problème) : « J'enc… Kadhafi », « je sodomise Kim Jong-il ». Il comprendrait vite sa douleur en même temps qu'on lui rappellerait la différence entre une société d'hyper-tolérance comme la nôtre et un régime policier.

S'agissant des médias, il est évident que leur unique maître s'appelle Audimat, pas Sarkozy.

Des journaux comme *Marianne* ou *Libération,* voire *Le Nouvel Observateur* et *Le Monde* aux ordres ? Quelle blague ! Jour après jour et semaine après semaine, ce sont leurs unes antisarko qui les font vivre presque intégralement. Jamais président ne fut plus moqué, insulté et critiqué. Comme je vous l'ai dit, les couvertures de la presse fonctionnent comme les bancs de poissons dans les films de Cousteau : leurs mouvements n'obéissent à aucun chef d'orchestre, sinon à l'air du temps et au besoin de vendre, de sorte qu'on y est, à bien des égards, très libre. Les journaux sont des entreprises privées comme les autres, qui cherchent des clients, voilà tout. Si l'antisarkozysme fait vendre, tout le monde, ou presque, s'y précipite. Et si *Le Figaro* organise la résistance, c'est bien sûr par conviction, mais aussi parce que son lectorat le souhaite. Certains affirment, sans rire, qu'il ne serait plus de liberté d'expression que sur Internet. Il faut vraiment toute la paranoïa de l'antisarkozysme actuel pour ne pas voir que la Toile est plutôt, en dehors des sites « sécurisés », un lieu de conformisme, voire de rumeurs immondes, qu'un espace de liberté.

S'il fallait expliquer à un étranger les ingrédients qui composent cette mal-pensance à la française, de quoi diriez-vous qu'elle est faite, quelles en sont finalement les composantes plus ou moins récurrentes ou les cibles privilégiées ?

La vraie question est de savoir comment nous avons pu en arriver à cette situation, où l'on ne sait plus trop ce qui l'emporte, du dérisoire ou du ridicule.

Si l'on fait preuve d'un peu de sens historique, je crois qu'il faut une fois de plus en revenir aux années 60. De même qu'Alain Finkielkraut avait pu évoquer la figure du « Juif imaginaire », il me semble que c'est dans les années 60-70 qu'apparaît la figure du *révolutionnaire imaginaire*, celui qui, sans le savoir, présente l'incarnation même du conformisme. C'est ce paradoxe qu'il faut analyser. Aux États-Unis, le phénomène s'était développé dans des proportions telles qu'on a fini par lui donner un nom, la *political correctness*. Le mouvement explose avec la prolifération, sur les campus, des *cultural* et des *gender studies*, toute une série de démagogues s'y ralliant, à commencer par Jacques Derrida, véritable intellectuel organique de ce courant, position qui explique en grande partie son immense notoriété américaine, par contraste avec sa relative absence de rayonnement en France. Phénomène très paradoxal, donc, puisque nous vivons désormais dans des sociétés où la liberté d'expression est absolue, au point qu'il n'y a plus aucune norme à transgresser du côté des valeurs traditionnelles, toutes passées à la moulinette de la déconstruction.

L'exemple de l'art contemporain dans les années 70 est également révélateur. La décennie marque le moment où l'art avait achevé de tout transgresser. On était déjà passé par la grande époque des concerts de silence de John Cage, des expositions sans tableaux d'Yves Klein ou des films sans images et sans bande-son que les situationnistes présentaient avec un cérémonial majestueux, assez drôle d'ailleurs, à l'École normale supérieure. C'est au moment où l'on était allé le plus loin dans la logique de la déconstruction, la poussant même jusqu'à l'absurde, que s'est installée une nouvelle chape de plomb, les mêmes minimalistes dotés d'un esprit critique maximaliste faisant office de gardiens du temple. Il était ainsi impensable d'esquisser un sourire aux séminaires de Jacques Lacan sans risquer l'exclusion *manu militari*. Dans l'art contemporain, on pouvait tout transgresser… sauf l'art contemporain lui-même, auquel cas on se voyait illico traité de fasciste. Bref, une sorte de dialectique hégélienne se met en place, où le geste *transgressif* se fait à son tour *répressif*.

Mais que réprime au juste ce politiquement correct?

Cette étrange dialectique reflète un double mouvement historique d'une grande puissance. Sous la critique de la loi, popularisée par le fameux slogan « Il est interdit d'interdire », se profile bientôt une vertigineuse montée des « droits à ». Sous la critique de l'idée républicaine, c'est la multiplication des logiques communautaires qui s'épanouit. On brûle 45 000 voitures par an dans l'indifférence générale, tout le monde s'en moque ou s'y est, plus ou moins, habitué — ce qui suffit à montrer combien la loi est bafouée. En revanche, touchez publiquement à un cheveu d'une communauté quelle qu'elle soit (hormis les chrétiens et les politiques, cela va sans dire!), et vous vous exposez à être cloué au pilori sur Internet, voire à faire aussitôt l'objet de poursuites judiciaires. On méprise la loi, mais s'agissant de ses droits, on ne plaisante pas. Voyez Claude Imbert, littéralement enseveli sous les insultes à cause d'une remarque voltairienne sur l'islamisme radical, ou Alain Finkielkraut accusé de racisme pour une remarque privée sur l'équipe de France…

Bref, la transgression n'est plus là où l'on voudrait nous le faire croire et la critique courageuse non plus. Ce climat doit encore une fois être rattaché au déclin de l'idée républicaine qui s'amorce en 68 et, avec lui, à la progressive montée en puissance des logiques communautaires de toute nature. Toutes les communautés peuvent aujourd'hui réclamer l'interdiction des plaisanteries de mauvais goût, voire tout simplement de la moindre critique au nom, justement, de leur droit à la différence (voyez la manière dont le concept d'islamophobie a été assimilé de façon indue à celui d'antisémitisme, le premier visant une idéologie, le second des personnes). Le conformisme de l'anticonformisme, qu'illustrent certains humoristes, participe de cette lame de fond.

Ne faut-il pas voir aussi dans ce nouvel esprit du temps l'influence que la « gauche de la gauche » semble désormais exercer sur le discours de la gauche modérée qui, à force de ne plus penser du tout, trouve là de quoi s'encanailler à bon compte ? En somme, tout serait bon à prendre pourvu qu'on échappe à la « pensée unique », qui est toujours celle de l'autre, récemment rebaptisée « pensée tiède » par l'essayiste britannique Perry Anderson. Quitte à troquer l'utopie communiste défunte pour un anticolonialisme réchauffé mis à toutes les sauces, ou à s'abandonner à toutes les audaces. Ainsi, rien de plus « fin » que la réflexion de Giorgio Agamben, surtout quand il compare Guantánamo à Auschwitz ; rien de plus « tendance » que de plaider pour la disparition du « mot juif », etc.

L'influence, malgré tout limitée, des nouvelles radicalités est incontestablement liée aux peurs que suscite, à tort et à raison, la deuxième phase de la mondialisation, celle qui s'amorce dans les années 90. Elle a donné une nouvelle vigueur à cette extrême gauche qu'on croyait défunte depuis le virage des années 80, une période caractérisée par la conversion à la démocratie de la plupart des intellectuels français, conversion qu'accompagna, on l'a vu, la publication de *La Pensée 68*. En bon vieux trotskiste, Perry Anderson, puisque vous en parlez, ne m'a jamais pardonné ce livre. Boostées par le nouvel ennemi — la mondialisation —, les nouvelles radicalités altermondialistes de la décennie 90 vont récupérer le fond de cuve du gauchisme, mais aussi du tiers-mondisme et de l'extrémisme écologique des années 70. Le mouvement altermondialiste se présente à cet égard comme une véritable voiture-balai. Pour n'être guère brillant, il n'en reste pas moins assez influent, notamment sur nombre de journalistes pour lesquels il constitue une espèce de surmoi, en tout cas une sorte de boussole : cela se comprend assez bien, du fait que leur métier pousse par essence à l'esprit critique.

Le succès récent du libelle de Stéphane Hessel, *Indignez-vous !* (2010), qui vient de franchir la barre du million d'exemplaires vendus, en témoigne par ailleurs. Que vient en effet flatter ce petit fascicule ? Entre autres, les facilités d'un altermondialisme qui, de sommet en sommet, ne trouve rien de mieux à faire que de s'en prendre aux seules instances régulatrices mondiales dont on puisse un jour attendre quelque solution. En quoi l'indignation dévoile sa face aveugle, celle de la noire bêtise. Car je ne vois guère d'autre terme pour décrire l'action de ceux qui voudraient que la mondialisation fût régulée, mais qui s'opposent de toutes leurs forces aux instances de régulation. Par où, je le crains, Stéphane Hessel ne fait guère avancer sa propre cause, ses positions revenant à encourager ce que le monde compte aujourd'hui de plus irresponsable et de moins intelligent.

De quoi l'altermondialisme fait-il au juste la synthèse ?

À vrai dire, nous avions déjà eu, dans les années 80, une première reconstitution du gauchisme *via* l'écologie, avec ceux qui, comme l'admet Alain Lipietz (un ancien mao reconverti dans l'écologie), sont venus « au vert par le rouge ». Après la fin des années 60-70, voyant que la critique maoïste du monde libéral, républicain et démocratique ne tenait guère, nombreux furent ceux qui se précipitèrent vers l'écologisme radical pour continuer le combat contre les sociétés libérales par d'autres moyens. Cela permettait aussi de conserver une part du vieux tiers-mondisme. D'où la fameuse blague qui consiste à comparer les écolos à des pastèques : verts à l'extérieur, rouges à l'intérieur.

L'altermondialisme va ainsi faire la synthèse de tous les satellites du gauchisme en les réaménageant au goût du jour et en y ajoutant quelques idées nouvelles, mais finalement assez peu.

On y retrouve de fait une composante tiers-mondiste à la Frantz Fanon, très présente dans la diabolisation de l'impérialisme américain, la détestation d'Israël et le soutien inconditionnel aux Palestiniens, à quoi s'ajoutent une composante écologique et une composante gauchiste, elles aussi prononcées et perceptibles à travers la haine de l'Occident, voire une composante islamiste s'il le faut. Sans aller jusqu'à parler d'islamo-gauchisme dans la mesure où nous n'avons pas affaire à une idéologie très structurée, c'est bien ce cocktail qu'on a retrouvé à la fameuse conférence de Durban en 2001 et qu'incarne de façon quasi emblématique un intellectuel comme Tariq Ramadan, tout à la fois islamiste et altermondialiste. Dieudonné est également symptomatique de ce phénomène. Il est parti vers l'extrême droite et le Front national, mais il aurait aussi bien pu rejoindre les altermondialistes.

En même temps, ce cocktail n'a plus de modèles où s'incarner…

Mais c'est encore mieux, car cela n'engage plus à rien et donne même des ailes ! Nous avons désormais un gauchisme révolutionnaire sans révolution et sans modèle. En fait, on peut dire que les années 80 et 90 furent à cet égard le théâtre de la reconstitution des deux extrêmes — reconstitution de l'extrême droite dans les années 80 (montée du Front national) puis de l'extrême gauche dans les années 90. Il faut rappeler que, dans les années 30, ces critiques de la démocratie libérale et parlementaire au nom d'une pureté perdue (la germanité du nazisme) ou d'un avenir radieux (la société sans classes du communisme) étaient adossées à des modèles qui, à l'époque, du moins aux yeux de leurs militants, tenaient encore debout. À l'inverse, ce qui caractérise aujourd'hui ces deux extrêmes, c'est le maintien du geste ultracritique, mais un geste qui tourne désormais à vide, les deux modèles ayant été totalement discrédités par l'histoire, le fascisme en 1945, le « socialisme réel » après la chute du Mur en 1989.

Procéder à ces constats et remarquer que les extrêmes flirtent entre eux ne signifie en rien que la mondialisation ne pose pas de redoutables problèmes, et on ne me reprochera pas de les sous-estimer *(voir chapitre 9).* De même, ce n'est pas parce que l'antisionisme vire trop souvent à l'antisémitisme que la politique menée par les gouvernements israéliens successifs depuis dix ans est en tout point admirable — je la juge même clairement mauvaise et la guerre au Liban fut une catastrophe.

BADIOU, ZIZEK AND CO : À QUAND DES ANTICAPITALISTES-ÉCOLOS-HITLÉRIENS ?

Dans le champ intellectuel, la dernière mode française consiste également à porter aux nues des auteurs tels qu'Alain Badiou, Slavoj Zizek ou Peter Sloterdijk. Le premier, un philosophe qui se vit en chef de file des misérables et bénéficie d'une certaine renommée internationale, vient par exemple d'écrire un long texte sur les Juifs où l'on comprend qu'ils ne sont plus tout à fait dignes d'être juifs et d'ailleurs voués à disparaître en tant que tels, que l'État juif constitue un scandale pour la pensée et qu'il serait temps que les intellectuels cessent de pratiquer la « réinsertion dans l'Occident » en laissant le « mot juif » devenir l'emblème du capitalisme mondialisé, par quoi il rafraîchit au passage le concept de « judéo-capitalisme ». Rien d'antisémite ici, bien sûr, mais un pur et passionnant exercice de philosophie… Alain Badiou a aussi un problème avec les rats (voir sur ce point son joli petit opuscule de 2007, De quoi Sarkozy est-il le nom ?*). Car les rats viennent de partout, qu'il s'agisse des électeurs de Sarkozy (l'« homme aux rats ») ou de ces intellos toujours prêts à se prosterner devant le « modèle yankee ». Il est vrai que les Khmers rouges estimaient que leur peuple devait être « désinfecté », ce qu'ils* *firent et ce qui est bien le moins, Badiou nous expliquant après Mao que « la révolution n'est pas un dîner de gala ». Qu'on se rassure toutefois, la dératisation est en marche. Slavoj Zizek, lui aussi très à la mode, suggère pour sa part dans un essai consacré à l'Europe qu'il y aurait urgence à remettre en question ces deux « vaches sacrées » que sont la démocratie et les droits de l'homme. Ce programme n'est malheureusement annoncé qu'à la dernière page, si bien qu'on attend le tome 2 pour savoir par quoi on va bien pouvoir les remplacer. Quant à Peter Sloterdijk, que* Le Nouvel Observateur *qualifie à tout bout de champ de «plus grand philosophe du XXI*^e^ *siècle» (c'est toujours marqué sur ses quatrièmes de couverture, il suffit de recopier), il invite juste à reconsidérer la pertinence de l'eugénisme nazi (voir ses fameuses* Règles pour le parc humain *de 1999). Comment expliquez-vous cette fascination ?*

Ce retour en vogue d'une «extrême extrême gauche» philosophique — cas unique dans le monde civilisé — est indubitablement devenu ce qui se fait de mieux dans la galaxie parisienne, laquelle, comme chacun sait, est toujours à l'avant-garde. Nous avons donc de bonnes raisons d'espérer que le monde entier revienne sous peu dans le droit chemin, celui de la haine de la démocratie et des massacres de masse. L'« hypothèse communiste» défendue par Alain Badiou reprend même du service et certains prononcent les noms de Badiou ou de Zizek comme s'il s'agissait de véritables penseurs. Leur titre de gloire ? Être révolutionnaires (pour Badiou maoïste) et plaider pour un retour sanglant de la violence. Car il ne faut pas l'oublier, cette passion de la violence et de la mort a toujours été présente chez les maos, y compris chez Benny Lévy comme on le voit dans les discussions surréalistes avec Sartre et Foucault touchant la vieille affaire du notaire de Bruay. Par comparaison, les anciennes stars du gauchisme politico-culturel, comme Michel Onfray ou Olivier Besancenot, paraissent débordées sur leur gauche, pour ne pas dire gentillettes : les pauvres ne demandent plus l'extermination de personne, quelle misère…

Comment rendre compte de cette surprenante résurgence des doctrines les plus rances et les moins fécondes ? Il y a d'abord ce mécanisme que nous avons déjà évoqué, qui veut que la démocratie — c'est à la fois son principe et son carburant — se nourrisse de ceux qui la haïssent. De même que le bourgeois adore le bohème, de même l'intellectuel en charentaises vénère la radicalité. Il possède un GPS infaillible pour détecter puis transgresser à l'envi le peu de tabous que comportent encore nos sociétés démocratiques, ce qui le mène invariablement dans le mur. Cela n'enlève rien au fait que la démocratie recrée toujours de la radicalité. Mais il y a autre chose : l'absence quasi totale de sens historique qui régit le monde médiatique, jointe au fait que l'étude du passé tend à répugner à nos enfants, font que ces vieux maos décongelés peuvent reprendre du poil de la bête, délires exterminateurs compris. Ainsi Badiou défend Pol Pot et il est le seul intellectuel à écrire un roman à la gloire du délire khmer rouge : qu'à cela ne tienne, c'est « original », « singulier », pour ne pas dire « courageux ». Cela lui vaut un accueil bouche en cul de poule sur tous les plateaux de télévision. Les ficelles ont beau être usées, rien n'y fait. Avec la crise, les idéologies de la mort reviennent comme les hirondelles au printemps. À se demander par quel miracle nous n'assistons pas encore à une floraison de philosophes hitlériens. À côté de Mao et de Staline, Hitler continue certes d'avoir mauvaise presse. Raison de plus pour considérer qu'il est temps de réparer cette injustice, de le réhabiliter. À quand des intellos anticapitalistes-écolos-hitlériens ? Cela ne saurait tarder : de même qu'une extrême extrême gauche a débordé les altermondialistes et le Nouveau Parti anticapitaliste (NPA) de Besancenot, une extrême extrême droite pourrait bientôt déborder le Front national. Réjouissant…

Mais comment rendre raison du fait que ces idéologies mortifères et ceux qui les portent aujourd'hui intéressent à ce point la génération des trente-quarante ans, un phénomène qui, somme toute, ne remonte qu'à quelques années dans le paysage intellectuel français ?

La génération des trente-quarante ans ? Comme vous y allez ! Cela reste un phénomène malgré tout hypermarginal et qui vit de cette marginalité même. Cela dit, le fait que les jeunes tendent à préférer la radicalité simpliste aux complexités et aux nuances ne constitue pas une nouveauté. Et étant donné que *Le Nouvel Observateur*, *Libération*, *Le Monde* ou encore la jeune équipe de *Philosophie Magazine* font une large et insistante publicité à cette « nouvelle » radicalité, tout est réuni pour que cela marche un peu… Ce qui me sidère, c'est que nul ne semble garder le souvenir des 70 millions de morts du Grand Bond en avant, à moins que ces chiffres n'excitent certains comme un alcool fort. Sainte alliance entre vieillards séniles et jeunesse futile, émoustillée à l'idée qu'on ne fait pas d'omelette sans casser des œufs.

Là encore, les journalistes ont, par définition, un tropisme qui les pousse vers tout ce qui peut exacerber l'esprit critique, parce que tout ce qui est radical ou qui fait scandale fait vendre. Il faut toujours partir du nerf de la guerre : les entreprises de presse sont d'abord et avant tout des entreprises, et elles sont aujourd'hui très fragilisées, de sorte qu'elles obéissent d'autant plus à la sacro-sainte loi de l'audimat. Quant à de nombreux sites et autres blogs sur Internet, ils constituent pour beaucoup un formidable accélérateur de particules et de conformisme.

Et la thématique de « l'insurrection qui vient » ? Car le commandant Badiou reste convaincu que la transformation miraculeuse va s'opérer. Que le peuple, au sens sacrificiel, ne soit plus ne devrait pas l'arrêter en si bonne marche. Pour commencer, il faudra donc recruter dans les cités et parmi les délinquants — des « ouvriers », nous dit Badiou, le mot devant s'entendre comme « le nom générique de tout ce qui peut se soustraire à l'hégémonie du capital ». « L'insurrection qui vient » ferait ainsi la jonction avec les émeutiers de banlieue, les militants autonomes, les chômeurs, les imams, les indigènes de la République et pourquoi pas les guérilleros des FARC ou les téméraires kamikazes d'Al-Qaïda... Comment est-il possible qu'un tel discours trouve encore un écho ?

La dernière conférence publique prononcée par Raymond Aron portait sur le rôle de la bêtise dans l'histoire. Il ne faut jamais le sous-estimer. Il y a toujours, dans ces idéologies délirantes, le souhait de « faire la jonction avec ». Il me semble toutefois qu'entre ces niaiseries mortifères et la violence des jeunes des « quartiers », le raccord n'est pas pour demain. Leur révolte contre l'ordre établi n'a aucun lien avec celle de nos révolutionnaires sans révolution qui réhabilitent l'« hypothèse communiste » sachant que c'est sans conséquence aucune sur quoi que ce soit. Contrairement à nos néocommunistes, les quartiers me semblent en parfaite harmonie avec ce culte fou du « fric » de la société capitaliste. Bref, je n'ai pas l'impression que « l'insurrection qui vient » soit encore très mûre de ce côté-là... Cela vaut d'ailleurs de part et d'autre. Je vois en effet assez mal Alain Badiou entamer sa Longue Marche dans le « neuf cube » et arpenter les cages d'escalier en faisant des citations en grec ancien devant un aréopage de schlouffs rigolards. Misère des intellectuels...

ANTIRACISME, HUMANITAIRE ET RENVERSEMENTS RÉACTIONNAIRES : « JE RESTE DU CÔTÉ DES NAÏFS »

En même temps, des thèmes comme la défense de l'Occident contre l'islamisation rampante et la critique de l'américanisation du monde sont déjà à l'ordre du jour chez certains intellectuels. Mais ils le sont, justement, de l'autre côté du front, du côté des ennemis du politiquement correct, une nébuleuse qui ne déteste pas non plus s'encanailler « chic » et à bon compte. Quitte à durcir leurs positions contre tout ce qui leur paraît affaiblir, un peu en vrac, les défenses de l'Occident. Ces clercs se vivent eux aussi comme des martyrs permanents de la « pensée unique », convaincus d'avoir à se battre contre une figure au moins aussi odieuse que celle du « fasciste rampant » : celle du Vigilant, moraliste et donneur de leçons (y compris sur la Bosnie, le Rwanda, la Tchétchénie ou le combat contre le Front national), tout à son antiracisme creux et à ses droits de l'homme hors de saison. L'ennemi, du coup, a tendance à prendre un caractère massif et quelque peu vertigineux, perceptible à travers certains glissements successifs du discours, de la légitime critique du multiculturalisme débridé à celle, moins évidente, de la « France métissée »… Comme si l'exaspération antivigilante avait fini par leur tenir lieu de pensée. L'opinion s'émeut des massacres commis par les nationalistes serbes en Bosnie et au Kosovo ? On volera au secours de Milosevic (par où l'on rejoindra d'ailleurs Le Monde diplomatique*) et on ne verra dans ces indignations vertueuses que l'effet d'un antifascisme tournant à vide, l'idée étant que la Serbie serait venue rejoindre Israël et l'Amérique dans l'enfer idéologique que s'est créé la gauche culturelle. Les responsabilités du gouvernement français au Rwanda ? Autres hallucinations de droits-de-l'hommistes qui n'auraient décidément plus qu'une passion : la francophobie. N'avons-nous pas là aussi une forme de « radicalisation négative » ? N'avez-vous pas l'impression que ces deux outrances symétriques — au fond ces deux conformismes de l'anticonformisme fonctionnant à front renversé — ne cessent, depuis quelque temps, de se nourrir l'une l'autre pour la plus grande confusion des idées ?*

C'est très juste et le politiquement correct pose en effet un autre problème de taille qui tient à ce que, au nom de sa légitime mise en cause, certains intellectuels n'ont que trop tendance à faire le tour du cheval. Aussi ne suis-je pas du tout certain qu'on gagne beaucoup à libérer la parole dans des secteurs aussi nauséabonds que ceux du racisme et de l'antisémitisme. À la limite, on a souvent l'impression que la critique de la chape de plomb permet à certains de s'autoriser à tenir des propos d'extrême droite qu'ils n'oseraient pas formuler sinon. Au nom de la critique du politiquement correct, on en revient à un autre politiquement correct, celui des clichés de la droite extrême. Ils se renvoient l'un à l'autre dans un parfait jeu de miroirs.

Dans le paysage intellectuel, on sent ainsi monter, par réaction ou par lassitude peut-être, mais ce n'est pas une excuse, une fièvre qui prend depuis quelques années un tour extrêmement déplaisant. On le voit effectivement, et peut-être surtout, à travers la critique de l'antiracisme ou de l'humanitaire, critiques auxquelles je ne me suis jamais associé. Pour un peu, n'importe quel raciste deviendrait préférable aux abominables antiracistes donneurs de leçons. Quant à l'exaspération antihumanitaire, je la trouve éminemment détestable. Quoi qu'on pense de Bernard Kouchner au gouvernement, cet homme-là a quand même risqué cinquante fois sa vie pour en sauver d'autres et je connais peu d'intellectuels parisiens qui auraient eu son courage physique. On a connu dans l'histoire des passions plus funestes que celle qui consiste à se porter au secours des autres. L'action humanitaire en Bosnie a quand même sauvé des milliers de personnes. Et que se serait-il passé si nous n'étions pas intervenus au Kosovo en 1999 ? Tout ce que l'on peut regretter, c'est de n'être pas intervenu plus tôt. Quand l'humanitaire devient militaire, tant mieux, pourvu du moins que l'intervention ne soit pas tragiquement mal conçue (comme ce fut le cas en Irak). Sur ces sujets, je suis et je reste résolument du côté des naïfs contre les prétendus esprits forts.

En ce qui concerne « les Juifs, les femmes, les Noirs et les Arabes », Pierre Desproges disait à juste titre qu'« on peut rire de tout, mais pas avec tout le monde». Selon le contexte, un même propos peut facilement prendre une signification radicalement différente, voire opposée. Je l'illustrerai par une anecdote. Un soir, nous nous étions retrouvés à dîner chez l'ambassadeur de Suisse en France, lequel avait organisé cette petite cérémonie pour Nissim Zvili, l'ambassadeur d'Israël à Paris, en fin de mandat. Comme on commençait à s'ennuyer ferme, j'ai suggéré à la femme de l'ambassadeur un concours de blagues juives. Il y avait là Simone Veil et son mari, Marek et Clara Halter, la femme d'Arafat, nos deux ambassadeurs, Daniella Lumbroso et son mari, Claude Imbert et quelques autres convives dont nul ne craignait qu'ils fussent si peu que ce soit antisémites. Chacun y est donc allé de son histoire, mais vu la compagnie et les circonstances, il n'y avait aucun malentendu possible. La même chose se serait produite à l'occasion d'un show du Front national ou de Dieudonné, la moindre de ces blagues aurait, à juste titre, fait scandale, car elle aurait eu une tout autre signification.

Diriez-vous qu'on assiste à une sorte de régression depuis les années 80?

Dans les années 80, quand nous avons écrit *La Pensée 68*, j'ai vraiment cru qu'il y avait un progrès: je voyais d'anciens gauchistes disserter sur l'individualisme démocratique et sortir du sociologisme de Bourdieu. Bref, on aurait pu croire que l'on assistait à une élévation de l'esprit, à un progrès spirituel et moral par rapport aux poncifs maoïstes et soixante-huitards. Je suis aujourd'hui revenu de cet optimisme car je m'aperçois que la proportion de gens qui persistent à jouer à côté de l'échiquier est presque aussi importante qu'en 1968. En gros, on a toujours trois Français sur dix qui gravitent soit au Front national soit à l'ultragauche, comme si le jeu d'échecs se situait à vingt mètres d'eux et qu'ils s'obstinaient à déplacer les pièces sur un échiquier imaginaire. À quoi tient toute cette confusion ? Sans doute au fait que l'histoire, contrairement à ce que pensaient aussi bien les libéraux que les marxistes, est d'abord faite de passions plus que d'intérêts.

12

Droite ou gauche ? L'alternative impossible

Alexandra Laignel-Lavastine — *J'aimerais que nous tentions de faire ressortir, à ce stade de notre discussion, la cohérence qui relie vos options philosophiques les plus fondamentales à votre positionnement politique, y compris à vos prises de position les plus actuelles. Ces deux versants — engagement philosophique et engagement politique — me paraissant très articulés chez vous. On perçoit bien, en effet, les trois grands marqueurs identitaires qui vous éloignent de la gauche, du moins de la gauche française : l'idéologie du droit à la différence, l'écologisme et l'anticapitalisme, trois thèmes que nous avons déjà abordés. D'une manière générale, vous refusez la posture hypercritique et moralisatrice dans laquelle se drapent beaucoup d'intellectuels, préférant vous placer dans l'optique d'une éthique de la responsabilité. Dans le même temps, l'étiquette de « réactionnaire », devenue aujourd'hui très « tendance » dans les médias et que certains persistent à vous coller depuis* La Pensée 68, *n'est pas du tout appropriée dans votre cas : vous êtes résolument moderne, républicain et réformiste, vous détestez les idéologies du « retour à », vous êtes confiant dans les ressources que recèle le sens commun démocratique et vous n'avez cessé de mettre en garde contre les tentations néoconservatrices. Vous vous définissez néanmoins comme un « républicain de droite », en fait comme un « républicain de droite libéral et social-démocrate », assumant pleinement cette triple identité. En quel sens êtes-vous un républicain de droite ?*

GAULLISTE DEPUIS TOUJOURS

LUC FERRY — Quand je dis être un républicain « de droite » — et je le dis un peu par provocation —, c'est avant tout dans le contexte français qu'il faut l'entendre : si j'étais anglais, j'aurais évidemment voté pour les travaillistes de Tony Blair, en Allemagne pour Helmut Schmidt ou pour Gerhard Schröder et, cela va de soi, pour Barack Obama aux États-Unis. En 1988, j'ai d'ailleurs soutenu, y compris par voie de presse, la candidature de Michel Rocard à l'élection présidentielle. Si j'ajoute « de droite » au mot républicain, c'est parce que le Parti socialiste français, à quelques exceptions près, m'a toujours désespéré par son incapacité à engager un vrai débat sur ses rapports avec le Parti communiste et, plus généralement, sur l'idée révolutionnaire, sur la place du marché et du capitalisme dans sa vision du monde. Il n'a jamais « osé paraître ce qu'il est », pour parodier la fameuse formule d'Eduard Bernstein (ce grand social-démocrate allemand qui fut l'exécuteur testamentaire d'Engels), jamais osé assumer clairement la social-démocratie. J'aurais donc pu, ailleurs qu'en France, trouver ma place à gauche.

Cette précision faite, si je me définis comme un républicain de droite, c'est d'abord au sens où j'ai toujours été gaulliste. Le général est le seul homme d'État que j'ai vraiment admiré dans l'histoire française contemporaine. En d'autres temps, j'aurais sans doute admiré Clemenceau. De Gaulle m'a toujours impressionné par sa trajectoire politique comme par sa stature, sa droiture et son honnêteté, son humour aussi. On n'imagine pas le général empêtré dans quelque « affaire » que ce soit, on ne l'imagine pas non plus arriver à l'Élysée en transpirant comme un bœuf dans un survêtement de jogging. Je suis démocrate et j'aime bien le côté populaire de notre actuel président, mais je pense que la grandeur en a quand même pris un sacré coup. Ce que j'aimais par-dessus tout, chez de Gaulle, c'était son écart avec l'atmosphère médiatique ambiante, sa façon d'être en complet décalage avec les conseils qu'auraient pu lui donner d'éventuels « communicants » professionnels. Ce décalage éblouissant avec l'air du temps, je l'ai retrouvé curieusement, moi qui ne suis pas croyant, chez un homme comme Jean-Paul II arrivant au Champ-de-Mars lors des Journées mondiales de la jeunesse, devant un parterre d'un million de gamins auxquels il tenait des propos totalement incompréhensibles pour eux, mais qu'ils parvenaient pourtant à entendre. J'aime cette absence absolue de démagogie. Elle m'a toujours paru constituer une dimension très singulière de la personnalité du général de Gaulle, en partie à l'origine du charme paradoxal qu'il exerçait.

Et au-delà de son charisme ?

Si on quitte le registre personnel pour celui des convictions philosophiques, c'est son positionnement politique — *ni libéral ni socialiste* — qui me semble plus que jamais d'actualité. Son idée de la participation est tout sauf absurde, son volontarisme et, en politique étrangère, sa capacité de pardon face à l'Allemagne furent impressionnants. Quand, en 1963, au moment du traité de Berlin, le général de Gaulle embrasse le chancelier Adenauer, il était évident aux yeux du monde entier que ces deux hommes avaient atteint une sorte de sommet dans la grandeur morale et politique. Après cette guerre d'une atrocité incomparable, ils auraient pu se détester pendant des siècles, mais l'un et l'autre avaient le sentiment, à proprement parler grandiose, qu'ils devaient, par la construction européenne, dépasser toute cette horreur, pratiquer le pardon et donner cet exemple presque inimaginable au reste du monde. Jamais deux pays ne s'étaient autant haïs ni si profondément réconciliés. J'ai retrouvé un peu de cela chez un homme comme Yitzhak Rabin, malheureusement assassiné en 1995 avant d'avoir pu faire progresser la paix avec les Palestiniens.

Face à la vieille querelle qui oppose depuis la deuxième moitié du XIXe siècle les libéraux aux socialistes, il me semble que seul le gaullisme a vraiment su incarner l'originalité de la tradition républicaine française : la défense du rôle de l'État comme « auxiliaire », mais aussi comme correcteur de la société civile ; l'importance des services publics, joints à une certaine conception du volontarisme politique, mais sans tomber pour autant dans les ornières du socialisme français. Enfin, le principe universel des droits de l'homme, lequel se fonde à son tour sur l'humanisme abstrait (la valorisation de l'homme abstraction faite de ses déterminations naturelles ou historiques), d'où dérive la laïcité à la française. Quand il revient au pouvoir, en 1958, et qu'on le voit s'agiter sur son fauteuil en prenant les Français à partie : « Mais enfin, croyez-vous vraiment que je vais entamer une carrière de dictateur à mon âge ? », son attachement à la démocratie ne fait aucun doute et il n'a d'ailleurs jamais enfreint, d'aucune manière que ce soit, ses principes fondamentaux. Désavoué par le suffrage universel, il eut le courage et la classe de quitter ses fonctions. On se demande qui en serait encore capable aujourd'hui…

NI LIBÉRAL NI SOCIALISTE, MAIS RÉPUBLICAIN

Ce « ni libéral ni socialiste » vous paraît donc constituer le bon positionnement ?

Il ne s'agit pas seulement d'un « ni ni », d'une attitude négative, contrairement à ce qu'on laisse souvent entendre à propos du général (« l'homme qui a su dire non »). C'est aussi une façon d'assumer ce que le républicanisme avait de plus positif, et ce de façon nouvelle : de Gaulle, à la différence du républicanisme traditionnel, fut l'artisan principal de la décolonisation, ce qui supposait un sacré courage. Songez que même son Premier ministre, Michel Debré, lui était hostile sur ce point. Si l'on regarde la tradition française, que voyons-nous ? À un bord, nous avons des *libéraux*, généralement atlantistes et pro-américains, favorables à la logique du marché et assez hostiles à l'intervention de l'État comme à la fonction publique. Pendant la campagne présidentielle de 2007, ce courant libéral, jusque-là plutôt cantonné à l'aile droite de l'UDF, s'est installé au cœur de l'UMP, l'ex-parti gaulliste, et il a globalement emporté la mise.

La France compte certes quelques ultra-libéraux doctrinaires, comme Alain Madelin, mais ils n'ont jamais exercé la moindre influence sur la politique réelle. Je n'ai jamais cru une seconde à la « main invisible » du marché, à cette « ruse de la raison » qui s'appuierait sur une rationalité cachée, immanente au processus historique lui-même. Dès mes premiers livres, j'ai même développé une critique radicale des théories néolibérales de Hayek et Friedman. En effet, et selon un paradoxe qui mériterait à lui seul de longs développements, le néolibéralisme rejoint curieusement l'écologisme radical dans la sacralisation de l'harmonie naturelle du monde (les lois du marché pour l'un, l'écosystème pour l'autre). Or, le républicanisme repose d'abord sur une adhésion philosophique au principe du volontarisme politique entendu comme nécessaire cran d'arrêt à la pente antiétatique du libéralisme.

À l'autre bord, nous avons le socialisme qui, depuis 1905, s'est distingué en France par son infaillible propension à choisir le mauvais camp, celui de l'archaïsme le plus niais. Avec une obstination qui force presque l'admiration, les socialistes ont choisi Jules Guesde contre Jean Jaurès, Guy Mollet contre Pierre

Mendès France, jusqu'à l'union avec le PCF contre la social-démocratie de Michel Rocard. Invariablement, le Parti socialiste a favorisé son aile gauche pseudo-révolutionnaire. En face, la tendance social-démocrate a toujours été l'aile des losers, l'aile des vaincus. Cela s'explique au demeurant par une raison de fond : jusqu'aux années 60 au moins, soit l'époque où j'étais étudiant, le Parti communiste, intégralement stalinien, faisait figure de surmoi pour les socialistes. À vrai dire, on observe ce phénomène depuis le congrès de Tours de 1920. Que dit en effet Léon Blum dans son fameux discours ? Bien sûr, il a la lucidité et le courage de rompre avec les vingt et une conditions, indécentes de bêtise et d'immoralité, qu'entend imposer Lénine. Mais il n'en affirme pas moins converger avec ce dernier sur les « buts finaux », même s'il se dit en désaccord sur les moyens. L'objectif final, admet Léon Blum, est bien l'instauration du collectivisme, la suppression de la propriété privée et la liquidation du capitalisme. C'est seulement quant aux moyens d'y parvenir qu'il concède une divergence de point de vue. Blum se dit bien hostile (c'est quand même un minimum !) à la dictature du prolétariat et favorable à des élections libres, défendant en cela une attitude globalement respectueuse de la démocratie formelle, mais il n'en reste pas moins, quant au fond, un chaleureux partisan du communisme.

Résultat : les futurs communistes quittent la « vieille maison » pour rallier l'Internationale, et le socialisme français apparaît déjà comme le cocu de l'histoire, comme le mollasson assis entre deux chaises, entre la social-démocratie allemande et le communisme russe, sans jamais trouver une position cohérente. Ce sera la pitoyable SFIO de Guy Mollet…

Depuis, les socialistes ont quand même un peu évolué…

Vous trouvez ? Bien sûr, il n'est plus question, au PS, de révolution ni de « communauté de fins doctrinales » avec le bolchevisme.

Mais si de telles formules paraissent désormais désuètes, la montée récente d'une extrême gauche altermondialiste n'en incite pas moins les socialistes à retrouver des accents platement antilibéraux, pour ne pas dire parfois pseudo-révolutionnaires — voyez Benoît Hamon, porte-parole du parti, et ses thèses sur l'« égalité réelle » —, au point de donner souvent l'impression qu'ils vivent dans un autre monde. Comme l'écrivait mon ami Jacques Julliard, qui vote pourtant de leur côté, si le monde disparaissait, combien faudrait-il de temps pour que le PS s'en aperçoive ? Et pendant la campagne pour les présidentielles de 2012, je prends le pari qu'on nous promettra à nouveau « la lune + 10 % ». En cela, le discours de Léon Blum au congrès de Tours demeure un événement fondateur dans l'histoire du Parti socialiste : si Léon Blum était bien, dans son cœur, un social-démocrate (un homme qui écrit sur Stendhal et sur le mariage d'amour ne peut pas être entièrement mauvais), on le sent toujours fasciné et même obligé par la rhétorique révolutionnaire. Depuis, la social-démocratie française qui, en bonne logique, devrait être explicitement incarnée par le Parti socialiste, n'a jamais vraiment eu le courage de faire son *coming out*. C'est son drame. Voilà pourquoi je n'ai jamais pu voter à gauche en France. J'en ai pour ainsi dire été empêché par le stalinisme du PC et de l'extrême gauche, par l'Union de la gauche à la fin des années 70 et, aujourd'hui, par l'omniprésence persistante d'un surmoi « d'extrême gauche plurielle ».

Si on suit le même raisonnement, un Dominique Strauss-Kahn, aujourd'hui, appartiendrait à l'« aile des losers » ?

Nul ne sait ce qu'il sortira de l'élection de 2012, mais une chose est certaine : le prédécesseur de Dominique Strauss-Kahn en social-démocratie, Michel Rocard, reste un marginal, et si DSK revient aux affaires, il aura le même problème que Romano Prodi en Italie ou Lionel Jospin en France : comment fédérer un parti qui va du centre droit à l'extrême gauche ? Jean-Luc Mélenchon, qui n'est pourtant pas le plus radical, ne cesse de déclarer *urbi et orbi* que son pire problème, sinon son pire ennemi, c'est la social-démocratie européenne et que si le patron du FMI, qui a imposé la rigueur aux Grecs, se présente à l'élection présidentielle, il aura affaire à lui ! Si l'on prend la gauche plurielle à la louche, les 6 % du parti récemment fondé par Jean-Luc Mélenchon, les 5 % d'Olivier Besancenot et de son Nouveau Parti anticapitaliste (NPA), les 10 % d'Europe Écologie-les Verts et les 2 % du PC, à quoi il faut ajouter quelques miettes d'Arlette Laguiller, un bout d'aile gauche du PS ainsi que le concours de ces intellectuels qui n'ont rien de plus intelligent à proposer que l'« hypothèse communiste », on obtient un chiffre supérieur à celui du Parti communiste des années 60-70, avec un surmoi d'extrême gauche qui pèse donc à peu près le même poids et continue de paralyser le PS.

Cela signifie que si DSK est élu, il aura deux énormes boulets aux pieds (sans compter la crise et les déficits publics) : les écologistes, qui peinent toujours à comprendre que la décroissance représenterait une catastrophe sociale, et l'extrême gauche, qui « prend tout au-dessus de 300 000 euros » et voudrait confier les entreprises à des conseils ouvriers, comme si la concurrence avec la Chine et l'Inde allait disparaître pour autant d'un coup de baguette magique. Et comme si leurs deux milliards et demi de pauvres qui travaillent jour et nuit pour des salaires de misère sans bénéficier de la moindre protection sociale pouvaient ne pas attaquer de plein fouet nos vieux États providence. Voilà pourquoi Dominique Strauss-Kahn peut craindre de se retrouver dans une situation analogue à celle de Prodi en Italie : l'impuissance absolue ou la rupture avec une bonne partie de ceux qui sont censés le soutenir, si bien que le seul à s'assumer aussi pleinement social-démocrate au sein du PS risque fort d'apparaître comme le meilleur candidat de la droite plutôt que de la gauche. Comparée à la Grande-Bretagne et à l'Allemagne, le fait que notre gauche soit la plus ringarde du monde reste désolant…

Surtout au pays de la révolution de 1789…

En fait, c'est plutôt la clé de toute cette affaire. La France est non seulement le plus vieil État-nation du monde, celui où la mondialisation qui dépossède l'État est par conséquent la plus mal perçue, mais c'est aussi le pays où la tradition révolutionnaire a été plus puissante que partout ailleurs en Europe de l'Ouest. Cette donnée précède même la révolution de 1789, puisque la tradition cartésienne, avec son doute hyperbolique, était déjà une tradition de la « table rase » radicale. D'où le mot de Tocqueville selon lequel les Jacobins n'étaient jamais que des cartésiens sortis des écoles et descendus dans la rue. Quand je me définis comme un « républicain de droite », comme un « républicain social-démocrate et libéral », il faut donc entendre l'expression, malgré son caractère en apparence un peu baroque, dans toute sa rigueur : je suis républicain au sens où je suis favorable à l'intervention de l'État ; je suis libéral au sens (politique) où je maintiens la distinction entre l'État et la société, et je suis partisan d'un État auxiliaire de la société civile dans certains cas. Dans le même temps, je ne me reconnais ni dans le néolibéralisme économique, ni dans la nostalgie des valeurs traditionnelles ou de la grandeur de la France, deux axes qui structurent aussi, idéologiquement, la droite.

« NOUS SOMMES TOUS DES JUIFS ALLEMANDS »

Vous me disiez que Kant restait à vos yeux « le plus grand des républicains de droite ». Qu'entendez-vous par là ?

Kant plaçait l'idée républicaine au centre de sa vision politique. Dans un texte d'une importance capitale, « Sur le lieu commun : cela est bon en théorie mais ne vaut rien dans la pratique », texte que j'ai eu la chance de traduire et de commenter dans la Pléiade, Kant oppose entre elles trois théories politiques qui correspondent, terme à terme, à trois théories de l'éducation. Nous l'avons déjà un peu évoqué mais j'y reviens. La première, c'est l'*absolutisme*, la théorie du droit divin, qui correspond, en pédagogie, aux doctrines traditionnelles du dressage. De même que l'enfant y apparaît comme un petit être à façonner et à dresser, de même le citoyen n'est qu'un sujet au sens où il est soumis sans discussion à l'autorité royale. Viennent ensuite les premières théories anarchistes, qui se font jour, notamment en Angleterre, au moment de la Révolution française. Cet *anarchisme*, qui rejette l'autorité de l'État, érige à l'inverse le citoyen en souverain. Son équivalent dans l'éducation, c'est la pédagogie du jeu, qui insiste sur la liberté et l'activité par opposition à la soumission, à la contrainte et à la passivité.

Comment parvenir à la synthèse de cette antinomie ? Kant la situe dans la théorie républicaine de la loi, qu'il emprunte au *Contrat social* de Rousseau en l'accommodant aux conditions du système représentatif. L'idée est la suivante : quand je vote la loi, je suis libre, actif et souverain (comme dans l'anarchie) ; mais quand je l'ai votée, je suis passif, sujet et soumis à son autorité (comme dans l'absolutisme). Le concept synthétique entre le sujet passif et le souverain actif s'incarne ainsi dans la *citoyenneté républicaine*. Le peuple est souverain quand il conçoit et élabore la loi ; il est sujet quand il l'a votée, ce à quoi correspond, en pédagogie, la valorisation du travail. Où l'on sort, avec l'idée républicaine, du monde aristocratique, l'aristocrate se définissant comme celui qui ne travaille pas. De Platon à la Révolution française, l'aristocrate fait la guerre, il ripaille, joue, étudie ou médite, mais il laisse le travail à ses esclaves ou à ses serfs. On retrouve d'ailleurs cette idée dans le christianisme, précisément dans la parabole des talents qui veut que la dignité d'un être ne réside pas dans ses talents naturels, mais dans ce qu'il *en fait*. Dans sa version sécularisée, cette parabole fera place à l'humanisme républicain qui soutient que la dignité d'un être ne dépend pas des dons ou des talents naturels reçus à sa naissance (comme dans l'univers aristocratique), mais de ce qu'il en fait, de sa liberté et non de sa nature, bref, de son travail et non de son héritage. L'implacable argumentation de Kant consiste, au tout début des *Fondements de la métaphysique des mœurs*, dans l'idée suivante : la preuve que les talents et les dons n'ont en soi aucune valeur morale tient à ce que nous pouvons les mettre indifféremment au service du bien ou au service du mal, de la nuisance à autrui. L'intelligence, la mémoire, la force physique, l'habileté, tous ces dons naturels peuvent certes faire la valeur esthétique d'un être, mais pas sa valeur morale, car celle-ci dépend de l'usage que nous en faisons. Autrement dit : la dignité d'un individu dépend de la liberté. Voilà, à mes yeux, un des éléments qui font d'entrée de jeu la grandeur de l'idée républicaine, son principe même.

Certains, dont Michel Onfray, vont toutefois jusqu'à faire de Kant un mentor des nazis. Je suppose que vous vous inscrivez en faux contre cette thèse ?

Présenter Kant comme un « maître à penser d'Adolf Eichmann » est si ridicule, cela dévoile tant de contresens, tant d'ignorance aussi, que cela prête franchement à rire. C'est du même ordre, mais si possible plus comique encore, que de prendre le botulisme pour une doctrine philosophique et Botul pour un spécialiste de Kant. Quiconque fait profession d'être un tant soit peu historien de la philosophie devrait d'abord savoir que le cœur de l'éthique kantienne exige que l'on traite toujours les hommes comme des fins en soi, jamais comme des moyens. Or, je n'ai pas l'impression que cette devise ait inspiré les camps d'extermination nazis...

Kant fut ensuite un grand admirateur de la Révolution française, malgré l'horreur que lui inspira la Terreur. En retour, les révolutionnaires français s'intéressèrent passionnément à son œuvre, qui fut et reste une magnifique défense et illustration de l'idée républicaine : rien n'est plus proche du républicanisme français que l'éthique kantienne et toute notre IIIe République, celle des « Jules », fut explicitement marquée par le kantisme. Si Kant avait été un des pères fondateurs du nazisme, je vois mal comment le judaïsme philosophique allemand aurait pu s'en inspirer avec tant de constance, et le révérer à ce point. Voyez toute l'école dite de Marbourg entre la fin du XIXe siècle et le début du XXe — avec des penseurs comme Hermann Cohen, Paul Natorp et Ernst Cassirer —, mais aussi l'École de Francfort, fondée au début des années 30, dont nous avons déjà parlé. Tous ces philosophes partent explicitement de Kant, auquel Theodor Adorno et Max Horkheimer, qui entendent le « jouer contre Hegel » au sein de l'École de Francfort, vouent une admiration presque sans faille. Kant a en outre inspiré ce que la social-démocratie allemande — dont ceux qui connaissent un peu l'histoire savent qu'elle compta les premiers résistants au nazisme, en même temps que ses premiers martyrs — a eu de plus profond : le théoricien du socialisme Eduard Bernstein (1850-1932) était juif, social-démocrate et kantien jusqu'au bout des ongles. Et on retrouve l'inspiration de Kant chez des philosophes aussi « pronazis » que l'Américain John Rawls, explicitement kantien, et qui place sa « théorie de la justice » sous l'égide de Kant. Cela vaut également chez Jürgen Habermas et Karl-Otto Apel, les derniers grands héritiers de l'École de Francfort, ou encore chez Karl Popper, dont le rationalisme critique part évidemment de Kant. Quant à Edmund Husserl — encore un Juif allemand —, qui peut ignorer qu'il était lui aussi kantien ? Et Hannah Arendt, qui passe notamment toute la fin de sa vie à commenter de façon admirative la *Critique de la faculté de juger*, qu'elle tenait pour le plus grand ouvrage de philosophie politique jamais écrit au cours des Temps modernes ?

La plupart des intellectuels juifs allemands qui, eux, savaient de quoi ils parlaient, avaient en toute connaissance de cause deux excellentes raisons de se reconnaître dans la philosophie politique de Kant. La première, c'est précisément l'idée républicaine et, avec elle, le postulat de l'égale dignité des êtres humains. N'oubliez pas que les Juifs, dans l'Allemagne comme dans la France de la fin du XIXe siècle, étaient alors ce qu'on appelait des « israélites » : ils étaient pour la plupart « assimilationnistes » — on le perçoit bien chez Cassirer mais aussi, par exemple, à travers le très émouvant journal intime rédigé sous le IIIe Reich par Victor Klemperer, un universitaire juif allemand qui voit le ciel lui tomber sur la tête lorsqu'il comprend qu'il n'est plus considéré comme un « Allemand de souche » par les nazis. Hegel, lui, n'avait traité le judaïsme que sous les espèces négatives, voire détestables, de la « conscience malheureuse », de la « scission ». Le Juif, pour Hegel, c'est d'abord celui qui pose la transcendance irréductible de la loi et du divin, qui ne peut par conséquent jamais réconcilier, dans un système unifiant, le fini et l'infini, l'homme et Dieu, le relatif et l'absolu, la différence et l'identité.

Après l'hégélianisme, Kant permettait (deuxième raison) de redonner un statut positif à l'idée de transcendance et d'altérité, laquelle entrait en résonance avec le judaïsme *via* la transcendance de la loi et le *Bilderverbot*, l'interdiction de se faire des images de Dieu. C'est très précisément ce qu'Adorno voulait dire lorsqu'il affirmait qu'il faut « jouer Kant contre Hegel », ou Horkheimer quand il faisait de Kant un posthégélien dans son article « Esprit juif, esprit allemand ». Si l'on considère par ailleurs des philosophes comme Franz Rosenzweig, Emmanuel Levinas ou Hannah Arendt, on constate que tous sont, pour cette raison même, influencés par Kant, notamment à travers l'œuvre de Husserl. Et il est plus que significatif que quand Arendt écrit, au début des années 50, *Les Origines du totalitarisme* en trois parties, elle les calque sur les trois *Critiques* de Kant.

Il faut vraiment ne rien connaître pour ignorer tout cela — ni Kant, ni l'allemand, ni l'Allemagne. On a bien le droit, mais dans ces conditions on n'est pas obligé de faire des livres sur le sujet. Bref, on n'en finirait pas de souligner le côté dérisoire de la thèse selon laquelle Kant aurait inspiré Eichmann, au demeurant unique dans les annales — aucun penseur sérieux d'aucune obédience n'ayant jamais défendu cette opinion aberrante alors que l'œuvre de Kant a suscité des centaines de milliers d'articles et de livres. Je ne m'y serais pas arrêté plus d'une minute si vous ne m'aviez posé la question. Ce n'est ni par parti pris ni par antipathie que je vous dis cela, qui peut sembler sévère, mais parce que je n'aime pas qu'on abîme les grands auteurs. Quand je parle de Nietzsche ou de Spinoza, je les respecte, et bien que je ne partage pas leur point de vue philosophique, je m'efforce de les présenter sous leur meilleur jour. Pourquoi ? Non par hypocrisie, mais parce que le grandiose est précieux et fragile comme jamais par les temps qui courent, parce que ces immenses philosophes, Kant aussi bien que Platon ou Spinoza, Freud, Nietzsche ou Marx, sont d'abord des monuments qu'il faut protéger de toutes nos forces dans cet air du temps consumériste et déconstructeur qui dénigre et nivelle tout ce qui dépasse…

Voilà aussi pourquoi je n'apprécie guère le « dézingage » de Freud auquel s'est livré Michel Onfray. J'ai, moi aussi, de nombreuses critiques à adresser à la psychanalyse, voire à l'œuvre de Freud : elle n'en est pas moins gigantesque, d'une profondeur et d'une portée immenses, au point de faire trembler et réfléchir le monde entier. Or, nous ne sommes jamais que des nains juchés sur le dos de géants…

Est-ce à dire que l'antinomie du libéralisme et du socialisme, à laquelle vous avez d'ailleurs consacré un livre avec Alain Renaut, Philosophie politique III : des droits de l'homme à l'idée républicaine *(1985), serait aujourd'hui caduque, l'idée républicaine permettant justement de la dépasser ?*

Je crois que cette querelle, qui s'est mise en place à partir de 1848, apparaît largement dépassée par le mouvement même de l'histoire. Cela fait un moment, en effet, que les sociétés européennes sont convaincues de la nécessité qu'il y a à concilier la défense des *droits-libertés* (que les socialistes ont longtemps dénoncé comme purement « formels ») avec le développement des *droits-créances*, d'un État capable de garantir la justice et la protection sociales, notamment le droit à la santé ou à l'éducation (cible récurrente des critiques libérales). Même si les seconds ont eu tendance, ces dernières décennies, à proliférer. Il me semble donc que seule la république est à même d'assurer la réconciliation de l'exigence libérale (au sens politique) et de l'exigence de régulation et, partant, d'allier les deux grandes dimensions des droits de l'homme.

Ce positionnement — ni libéral ni socialiste *mais* républicain —, que nous évoquions à propos du général de Gaulle, m'apparaît aujourd'hui encore, et peut-être plus que jamais, comme le plus juste sur le plan philosophique et sur le plan historico-politique. Pourquoi aujourd'hui ? Tout simplement parce que la mondialisation requiert — c'est même devenu vital sur le plan écologique et financier — une intervention des États, une régulation. Or, je ne vois que l'idée républicaine pour permettre, sur un plan philosophique, de penser l'interventionnisme de ce dernier sans sombrer dans le socialisme. Voilà, justement, ce que de

Gaulle avait compris. À l'époque de Mai 68, cette position m'a beaucoup marginalisé, non seulement vis-à-vis des gauchistes et des maos — le maoïsme représentait et représente toujours, à mes yeux, l'analogue du nazisme pour ma génération, mais aussi vis-à-vis des Comités de défense de la république, les fameux CDR, formés de petits militants de droite qui détestaient le mouvement de Mai et n'y comprenaient rien. Je n'avais à leur égard aucune sympathie. Ce militantisme réactionnaire, qui ne voulait rien savoir des aspirations nouvelles des jeunes à la liberté, me semblait déjà aux antipodes de la « pensée élargie ».

À la limite, le clivage droite-gauche conserve-t-il un sens ? Jusqu'à quel point reste-t-il pertinent à vos yeux pour penser le réel ? Question de marqueurs historiques, de paresse intellectuelle, de visions du monde foncièrement divergentes ? Vous connaissez la boutade de Pierre Hassner qui prétend que sa principale contribution à la science politique réside dans la distinction entre les bobos (les bonapartistes et les bolcheviques) et les lilis (les libéraux-libertaires)…

Un certain nombre de marqueurs identitaires, historiques et psychologiques restent encore relativement forts entre la droite et la gauche, mais ils le sont probablement davantage pour nos générations que pour les dix-huit/vingt-cinq ans. D'une manière générale, ce vieux clivage n'a plus grand sens et le débat droite-gauche est largement devenu sans enjeu. Qu'est-ce qui distingue vraiment DSK ou même Martine Aubry de Nicolas Sarkozy ? À quelques virgules près, si on prend un peu de distance historique ou géographique, pas grand-chose, même si on peut toujours faire semblant de diaboliser son adversaire. Nous sommes tous, en gros, des libéraux-sociaux démocrates-républicains. Libéraux, parce que seul le marché crée des emplois et des richesses ; sociaux, parce que nous tenons tous au rôle protecteur de l'État ; démocrates, parce que plus personne ou presque ne souscrit au slogan « Élections piège à cons » ; et républicains, parce que nous considérons qu'une politique volontariste est indispensable dans certains domaines, comme la culture ou l'école, qu'il faut réguler la mondialisation et qu'un pur laisser-faire laisser-aller n'est guère souhaitable. Entre un gaulliste républicain et un social-démocrate, entre Alain Juppé et Michel Rocard, par exemple (qui ont d'ailleurs coprésidé une commission en 2008), il n'y a quasiment aucune différence objective, autre que personnelle : l'un et l'autre sont régulateurs, interventionnistes et désireux de servir leur pays.

Aujourd'hui, il me semble donc que le dernier vrai clivage n'est plus entre la droite et la gauche, mais plutôt, comme l'a bien vu Régis Debray, entre républicains et démocrates, notamment sur l'école. Encore qu'il s'agisse aussi d'un clivage archaïque, qu'il faudra de toute évidence dépasser, comme nous l'avons vu à propos des querelles pédagogiques. Cela dit, un républicain « de droite », partisan de l'intervention de l'État, se sentira plus proche d'un républicain de gauche que d'un démocrate-libéral d'où qu'il vienne. Et réciproquement : un libéral de droite sera plus proche d'un libertaire que d'un républicain. Si on se tourne un tant soit peu vers l'avenir, il s'agit néanmoins d'un clivage qui reste à surmonter.

Le président Nicolas Sarkozy vous paraît-il à la hauteur de l'idéal républicain tel que vous le concevez ?

Sur la crise et s'agissant de la présidence européenne, oui, sans aucun doute. Je suis convaincu, pour l'avoir vu à l'œuvre de très près, que sur ces deux points essentiels nul n'aurait fait mieux. Il y a toutefois plus d'un an que j'ai dit au président de la République, en tête à tête comme en public ou par voie de presse, qu'il fallait absolument réoccuper le terrain de la grande tradition républicaine et renouer en ce sens avec les fondamentaux du gaullisme

— plutôt que de les abandonner à Dominique de Villepin ou à François Bayrou, dont le positionnement est au fond identique. Par gros temps, je ne vois pas d'autre attitude plausible si l'on veut donner de la cohérence à l'action — et il en faut, on ne peut pas toujours se réfugier derrière le sacro-saint « pragmatisme ». Il me semble, en effet, qu'il s'agit là du seul moyen d'être philosophiquement rigoureux, d'accorder une place à l'État sans être socialiste, dans un contexte de crise internationale qui suppose qu'on lui donne un rôle protecteur-régulateur, et ce sur au moins quatre plans : économique, bancaire, social et écologique. Si l'on n'est pas socialiste, seul le républicanisme gaullien permet de thématiser cette fonction régulatrice. Pourquoi faut-il absolument intervenir, ne pas en rester au libéralisme pur et dur ? Parce que la nature de la crise dite des *subprimes*, qui est une crise de la mondialisation, l'impose.

Vous diriez à cet égard que la politique de l'actuel gouvernement manque de cohérence ?

Je ne suis pas sûr que le gouvernement et le président soient, sur ce point précis, sur la même longueur d'onde : le Premier ministre François Fillon est clairement gaulliste. Cela dit, le manque de cohérence s'est traduit par plusieurs erreurs manifestes, notamment sur le plan budgétaire, où l'Élysée a joué contre Matignon. La suppression de la publicité à la télévision, la baisse de la TVA des restaurateurs, mais aussi la défiscalisation des heures supplémentaires ou le grand emprunt étaient autant de mesures absurdes en période de crise majeure, à un moment où les États endettés sont attaqués par les marchés. Même chose sur le plan intellectuel et politique, cette fois : lancer un débat sur l'identité nationale plutôt que sur le nouveau service civique volontaire était suicidaire. Je l'ai dit et redit dès le premier jour, en privé comme en public, notamment dans le dialogue que j'entretiens chaque semaine avec mon ami et « adversaire » Jacques Julliard sur LCI. La vérité, c'est que la crise a pris à contre-pied la quasi-totalité des thèmes libéraux et pro-américains de la campagne présidentielle de 2007. D'où la nécessité de repenser un interventionnisme, mais qui soit différent de celui proposé par la gauche, trop souvent disposée à augmenter le nombre de fonctionnaires, à relancer par la consommation ou à reculer sur les retraites. Il me semble toutefois que c'est toute la philosophie d'ensemble qu'il faudrait reconstruire pour sortir la France de l'ornière.

En politique, il faut un minimum de consistance et de cohérence philosophiques. On ne peut par exemple entamer la vision républicaine du monde en prenant arbitrairement dans cette tradition ce qui nous plaît et en rejetant en elle ce qui ne nous arrange pas, comme ce fut le cas à propos de la discrimination positive. Le souci de promouvoir des personnes « issues de la diversité » à des postes clés était sans doute un message positif et courageux de la part d'un homme de droite. Mais proposer en toute occasion une politique de quotas revient à la fois à encourager les communautarismes et à aller à l'encontre de ce que la France a de plus précieux à offrir au monde : l'idéal laïc, républicain et anticommunautariste lié à l'humanisme abstrait. Je trouve aussi que le Grenelle de l'environnement, malgré certains aspects positifs (le projet relatif à la « croissance verte »), a tourné sur d'autres sujets à la catastrophe intellectuelle à force d'encourager la précaution et de décourager le risque, à force, surtout, d'envoyer un message anti-OGM totalement contraire à l'esprit scientifique. Voilà, c'est dit !

Sur ce point, l'idée avancée à l'été 2010 selon laquelle il conviendrait, dans certains cas précis (terrorisme, assassinats de policiers), de déchoir de leur nationalité les Français d'origine étrangère naturalisés et impliqués dans ces crimes, vous semble-t-elle constituer le pendant pour ainsi dire négatif de la discrimination positive, une mesure qui se situerait en tout cas dans la même logique antirépublicaine ?

Là encore, je me suis exprimé on ne peut plus clairement dans les médias : cette idée est totalement absurde. Elle recrée deux catégories de citoyens, elle vexe les nouveaux entrants au lieu de les encourager à aller vers la République et, surtout, elle ne sert rigoureusement à rien. Qui peut croire que l'individu qui s'apprête à tuer un policier ou un magistrat va reculer parce qu'il... risque de perdre la nationalité française ? Il faut vraiment renoncer à ce genre de gadgets politiques stupides qui exaspèrent à gauche sans convaincre à droite, et qui accréditent l'idée que le gouvernement, à défaut d'agir réellement sur la délinquance et les zones de non-droit, ne sait plus quoi faire ni inventer. Honnêtement, c'est désastreux à tous égards. Voilà, c'est redit ! Ça vous va ?

LA MAUVAISE FOI DE L'HOMME DE GAUCHE

Lors des polémiques récurrentes sur les « nouveaux réactionnaires » qui ont agité ces dernières années le paysage médiatique et intellectuel français, Alain-Gérard Slama reconnaissait que les intellectuels français tendent à se « droitiser ». Vous dont les ennemis de gauche tendent à faire concurrence à vos ennemis de droite, souscrivez-vous à ce constat et, si oui, comment l'expliquez-vous ? Par la dureté des temps (la mondialisation), les pathologies contemporaines de la démocratie rendant les solutions « de droite » plus pertinentes compte tenu de l'évolution même du monde réel ? D'où vient aussi que, dans la majorité des cas, cette évolution soit si peu assumée, outre le risque de se voir aimablement traité de social traître ou de « sous-intellectuel », comme ce fut le cas d'André Glucksmann lorsqu'il a eu la témérité d'annoncer en 2007 qu'il voterait pour Nicolas Sarkozy dans une tribune du Monde *?*

Je reviendrai à ce que nous disions à propos du couple bourgeois-bohèmes, au fait qu'en renforçant comme jamais la société de consommation qu'ils prétendaient critiquer, nos soixante-huitards furent les cocus de l'histoire. Tout trotskistes, maos ou anars qu'ils étaient, ils voulaient surtout, sans l'assumer jamais, entrer dans le monde de la consommation, du plaisir, de l'hédonisme et du ludique. Au fond, ils étaient déjà des libertaires-libéraux. La preuve ? Nombre de ceux qui étaient à la tête de la gauche prolétarienne ou permanents du PC se retrouvent aujourd'hui au Medef et votent à droite. Certains se sont rendu compte de leurs erreurs et tentent désespérément, depuis, de développer d'autres outils pour réélaborer leur critique de la modernité consumériste — quand je dis désespérément, c'est au sens où on les sent littéralement saisis par une sorte de désespoir. Le point où je veux en venir, c'est que ce revirement à 180 degrés était finalement inscrit dès l'origine, Mai 68 n'ayant accouché que d'une révolution des mœurs. Il est donc assez logique que ses représentants aient atterri là où ils sont aujourd'hui, même s'ils ne l'admettent pas : hier libertaires de gauche, aujourd'hui libéraux de droite. Cela dit, je regarde un peu cette évolution de l'extérieur.

Cette « mauvaise foi » des intellectuels de gauche, la retrouvez-vous au sein du Parti socialiste ?

Voyez Martine Aubry sur la réforme des retraites en 2010. La première secrétaire du PS s'est d'abord dite favorable à la retraite à soixante-deux ans, après quoi — le temps que certains de ses camarades hurlent au scandale — elle a fait marche arrière et, avec elle, tout l'appareil du parti. On peut bien entendu discuter certains points de la réforme, mais prétendre que sa première décision, dans l'hypothèse où son parti remporterait les élections présidentielles de 2012, sera de la supprimer relève d'un manque de courage intellectuel que Manuel Valls ou Michel Rocard ont eux-mêmes dénoncé. Cette incapacité à oser clairement assumer une position réformiste n'a guère de sens, sauf à vouloir couler le pays, ce que les socialistes ne souhaitent évidemment pas. D'où la notion de mauvaise foi, car je ne soupçonne pas Martine Aubry d'être assez naïve pour croire à ce qu'elle dit. Quand on s'entretient en privé avec des leaders de la gauche, le décalage entre discours privé et discours public est d'ailleurs vertigineux. Un président de région PS avec qui je discutais récemment me répétait ainsi ce que tous mes interlocuteurs de gauche me disent *off* depuis deux ans, à savoir qu'avec la réforme des retraites, « la droite est en train de faire notre boulot ».

Loin de Michel Rocard, qui avait eu le courage et l'intelligence de construire une vision de gauche réformiste, la gauche s'obstine dans un double discours : on est libéral en privé, conscient des contraintes de la mondialisation et des difficultés qui pèsent sur les PME, mais en public on sort le grand discours de l'« égalité réelle » et du « care ». C'est cela que j'appelle la mauvaise foi et qui me désole, car chaque fois qu'elle arrive au pouvoir, la gauche paie cash ce double discours, ce que l'extrême gauche ne manque d'ailleurs jamais de souligner. La gauche prouve ainsi par les faits qu'elle est incapable d'élaborer des solutions qui tiennent la route et qu'elle pourrait, pour cette raison, formuler publiquement. Encore une fois, je crains que Bernstein n'ait eu raison : à quelques très rares exceptions près, qui confirment la règle, la social-démocratie française n'ose toujours pas « paraître ce qu'elle est ».

Que pensez-vous justement de cette nouvelle vision morale du monde venue des États-Unis, sorte de socialisme new look que tout opposerait naturellement au sarkozysme, et qui consisterait à mettre en place une société du « care » (du « soin mutuel ») ?

Les théoriciens à l'origine de cette trouvaille entendent faire un grand pas en avant, paraît-il, en instaurant une société des *égaux* contre celle des *ego*. Il faut s'y préparer car les promoteurs de ce coup de génie s'apprêteraient à décliner cette trouvaille conceptuelle au fil des prochains rendez-vous électoraux : contre l'ultralibéralisme, une société protectrice des humains ; contre le dur, le doux ; contre le viril, le féminin ; contre l'égoïsme, l'altruisme. Le plus surprenant est de voir d'éminents politologues se pencher au chevet du nouveau-né avec une gravité digne des médecins de Molière. Que dire de cette « société du *care* », du soin mutuel ? Rappeler simplement que c'est moins la politique de Nicolas Sarkozy qui est dure, que la réalité de la compétition mondiale. Et que, par voie de conséquence, c'est d'intelligence, de courage et de justice que nous allons avoir besoin dans les années qui viennent, pas d'une calinothérapie…

LES CONTRADICTIONS MORALES DE L'HOMME DE DROITE

Ce qui singularise votre position actuelle, c'est que vous n'êtes guère plus tendre avec la droite. Si vous reprochez à la gauche sa mauvaise foi, vous ne cessez de reprocher à la droite…

… sa « connerie » ?…

Je n'osais pas le dire, mais c'est effectivement le mot que j'avais en tête ! En termes plus choisis, disons qu'à la mauvaise foi de l'homme de gauche répondrait, selon vous, la schizophrénie de l'homme de droite, à la fois conservateur sur le plan moral et innovateur tous azimuts sur le plan professionnel. Conservateur et innovateur, est-ce là la contradiction ?

Décidément, vous voulez à tout prix me fâcher avec tout le monde ! Puisque c'est déjà sûrement fait, allons au fond de l'affaire. Oui, la droite est prise aujourd'hui dans des contradictions culturelles, morales et intellectuelles majeures. Comme Molière nous avait dressé le tableau du Misanthrope, du Tartuffe ou du Malade imaginaire, il faudrait, pour bien le comprendre, tracer le portrait de l'homme de droite idéal typique des années 2000. Imaginons-le en chef d'entreprise de plus de soixante ans, afin qu'il ait connu, comme moi, la France d'avant la grande déconstruction, celle des paysans, des écoles à blouses grises et des lavoirs. En 2002, il a voté Jacques Chirac, mais il s'en mord encore les doigts. Son président, champion dans la conquête du pouvoir, a été nul dans son exercice : les 35 heures sont toujours en place, l'ISF aussi, les charges des entreprises n'ont fait qu'augmenter, tout comme la dette et les déficits publics ! Chaque fois que trois étudiants sont descendus dans la rue en vociférant, on a retiré le haut et, quand il y en a eu six, on a retiré le bas. Notre chef d'entreprise est donc satisfait qu'un jeune Sarkozy dynamique et courageux ait pris la suite. Il espère seulement qu'il va « tenir bon ». Dans sa vie privée, tout n'est pas rose non plus. Par exemple, lorsqu'il reçoit ses petits-enfants et leurs camarades de classe dans son bel appartement pour un goûter d'anniversaire, il est effaré. Ces jeunes, mal attifés, sont incapables de dire bonjour, merci ou au revoir convenablement. Avez-vous le malheur de parler avec eux littérature, musique ou histoire ? C'est le désert des Tartares ! Si jamais ils vous écrivent une lettre — mais il n'y a aucun danger ! — elle sera bourrée de fautes d'orthographe. C'est normal, l'école est en panne, le mammouth irréformable et les ministres de l'Éducation, comme tous les politiques, sont des « jean-foutre ». Les professeurs, « tous de gauche », ne valent guère mieux : quand ils ne sont pas en grève, c'est sans doute qu'ils sont en vacances, et réciproquement ! Plus tard, c'est tout vu, nos gamins chercheront un emploi, mais à coup sûr pas un travail ! Pas étonnant que le commerce se porte mieux à Londres, voire à Bruxelles ou à Madrid, qu'à Paris.

Bref, notre chef d'entreprise trouve que tout fout le camp et que le déclin menace… J'exagère à peine, d'autant moins, à vrai dire, que le diagnostic porté par notre ami n'est pas tout à fait faux. Le seul hic, je le lui dis fraternellement, moi qui appartiens comme lui à la droite républicaine, c'est qu'il est le seul et unique responsable de cette situation. Voici pourquoi : qu'il vende des téléphones portables, des fripes ou des « temps de location de cerveau vide », mon chef d'entreprise n'a qu'un désir : que nos enfants deviennent d'ardents consommateurs. Or, étudiée en laboratoire, à l'état chimiquement pur, la consommation s'apparente à l'addiction. La définition du drogué ? Un être qui ne peut s'empêcher d'augmenter les doses et de rapprocher les prises. Soit le client idéal d'un supermarché ! Il faut donc plonger nos enfants dans la logique du manque. En quoi je dis à notre chef d'entreprise, toujours amicalement : « Tu ne peux pas avoir l'enfant bien élevé, cultivé, fort en grammaire comme en savoir-vivre que tu appelles de tes vœux à la maison, et l'enfant zappeur/consommateur que tu fabriques et encourages tant que tu peux dans ton entreprise, si besoin à coups de publicité. » Cela ne coexiste pas dans le même cerveau. Comme disent plaisamment les Italiens, « on ne peut pas avoir le tonneau plein et la femme ivre ».

Sans en mesurer ni en comprendre la portée, le bourgeois est donc devenu un bobo. Lui seul, et nul autre, a accompli le programme de l'avant-garde : la déconstruction des valeurs traditionnelles. Comme Picasso ou Duchamp, il pratique la table rase. Au nom du *benchmarking*, il veut l'innovation continue. En quoi, comme je vous le disais en commençant nos conversations, Marx avait raison : le capitalisme, c'est la révolution permanente. Mais cela, notre homme de droite ne veut pas le savoir. Là est, je ne dirais pas sa « connerie », mais son aveuglement fondamental.

Il ne voit pas ce qu'il y a de mal à aimer l'art contemporain, l'innovation, le modernisme : il est incapable de faire le moindre lien entre cela et le fait que l'école s'effondre. Il ne voit pas que le revers de la médaille de l'innovation, c'est la déconstruction des traditions ! Il ne voit pas que l'hyperconsommation et la logique du ludique tous azimuts détruisent les capacités de nos enfants à suivre un cours à l'école, à se concentrer, à travailler, à faire des efforts, à ressentir des obligations et des devoirs.

La mondialisation libérale se révèle ainsi le creuset d'une étrange alchimie, d'une transmutation sans pareille : en son sein, le conservateur est devenu révolutionnaire. C'est lui et lui seul qui, au nom de la liberté, de l'individualisme démocratique, bouscule sans cesse les traditions. Il déplore donc d'un côté ce qu'il fabrique de l'autre. Ce qui se révèle aujourd'hui de moins en moins vivable…

Sur le plan éthique, le point de vue néoconservateur ne vous enthousiasme guère. Non pas tant parce que, les repères traditionnels et les héritages ayant volé en éclats, le bourgeois conservateur voit dans la question des limites la grande affaire de notre temps (quelles limites au narcissisme ? à la liberté ? à l'exploitation de la planète ? aux manipulations génétiques ?). Mais parce que, inconscient du clivage qui le traverse, le réactionnaire en conclut à la nécessité de réenraciner normes, valeurs et interdits dans du solide, c'est-à-dire peu ou prou dans la tradition, qui représente la forme ancienne de la détermination des normes. Contre ce type de discours, vous estimez que les Modernes sont tout à fait capables de tracer par eux-mêmes, à l'aide de leur raison et de leur volonté, les limites qui séparent le permis du défendu. Faut-il y voir le signe d'une grande confiance dans les vertus de la délibération démocratique, par quoi vous vous distingueriez là encore du « nostalgisme » de droite comme des arguments d'autorité de l'extrême gauche ?

Si l'on prend acte du fait que l'individu moderne s'est progressivement émancipé de la tutelle des traditions, il faut bien admettre que seul un processus de discussion entre des parties soucieuses de trouver entre elles un accord peut en venir à refonder des normes valables pour tous. Certes, les individus s'inscrivent toujours dans une culture et nul ne peut argumenter sans reprendre à son compte un certain nombre de ses valeurs (comme les droits de l'homme pour un contemporain). Pour autant, la délibération démocratique n'est pas, contrairement à ce que laisse penser parfois Habermas, une pure forme, une simple procédure. Il n'en est rien. Comme le remarquait Gambetta à propos de la république, il s'agit bien d'« une forme qui entraîne le fond », qui peut donc légitimer la fixation de limites. Argumenter ou engager la discussion ne signifie rien d'autre, en effet, que rechercher des raisons susceptibles de convaincre ou de justifier un regard qui soit également valable pour les autres, et pas seulement pour soi. D'où la vertu transformatrice du débat démocratique en ce qu'il oblige chacun à faire abstraction de ses préférences ou de ses intérêts pour tenter d'inscrire son propos dans la sphère de l'universel — c'est cette idée que John Rawls mobilise d'ailleurs dans sa théorie, plus profonde qu'on ne le pense d'ordinaire en France, du « voile d'ignorance ».

En ce sens, la démocratie présuppose une fois de plus l'adhésion à l'humanisme abstrait, qui est au cœur de l'idéal républicain, puisqu'elle requiert des individus qui délibèrent qu'ils s'arrachent à leurs préjugés ou à ceux de leur communauté d'origine. Il se trouve que dans une république laïque, nul n'a le droit d'interdire quoi que ce soit à qui que ce soit sans qu'il puisse invoquer une bonne raison pour le faire, autrement dit une raison qui ne vaille pas simplement pour lui, à titre personnel, mais qui puisse et doive valoir aussi pour autrui. C'est un des grands problèmes de la bioéthique, par exemple, que de convaincre les interlocuteurs de cette loi fondamentale de la démocratie. On a tous tendance à dire : « Moi, je suis pour ceci, contre cela, pour l'avortement, contre le tri d'embryons, les mères porteuses, etc. » Mais le problème n'est pas tant de savoir si nous sommes pour ou contre telle ou telle pratique : il consiste à se demander au nom de quoi on peut ou doit l'interdire aux autres.

MAUVAIS CAP

Où l'on voit d'ailleurs que cette conception de la délibération démocratique comme une « forme qui entraîne le fond » rejoint cet idéal de la « pensée élargie » que nous évoquions à propos d'une spiritualité laïque. Pour en revenir à la « bonne conscience de gauche », vous vous félicitiez, dans une discussion avec Edgar Morin publiée dans Le Monde 2 *quelques jours avant l'élection présidentielle de 2007, que la droite soit enfin parvenue à « s'affranchir du surmoi de gauche qui dominait jusqu'alors la société française ». Vous y voyiez un fait nouveau et positif pour la clarté du débat, d'autant, ajoutiez-vous, « que personne ne croit au mythe Sarko = facho ». Maintenez-vous ce diagnostic trois ans plus tard ?*

Plus que jamais. Personne ne pense, hors quelques grands délirants, que Nicolas Sarkozy soit pétainiste. Une grande partie de la droite est même déçue par une certaine « chiraquisation » de son champion, par le fait qu'il engage beaucoup plus de réformes que prévu. Il n'en est pas moins évident que tous les thèmes de la campagne libérale et atlantiste de 2007 ont été pris à contre-pied par la crise. Nicolas Sarkozy avait tenu un discours décomplexé, axé sur la rupture avec l'immobilisme chiraquien et sa sensibilité radical-socialiste. Il était favorable à la déculpabilisation de l'argent — son « Travailler plus pour gagner plus » étant une version modernisée du célèbre « Enrichissez-vous ! » de Guizot. On était dans la dérégulation, certains discours de campagne reprochant même aux banques de ne pas assez prêter aux pauvres. Une fois élu, Nicolas Sarkozy se fait photographier avec le président américain George Bush. C'était « Sarko l'Américain » et cette image lui plaisait bien.

Puis voilà que la crise des *subprimes* nous tombe dessus : les Américains vont titriser les crédits frelatés puis les disséminer de par le monde en les dissimulant, avec la complicité des agences de notation, dans des produits si peu lisibles que les banquiers eux-mêmes n'y retrouvent plus leurs petits. Que se passe-t-il alors ? Nicolas Sarkozy, non sans raison et toujours aussi pragmatique, devient le premier critique du système bancaire d'outre-Atlantique et la droite au pouvoir comprend qu'il faut réguler et intervenir pour sauver le système financier et les entreprises qui en dépendent. Nicolas Sarkozy, hier encore libéral décomplexé, devient un régulateur acharné, artisan volontariste de la création du G20, affichant une volonté de taxation des *bonus*. Quant au « Travailler plus pour gagner plus », il apparaît désormais totalement décalé en période d'explosion du chômage.

Ce ne sont pas les idées de départ qui étaient mauvaises : c'est la réalité qui a changé, et cela fait plus d'un an que je ne cesse de dire et d'écrire que ce changement nécessite un *aggiornamento* clair et net. Il faut pratiquer l'inventaire. L'actuel pouvoir se retrouve un peu dans la situation des socialistes en 1983, qui découvrent alors que le réel existe. Ce fut le tournant de la rigueur, la politique de François Mitterrand se voyant prise à revers, mais sans jamais l'avouer, par des contraintes internationales. De même, l'UMP doit-elle ajourner les mesures qui ne vont pas dans le sens des cinq priorités qui, désormais, s'imposent : le souci de l'équité, la lutte contre le chômage, la réduction des déficits, la relance de la croissance et la question du sens.

Vous êtes constamment invité dans de nombreuses universités, en France comme à l'étranger, et vos livres sont traduits dans plus de trente langues. Qu'en est-il de la réceptivité du public à vos idées lorsque vous faites des conférences et que vous rencontrez les gens ? Comparés aux politiques et aux intellectuels, les trouvez-vous plus sensibles au deuxième humanisme et aux conséquences qu'il entraîne sur le plan politique ?

À l'étranger, au Brésil ou au Chili par exemple, où mes livres sont vraiment lus et appréciés, les gens qui m'invitent sont toujours adorables. Cette année encore, j'ai prononcé en Amérique latine des conférences devant des salles de 2 500 personnes. Impressionnant, car je parlais en français ou en anglais, et pourtant on aurait entendu voler un moucheron. En France même, quand j'interviens devant des « vrais gens », ce qui m'arrive presque chaque semaine si bien que j'en rencontre des milliers par an, je suis frappé par leur réceptivité : notre entrée paradoxale dans un deuxième âge de l'humanisme ne leur paraît pas du tout abstraite. L'idée que les motifs du sacrifice ont changé, que la déconstruction a été d'une ampleur incroyable, que l'art contemporain fut très largement la superstructure d'une mondialisation qui dépossède les politiques et donne raison à Marx sur l'analyse du capitalisme, tout cela leur parle. Je sens bien qu'ils perçoivent la dimension de sincérité qui habite mon propos. Quand j'évoque le voyage d'Ulysse, l'histoire de la famille moderne ou la liquidation des figures traditionnelles du sacré, ils comprennent aussi. Comme si je ne faisais que leur révéler à eux-mêmes ce qu'ils ont déjà dans le cœur et dans l'esprit. Ils me disent souvent que cela leur permet d'y mettre de l'ordre, de placer des notions et des mots sur leur expérience vécue. Et cela vaut pour des personnes de toutes obédiences politiques, issues de tous les milieux, chefs d'entreprise, professeurs, fonctionnaires, banquiers, médecins, ouvriers ou agriculteurs.

Ces échos me rendent plutôt optimiste. La plupart saisissent également l'idée d'une politique du sens, nécessaire si l'on ne veut pas voir le « principe espérance » se briser sur la mondialisation. Ils comprennent que si nous ne luttons pas contre l'impuissance politique, il ne faudra pas s'étonner de voir prospérer le sentiment de vivre dans un monde de plus en plus injuste et insensé. Car ce qui nous menace, c'est bien l'atomisation du social, le durcissement des replis communautaires et l'accroissement dramatique d'une dette publique qui ne pourra qu'exacerber davantage les conflits entre les groupes sociaux qui réclament le soutien de l'État. Encore une fois, il ne s'agit pas de renoncer à la haute politique, mais de faire comprendre que celle-ci ne peut plus faire l'économie d'un lien avec le souci des individus et des générations à venir, autrement dit avec une finalité qui doit être aujourd'hui plus affective et humaine que nationale ou impériale.

L'Europe communie dans l'histoire du mariage d'amour, la sacralisation de l'humain et l'exigence d'une pensée élargie. Ces expériences-là sont désormais largement partagées, à commencer par la première d'entre elles, qui reste à la fois la plus commune, la plus bouleversante et la plus « reliante » qui soit.

Reliante, mais il doit quand même vous arriver de vous sentir bien seul ? Finalement, l'anticonformiste éternellement décalé — quand vous étiez enfant puis étudiant, professeur, intellectuel, ministre, philosophe — c'est vous ! Derrière votre apparence d'homme du monde ayant fort bien réussi et votre statut d'intellectuel parfaitement à sa place dans la cité, vous pourriez presque dire avec Hannah Arendt : I don't fit, *« je ne cadre pas »…*

Si je me sens seul ? Vous êtes dure avec moi : après m'avoir fâché avec la gauche, la droite et le centre, vous voulez me faire passer pour un original au motif que je me sentirais un peu en porte à faux dans le paysage intellectuel et sans appartenance politique possible. J'imagine que nous sommes, au fond, très nombreux à en être là. Il est vrai que je me suis toujours senti en décalage. Je vous l'ai dit, ce fut pour moi le combat d'une vie que de parvenir à avoir l'air à peu près normal. Mais cela ne prouve rien, ni dans un sens ni dans un autre…

Une dernière question. Alors que vous étiez encore ministre, un journaliste de L'Express, *Éric Conan, écrivait de vous en 2003: « Il a le don de faire passer l'aisance et la franchise pour de la désinvolture lassée. Travers qu'il a pris l'habitude de cultiver: depuis le début, ce style lui a plutôt réussi, tout en lui offrant avec élégance un zeste de revanche sociale. » Vous vous reconnaissez dans ce portrait?*

À vous de me dire si vous le trouvez ressemblant! J'aime passionnément raconter les idées, les miennes comme celles des autres, expliquer la façon dont je vois le monde. Mais sans fausse ni vraie modestie, je serais bien en peine de vous dire à quoi je ressemble…

Table des matières

1. Ni héritier ni prolétaire 7

Une enfance à la campagne 8

Quand mon père vendait des armes aux républicains espagnols 11

Les camps nazis : il ne s'en remettra jamais ! 15

Pierre Ferry, pilote de course 19

Ma mère et les prêtres-ouvriers 23

L'école à la maison 28

2. La découverte de la philosophie et les années de formation 33

L'influence des trois frères 34

La philosophie : le sens dans *la vie plutôt que* de *la vie* 36

L'université en 68 : « J'étais un extraterrestre ! » 40

Les maîtres 46

Boursier et guitariste à Heidelberg (1972-1974) 51

Le retour à Paris et les concours 55

3. L'enseignement et l'aventure du Collège de philosophie (les années 70-80) 59

Ma terminale aux Mureaux et le train de 6 h 48… 60

Le milieu des antitotalitaires de gauche : Castoriadis et Lefort 62

La création du Collège de philosophie (1974) ou la « déconstruction » en marche 71

Sortir de Marx par Heidegger : des débats houleux 83

4. Un jeune philosophe propulsé sur le devant de la scène : le séisme de *La Pensée 68* (1985) 89

De la déconstruction à l'antihumanisme 91

« Comment ces deux petits cons ont-ils osé ? » : des attaques d'une rare violence 96

Derrida, Foucault, Bourdieu et le passage à « Apostrophes » 98

À l'Est, du nouveau : la pensée 68 empêtrée dans ses contradictions 101

« Nous les avons peut-être pris trop au sérieux » 107

De la pensée 68 à la pensée 80 : entre L'Ère du vide *et* La Défaite de la pensée *(1987)* 111

5. *L'Homme-Dieu ou le sens de la vie* : la décennie 90 117

De la paternité à l'histoire de la famille moderne 117

« Je découvre, en philosophie, l'importance de la vie de l'esprit » 124

Public élargi et souci de l'écriture 128

Être un intellectuel en France 131

Éthique de la conviction ou éthique de la responsabilité ? 135

6. Un agrégé de science politique au ministère de l'Éducation nationale (2002-2004) 139

« Il m'était impossible de me dérober » 140

Vivre la surexposition médiatique au quotidien 144

La tragédie de l'illettrisme, un phénomène social global 151

De l'art de déranger à gauche comme à droite 156

Ce qu'apprendre et enseigner veut dire 160

Suis-je un idéaliste ? 166

Quelle marge de manœuvre pour un ministre ? 173

Du ministère à Apprendre à vivre *(2006) : la traversée du désert* 178

7. L'humanité de l'homme après Auschwitz : le défi humaniste et ses ennemis 183

Les promesses trahies de la modernité : Hannah Arendt 188

De la philosophie du sujet à la barbarie ? L'École de Francfort 191

Apologie de l'homme sans qualité 195

Humanisme abstrait versus *biologisation de la politique : face au sexisme et au racisme* 200
Le relais des Lumières : la liberté selon Rousseau et Kant 204
L'objection communautarienne 212
L'avenir de l'humanité européenne 223

8. Le nouveau désordre écologique 231
Deux écologies 232
L'écologie de la peur et de l'urgence : un cocktail explosif 234
Pour une écologie de l'intelligence compatible avec la démocratie 239
Nature admirable, science maléfique : un changement historique de paradigme 241
L'homme comme être capable d'amour et de haine : les limites de la sociobiologie 247

9. Mondialisation, liquidation du sens et naissance d'un deuxième humanisme 253
Les deux âges de la mondialisation 254
La chute des Lumières dans le benchmarking 259
L'éclipse du sens 263
*Le XX*e *siècle ou la liquidation des valeurs traditionnelles* 270
Vers un deuxième humanisme : la révolution de l'intimité 278
Deuxième humanisme contre deuxième mondialisation : reprendre la main 290

10. Penser une « spiritualité laïque » : l'enjeu du XXIe siècle 301
Une notion cruciale pourfendue par les athées comme par les croyants 302
La philosophie n'est pas une variante de la psychologie : mise au point 306
L'histoire d'Ulysse : du chaos à l'harmonie 313
La transcendance dans l'expérience vécue 315
Le sacré à visage humain ou la reconnaissance de valeurs plus hautes que la vie 321
Sagesse de la finitude 324
S'humaniser, ou l'idéal de « la pensée élargie » 327

11. L'air du temps, ou le conformisme de l'anticonformisme 335

De l'art de transgresser à vide 336

Le révolutionnaire imaginaire et la voiture-balai de l'altermondialisme 340

Badiou, Zizek and Co : à quand des anticapitalistes-écolos-hitlériens ? 343

Antiracisme, humanitaire et renversements réactionnaires : « Je reste du côté des naïfs » 347

12. Droite ou gauche ? L'alternative impossible 353

Gaulliste depuis toujours 354

Ni libéral ni socialiste, mais républicain 356

« Nous sommes tous des Juifs allemands » 361

Être un républicain « de droite » aujourd'hui 367

La mauvaise foi de l'homme de gauche 372

Les contradictions morales de l'homme de droite 375

Mauvais cap 380

« Je me suis toujours senti en décalage » 382

Œuvres de Luc Ferry (suite).

Le Religieux après la religion, Paris, Grasset, 2004 (avec Marcel Gauchet).

Comment peut-on être ministre ? Réflexions sur la gouvernabilité des démocraties, Paris, Plon, 2005.

Apprendre à vivre 1 : traité de philosophie à l'usage des jeunes générations, Paris, Plon, 2006.

Kant : une lecture des trois Critiques, Paris, Grasset, 2006.

Vaincre les peurs : la philosophie comme amour de la sagesse, Paris, Odile Jacob, 2006.

Familles, je vous aime : politique et vie privée à l'âge de la mondialisation, Paris, XO, 2007.

Pour un service civique (en coll.), Paris, Odile Jacob, 2008.

Apprendre à vivre 2 : la sagesse des mythes, Paris, Plon, 2008.

La Tentation du christianisme, Paris, Grasset, 2010.

Combattre l'illettrisme (en coll.), Paris, Odile Jacob, 2009.

Face à la crise, Paris, Odile Jacob, 2009.

La Révolution de l'amour. Pour une spiritualité laïque, Paris, Plon, 2010.

OUVRAGES D'ALEXANDRA LAIGNEL-LAVASTINE

Jan Patocka, l'esprit de la dissidence, Éditions Michalon, « Le Bien commun », 1998.

Nationalisme et phénoménologie : les disciples roumains de Heidegger, des années 30 aux années Ceausescu, Humanitas, Bucarest, 1998.

Cioran, Eliade, Ionesco : L'oubli du fascisme, PUF, « Perspectives critiques », 2002.

Esprits d'Europe. Autour de Czeslaw Milosz, Jan Patocka et Istvan Bibo : essai sur les intellectuels d'Europe centrale au XXe *siècle*, Calmann-Lévy, 2005 (Folio, 2010).
Prix européen de l'essai « Charles Veillon ».

Traduction, présentation et édition critique de *Cartea Neagra : Le livre noir de la destruction des Juifs de Roumanie (1941-1944)*, de Matatias Carp, Éditions Denoël, 2009.

Raison et conviction : l'engagement, Textuel, 1998 (sous la direction de, en coll. avec Michel Wieviorka).

La Shoah en Roumanie, numéro spécial de la *Revue d'histoire de la Shoah* (Textes réunis par, en coll. avec Florence Heymann), Calmann-Lévy-Mémorial de la Shoah, à paraître en mars 2011.

La Révolution du livre numérique, Odile Jacob, « Penser la société » (sous la coordination de), à paraître en mai 2011.

Composition Ütibi.
Achevé d'imprimer
sur Timson
par Normandie Roto Impression s.a.s.
61250 Lonrai
Dépôt légal : février 2011.
Numéro d'imprimeur : 11-0711.

ISBN 978-2-207-26161-3 / Imprimé en France

170366